权威·前沿·原创

皮书系列为
"十二五""十三五"国家重点图书出版规划项目

江苏蓝皮书
BLUE BOOK OF JIANGSU

2017年
江苏文化发展分析与展望

ANNUAL REPORT ON CULTURAL DEVELOPMENT OF JIANGSU
(2017)

主　编／王庆五　樊和平　余日昌

社会科学文献出版社
SOCIAL SCIENCES ACADEMIC PRESS (CHINA)

图书在版编目(CIP)数据

2017年江苏文化发展分析与展望/王庆五，樊和平，余日昌主编．--北京：社会科学文献出版社，2017.9（2018.3重印）
（江苏蓝皮书）
ISBN 978-7-5201-1418-9

Ⅰ.①2… Ⅱ.①王… ②樊… ③余… Ⅲ.①文化事业-研究报告-江苏-2017 Ⅳ.①G127.53

中国版本图书馆CIP数据核字（2017）第229221号

江苏蓝皮书
2017年江苏文化发展分析与展望

主　　编 / 王庆五　樊和平　余日昌

出 版 人 / 谢寿光
项目统筹 / 任文武
责任编辑 / 杨　雪

出　　版 / 社会科学文献出版社·区域与发展出版中心（010）59367143
　　　　　　地址：北京市北三环中路甲29号院华龙大厦　邮编：100029
　　　　　　网址：www.ssap.com.cn
发　　行 / 市场营销中心（010）59367081　59367018
印　　装 / 北京京华虎彩印刷有限公司
规　　格 / 开　本：787mm×1092mm　1/16
　　　　　　印　张：31.75　字　数：483千字
版　　次 / 2017年9月第1版　2018年3月第2次印刷
书　　号 / ISBN 978-7-5201-1418-9
定　　价 / 128.00元

皮书序列号 / PSN B-2017-638-3/3

本书如有印装质量问题，请与读者服务中心（010-59367028）联系

▲ 版权所有 翻印必究

本书编委会

主　　任　王庆五

副 主 任　樊和平　刘旺洪　吴先满

委　　员　（以姓氏笔画为序）
　　　　　王卫星　余日昌　胡发贵　胡传胜　姜　建

本书主编　王庆五　樊和平　余日昌

主要编撰者简介

王庆五 现任江苏省人民政府参事室主任,江苏省社会科学院原党委书记、院长,教授。兼任中国科学社会主义学会常务理事,中国政治学会理事,江苏省科学社会主义学会会长,江苏省政治学会副会长。江苏省有突出贡献中青年专家,享受国务院特殊津贴专家。国家行政学院兼职教授,江苏省委研究室特约研究员,江苏省马克思主义中国化研究中心特聘研究员。主要研究方向为当代中国社会主义理论及发展、全球化条件下的社会主义理论及实践等。

迄今主持完成国家级课题 1 项,省部级课题 10 多项;出版专著 10 多部,在《求是》《当代世界与社会主义》《马克思主义研究》《江海学刊》等发表论文 100 多篇,数十篇论文被《新华文摘》、《高等学校文科学术文摘》、人大复印资料等全文转载;获省部级一等奖 3 项、二等奖 3 项、三等奖 1 项。

樊和平 现任江苏省社会科学院党委委员、副院长,东南大学人文社会科学学部主任,教育部长江学者特聘教授(2007)。首批国家"万人计划"哲学社会科学领军人才(2013),中宣部"四个一批"人才(2008),教育部社会科学委员会哲学学部委员(2007 始),教育部哲学教学指导委员会委员,中国伦理学会副会长,江苏省哲学社会科学联合会副主席,江苏省社科名家。江苏省政协第八、第九和第十届委员,牛津大学高级访问学者,伦敦国王学院访问教授,江苏省"道德发展高端智库"召集人和首席专家,江苏省"公民道德与社会风尚协同创新中心"主任兼首席专家,1992 年起享受国务院特殊津贴。

主要研究方向：道德哲学理论；中国传统伦理，当代中国道德发展；精神哲学，法哲学；文化学，中国传统文化，中西文明对话。在《中国社会科学》《哲学研究》等海内外学术刊物上独立发表学术论文240多篇，其中《中国社会科学》10篇，出版个人独立专著11部，作为带头人合著多部。获国家、教育部、江苏省哲学社会科学优秀学术成果一等奖4项、二等奖8项、三等奖多项。主持完成国家和省部级重大、重点、一般规划项目20多项，其中作为首席专家主持国家社科基金重大招标项目2项。

余日昌 现任江苏省社会科学院哲学与文化研究所副所长，研究员。中国宗教学会理事，中国统战理论研究会理事，江苏省文化厅公共文化服务体系建设专家组成员，江苏省文化厅文化产业项目评审专家组成员。

主要研究方向：中国哲学与文化、佛学与宗教文化、比较宗教。迄今出版个人著作10多部，发表学术论文50多篇。主持和完成国家规划项目、江苏省规划重点工程项目、文化部委托项目和中央统战部委托项目5项。

摘 要

《江苏经济社会形势分析与展望》蓝皮书是江苏省社会科学院组织编写的江苏年度发展报告，从1997年起开始编写，一直延续到现在。为深化对新常态下江苏的经济社会文化问题的研究，从2015年开始，江苏省社科院决定将《江苏经济社会形势分析与展望》蓝皮书分为经济、社会、文化3卷本，并于2016年开始出版3卷本。

本书作为江苏文化发展分析与展望的蓝皮书，旨在分析当年的江苏文化发展情况，预测下一年度的江苏文化发展的重点与热点问题，提出相应的对策、思路与建议。2017年，江苏将把中共江苏省第十三次党代会上提出的"聚力创新，聚焦富民，高水平全面建成小康社会"落在实处。本书多篇文章突出这个主题，全书分为八个部分。第一部分即总报告，是对2016年江苏文化建设迈上新台阶的总体研究，重点对文化创新、文化传播、社会文明发展等方面进行研究；第二部分是对江苏思想高地建设的分析研究；第三部分是对江苏道德风尚建设的研究；第四部分是对江苏文脉整理与研究工程建设的分析与介绍；第五部分是对江苏文化事业发展的分析研究；第六部分是对江苏文化史研究成果的介绍；第七部分是分市报告篇；第八部分是大事记篇。希望这些研究报告能为相关部门制定文化发展政策，提供一定的借鉴与参考。

关键词： 江苏　文脉工程　文化事业

目 录

Ⅰ 总报告

B.1 强化文化支撑　提升精神动力
　　——2016年江苏文化建设迈上新台阶……………… 余日昌 / 001

Ⅱ 思想文化建设篇

B.2 "文明"，如何植入"社会"
　　——"人文精神—公共政策—社会文明"的
　　　战略理念 ………… 樊和平　姜　健　余日昌　朱　珊 / 029
B.3 坚持和发扬党的光荣传统和优良作风的思考与对策
　　………………………………………………………… 崔　巍 / 039
B.4 江苏文化现代化的新内涵与新思路 ……………… 杨明辉 / 047
B.5 城市化背景下江苏城市文化建设探析 ……………… 李　宁 / 054
B.6 以"南京大屠杀"八十周年为契机深化爱国主义教育的对策研究
　　………………………………………………………… 崔　巍 / 063
B.7 江苏家训中的仁者情怀 …………………………… 胡发贵 / 071
B.8 江苏家训中的天下情怀 …………………………… 陆月宏 / 078
B.9 江苏传统家训中的"治生"思想 ………………… 孙钦香 / 087

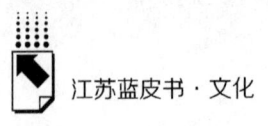

B.10 朱柏庐家训思想及其现代借鉴意义研究 ……………… 陆月宏 / 098

Ⅲ 道德风尚建设篇

B.11 当前江苏省社会信任问题的伦理溯源 ……………… 杜海涛 / 111
B.12 江苏省伦理关系和道德生活之影响因子动态分析
（2007～2013） ……………………………………… 何浩平 / 123
B.13 江苏家庭伦理道德发展研究报告（2007～2013）…… 刘　霞 / 132
B.14 江苏公务员群体的伦理道德发展研究
　　——基于江苏的调查数据 ………………………… 蒋　阳 / 141

Ⅳ 文脉工程建设篇

B.15 知血脉，通命脉，仰望山脉
　　——关于"江苏文脉工程"的"智库"建议 ……… 樊和平 / 149
B.16 江苏名人研究的宗旨、任务与难点 …………………… 姜　建 / 156
B.17 民国江苏文献及其保护利用研究 ……………………… 王卫星 / 163
B.18 江苏文化家族研究的意义、优势与路径 ……………… 王裕明 / 176
B.19 江苏省"桐城派"文化资源的发掘、整合与开发策略
　　…………………………………………………………… 王思豪 / 184
B.20 关于江苏当代文化史研究的若干思考 ………………… 叶扬兵 / 200
B.21 明清小说和江苏教育 …………………………………… 胡莲玉 / 210

Ⅴ 文化事业发展篇

B.22 江苏出版业的现状、问题与对策 ……………………… 魏文哲 / 218
B.23 江苏博物馆发展现状报告 ……………………………… 倪惠颖 / 229

B.24 江苏区县博物馆创新发展对策研究 ………………………… 余日昌 / 238

B.25 培育文交市场　引领社会风尚
　　——江苏区（县）书画艺术品市场创新发展对策研究
　　 ………………………………………………………… 余日昌 / 245

B.26 江苏科普建设现状与思考 ……………………………………… 李　宁 / 252

B.27 江苏文博创意产业发展思路与对策研究 ……………………… 李　昕 / 262

B.28 世界记忆遗产与南京大屠杀的历史记忆 …………………… 王卫星 / 270

B.29 促进公众参与江苏文化遗产保护的对策建议 ………………… 李　昕 / 279

B.30 江苏文化园区目前困境及化解之策 ………………………… 陈清华 / 287

B.31 江苏文学期刊现状与发展策略 ……………………………… 李　良 / 295

B.32 南京民国期刊整理及保护利用 ………………………………… 赵　伟 / 307

Ⅵ　文化史研究篇

B.33 江苏明清文学名人遗迹发掘对弘扬中国传统文化的意义
　　 ………………………………………………………… 徐永斌 / 317

B.34 近60年来柳亚子研究综述 …………………………………… 叶扬兵 / 326

B.35 近十年来江苏环境史研究的回顾与展望 …………………… 张慧卿 / 341

B.36 抗战后江苏善后救济史研究的现状与展望 ………………… 董为民 / 352

B.37 以史为鉴加强近代丝绸之路研究 …………………………… 王　健 / 362

B.38 近年来国内关于"丝绸之路"研究的回顾与展望 ………… 王　妍 / 369

B.39 江苏境内两汉王国历史资源的利用现状与展望 …………… 姚　乐 / 378

B.40 江苏网络文学现象研究 ……………………………………… 王　韬 / 390

Ⅶ　分市报告

B.41 2016~2017年泰州市文化发展分析、预测与展望
　　 ……………………………………… 江苏省社会科学院泰州分院 / 399

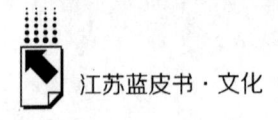

B.42 南通市推动文化软实力提升的实践和创新
　　　　　　　　　　　　　　　　江苏省社会科学院南通分院 / 407

B.43 2016~2017年连云港市文化发展分析、
　　　预测与展望 ………………………………………… 蒋红奇 / 416

B.44 坚定文化自信　促进文化繁荣
　　　——镇江市文化发展分析报告 …………………… 于　伟 / 424

Ⅷ 大事记

B.45 2016年文化发展大事记 ………………………………………… / 433

Abstract ……………………………………………………………… / 464
Contents ……………………………………………………………… / 465

总报告

General Report

B.1 强化文化支撑　提升精神动力

——2016年江苏文化建设迈上新台阶

余日昌*

摘　要： 回顾2016年，江苏省委提出全省发展"两聚一高"新的奋斗目标，全省全面实施"十三五"经济社会文化发展规划，全省"文化创新"和"文化富民"同步推进并取得了显著成效，其中尤为突出的是：江苏文脉工程成绩斐然，文化产业转型升级发展和文化服务供给侧改革迈开更大步伐，江苏文化对接"一带一路"建设的基础得到进一步夯实，江苏文化发展的竞争力得到显著提高。

关键词： 江苏文化　文脉工程　文化产业　文化事业

---

* 余日昌，江苏省社会科学院哲学与文化研究所副所长，研究员。

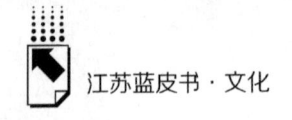

前　言

党的十八大以来，以习近平同志为总书记的党中央高度重视文化建设。围绕加快建设社会主义文化强国、提高国家文化软实力，总书记提出了一系列新思想新论断，做出具有深远影响的战略部署，特别是总书记在文艺工作座谈会上的重要讲话，对指导新形势下文化建设和社科工作具有里程碑意义。2014年总书记视察江苏发表重要讲话，要求努力建设"经济强、百姓富、环境美、社会文明程度高"的新江苏，省委亦将"推动文化建设迈上新台阶"列为"十二五"期间全省五个重点任务之一，突出强调"做好各项工作，必须有强大的价值引导力、文化凝聚力、精神推动力的支撑"。2016年5月17日总书记在全国哲学社会科学工作座谈会上指出"要坚定中国特色社会主义的道路自信、理论自信、制度自信，说到底是要坚持文化自信"，在7月1日建党95周年庆祝大会上他再次强调社会主义强国需要文化自觉与文化自信。这些重要讲话和指示精神，把握大势着眼全局，明确了我国未来文化建设的目标方向、根本要求和重点任务，江苏文化建设面临新一轮"谋划—动员—出发"的重要时刻。江苏省委围绕总书记提出的"推动文化建设迈上新台阶"要求，在2015年6月已明确将"把江苏建设成为文化凝聚力和引领力强、文化事业和产业强、文化人才队伍强的文化强省，努力构筑思想文化建设高地、道德风尚建设高地（即'三强两高'）"作为持续推动江苏文化建设迈上新台阶的重要战略部署，努力为建设"强富美高"新江苏和全面实现小康社会提供文化支撑和既强又好的精神动力。

为此，2016年江苏进一步加强理论探索，牢固树立问题导向，在对策研究方面进一步讲求实事求是，存在什么问题就解决什么问题，特别是从理论和战略等更深层面开始大胆探索如何突破"小康瓶颈"。在深入实施各项文化建设工程中，江苏已开始树立"以创新为驱动"的文化风尚，着手建立健全党委统一领导、党政齐抓共管、宣传部门组织协调、有关部门分工负责、社会力量积极参与的工作体制和工作格局；坚持人文交流与经贸合作结合，坚持立足自身与借助外力结合，坚持政府力量与民间力量结合，充分发挥政府、媒体、企业、社会组织和个人多方力量，充分发挥江苏友城资源丰富的优势。江苏长期坚持的"文化惠民"实践取得了明显成效，突出反映在江苏文化对自身品牌、内容和队伍等建设方面，反映在切实增强文化服务供给侧能力和效能，强化基本公共文化服务，增强国际传播能力和江苏文化影响力等方面。这些为江苏今后"聚力创新，聚焦富民，建设高水平小康社会"的奋斗目标打下了良好基础。

一 探索文化创新，强化小康社会的文化支撑

2016年，江苏通过坚持"三强两高"文化创新实践，一方面探索"小康瓶颈"等理论前沿问题的解决途径，另一方面创造令人鼓舞的文化气象和文化条件，为未来聚力文化创新和聚焦文化富民奠定了坚实基础。

（一）建好优质载体，增强文化凝聚力引领力

优秀传统文化是江苏的文化命脉。2015年江苏传承优秀区域文化已落实处，但从提振文化自觉和文化自信角度来看，则需要进一步加大力度建好优质文化载体，进一步弘扬江苏人文精神新的时代要求。对此，2016年江苏大胆创新实践，成绩显著。

1. 大力实施江苏文脉整理和研究工程

2016年，江苏以"江苏文脉整理和研究工程"为枢纽，将江苏优秀区域文化之"继承"和"弘扬"这两块工作相贯通并取得创新性突破。2016年是"江苏文脉整理与研究工程"启动之年，各项工作已按计划有序进行。在实际工作中这项巨大工程已自然形成一种功能性分工，即"江苏文脉整理工程"集中精力对江苏优秀传统文化如何得以"继承"下功夫，"江苏文脉研究工程"集中精力去研究如何"弘传"江苏优秀传统文化。这两个板块实为一车两轮，推动江苏文脉得以扎实继承和延绵弘传下去。

江苏省委高度关注并直接指导江苏文脉整理和研究工程。在省委宣传部哲学社会科学规划办统一安排下，江苏文脉整理工程以《江苏文库》编纂出版为主要内容，分别设立"书目编、文献编、精华编、史料编"等部分并配备相应的学术团队。其中，书目编由南京图书馆和凤凰出版社牵头，团队由南京师范大学、南京图书馆等单位专家组成；史料编由南京师范大学文学院主持，团队成员包括省内16家图书馆的专家学者，聘请南京师范大学、山东大学相关专家学者为学术顾问；文献编由南京大学古典文献研究所主持；精华编由南京大学文学院主持。江苏文脉研究工程由江苏省社会科学院负责"江苏文化通史"、"江苏文化名人传"、"江苏文化专门史"和"江苏文化专题研究"，由江苏省社科联负责"江苏地方文化史"。在顶层设计上由省委宣传部成立"江苏文脉整理与研究工程办公室"，与省哲学社会科学规划办公室合署办公，对"整理"与"研究"两大板块统一规划、统筹兼顾。文献资源普查和学术研究同步推进、分头并进，形成以"编纂整理古今文献、梳理再现名人名作、探究追溯文化脉络、打造江苏文化名片"为特色的一种交叉互补的实施模式。

江苏文脉整理和研究工程十分重视相关制度设计。2016年已陆续建立各项制度，包括《江苏文脉整理与研究工程经费使用管理办法》《江苏文脉整理与研究工程廉政建设管理办法》《江苏文脉整理与研究工程质量和进度保障措施》等。工作机制上已成立学术指导委员会，细化责任全面对接，对编撰工作进行全过程把控、全方位跟踪指导。以实施文脉工程为契机，鼓励有关高校将"江苏文脉整理与研究"作为重要研究方向之一，积极探索文库之项目与人才培养相结合的新模式，通过以编促学、以纂代训，着力培养一批精通历史典籍与文献的专门人才与学术新人，让文脉工程真正成为人才培养工程、文化传承创新工程。

2016年初，江苏文脉整理与研究工程本着博观约取、去粗取精的原则，从卷帙浩繁的典籍中挑选出最有影响、最具代表的作品，紧抓文脉脊梁，把准文脉精华。江苏文脉整理与研究工程办公室举办了《江苏文库》工作推进会、江苏13个省辖市地方文化史编撰工作动员会和《江苏地方文化史》

编撰方案专家评审会，研究确定总体方案、团队构成等，制定符合学术规范的体例标准，形成以课题研究带动团队建设的特色。目前，"整理工程"已完成"方志编"中"省志部""江宁府部""苏州府部"共150册编辑工作，安排撰写《江苏艺文志》《江苏作家存世书目》，确定"史料编"拟收书目初编、"文献编"拟收书目4000种、"精华编"拟收书目400种，精选200种整理书目和10种外译书目。"研究工程"已举办了咨询会暨高层论坛并邀请50多位国内专家参加，其中《江苏历代名人词典》编纂完成待出版、《江苏专门文化史》已签约作者第一批，《江苏文化通史》《江苏名人传》已签约作者第三批，《中国文化传统中的江苏文脉》已在积极筹撰中。在此基础上，江苏积极做好《江苏文库》阶段性成果的宣传推介工作，定期汇编《"江苏文脉整理与研究工程"工作简报》，及时汇集并上报"江苏文脉"工作动态；南京大学古典文献研究所创建微信公众号（"南雍论学"），设立"文脉江苏"专栏，推送相关学术讯息；省社会科学院网站增设"江苏文脉研究"专栏，发布《"江苏文脉研究工程"问策求贤书》，利用多媒体平台广泛征集文脉选题，发布研究指南，进行课题招标，大力宣传推介优秀文化成果，不断扩大成果"溢出效应"，全面展示"江苏文脉"的震撼场景，充分呈现江苏文化的厚重历史、丰富内涵和独特魅力，提升江苏文化影响力和文化软实力。

值得一提的是，与国内其他省份目前主要关注传统文化的整理工作相比，江苏文脉研究工程为国内首创。优秀地域传统文化的弘传需要体系化、理性化和现代化，因此，实施整理工程的同时研究工程不可或缺。与整理工程相比，研究工程属于更为活态的理论研究，需要更大智慧，需要精细史料考据、思想梳理和精神内涵提炼等功力，它将为未来弘传江苏优秀地域文化中的思想精髓提供更为鲜明的符号表达体系和受众群体指向。江苏文脉研究工程以省社会科学院为主办单位，组织全省专家学者力量开展江苏历史名人、江苏文化门类、江苏文化通史和江苏文化专题四项理论研究，形成特色鲜明的优秀文化表达体系。

以江苏名人研究为例，这个项目旨在聚焦人才群体，展现江苏名人的文化生命和文化贡献，为江苏文化的保存和发展再现辉煌、勾勒源流、保存记忆、探讨规律，为江苏发展揭示文化生命力和文化创造力。其研究任务包括基础性、专门性、宏观性的立体工程；研究难点在于落实整体性思路和整体性视野，从而形成整体性面貌或风格。较之其他研究，名人研究的独特之处在于名人作为他所处时代的一个特殊端点，携带着那个时代丰富的文化信息，除名人自身的价值外，还可以借此全方位地观察那个时代，观察他与他所身处的文化传统之间的种种关联。江苏名人研究的重要性集中反映在以下方面：第一，名人身上通常扭结着民族的和社会的重大矛盾与重大事件，通过名人可以观察时代之嬗变与历史之兴替，尤其在民族的存亡之际或社会转折关头；第二，名人有着超越世俗的精神品质和思想能量，其精神和思想的结晶通常体现着其时代所能达到的精神高度和思想深度，具有指引民族的发展路向、焕发民族的理想之光的巨大作用；第三，名人有着异于常人的创造力和智慧，坚定的意志力和强烈的求知欲支持着他们突破成规探索未知，从而不断地以创新成果推动社会的文明进步；第四，名人与传统具有血肉般渊源，历史的延续和文化的传承主要通过人与文来体现，即名人和经典构成了其两个最显著的标识。由此，他（它）们通常成为民族文化记忆留存的完整的基因库，成为观察一个民族历史沿革和文化传统的重要视角。名人因其贡献和影响而形成的对于家族、乡邦、地区乃至整个民族的推动作用、示范效应和启迪意义，更是毋庸置疑，尤其在中国这样一个特别重视人伦的国度，名人的作用更具有放大的效果。在这个意义上，名人研究具有其他研究不可替代的作用。在江苏庞大的名人队列中，文化名人占比达70%左右，这种鲜明的特色显然与江苏的地理环境、历史脉络和文化传统息息相关。名人研究，实际上就是从一个特殊角度去研究优秀地域文化，其中自然涉及对文化传统脉络、内涵和质地的梳理与总结。为此，项目组专门确定名人入选的整体性标准、名人传记写作整体性思路和理解名人与江苏文脉关系的整体性视野，以克服名人名单选择难、研究理念落实难等难题，突出名人研究的学术性、江苏性和文化性。[1]

---

[1] 相关内容引自江苏省社会科学院文学所所长姜健教授的专题报告。

2016年,"江苏文脉研究工程"四个项目已取得以下进展：一是"江苏名人传"完成出版刘邦、刘向刘歆、萧衍、鉴真、刘禹锡、吴承恩、郑和、冯梦龙、顾炎武、郑燮、方苞、王石谷、翁同龢、曾朴、梅兰芳、徐悲鸿、朱自清、瞿秋白、钱穆、李可染传记20种,正在撰写陆逊、陶弘景、李渔、唐寅、缪荃孙、马相伯、刘师培、柳亚子、丁文江、"刘氏三杰"刘半农刘天华刘北茂等；二是《江苏文化通史（11卷）》全面梳理江苏文化发展历史脉络,归纳总结江苏文化发展突出成就与地方特色,已安排撰写《中国文化传统中的江苏文脉》（总论）及先秦、秦汉、魏晋南北朝、隋唐五代十国、宋元、明、清、中华民国、中华人民共和国（1949~1978）、中华人民共和国（1979~2014）10个不同时期断代史分卷；三是"江苏文化专门史"（预计共100种）,借助学科分类,从精神文化、物质文化、制度文化三个维度就江苏文化展开专门研究,已签约《江苏思想史》、《江苏工艺史》、《江苏书法史》、《江苏儒学史》、《江苏教育史》、《江苏伦理学史》、《江苏科技史》、《江苏家训史》、《江苏风俗史》、《江苏运河史》和《江苏典当史》11种；四是"江苏文化专题研究"（预计共50种）,对江苏文化传统中重要的文化现象进行专题研究,定格江苏文化记忆并提供江苏文化之专题性文脉特色,已签约《泰州学派的精神世界与乡村建设》、《清代今文经学的兴起》、《清代经学与文学：以常州的文人群体为典范》、《文化变迁与16世纪以后江南女性继承权的确立》、《江苏籍桐城派作家及其撰述丛考》和《心学与经世之学变奏中的顾炎武》6种。

2. 大力推进文学艺术精品工程

文学艺术精品工程的成果是检验文化建设迈上新台阶的重要标尺。创造属于我们这个伟大时代的文艺精品,推出更多群众喜闻乐见的优秀作品,旨在把社会主义核心价值观融入艺术创作之中,让文化高地之上崛起更多的精神高峰。

2016年文学苏军在全国引人瞩目。一是小说《推拿》获得茅盾文学奖,极大地鼓舞了江苏作家群体的创作热情。2016年,省作协继续为文学精品创作营造良好氛围,鼓励、引导更多艺术家深入生活,为人民而创作：一是继续完善面向全国的非驻会作家签约制，更多地培养在文坛上有影响的领军人物；二是继续实行面向省内的优秀青年作家签约制和"壹丛书"工程；三是关注网络作家，在中国作协确定的全国重点网络作家622人中，江苏有65人，占比超过了10%，因此省作协将适时成立江苏省网络作家协会；四是在关注重点作家的同时，放宽视野，形成专业和业余、中心和边缘相结合的文学人才分布格局，形成以南京、苏州为文学双核，以苏北苏中苏南三大板块为辐射的江苏文学地理新格局，推动淮宿儿童文学现象、里下河文学现象、环太湖诗歌现象的进一步发展。

2016年江苏演艺集团继续狠抓优秀作品的创作生产，把社会主义核心价值观融入艺术创作之中，讲好江苏故事，讲好中国故事，弘扬中国精神。在2015年重点打造的歌剧《运之河》、音乐剧《锦绣过云楼》、京剧《镜海魂》等都取得良好反响的基础上，2016年进一步排演了歌剧《郑和下西洋》、昆剧《魏良辅》、锡剧《玫瑰村》等一批新剧，让老百姓看到了更多更好的精品剧目。

在舞台艺术创作方面，江苏继续保持位居全国第一方阵。在第十一届中国艺术节上，江苏3台剧目通过初选入围，继上届话剧《枫树林》获文华大奖之后，省淮剧团的淮剧《小镇》又一次夺得文华大奖，为华东六省一市唯一获奖剧目。同时，镇江扬剧《花旦当家》被中宣部、文化部选作全国基层院团戏曲会演开幕式大戏；滑稽戏《探亲公寓》入选文化部国家艺术基金滚动资助项目，全国仅8台；《赶鸭子下架》《红船》2部剧目入选文化部戏曲剧本孵化计划一类作品，全国仅8部。实施舞台艺术重点投入工程，打磨提升情景朗诵剧《一代楷模周恩来》，抓好民族歌剧《阿炳》（暂定名）和现代京剧《茅山谣》（暂定名）的创排。此外，还完成了对2015年度省舞台艺术精品工程的终评工作，指导全省各地积极开展舞台艺术创作活动，一批新剧目分别进入剧本创作、投排、首演等环节。组织情景朗诵剧《一代楷模周恩来》、淮剧《小镇》等12台优秀剧目，在北京、天津、延安、徐州等地开展全国优秀现代戏演出，先后演出31场，得到社会各界的好评。全省优秀现代戏晋京展演引起强烈反响，扩大和提升了江苏现代戏的知名度、影响力。文化部部长雒树刚观看后鼓励江苏多创作、多演出，为振兴江苏戏曲做出示范。

2016年，江苏美术创作尤其是中国画创作水平依然位居全国前列。其中省国画院"金陵风骨其命惟新——江苏省国画院60年展"在北京举办，在全国美术界引起巨大反响。2016年9月28日"养吾浩然之气——徐利民书画篆刻第三回晋京展"在中国国家博物馆举办并引起巨大反响，李岚清、杨洁篪等前往参观；同年11月经全省推举并组织专家评审后，首次开办省优秀美术家系列展；第四届江苏省"林散之·书法作品双年展"在省美术馆举办，充分展现江苏书法的整体水平与最新成果，该展与全国书法展、兰亭书法展并称中国三大书法展，获得高度评价；发动全省作者参加"十一艺节"全国优秀美术作品展，组织省内初评，推荐江苏优秀作品，并取得优秀成绩；组织江苏作品参加中国美术馆主办的"中华民族大团结美术作品展"，桑建国、陆庆龙、詹勇的作品被中国美术馆收藏；在省美术馆举行"艺术的表现——第九届江苏省油画展"，坚持十二届连续举办"百家金陵画展（国画）"，主办的"如歌的行板——沈行工油画作品展"在中国美术馆开幕；由省政府主办、文化厅承办的喻继高艺术馆在徐州开馆；参与主办"写意中国——2016中国国家画院美术作品展（南京）""道法自然——傅二石八十艺术回顾展""广陵潮——顾大风主题书法展""墨彩诗情——张广才中国人物画作品展"等众多展览活动。

3. 大力建好特色文化园区。

特色文化园区最能有效凝聚一个地区创作生产优秀地域文化产品的创造力。江苏特色文化园区建设一直走在全国前列。至2016年底，全省建成和在建文化产业园区200余家，包括1个国家级文化产业试验园区、14个省级文化产业示范园区、4个国家级动漫产业园区、3个国家级文化与科技融合示范园区，形成一批能力较强的区域文化产品创造基地。其中，文化创意园区建设对优秀地域文化之创作及生产力量的凝聚作用最为明显。

首先，江苏文化创意园区建设已趋向成熟。"十二五"期间，省文化厅首先将文化创意产业园区建设作为推动文化产业集聚发展的重点工程和重要抓手。2015年下半年省文化厅制定出台《江苏省重点文化产业示范园区、重点文化产业示范基地认定管理办法》，为2016年推动全省特色文化园区转型升级，发挥其产业集聚、项目孵化和示范引领作用打下了良好基础。目前，以文化创意园区为例，江苏特色文化园区建设呈现以下特点。

一是政府推动，园区整体竞争力不断提升。各级党委政府都将发展文化创意产业作为文化与经济建设的重点工作来抓，党委政府领导亲自挂帅，制定本地文化创意产业的发展目标及园区规划、把准园区建设与发展的布局和定位，成效明显。比如：南京紫东国际创意园由栖霞区政府全资打造，占地总面积1000亩，建设研发和配套服务设施67万平方米，项目总投资40亿元，目前入驻文创企业170余家，被评为江苏省文化科技产业园、江苏省现代服务业集聚区。昆山周庄镇政府打造的昆山文化创意产业园，占地面积10平方公里，总投资达20亿元，引进各类文化企业80多家，打造以古镇旅游为内核的文化旅游产业链、以四季周庄为主的演艺产业链、以旅游纪念品为主的设计研发产业链、以美术品为主的艺术品产业链，被认定为国家级文化产业示范基地。

二是服务创新，双创企业不断壮大。在大众创业、万众创新趋势下，文化创意产业园区与文创小微企业孵化器融为一体，为创业者提供场地、采购、环境、资金等创业条件以及法律保障、人力资源和投融资等软环境，用专业的资本对接与运营服务为从事文创产业的创业者提供一站式创业服务。比如南京紫东国际创意园打造大学生创业板块，先后引进40多个大学生创业项目，其中16个项目获得风险投资，6个项目获得江苏省大学生优秀创业项目。无锡蓉运壹号文化创意园构建的无锡微果众创空间平台，通过打造创新实践孵化基地、创新资源整合平台、创新政策示范平台的模式，为入园企业量身定制成长服务计划、市场对接渠道、品牌推广平台，构建有利于"众创"企业成长、壮大的创新生态服务圈。

三是科技引领之"互联网+"的文创活动生机勃勃。在"互联网+"

背景下，政府加大投入力度，在文化创意产业园区搭建数字化公共服务平台，对提高园区服务水平、跨界整合文化资源、扩大园区集聚效应、营造产业发展优良环境，起到极其重要的推动作用。南京市"创意南京"文化产业融合公共服务平台建立信息化系统，为小微文化企业提供线上线下的综合服务，让各企业跳出了园区地域限制，达到资源共享、实现规模效益的目的。比如连云港杰瑞科技创意产业园联合苏北龙头电商企业天马网络发展有限公司，创办电商学院、电商产业联盟，已培训企业人员3000余人，为入驻企业提供以创业辅导、市场对接为主要内容的"互联网+"服务。

四是金融助力，融资渠道不断拓展。金融是促进产业发展的"血脉"，也是经济运行的"助推器"。文化金融合作能够为壮大文化创意企业规模和提升文化产品层次提供强大动力，为文化创意产业发展注入新的生机和活力。比如，苏州阳澄湖数字文化创意产业园引进北京嘉宸等民间资本，新成立规模达1亿元的"阳澄湖数字产业种子投资基金"，不断加大文创园的"金融造血"功能，健全和完善文创园数字企业孵化器的融资功能。扬州486非物质文化遗产集聚区，在全国工艺美术行业中率先推出金融创新服务产品——"玉金融"，为从事玉器产业经营活动的中小企业提供融资、网上商城等综合性金融服务，并发行了总额达1亿元的江苏省首支文化创意中小企业集合票据，提供投资规划、金融联动服务等特色金融服务，为扬州工艺美术产业发展壮大搭建了全方位的金融资本支撑体系。

五是品牌培育，孵化效果不断增强。打造文化创意品牌必须依靠良好的政策和市场环境。园区（基地）借助自身的规模优势，搭建资源平台、加强品牌建设、完善功能服务，已成为孵化文化品牌的重要载体。比如，中国黄桥乐器文化产业园区集科研、设计、生产、销售和服务为一体，主要营销产品包括小提琴、古典吉他、民谣吉他等20多种乐器。公司打造的"凤灵"乐器品牌被评为"中国驰名商标""中国著名品牌""江苏省著名商标""江苏省名牌产品"，"凤灵"牌提琴连续20年世界销量第一，已发展成为国内乐器产品市场的标杆品牌。常州创意产业基地经过多年打磨，共拥有3个国家级重点动漫企业，创作出《炮跑兵》《麦拉风》《恐龙宝贝》等50多个知名动漫品牌形象，培育出爱尔威"火星车"、赞奇渲云平台、"大屏互动——卓谨盒子"等一批行业著名品牌，其中包含18个国家、省、市级驰名商标。

其次，江苏历史经典文化园区建设已迅速起步。2016年底，江苏在国内率先探索"历史经典文化园区"建设和相关产业集聚。历史经典产业蕴含深厚的文化底蕴，是江苏先辈们留下的宝贵财富和遗产。江苏可考历史长达6000多年，拥有一大批特色鲜明的经典历史文化资源，从吴文化、汉文化、六朝文化以至明清文化和民国文化，纵横交织成中国历史文化的代际传递和开发潜力，涌现了丝绸、茶叶、工艺品、紫砂、云锦、苏绣等带有浓厚江苏印记的传统产业。要让这些经典文化品牌如国外很多经典产业一样成为百年招牌，除了相关企业要继续做好对传统的坚守和传承外，更重要的是让其创新创造的活力得到极大的激发，将传统产业做大做强，将经典产品做精做优。

就2016年基本现状来看，江苏发展历史经典文化园区建设已具备三个方面的坚实基础。一是文化资源。江苏文化底蕴深厚，现有世界文化遗产3处，各级文物保护单位4300多处，非物质文化遗产名录项目4900多项，国家历史文化名城12座、中国历史文化名镇27座、名村10座。这些都是江苏省发展历史经典文化产业的重要资源。二是产业资源。目前，全省共有文化法人单位10万多家、年营业额500万元以上规模企业6000多家、1个国家级文化产业试验园区、16个国家文化产业示范基地、3个国家级文化和科技融合示范基地、14个省级文化产业示范园区、44个省级文化产业示范基地，为江苏省发展历史经典文化产业奠定了坚实的产业基础。三是品牌资源。经过时光河流的洗刷，在产业发展过程中，江苏各地依托独创性文化资源，逐步积淀形成了地域特色鲜明的文化品牌，对全省历史经典文化产业的发展起到积极的引领带动作用。如：南京云锦、宜兴紫砂、苏州刺绣、南京金箔、无锡泥人、扬州玉器、扬州漆器、南通扎染、东海水晶等特色文化产业品牌。"十三五"及今后一个时期，江苏将在现有基础上，从"确立品位战略,去低端产能;确立品质战略,补科技短板;确立品牌战略,挖掘文化底蕴;确立融合战略,跨界求发展;确立人才战略,让历史经久不衰"五个方面入手,进一步做实历史经典文化园区建设和相关产业集聚,努力形成以历史传承文化、以经典催生产业的良好发展局面。

(二)加大供给侧改革创新,改善文化服务供给水平

当前,在经济领域开启供给侧结构性改革先行一步的形势下,推进文化领域的供给侧结构性改革显得更加必要和更为迫切。当前文化产品和服务总量规模空前,但是真正能够被社会大众充分消费并滋润心灵的精神产品并不是很多,文化领域也存在"去产能、去库存、补短板"等问题,已呈现总量过剩与结构性短缺并存等矛盾。经济学里的"萨伊定律"指出,供给能够创造需求。比如,随着文化市场中高雅艺术供给增加,人们的艺术品位和审美尺度就增进,对高雅艺术需求就增多,这正是文化供给侧改革的逻辑所在。2015年11月习总书记在中央财经领导小组会议上首次提出:"在适度扩大总需求的同时,着力加强供给侧结构性改革,着力提高供给体系质量和效率,增强经济持续增长动力。"这些阐述也指明了文化领域供给侧改革发展的方针、目标以及核心内容,即从文化产品供给生产端入手,解放文化产品生产力,提高文化产品竞争力,促进人民欣赏水平的提高,进而改进"文化需求侧"。在以往工作实践中,往往能够提供的产品服务并不是群众所需要的,相关部门一直想搞清楚群众到底需要怎样的公共文化,然后以需定供。过去这种工作思路的特点是以需求牵引供给,其结果是供给永远滞后于需求。因此,我们需要把未来文化工作重心放在创新供给上,而不是放在琢磨需求上,以期真正实现以供给牵引需求。2016年江苏具体实践已大胆运用了供给侧的思维和方式方法。例如,社会主义核心价值观主题宣传教育就是典型的供给侧思路,比如打造主题公园、公益广告、文化活动、文艺作品等有效载体推动社会主义核心价值观宣传教育落地生根。

2016年江苏比以往任何时候都更注重文化发展的客观规律,更注重承载文化航船的市场规律,正在努力催生更高起点和更高质量的文化市场体系

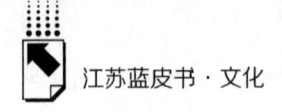

和公共文化服务体系，正在文化领域开展有效的探索实践。

1. 创新主流媒体宣传信息服务

党报主流媒体既是进步文化建设的宣传者，也是公共文化服务的践行者。如何确立好主流舆论阵地和文化企业的双重定位，这是2016年党报主流媒体自身发展所面临的主要问题。对此，全省首先进一步强化了主流媒体自身建设、积极强化主流文化传播的主干力量。其积极作用表现在首先弘扬社会主义核心价值观，让理论宣传更接地气，更贴近基层，同时通过媒体融合，嫁接互联网载体，创新表达方式，进一步提高文化的凝聚力、引领力。其次，在纸媒营收普遍下滑的严峻形势下，新华报业集团率先大胆探索深化改革，拓展传媒产业发展空间，大力推进资本运作和多元经营，按照要求加快建设移动政务平台，全力打造"融媒发展实验区"，建设视觉传媒中心、数媒采编中心、体育传媒中心等，推动艺术品经营；鼓励团队和员工创业，探索建立员工创新创业与集团分享成果的发展模式。

媒体融合势不可当。目前国内外主流传媒集团对移动新闻客户端建设风起云涌。"十二五"期间，为适应传媒格局和舆论生态环境的明显变化，新华报业传媒集团努力打造"纸媒、网站、手机报、移动客户端、微博微信、户外屏"六大传播平台，初步构建了"多介质、全方位、立体化"的传播格局。在第三届江苏互联网大会上，江苏第一新闻客户端——由江苏新华报业集团承办的"交汇点新闻"——正式上线。"交汇点"客户端是主流媒体在移动端的延伸，它向国人展示了江苏主流媒体在加大主流媒体宣传信息服务功能方面的一次大胆改革创新。作为新华报业传媒集团媒体转型期的重大战略项目，"交汇点"旨在打造江苏移动媒体第一品牌。做好"交汇点"的推广工作，有利于拓展党报的传播形式和传播空间，有利于加强网上内容建设。

"交汇点"这个名字，其发刊词曾经如此描述："我们叫她这个名字，不仅是因为她的诞生地江苏，处于国家宏伟战略'一带一路'的交汇点上，更因为我们希望每一个微小或宏大的理想，都能快些到达和现实的交汇点。我们也相信，这一个个交汇点，会在时光的洪流中拔节生长，汇聚成中国梦绚美的拼图。""交汇点"移动新闻客户端将与平面纸媒的新华日报、PC端网媒的中国江苏网共同构成三位一体、互为协同、覆盖三代传播形态的江苏第一主流媒体矩阵。据介绍,"交汇点"将被着力打造成集"新闻资讯发布、政务查询办理、民生服务、移动化建设"于一体的超级互联服务入口,形成"微博微信群、手机APP客户端、手机报(短信彩信版)、升级版手机报(HTML5版)"的跨终端、全网化移动矩阵,以及集纳"天气、交通、挂号、缴费"等民生常用内容于一体的互动服务掌上社区。"交汇点"将采取不断更新迭代、不断完善功能和内容的滚动开发模式。2016年推出的是初代产品,在内容架构上设置了"新闻""服务""政情""福利"四大板块。其中的"服务"板块设置了14个服务项目,包括预约挂号、查水电气、客运购票、违章查询、政风热线、政务咨询、招标信息、快递查询、公交查询、企业查询、自然人失信、法人失信、信用动态、信用法规。

2016年,按照省委宣传部要求,各级党委、政府和相关部门进一步积极支持重点党报电子阅报栏、新闻客户端建设,像抓党报党刊发行一样,做好"交汇点"客户端的推广工作。目前,"交汇点"已开始承担主流新媒体的积极作用,即秉承党报优良传统,坚持正确舆论导向,发挥公信力、人才、渠道等优势,结合移动新媒体特点,着力更新传播理念,改进宣传方式,增强新闻时效,重视民生服务,扩大用户范围,力争更快更好地建成"国内聚合+原创新闻与政务+民生服务"的供给服务平台。

2. 加大公共文化服务优质供给

2016年,江苏公共文化服务进一步释放改革活力,已从"有没有"向"好不好"发展。目前,全省公共文化服务体系建设在国内处于较高水平,基本建成城市"十五分钟文化圈"、农村"十里文化圈",初步形成了覆盖全省各地的五级文化设施体系。在2015年全省基本解决公共文化服务"有没有"问题之后,省、市相关部门开始立足于进一步充分了解人民群众的文化需求,积极考虑如何将公共文化服务工作重点调整到解决相关服务供给"好不好"的问题上。当前,亟须深入研究新时期群众文化需求的新特点,了解群众多样化的文化需求,变"政府端菜"为"农民点菜",彻底改变服务理念、渠道、方法和机制，做到供需对接，着力解决公共文化服务"最后一公里"的问题，让人民群众有更多的获得感。为此，2016年江苏公共文化服务的供给得到进一步扎实推进，其主要内容包括以下五点。一是自2016年全省正式施行《江苏省公共文化服务促进条例》。二是全省基层综合性文化服务中心建设有序推进，为此，省政府专门出台《关于推进基层综合性文化服务中心建设的实施意见》，召开全省基层综合性文化服务中心建设推进会。三是公共文化服务体系建设继续为国家提供示范经验，2016年无锡市和南京、常州的两个项目已通过第二批国家公共文化服务体系建设示范区（项目）验收，南京市江宁区和淮安、扬州的两个项目创建第三批国家示范区（项目）工作进展顺利。四是全面推进公共数字文化建设，目前，已实现全省数字图书馆市、县两级全覆盖，实现市县乡（镇）三级"中国文化网络数字电视"全覆盖。五是全面推进各县乡（镇）村三级公共图书馆总分馆制，目前，全省的县乡（镇）村三级总分馆制覆盖率达70%以上。按照相似模式，各地文化馆的总分馆制也分别在张家港、海安、射阳开展了试点，其示范效应正在逐步扩大。

2016年，江苏文化遗产保护全面推进，出台《省政府关于进一步加强文物工作的实施意见》，省政府组织召开全省文物工作会议，全面部署新时期全省文物事业发展任务，省委书记李强、省长石泰峰分别就文物工作做出批示，完成江苏省第一次全国可移动文物普查工作。南京成为海上丝绸之路联合申遗城市，兴化、东台蒋庄遗址入选中国社科院"中国六大考古新发现"和国家文物局"全国十大考古新发现"。高邮通过了国家历史文化名城专家组检查评估。南京博物院《温·婉——中国古代女性文物大展》获全国十大陈列展览精品奖。常州博物馆被评为最具创新力博物馆，开办中华优秀传统文化经典原著研读班，组织博物馆日和遗产日活动，举办长三角城市非遗传统技艺南通展。第四批省级非遗代表性项目名录新增项目94项，扩展名录67项。

2016年江苏积极开展对外文化交流。赴荷兰、特立尼达和多巴哥、哥伦比亚、文莱等国10个城市举办"欢乐春节·精彩江苏"活动。赴台湾新北、高雄市成功举办"吴韵汉风·精彩江苏"非遗展示展演，引起宝岛热烈反响，增进了台湾同胞的文化认同感。组派多个艺术团体赴埃塞俄比亚、津巴布韦、苏里南、古巴、德国等国家开展文化交流活动，演出规模和覆盖区域均创新高。为贯彻落实习总书记访英期间提出的共同纪念莎士比亚-汤显祖逝世400周年的指示精神，江苏开展"精彩江苏——中国昆曲英伦行"系列活动，石泰峰省长专为此发贺信。省政府和文化部签署《关于在荷兰合作共建海牙中国文化中心的协议》，2016年11月24日部省共建海牙中国文化中心举行揭牌仪式，这是我国第二家部省共建并投入运行的海外中国文化中心，也是江苏省对外文化交流工作取得的重大突破。

（三）"文经互动""大小并举"，增强文化产业竞争力

文化产业的供给侧改革的核心是加快文化产业转型升级和提质增效，目标是不断提升文化产业竞争力，实现到2020年文化产业成为国民经济支柱性产业。实践证明，真正决定文化产业核心竞争力的是文化产业供给质量。如果将加快文化产业转型升级和提质增效作为"十三五"文化产业发展主线，则需要重点抓好两件事：一是提升"品质—品牌内涵"，二是创新"商业—消费模式"。在这方面，2016年江苏进行了大量探索实践并收到了明显成效。

1. 加快文化产业转型升级

2016年，江苏文化产业继续加快转型升级。江苏全年积极申报年度中央文化产业发展专项资金，入围重大项目9个，获得资金4120万元，其中5个文化金融类项目获得支持资金3400万元，位列全国第一。有30个项目入围国家文化产业重点项目库。省级现代服务业（文化）发展专项资金评审出98个文化产业项目，支持资金9000万元。组织首批省级重点文化产业示范园区评审，8个文化产业园区获得命名。与江苏银行签署文化金融战略合作协议，"文贷通""镇文贷""连文贷"等文化金融产品为文化企业发展提供支持。江苏成功举办深圳文博会江苏馆、无锡文博会、苏州创博会、常州动漫周等重大会展活动，第五届苏州创博会交易总额达65.4亿元，同

比增长30%。2015年江苏文化产品与服务出口达58.42亿美元，同比增长3.29%。24家企业、5个项目入选国家文化出口重点企业和重点项目，数量居全国前列。引导文化文物单位开发文化创意产品，南京博物院、苏州博物馆被评为全国博物馆文化创意产品示范单位。城乡居民扩大文化消费试点工作稳步推进，南京入选首批国家文化消费试点城市名单，承办国家文化消费试点城市华东片区座谈会并介绍江苏省试点情况。通过加快文化产业转型升级，江苏文化产业已经形成规模发展。至2016年末，江苏全省拥有文化企业10万家左右，全省文化产业从业人员超过220万人，规模以上文化企业6800多家，总资产规模、主营业务总收入均突破1万亿元，文化产业增加值3488亿元，产业发展指数连续4年居省域首位，涌现出一批在全国有影响的重点企业、园区和文化品牌，为培育国民经济重要支柱产业奠定了坚实基础。

早在2014年江苏文化产业增加值就突破了3000亿元，占GDP比重超过5%并初具支柱产业雏形。然而，江苏文化产业如何迈上新台阶？文化产业新一轮发展路在何方？如何化解当前全省文化产业发展过程中迫切需要解决的问题，为今后建设全面小康社会提供强有力的文化产业支撑？这类问题已现实地摆在面前。江苏文化产业经过前些年快速发展现已进入提高质量、转型升级的发展新阶段，目前正在狠抓几个关键环节：一是推进文化产业的转型升级和结构调整，尤其要注重发展新型业态；二是支持大型文化企业做大做强，小微文化企业做精做优；三是建设一批高起点、规模化、代表文化产业发展方向的重点文化产业园区和示范基地；四是促进文化产业和金融、科技、互联网等其他领域的深度融合，形成文化产业和国民经济相互联动的大格局。

为解决一系列迫在眉睫不可回避的文化产业发展创新问题，2016年11月江苏省召开了"江苏省文化产业推进会"，正式印发了《关于促进文化科技融合发展的二十条政策措施》《文化金融合作试验区创建实施办法（试行）》《文化金融特色机构认定管理办法》《文化金融服务中心认定管理办法》《江苏省开拓海外文化市场行动方案（2016—2020）》等系列政策性文件。一系列政策有力支撑了江苏"十三五"时期文化产业发展的战略目标的实现。一是进一步明确江苏文化实力的具体目标。即明确2020年全省文化产业增加值比2015年翻一番，占GDP比重超过6%，锁定进入国内文化产业发展"第一方阵"目标，文化发展综合指数保持全国前列，文化产业全球竞争力显著增强。二是进一步彰显江苏文化产业的品质。新一轮文化产业发展不仅要追求规模速度，更要注重质量效益。到2020年，现代文化产业体系基本形成，新兴业态占比60%以上，文化创新能力水平居全国前列。培育一批有广泛影响，富有江苏特色的文化产业名品、名区、名城（镇），拥有一批文化产业领军人才，打造一批国内领先、具有国际竞争力的大型文化集团。三是进一步打造江苏文化特色。江苏文化产业发展总体上走在前列，在新一轮发展中要抓住新机遇、积极探索新路子。按照国家有关规划要求，发挥自身特点优势，努力在数字创意、智能制造、创意引领文化旅游、优秀传统文化融入时尚生活等方面先行先试，谋求先发效应，打造江苏文化产业特色。

2. 加快推动城市文化消费

当下文化领域如何更好地利用互联网等新技术，是促进文化产业转型升级的迫切需求，也是江苏推动城市文化消费的主要方式。与传统的消费方式有很大不同，网络消费方式强调参与性、社交性和个性化。从文化消费来看，网上购买电影票、演艺票和旅游门票是大众文化消费趋势。而更加有意思的文化消费行为，如粉丝经济、社群经济、消费众筹等，才是互联网与文化消费进一步深度融合的产物。现在微信、微博上一大批文化企业、出版社，甚至是旅游景点，都有自己的公众账号，通过优质的内容，吸引趣味相投的粉丝，建立社群，形成差异化的社区文化，进而达到营销和引导消费需求的效果。再如，经过传统的功能性消费和品牌式消费，互联网的参与式消费是当下和未来文化消费的重要发展趋势，如早期的贴吧、猫扑、天涯论坛等，现在的弹幕、众筹、众创等都是年轻人深入参与的亚文化消费市场，都具有相对完整的产业链。就传统文化行业而言，顺应大众消费市场的转移，建立新的网络消费渠道，引导新的文化消费习惯，对激发文化消费潜能具有重要作用。尤其是在互联网、大数据、云计算等新一代基础设施完善的基础上，建立文化消费的O2O平台，实现文化消费的精准化、定制化和参与性，是创新文化消费新业态，促进文化消费转型升级的重要方向。

据统计，江苏省2015年地区生产总值超过70000亿元，比上年增长8.5%。年人均GDP达1.4万美元，城乡居民人均收入分别实际增长8.23%和8.68%，用于文化消费的支出占人均消费支出的11.79%，文化消费市场潜力巨大。2015年，江苏省影院总票房达40亿元，观众达1.27亿人次；全年接待游客超过6.2亿人次，实现总收入超过9000亿元；从演出市场看，各类商业演出场次超过1600场，观众人数超过200万人次，广告经营收入508亿元。

2016年，江苏在新起点上推动江苏城市文化消费加速发展。

一是进一步完善了顶层政策设计。为促进文化消费的顶层设计，加大政府部门力量和社会资源的整合力度，形成拉动文化消费的长效机制，"十二五"期间，省委、省政府先后出台了《关于推动文化建设迈上新台阶的意见》《关于加快提升文化创意和设计服务产业发展水平的意见》《关于加快发展对外文化贸易的实施意见》等一系列政策，这一系列文件都明确要求各级政府加大扶持力度，为培育新的文化消费增长点营造良好的政策环境。

二是进一步加强了公共文化服务供给。制定出台了全省基本公共文化服务实施标准，不断提高城乡居民基本公共文化服务均等化水平。同时，还建立了公共文化服务体系建设协调机制，加大政府向社会购买公共文化服务的力度。大力实施文化精品工程，推出更多文化精品力作，为城乡居民提供更好更多的文化消费产品。目前，全省公共文化服务设施覆盖率达到90%以上，文化惠民取得明显成效。2010~2016年，省财政每年对"送书、送戏、送展览"活动的经费补贴达2010万元，指导直属单位不断培育新的文化消费增长点和热点，满足广大消费者需求。比如，南京图书馆2016年4月起开展的"你买书、我买单"活动，得到广大读者的欢迎，参与读者已达

35671人次，购书126556册、码洋431.56万元。南京博物院近期举办首个收费特展"法老·王——古埃及文明和中国汉代文明的故事"，接待观众15.5万人次，营业收入达300多万元。

三是进一步加大了财政资金支持力度。近年来，在省级文化专项资金项目资助过程中，逐步加大对电影电视、网络文化、文化旅游、文化娱乐、杂志期刊、艺术教育等拉动文化消费的项目的支持力度，让文化消费和惠民政策结合起来，有效地调动了企业创造文化产品的积极性，成为拉动文化消费的有效手段。2013~2015年，省级专项资金对促进文化消费项目的资助达1.2亿元。同期，全省共有30个促进文化消费的项目获得中央文化发展专项资金的支持，扶持额度为5500万元。

四是进一步推进了文化惠民活动。遵循文化惠民的原则，利用江苏艺术展演月、江苏省舞台艺术精品展示等平台，积极组织开展优秀舞台剧目惠民演出活动。通过政府财政补贴、购买公共文化服务等方式，推动了演出低票价制和梯度票价制，从而推动了对演出市场的培育，让广大人民群众共享先进文化的发展成果。在各项活动中，明确省外精品剧目最高票价280元，省内优秀剧目最高票价180元，划定100元以下占70%以上的红线，还针对学生、军人、低保户、农民工等特殊群体，设立特价票或是五折优惠。同时，江苏艺术基金每年出资5000万元，用于扶持创作生产舞台艺术产品及舞台剧的市场推广。

五是进一步打造了文化消费品牌交易活动。在文化部的大力支持下，举办"中国（深圳）国际文化产业博览交易会""中国苏州文化创意设计产业交易博览会""中国（常州）国际动漫艺术周""中国（无锡）国际文化艺术产业博览交易会"等重要展会活动；同时，省工艺美术协会与南京、徐州、连云港、南通等省辖市纷纷组织大型文化产品展示交易和舞台艺术展演活动，搭建文化创意企业展示、交流、孵化和成果转化平台，培育了一批新的文化消费增长点，极大地释放了文化消费潜能。据统计，2016年度，省内各类展会活动的现场成交额近70亿元，观展人数达300多万人次。

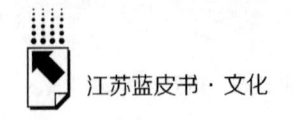

二 对接"一带一路",传播精彩江苏文化

江苏被中央定位为"一带一路"的交汇点。为此,2016年3月在连云港市召开了"江苏省'一带一路'文化产业建设研讨会"。会议强调:江苏作为"一带一路"的交汇点,地理优势独特,人文底蕴深厚,发展基础良好,对外开放度高,更应注重抢抓战略机遇,积极传承和弘扬丝绸之路友好合作精神,积极探索并深化与沿线国家的文化交流与贸易往来,促进江苏文化产业繁盛崛起、自信自强"走出去"。

(一)对接"一带一路"倡议的江苏文化条件

在对接"一路一带"倡议方面,江苏具有得天独厚的文化条件。

一是江苏具有深厚的历史文化底蕴。江苏是中华文明的重要发祥地之一,拥有吴、金陵、淮扬、中原文化及地域特征,历史悠久、人文荟萃,历代名人辈出,文化资源十分丰富。中国四大名著有3部出自江苏;在《二十四史》中有传者2万余人,其中近6000人是江苏籍;清代141名状元中有49人是江苏人;清代知名画家5869人,其中江苏籍画家2726人。江苏名胜古迹遍布各地,人文古迹、文化遗产与自然景观交相辉映,既有众多古镇水乡、典雅园林,又有许多壮观的古代都城遗址和千年名刹,更有烟波浩渺的湖光山色。至2016年底,江苏有全国重点文物保护单位226处、省级重点文物保护单位833处、国家历史文化名城11座、文化名镇27座、名村10座,世界文化遗产3处,世界文化遗产预备名单5处,联合国教科文组织人类非物质遗产代表作名录10项,国家级非物质文化遗产名录125项。近年来,江苏省委、省政府高度重视文化建设,重大文化设施加快建设,相继建成了南京图书馆新馆、省美术馆新馆、南京博物院二期工程等一批省级标志性文化设施,正在建设的江苏大剧院,总投资20亿元,建设用地19.66公顷,规模仅次于国家大剧院,全省基本形成"省有四馆、市有三馆、县有两馆、乡有一站、村有一室"的五级文化设施网络体系，公共文化设施的数量和质量领先全国。江苏文化产业蓬勃发展，2014年江苏文化产业增加值突破3000亿元，占地区生产总值比重超过5%；据文化部产业司发布的中国文化产业指数，2015年江苏文化产业发展综合指数跃至全国前三名，成为江苏国民经济新的增长点。

二是江苏拥有专业的文化产业平台。至今全省共有文化法人单位10万多家，其中年营业额500万元以上规模企业6000多家，涌现出南京云锦、常州卡龙、苏州蜗牛、欧瑞动漫等一批优秀文化品牌。全省建成和在建的文化产业园区（基地）超过200多家，包括1个国家级文化产业试验园区、16个国家级和44个省级文化产业示范基地、14个省级文化产业示范园区、4个国家级动漫产业基地、3个国家级文化与科技融合示范基地。据统计，早在2013年全省国家级文化产业示范基地就实现总收入超过85.64亿元，利税超过13.5亿元，集聚企业达1600余家，产业领域覆盖创意设计、文化旅游、工艺美术、演艺娱乐、动漫游戏等江苏主要文化产业优势门类。2016年省文化产业引导资金累计安排9000亿元扶持97个文化产业项目，213个项目获得中央文化产业发展专项资金4120万元支持，江苏企业和项目入选商务部、文化部2015~2016年度国家文化出口重点企业和重点项目的数量居全国前列。着力打造苏州创博会、常州动漫周、南京文交会、无锡文博会四个文化产业会展平台，推动常州、南京、无锡三个国家文化科技融合示范基地建设。目前正在开展省级重点文化产业示范基地（园区）评选命名工作，一批社会效益和经济效益突出、成长性高、发展前景好的企业将被选出来，在文化产业发展中起到了更好的引领示范作用。

三是江苏拥有浓厚的文化艺术氛围。江苏拥有国有艺术表演团体105个，有昆剧、京剧、话剧、歌剧、音乐、舞蹈、杂技、木偶、曲艺及其他地方戏剧等表演艺术品种17个。全省涌现出一大批优秀剧目，现实主义题材剧目占到50%以上，充分体现时代性、人民性、地方性特色。在第十届中国艺术节上，话剧《枫树林》获得政府最高奖——文华大奖，苏州昆剧院昆曲《牡丹亭》获"文华优秀剧目奖"，张家港市艺术中心锡剧《一盅缘》

获"文华剧目奖",《枫树林》主演于东江获中国艺术节表演奖。越剧《柳毅传书》、儿童剧《青春跑道》荣获第二届全国优秀保留剧目大奖,儿童剧《留守小孩》、舞剧《秀娘》获第十二届全国精神文明建设"五个一工程"奖,昆曲青春版《牡丹亭》、儿童剧《留守小孩》,分别入选2011~2012年度国家舞台艺术精品工程重点资助剧目。苏州市滑稽剧团入选全国地方戏创作演出重点院团,苏州弹词《雷雨》等10个剧(节)目进入文化部全国曲艺、木偶戏及皮影戏优秀剧(节)目评选。原创歌剧《运之河》参赛第二届中国歌剧节,获得优秀剧目奖、优秀作曲奖等七项大奖。扬州市歌舞剧院三人舞《甘霖》获全国第十届舞蹈比赛文华舞蹈节目优秀创作奖。在全国第九届杂技比赛中,江苏省杂技《变鸽子》等两个节目分别荣获银奖和铜奖,杂技《耍花坛》荣获铜奖和唯一的编导奖。在第25届中国戏剧梅花奖评选中,顾芗获得戏剧表演最高奖——"梅花大奖"(三度梅)。紧扣"中国共产党成立90周年"与"辛亥革命100周年"两大历史事件,江苏启动重大主题美术创作精品工程,先后创作国画14幅、油画16件、版画13件、雕塑10件。以五年一届的全国美展为例,特别是中国画,无论是获奖作品还是入选作品数均居全国之首。

四是江苏拥有丰富的对外文化交流渠道。从2013年至今,经江苏省文化厅审批或审核报批的对外文化交流活动,全省共组织965人次赴世界34个国家实施73个文化交流项目,有26个国家的46批文化团来我省实施40个文化交流项目,往来交流项目涉及表演艺术、造型艺术、文化产业、文化遗产等领域。特别是"一带一路"文化交流日趋丰富活跃,2015年12月6日、7日,由江苏省文化厅与曼谷中国文化中心联合主办的"精彩江苏·丝路情韵——中国江苏传统服饰秀"在泰国首都曼谷连演两场。整场演出以苏州大学艺术学院模特班表演的"经典服饰秀:云之锦"、"经典服饰秀:蓝之魅"和"时尚服饰秀:江南韵"三个篇章为主体,穿插了江苏省演艺集团著名演员表演的昆曲折子戏《牡丹亭·惊梦》、木偶绝活《板桥作画》及琵琶独奏《彝族舞曲》、《梅花三弄》,向泰国观众展示了云锦、蓝印花布、昆曲、木偶等江苏特色文化。这项演出是曼谷中国文化中心举办的中泰建交 40 周年系列庆祝活动之一，也是江苏省文化厅精心打造的与"一带一路"沿线国家文化交流的重点项目。此外，江苏赴"一带一路"沿线国家交流的亮点项目还有：南京文化艺术代表团献艺俄罗斯、白俄罗斯、乌克兰，无锡文化艺术代表团赴埃及、以色列举办"中国（江苏无锡）文化节"，苏州芭蕾舞团新编现代芭蕾舞剧《卡门》亮相波兰比得哥什歌剧节，苏州市歌舞剧院赴泰国参加中泰建交 40 周年庆祝演出，张家港东方艺术团参加土耳其安塔利亚国际青年节演出，江苏省女子民族乐团参加乌兹别克斯坦"东方旋律"国际音乐节演出并获得金奖。

在"一带一路"中江苏文化产业发展已迎来新机遇。

一是能够接轨国际规则，加快构建文化经济新体制。无论是"丝绸之路经济带"，还是"21 世纪海上丝绸之路"，都蕴含着以经济合作为基础，以人文交流为支撑，以开放包容为理念的重要内容。区域的关系发展既需要经贸合作的"硬"支撑，也离不开文化交流的"软"助力。因此，"一带一路"不仅是对外开放的经济战略，而且可以进一步深化江苏省与沿线国家之间的文化交流与贸易往来，促进彼此文化产业的共同发展、共同繁荣。

二是能够攀升价值链高端，培育文化产业开放新优势。文化消费需要广阔的市场，消费主体越广泛，文化的传播就越广泛，文化的影响力越大，文化产业的市场空间也就越大。"一带一路"倡议的实施，为江苏的文化消费、文化产业跨越国界开辟了道路。文化产业的跨越式发展，需要发挥好国内国际两个市场、两种资源的优势，同时也要求文化产业积极主动地参与国际分工和转型升级，进入全球文化产业价值链的更高层次。

三是能够集聚全球要素，打造文化产业开放新平台。文化发展的动力机制正是文化交流、碰撞、融合、创新。"一带一路"建设的着眼点是利用文化的交流交融为经济建设搭桥铺路并提供价值引领和支撑。这就要求江苏必须进一步提升文化的对外开放水平，通过文化的传承、交流和创新，使历史文明在现代社会焕发新的活力，这种交融也将为区域经济一体化奠定坚实的民意基础与社会基础。

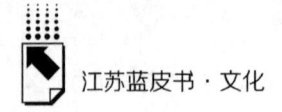

（二）对接"一带一路"的江苏文化产业举措

一是政策引导强化顶层设计。文化产业要融入国家战略，需要与发改、商务、外办、海关、外管等部门形成政策协调、信息互通、数据共享和工作联动的工作机制。比如，苏州市将文化产业参与"一带一路"建设工作列入《关于提升苏州文化创意产业发展水平行动计划（2016年-2020年）》；南通市先后出台《南通市关于抢抓"一带一路"建设机遇，进一步做好境外投资意见》《关于扶持台湾青年创业就业政策意见》；徐州市印发了《徐州市参与建设丝绸之路经济带和21世纪海上丝绸之路的实施方案》；连云港市邀请清华大学长三角研究院量身打造《连云港市文化产业发展规划（2014-2020）》，紧紧围绕"一带一路"制定出"三核两翼一廊道"的文化产业发展布局。面对"一带一路"的建设机遇期，各市都注重主动把握和积极适应经济发展新常态，统筹推进更高水平引进来和更大力度走出去，加快构建对外开放新格局，以开放的主动赢得经济发展、国际竞争的主动。

二是准确定位挖掘文化资源。参与"一带一路"建设，江苏需要全面而准确地定位，挖掘各市不同的文化资源和丰硕的当代文化创新成果，更好地推动文化走出去。目前江苏各地已注重研究"一带一路"沿线各国风土人情、民族习惯、文化渊源、审美趣味和时尚潮流，充分考虑各种文化背景下的消费习惯和风俗因素，研究国外不同受众群体的文化传统，找到他们的关注点和兴趣点，有针对性地推出适销对路的文化产品和服务。同时要发挥自身优势，在坚持文化特色的基础上积极探索内容和载体的创新，将潜在优势转化为实际发展成果。比如，南京作为中国"十朝古都"以其优越的通江达海的地理位置成为南北相交、东西连通的文化交汇点，是"海上丝绸之路"的重要节点。苏州是我国古代重要的经济文化中心和对外交流窗口，这次苏州提出了以"苏满欧""苏新欧"铁路和苏州港等通道为基础，以多边、双边合作项目为载体，以投资贸易、能源合作、产业转移、文化交流等为重点，努力把苏州打造成为"一带一路"上辐射东南亚、连接中亚和欧洲的综合枢纽城市之一，把苏州建设成为"一带一路"上重要的金融、物流、商贸中心和资源要素集散地及引擎之一。徐州作为丝绸之路的重要门户，更是新亚欧大陆桥东端的区域性中心城市，国家"一带一路"建设规划中将徐州市确定为"新亚欧大陆桥经济走廊重要节点城市"。南通是江苏唯一的江海门户，承南启北，处在长三角一体化发展、江苏沿海开发国家战略叠加区，处在上海自贸区的辐射区，是多重国家战略集成的结合点。连云港作为国家首批沿海开放城市、新亚欧大陆桥东方起点，向西连接丝绸之路经济带，南北沟通海上丝绸之路，在"一带一路"建设中处于重要战略位置。

三是深度融合增强企业竞争力。文化产业是内容加载体的产业，与其他产业的融合及其在文化产业领域的应用有利于拓展新市场、催生新业态，有利于增强文化产品的感染力和传播力，增强走出去的文化竞争力。江苏一直注重文化企业的海外竞争力。比如，2016年南京继续加强对海丝遗址的开发与利用，包括对龙江船厂遗址进行旅游项目和延伸产品的开发生产，建造仿明代郑和宝船，沿着海上丝绸之路和郑和下西洋之路开展海上旅游项目，扩大国内、国际的经济文化交流。南京朱雀动漫影视制作拍摄的3D动画《郑和1405魔海寻踪》，已被文化部选入首批西亚北非文化交流精品项目库及国家动漫品牌建设和保护计划，还获得过"国家文化精品创意工程奖"、第十届中国国际动漫节"美猴奖"动画电影综合类大奖等多项国家级的荣誉。苏州欧瑞动漫发展至今，已与沙特国家广电局合作，制作电视动画片《哈基姆》，中国动漫产品首次打进中东市场。苏州米粒影业制作的影片《龙之谷：破晓奇兵》，赢得一家法国公司2400万元的海外预售合同。苏州蜗牛科技在俄罗斯设立全资子公司，产品和服务全面进入俄罗斯并辐射中亚、中欧市场。麒麟红木、荣威娱乐、金太阳纺织等企业已在境外注册商标，促进具有自主知识产权和自主品牌的文化产品出口，提高出口商品的科技含量和附加值，促进传统文化产业升级换代。苏宁云商、三胞集团等电商企业已完成与"一带一路"建设的对接融入。徐州进一步提升徐工集团进出口业务、黎明食品等企业电子商务平台对外贸易能力，将电商销售服务扩展到"一带一路"沿线国家和地区。连云港伍江数码公司不仅出口声光智

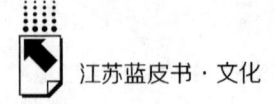

能电视，继续远销澳大利亚、新西兰且月创汇过亿美元，还进一步与中国新闻出版传媒集团合作，通过伍江数码自由电视媒体平台向百万级的澳大利亚、新西兰及广大海外用户提供全方位的中华文化内容传播服务。赣榆塔山湖草柳编工艺品、毛绒玩具等继续出口到欧美、东南亚、中东等国，年销售额超过百万美元。

四是加强"一带一路"沿线的人文交流。借助国家级"一带一路"文化交流平台，积极组织江苏文化项目参与沿线国家互办的文化年、艺术节，以及"丝绸之路文化之旅"、"丝绸之路国际艺术节"、"丝绸之路国际文化博览会"、"丝绸之路文化合作论坛"（南京）、"江海博览会"（南通）、"中国（连云港）丝绸之路国际物流博览会"等活动；与设在沿线国家的中国文化中心开展对口合作，以多种形式展示江苏文化风采。深入与沿线国家的文化交流与合作，充分挖掘江苏"一带一路"的历史文化遗产，组织具有江苏地域特色的文化演出、艺术展览、非遗展示等，赴沿线国家举办"精彩江苏·丝路情韵"文化交流活动，讲好江苏故事，传播江苏文化，逐步使其成为江苏"一带一路"文化交流的重点品牌。继续发挥江苏在考古研究、文物修复、文物展览、民俗文化研究等方面的优势，与沿线国家开展技术和人才培训与交流活动；同时与相关省（区、市）合作，争取沿线国家支持，推动海上丝绸之路申报世界文化遗产进程。

思想文化建设篇

Ideology and Culture

B.2 "文明",如何植入"社会"

——"人文精神—公共政策—社会文明"的战略理念

樊和平 姜健 余日昌 朱珊*

摘 要： 社会关系文明在社会文明发展中具有战略意义。根据历时8年的调查，由经济上的两极分化向伦理上的两极分化演变是当前我国社会文明的前沿课题之一。在三次调查中，政府官员、演艺娱乐界、企业家－商人三大群体依次是伦理道德上最不被满意的群体，医生排列第四；而农民、工人、教师三大草根群体依次是伦理道德上满意度最高的群体，知识精英排列第四。这表明，社会关系文明是当前中国社会文明发展的前沿课题，而社会信任，准确地说，诸社会

---

* 樊和平，江苏省社会科学院党委委员、副院长，教授；姜健，江苏省社会科学院历史研究所研究员；余日昌，江苏省社会科学院哲学与文化研究所副所长，研究员；朱珊，江苏省社会科学院办公室宣传办主任，研究员。

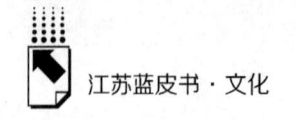

群体之间的伦理信任是焦点，也是社会文明提升的突破口。为此，建议实行"人文精神—公共政策—社会文明"一体化的战略，以人文精神作为社会文明建设的根基，透过公共政策，将"文明"植入"社会"。具体地说，包括一个理念、三大工程。提出"学会在一起"的理念和口号，增强和提升社会凝聚力和社会理解力。实施诸群体之间的"社会理解工程"，推进伦理信任；实施"生态决策工程"，建立"文化—经济—社会—政治"四位一体的生态性的决策咨询系统，防止决策咨询系统中专家的片面性演绎为决策和政策的片面性，建立公共政策的人文评估机制；实施"底线防控工程"，在对弱势群体开展物质援助的同时，进行精神援助，防止"贫民—贱民—暴民"的癌变，守住社会文明的底线。

关键词： 社会文明　社会关系　伦理信任　人文精神

一　当前中国社会文明发展的前沿难题与"问题轨迹"

这里所说的"社会文明"，是一个与物质文明、政治文明、精神文明、生态文明并列的概念。其中，生态文明是前提，物质文明是基础，政治文明是保障，精神文明是灵魂，社会文明是目的。社会文明是中国特色社会主义的发展目标，是一种具有终极价值的文明。它包含非常广泛的内容，至少包括社会主体文明、社会关系文明、社会风尚文明和社会意识文明等。其中最重要的，是社会关系的文明。对现代中国社会来说，社会文明建设是最具挑战性和前沿意义的课题，是由社会信任，准确地说，是诸社会群体之间的伦理信任危机导致的社会关系的难题。

当今中国社会文明发展的前沿问题及其"问题轨迹"是什么？历时8年的大调查①所提供的海量数据显示，当下中国社会文明领域的焦点问题及其演变轨迹为：道德问题演化为社会信任危机，社会信任危机又进一步演化为伦理上的两极分化。

对这个信息链可以做如下描述。

（一）当今中国社会最严重也最令人担忧的社会问题是什么

三次调查，不仅要素相同，而且排序相同。第一，分配不公导致两极分化；第二，官员腐败。持续跟踪调查发现，人们对分配不公与官员腐败两大问题的社会承受力，已经开始接近甚至突破心理底线。官员是国家权力的掌握者和支配者，因而"官员腐败"本质上不是对一个人或少数人的侵害，而是对国家权力的所有者即一切社会成员的侵害，由此形成此群体与其他所有群体之间的伦理冲突。

"分配不公"不仅是经济问题，也是道德伦理问题，因为它关系到社会公正，关系到对人的权利与利益的侵占和剥夺。虽然"分配"是经济活动中的一个环节，但分配的"公"与"不公"，却通过对财富的占有，反映经济制度以及处于一定经济制度中的个体之间关系的道德伦理性质。因为"占有"的实质，是对自己和他人劳动的占有，"不公"是对他人劳动的占有，或是自己劳动的被占有。

（二）主流群体的信任危机，伦理道德的文化重心下移，伦理上出现两极分化

在现代中国社会，由分配不公和官员腐败两大问题所导致的经济上的两

---

① 本文数据来自樊和平为首席专家或主要参与者的三次调查，分别以"调查一""调查二""调查三"标注。调查一是2006年前后的全国性调查，是由政府公务员群体、企业家与企业员工群体、青少年群体、青年知识分子群体、新兴群体、弱势群体六大群体的分别调查和综合调查构成的，投放调查问卷近两万份；调查二是2013年在全国28个省区市进行的，问卷样本近6000份；调查三是2013年在江苏省进行的，问卷样本近1300份。

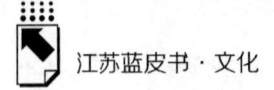

极分化，已经演进为伦理上的两极分化：在政治、文化、经济上掌握话语权力的三大群体，恰恰是伦理道德上最不被满意的群体；而伦理道德上最被满意的群体，恰恰是"草根"群体。由道德问题所导致的伦理信任危机，已经逐渐形成伦理上的两大"精神集团"，这是一个非常严峻的意识形态信号。由此，有必要发出关于伦理上两极分化的社会预警。

经济上两极分化的无伦理、不道德预警。虽然一切经济上的两极分化从根本上说都具有无伦理性和不道德性，但一旦经济上的两极分化演化为伦理上的两极分化，那么，仅说明它们本质地、直接地丧失伦理道德的合法性。就是说，在经济上的两极分化与其伦理道德性质之间产生了某种因果倒置，换言之，经济上的两极分化的生成，尤其是财富的积累，至少部分是无伦理和不道德的结果，如官员腐败与分配不公。

伦理上的两极分化不仅会导致两大伦理集团或精神集团的分离，而且会发生两大集团的社会地位与伦理地位之间的倒置，直接后果是，在政治、文化、经济上处于强势地位的群体，在伦理上处于弱势地位，反之亦然。

社会信任危机。政治、文化、经济地位与伦理地位的倒置，会造成文明体系内部的不平衡，即社会地位与伦理地位的不平衡，它的进一步发展，会导致整个社会的信任危机。当今中国社会的信任危机，不仅是由于事实上存在诸多不被信任的伦理行为，而且更深刻地表现为社会心态上的不信任，或已经成为伦理定式的社会心态上的不信任，形成所谓"不信任"的社会心态与心理定式，这才是经济上两极分化演绎为伦理上两极分化必须发出社会"预警"的更为充分的理由。

二 社会文明的内核在于人文精神

这种"不信任"的社会心态与心理定式，深刻地揭示了当下中国社会文明建设中存在的严重问题和严峻形势。"文明"是需要注入"精神"的灵魂，如果离开人文精神这个社会文明的核心内涵，它们很可能流于形式而削弱甚至失去应有的功能。

社会文明是人类生活沿着文明轨迹前行的一种具有整体性逻辑的发展状态和过程，是社会主流在民族生存发展过程中逐步形成并让社会成员普遍接受的思想观念、行为准则、精神积淀，其中指引着人类健康发展并从"野蛮""蒙昧"逐步走向"文明"的精髓就是人文精神。如黑格尔指出"人作为精神是一种自由的本质，他具有不受自然冲动所规定的地位"[①]，由此使文明成为一种"可能"；它通过伦理或宗教超越有限而追求无限，以对人的普遍性存在的理想信念及其坚守而把人从黑格尔所说的"单一物"的个体提升为"普遍物"的实体，成为有限和无限的统一，从而"成为"文明；它超越思维，指向意志，形成知与行的统一。尽管思维和意志都是人类的精神活动，也是人与动物和自然界的最本质区别，但思维只停留在意识阶段，只有精神中的意志具有将这种意识转化为现实的力量，在此意义上，精神是思维与意志、知与行的统一，所以精神"创造"文明。从"可能"到"成为"再到"创造"，精神进入文明并且不断地构建文明。因此，人文精神的天性及体现即为社会文明，只有精神注入社会，社会文明才有其根基。

中国文化是伦理型文化。伦理作为人伦之理，指人类在处理人与人、人与社会相互关系时应遵循的行为准则和内在道理。伦理指向人伦关系，所谓"人"，即人的个体性存在；所谓"伦"，即人的实体性或公共本质，人伦的本质就是个体性的人与实体性的伦的同一性关系。在伦理世界中，人从个体性存在现实化为实体性存在，人与自己的公共本质的同一，其实现就必须借助"精神"这个必要条件。几千年来，伦理始终是中国文化的核心和独特之处。如今，伦理手段至今依然是人们处理人际关系和安身立命的首选。伦理是中国精神文明的基石，是最能体现中华民族气质的人文标识和人文基础。伦理，既逻辑和历史地与"精神"相通，又历史和现实地与"文明"相通，因而逻辑、历史、现实地使"精神"与"文明"相通：伦理，是"精神"和"文明"的同一基石。借助于伦理之石，"精神"与"文明"合

---

① 黑格尔：《精神哲学》，杨祖陶译，人民出版社，2006，第10页。

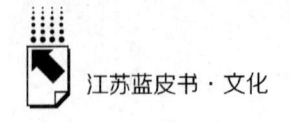

而为一，借助于伦理之石，人文精神便可以有效地通向社会文明。

社会政治运作中的官员腐败和经济运作中的分配不公，固然是侵犯了权力的公共性和财富的社会性这两个生活世界中的伦理存在，而由此导致的社会信任危机和伦理上的两极分化，更可能给社会带来让人难以承受的严重后果：社会成员价值的两极、文化的两极，由此带来社会凝聚力、文化同一性、伦理合法性的瓦解甚至丧失进而导致社会的溃散。这些当下社会关系文明上的弊端，恰恰从反面论证了伦理在社会文明建设中的重要性，由此也给我们提示了当前社会文明建设中必须着重解决的前沿问题。

三 "人文精神—公共政策—社会文明"的战略思路

"社会信任"，准确地说是以伦理信任为基础和表达方式的社会信任，是社会关系文明这一前沿问题的聚集点，也是解决问题的突破点。"伦理信任—社会信任—社会关系文明"既是"问题轨迹"，自然也构成化解问题的路径。

这一理念的要义在于将人文精神植入社会文明建设。那么，人文精神如何进入社会文明？换句话说，如何在社会文明建设中持久地、有效地体现人文精神？这里需要引入公共政策的概念。

在现代化进程中，社会文明与公共政策之间的相互依赖程度大大增加。一方面，现代社会文明所包含的人类"理解生活的基本方式"、"基本的价值取向"和"运作社会生活的基本模式"三大深层结构，逻辑地依托于公共政策的具体化和现实化；另一方面，在现代文明体系中，公共政策不仅成为社会文明的制度形态，成为政策设计者追求社会公平正义和谐的主要路径，而且是社会文明程度的政治表达和集中体现，由此也常常成为观察一个国家社会文明发展和完善程度的有效视角。

国内外社会文明建设的成熟经验也表明，以人文精神和人文价值不断提升社会文明程度，公共政策已成为首选路径。现代社会中对社会文明的诉求和批评，越来越聚焦于对公共政策的反思，各级政府每届"两会"都有相当多的提案要求政府加大人文关切的力度。可以说，通过公共政策将人文精神引入社会文明建设，已经具有良好社会基础和政治基础。政府公共政策中人文关切的后置、城市病爆发相对集中、政府信任危机、城市化、新型城镇化和新农村建设中导致的文化上的集体"失忆"及其产生的"记得住乡愁"的呼声的日益高涨，都要求公共政策必须深层次地理解和体现人文精神，并以此提升和推进社会文明。文明决定和谐，文明已成为各社会层面"和谐共存共生"的主导性价值取向，这已成为政府将人文精神植入社会文明，从而尽量体现政府公共政策之人文性、人道性、社会性与和谐性的基本现实语境。

由此，实行"人文精神—公共政策—社会文明"三位一体、依次推进社会文明提升战略便成为当下社会文明建设的首要任务。这个战略包含三大要义。

其一，人文精神是社会各项事业发展的根基，即使经济发展也不例外。文化必须与作为社会主体的人结合，形成所谓"人文精神"，才能造就社会文明的创造性力量，外在的文化设施和文化条件必须武装人，成为人的精神才能成为活的能动要素。其二，公共政策是人文精神向社会文明转化的中介。公共政策中的人文含量和人文水平，不仅是政府治理体系和治理水平现代化的重要体现，也是当下中国政治思维的重要特点。其三，人文精神和公共政策，最终体现和积淀为社会文明。现代公共政策的重大特色，是有充分而卓越的人文关切，因而必须摆脱为文化而文化的惯性，摆脱将文化工具化的传统思维，透过人和人的精神，将人文关切和人文价值渗透体现到政府管理和政府决策的一切工作中。

为了推进人与人、社会群体与社会群体的互相信任与和谐，可以通过诸社会群体共同的道德努力和伦理重建，建构一种以深厚的人文精神为基本内涵和底蕴的社会文明战略。这个战略包括一个理念、三大工程，其核心就是"学会在一起"。

社会和社会文明的内核是"在一起"。经过市场经济和全球化的冲击，面对官员腐败和分配不公的难题，不仅社会成员，而且更深刻的是诸社会群体之间"在一起"的能力、信心以及为之付出的文化努力都严重式微,"在一起"的方式发生重大嬗变,"利益博弈"的市场原则和"丛林规则"的处世方式严重侵蚀了社会文明。由此,社会文明的根本问题已经由"人应当如何生活"的道德问题,向"我们如何在一起"的伦理问题转化,甚至向"我们能否在一起"的信念追问转化。为此,提出"学会在一起"理念,对此展开一系列重大部署,使全体社会成员在观念上理解"在一起"的必要性,在心理上接受"在一起"的可能性,并且在行动上愿意为之付出努力。

三大工程指社会理解工程、生态决策与评估工程和底线防控工程。

一是社会理解工程。根据当下社会中的信任危机和信任难题,建立诸社会群体之间伦理对话和伦理沟通机制,达成政府官员、演艺娱乐界、企业家—商人三大群体,与农民、工人、教师三大"草根群体"之间的伦理理解和伦理信任,这在相当程度上是当今中国社会的精英群体与草根群体之间的对话和理解。要通过惩治腐败,消除政府官员、演艺娱乐界和工商界的各种严重伦理道德问题,树立三大精英作为伦理道德实践者和示范者的良好社会形象,在为精英群体重建道德信用和社会信任的同时,也使草根群体确立对社会的信念和信心。

二是生态决策与评估工程。由政府自己决策到经过专家咨询形成决策,这是政府决策过程科学化的一个重大提升,但到此为止远远不够,必须建立"人文—经济—社会—政治"四位一体的生态性的咨询决策系统。学科带来的知识背景的差异决定了专家不是万能的,而只是某一领域的专门之家,离开其专门领域,专家只是一个普通人。由此,政府在做出重大决策时,必须倚重四位一体功能健全的生态决策体系,充分听取来自不同领域的专家的意见,切实防止过度倚重经济学家或其他某一领域专家意见,以至造成专家的片面性透过决策咨询机制转化为政府决策和公共政策的片面性。在当下,尤其需要听取人文学者的意见,以保证重大决策中的必要而充分的人文关切和人文含量。决策需要生态系统,同样,评估也需要生态系统。当下尤其需要建立重大政策和重大决策的人文评估制度,使之进入"第三方评估"体系并成为其中的重要结构。

三是底线防控工程。一方面，任何社会都存在弱势群体，他们处于社会边缘，他们的存在，如同"水桶效应"中的短板，会影响社会文明建设的效果和程度的提升。所以对他们的救助本是社会文明战略的题中之意，社会文明战略的最终目的是尽最大可能地减少弱势群体的数量。在弱势群体中，残疾人又是其中之最。对待残疾人的态度，不仅体现政治和政策，体现社会的正义与公平，更是一种文化表达。社会对于他们的态度，不是一般意义上的同情，也不是出于他律的人权，而是感恩，感恩他们作为少数人为全社会承担起成为"残疾人"的风险。由此，对残疾人的保护，体现着社会的良心和道德底线，在某种意义上对于社会文明程度的提升具有方向性和标识性的意义。因此，需要加大对残疾人的制度性保护，以此缩小并逐步拉平伦理两极的差距，并提振弱势群体对社会的信心。

另一方面，在社会两极分化的背景下，弱势群体的人数在增多，无论从相对贫困还是绝对贫困的意义上来说他们的贫困状态在加深。他们一旦陷入物质上和精神上的双重贫困，即丧失了自食其力的能力也丧失了自食其力的自尊自信时，便极易产生卑贱意识。由此，他们便从"贫民"演化为"贱民"。他们在自我认知中认为被抛出伦理实体之外，成为缺乏伦理关怀和伦理归宿的"伦理局外人"，产生"反抗"社会的心理倾向。这种倾向在两种条件下特别有可能从"贱"恶化为"暴"：一是家庭的变故造成在家庭伦理中的出局，二是出局的境遇与人格中潜在的暴力倾向相遇时。当贱民情绪演化为对他人、社会和政府的敌视与仇恨时，"贱民"便癌变为"暴民"，形成对社会的破坏力量。由于"贱民"具有物质上"贫"和精神上"贱"的双重特征，因而他们的"暴"，通常表现为"暴力"和"残暴"，将施暴的对象定位于比他们更"弱小"的群体，如学校、幼儿园以及其他弱势群体。近年来中国社会频发的恶性事件，都在反复表明它们在相当程度上是以两极分化为根源的"贫民—贱民—暴民"的演变造成的恶果。

"暴民"现象是社会问题在物质和精神上积累与积聚到相当严重程度的表现，必须予以充分关注。从物质援助和精神援助的双重维度，防止由"贫民—贱民—暴民"的癌变而带来的恶性社会事件，从而为社会文明建设

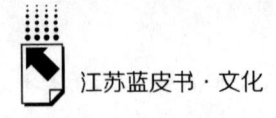

减少不和谐的杂音。

一个理念与三大工程，前者要从理念层面消除伦理上的两极分化所带来的伦理集体间的心理壁垒，增进社会理解与和谐；后者要从战略格局层面设定解决社会文明建设中焦点问题的目标任务，但无论前者还是后者，都有赖于个体、社会和国家的共同行动。只有当个体、社会、国家在价值共识的基础上采取具有建设性意义的共同行动时，社会文明的根本目标才有可能真正实现。

B.3
坚持和发扬党的光荣传统和优良作风的思考与对策

崔 巍[*]

摘　要： 为了深入贯彻习近平总书记关于从严治党的重要指示，使江苏广大干部群众紧密地团结在以习近平同志为核心的党中央周围，加强江苏党的建设，在新时期坚持和发扬党的光荣传统和优良作风显得尤其重要。本文分析了当前江苏在这方面的有利条件和存在的问题，并提出若干对策建议，以期对提高党员的党性修养，传播红色文化，教育和带领广大人民群众谱写中国梦的江苏篇章的宏伟事业有所裨益。

关键词： 红色文化　中国梦　江苏篇章

　　早在新民主主义时期，毛泽东同志就把"党的建设"列为中国革命的三大法宝之一。十八大以来，以习近平同志为核心的党中央高度重视党的建设事业，出台了诸如"八项规定"等一系列从严治党的重要举措，为我们在新形势下从严治党、继续加强党的队伍建设指明了方向。长期以来，江苏是我党活动的重要地区。新中国成立以前，许多革命先烈的鲜血洒在了江苏大地上。新中国成立以后，一批又一批优秀的共产党人又为建设这片热土挥

---

[*] 崔巍，江苏省社会科学院历史研究所副研究员。

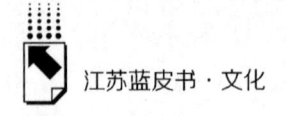

洒了青春和汗水。老一代共产党人给我们留下了光荣传统和优良作风，是我们的巨大精神财富和力量，我们新一代共产党人必须将这样的传统和作风坚持和发扬下去，为实现"两个一百年"的奋斗目标，谱写中国梦的江苏篇章贡献自己的智慧和力量。

一 新时期坚持和发扬党的光荣传统和优良作风的有利条件

2014年12月习近平总书记在视察江苏时指出："坚持和发扬党的光荣传统和优良作风，能够为培育和践行社会主义核心价值观提供丰富营养，使社会主义核心价值观教育更加具有震撼人心、塑造灵魂的作用。"习总书记的论述为我们指明了方向，提供了动力。2017年是中共江苏省委成立90周年。当年，在严重的白色恐怖之下，共产党人不畏艰险，在黑夜中为江苏大地点起了一盏明灯。今天，我们更要发扬党的光荣传统和优良作风，让我们的事业更上一层楼。

江苏各级党组织在省委的领导和部署下积极落实以习近平同志为核心的党中央实施的从严治党战略；领导干部身体力行，率先垂范，党的光荣传统和优良作风得到了传承和发扬，党风廉政建设也取得了重要进展。但不可否认的是，一些地方、一些组织还存在党风不正、软弱涣散的问题。少数党员，包括一些党员领导干部仍然党性不强、作风不过硬、对群众的利益不够重视。极少数党员领导干部甚至腐化堕落，党风廉政建设依然任重道远。因此，在新的历史条件下继续坚持党的光荣传统和优良作风，培养和教育广大党员和人民群众，践行社会主义核心价值观就显得尤其重要。江苏有着开展党性教育，坚持和发扬党的光荣传统和优良作风的许多优势条件，具体来说，有以下这些优势。

首先，江苏是我党开展活动的最早地区之一，有着深厚的群众基础。早在"五四"时期，江苏就是中华大地上传播马克思主义的重要阵地，并曾出现过中共的早期组织。在党的初创阶段，最早的一批党员中就有来自江苏的重要成员。建党不久,党在徐州和南京浦口就建立了江苏大地上最早的支部。[①] 此后,无论在大革命、土地革命战争、抗日战争、解放战争时期,还是在新中国成立之后的社会主义革命和建设时期,以及改革开放的新时期,与全国其他地区一样,党在江苏都领导和团结各族人民开创了史无前例的丰功伟绩,留下了宝贵的物质和精神财富,打下了很好的群众基础。党的光荣传统和优良作风不断得到传承和发扬。

其次,在党的事业的不同历史时期,江苏都涌现出一批批在党和中华民族的历史上起到过重要作用的杰出人物。新民主主义革命时期,周恩来、刘少奇、陈毅、粟裕等老一辈革命家都曾在江苏工作和战斗过,瞿秋白、张太雷、恽代英等革命先烈是江苏优秀儿女的杰出代表。这些革命前辈和先烈们的光辉足迹遍布大江南北,他们不仅是党的光荣传统和优良作风的优秀践行者,还为我们留下了带有他们个人特征的崇高品格。习近平总书记指出,我们共产党人要不忘初心,继续前进。这些老一辈的杰出共产党人是我们在新的历史时期继续坚持和发扬党的光荣传统和优良作风的楷模,为我们树立了光辉榜样。

再次,江苏省拥有丰富的红色文化资源,为我们继续传承和发扬党的光荣传统和优良作风提供了极大的便利条件。据统计,江苏省现有党史遗址1710处,全省13个省辖市均有分布。其中,属于全国爱国主义教育示范基地的有19处;属于省级爱国主义教育基地的有74处。江苏革命遗址中涉及第一、第二次国内革命战争的共305处,如反映农村武装斗争的红十四军陈列馆、无锡农民暴动陈列馆;涉及抗日战争的有1095处,如反映华中抗战的新四军纪念馆和茅山新四军纪念馆等;涉及解放战争的有310处,如反映战略大决战的淮海战役纪念馆和渡江胜利纪念馆。此外,还有反映新民主主义革命时期共产党人和进步人士可歌可泣斗争事迹的南京雨花台烈士陵园等。这些革命遗址,生动体现了党在江苏的革命实践和历经磨难走向胜利的光辉历程,揭示了中国革命道路的曲折和艰辛,展示了共产党人为国家独

---

① 中共江苏省委党史工作办公室编《中共江苏地方史》(第一卷),江苏人民出版社,2012,第46页。

立、人民幸福和民族振兴不怕艰难困苦，不怕流血牺牲的奉献精神。江苏省党史纪念场馆充分发挥了展示和宣传教育功能，一些场馆年接待量已达数百万人次，如雨花台烈士陵园年接待突破600万人次、淮海战役烈士纪念塔（馆）年接待540多万人次、周恩来纪念馆年接待220多万人次、渡江胜利纪念馆年接待180多万人次、盐城新四军纪念馆年接待近160万人次、新四军黄桥战役纪念馆年接待近140万人次等。[①] 这些丰富的党史红色文化资源是我们在新时期坚持和发扬党的光荣传统和优良作风，践行社会主义核心价值观的重要武器。

最后，江苏省委高度重视利用红色文化资源对全省广大党员干部和人民群众进行教育，以加强党的建设。江苏省委多次召开常委会，研究部署全省党史宣传教育工作。每年清明节，省领导和机关干部、人民群众、青少年学生到雨花台烈士陵园举行敬献花圈、缅怀烈士仪式。在重大党史事件和重要党史人物纪念日，省领导都会出席相关纪念活动。在科学发展观、群众路线教育实践等重大活动中，各级领导都组织前往爱国主义教育基地开展瞻仰、祭扫活动，缅怀革命先烈，弘扬党的光荣传统和优良作风。江苏省委注重在重大纪念日节点，集中开展宣传教育。这些举措对加强党的凝聚力和战斗力，起到十分积极的作用。

有了这些有利条件，再加上各级领导和广大党员干部的共同努力，我们一定能把江苏省党的建设事业不断向前推进，党的光荣传统和优良作风一定能得到传承和发扬。我们将为此而努力。

二 当前在坚持和发扬党的光荣传统和优良作风中的若干问题

虽然我们有这么多有利条件，但由于客观条件和社会环境的变化，我们

[①] 以上数据是由中共江苏省委宣传部宣传教育处于2015年牵头组织全省有关部门调查统计得出的。笔者参与了这次调查统计活动。

要在新形势下继续坚持和发扬党的光荣传统和优良作风，加强党的建设，也还存在一些问题。依笔者看来，除了前述的党风廉政方面的问题外，主要还有以下几点。

首先，近年来，随着信息传播形式的多样化，理论界、文化界、新闻出版界，乃至影视传播界等出现了一股历史虚无主义的思潮。有些理论工作者有意无意地散播与马克思主义和党的大政方针相悖的各种所谓"理论""学说"。有些貌似党史专家的人利用互联网等新型媒体平台搞所谓揭秘"真相"。各种歪曲历史、丑化党史人物的文章、书籍大行其道。还有一些影视作品也附和这样的错误思潮，粗制滥造，极不严肃。

其次，由于我国实行市场经济，商品经济日益发达，许多政策导向和规章设计也都以经济效益为导向，这就导致了社会上的物质主义、拜金主义、享乐主义泛滥，一些地方物欲横流，"一切向钱看"成为少数人的人生哲学。还有一些人对政治冷漠，只关心个人利益和物质生活，对党的光荣传统和优良作风知之甚少，甚至完全不感兴趣，少数人甚至对身边出现的先进模范典型不以为然、冷嘲热讽。个别人甚至喊出"拒绝崇高"的颓废声音。

再次，有些单位、部门的领导对于加强党的建设、传播红色文化、坚持和发扬党的光荣传统和优良作风重视不够、措施不够有力。2015年初，中共江苏省委宣传部宣传教育处曾对省内部分单位的员工进行了一次问卷调查，笔者也曾参与了调查。结果显示，11.4%的被调查者表示，本单位很不重视或不重视党史教育；69.7%的被调查者表示，本单位的党史教育形式主义严重。当前，江苏省高校占用涉及党史教育课时的现象较为普遍。如"中国近现代史纲要"课程在实际教学中往往被压缩或占用。党校情况也不容乐观，部分党校甚至未专门开设党史相关课程。在中小学，围绕升学、高考指挥棒开展教学，忽视红色基因传承及学生素质教育的现象十分普遍。一些学校因担心发生意外事故，不愿组织学生参观党史纪念场馆。在全省各类各级社科研究规划中，党史类项目所占比例偏低。部分单位在党史工作方面还存在重部署轻落实、重节点轻常态的现象。此外，党史教育还存在教育手段陈旧、经费不足、专业人才匮乏等问题。

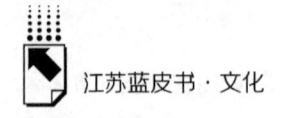

这些问题的存在对江苏省继续坚持和发扬党的光荣传统、加强党的凝聚力和战斗力、巩固和扩大党的执政基础是不利的。我们应该正视这些问题，并找到适当的解决办法。

三 若干对策与建议

无论从哪方面看，中国共产党96年的历史都是辉煌灿烂的。这是我们宝贵的精神财富，是取之不竭、用之不尽的精神能源。继续坚持和发扬党的光荣传统和优良作风是我们在新时期党的建设方面要面对的一项重要课题。依笔者个人看法，我们可以采取以下的对策和举措。

首先，我们可以利用对江苏党史有重大意义事件的纪念日、纪念地进行适度的宣传活动，以贴近群众的方式向广大党员干部和人民群众宣讲党的光荣传统和优良作风。除了江苏省委成立90周年之外，"常州三杰"之一的张太雷烈士牺牲90周年也是一个值得重点纪念的时间点，受众以党员和青年学生为主。对于党员，除了要严肃党的纪律和规矩之外，也要加强教育。而青年是国家的未来，青年学生又是思想最活跃的群体。我们如果能在青年中把党的光荣传统和优良作风很好地坚持和发扬下去，我们党的事业就后继有人。

在具体的宣传形式上可以多样化。例如，可由省委宣传部和各市宣传部牵头，联合省内的高校、党史研究部门和其他学术研究机构，组织适当的学术研讨，对全省和各省辖市在江苏省委成立前后本地党组织的活动及影响做出实事求是的评价，推出一批学术成果。省委宣传部和各市宣传部还可以组织省内专家学者编写一些介绍江苏党史的图书，从不同角度介绍江苏党史和党史人物。这些图书著作可以分为不同类型，有的侧重学术，有的比较通俗，满足不同人群的阅读需要。省和各省辖市社科规划办在编制本年度社科研究课题时，适度向江苏党史党建方面倾斜，并增加财政支持力度，加强对江苏党史、党建和党史人物的研究。

此外，宣传部门、研究机构还可以请一些专家学者在公共文化机构做一些有关江苏党史的讲座,这样既可以起到传播党史知识和红色文化的积极作用,也可以针对那些历史虚无主义的文化垃圾起到正本清源的作用。

其次,充分调动各方面积极性,利用江苏省丰富的红色文化资源,加大党史知识宣传和普及力度,让人们在学习党史中切身感受到党的光荣传统和优良作风的感召力,从而形成自觉的动力。为此,我们可以把党史事业发展纳入党委工作整体布局中,建立健全党委统一领导、相关部门密切配合的党史工作机制。各级党委政府要树立"大党史"工作理念,重视运用党史资源,积极参与、紧密配合和大力支持党史工作,构建"大党史"工作格局。建议成立由省委宣传部牵头,党史、文化、教育、档案、民政、旅游等部门和社科系统参与党史工作协调,形成党委统一领导、相关部门密切配合的联动机制,广泛调动各方力量,切实形成政策与工作的有效合力,用好用活江苏省丰富的党史资源。要充分合理利用各纪念场馆、纪念地,鼓励纪念场馆创新宣传教育的方式方法,充分运用信息时代新技术新手段新平台,增强吸引力传播力感染力。适当提高讲解员等一线工作人员待遇,营造拴心留人的良好氛围,并能在正常开馆接待的同时,积极开展多种形式的宣传教育工作,更好地发挥育人功能,把党的光荣传统和优良作风融进鲜活的党的历史的学习中。

最后,创新宣传教育方式,在巩固传统媒体宣传阵地的基础上,充分利用网络、微博、微信、微电影、微视频、客户端等新兴媒体平台,传播党史知识,引导社会舆论,抵制错误思潮,教育广大党员干部群众坚持和发扬党的光荣传统和优良作风。充分利用江苏省红色资源,针对不同群体,拍摄一批文献纪录片、影视片、动画片,编写一批地方党史教材和普及读物,创作一批红色舞台剧目和广播剧,增强党史宣传教育的吸引力、感染力和影响力,使党的光荣传统和优良作风深入人心。突出重点,组织引导党员领导干部系统学习党的历史,自觉接受党性教育和革命传统教育,不断提高思想政治素质和领导水平;面向青少年,把党史教育列入各级各类学校思想政治课程中,结合实际,适当开展形式多样的社会实践活动,大力培育和践行社会主义核心价值观。还要加强教育及严肃纪律,强

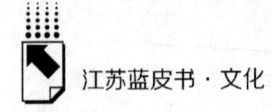

调要紧密地团结在以习近平同志为核心的党中央周围，增强政治意识、大局意识、核心意识、看齐意识，为实现"两个一百年"奋斗目标和中华民族伟大复兴的中国梦而努力奋斗。在各级党委、全省所有党员和人民群众的共同努力下，我们党的光荣传统和优良作风一定能一代又一代地坚持和发扬下去。

B.4 江苏文化现代化的新内涵与新思路

杨明辉[*]

摘　要： 文化现代化是一种世界潮流，应势而谋，趁势而上，遵循文化现代化的基本原理，积极实施文化现代化战略，就有可能追赶世界文化发展先进水平；否则，与世界文化发展先进水平的差距有可能拉大。江苏自古以来文教昌明，人文荟萃；改革开放以来，江苏文化建设始终走在全国前列。在推动文化建设迈上新台阶的征程中，江苏有条件也有责任充当全国文化现代化的排头兵，提炼文化现代化的新内涵与新思路，探索率先基本实现文化现代化、追赶世界文化发展先进水平的鲜活经验。

关键词： 江苏　文化现代化　文化变迁

当今世界，文化现代化已经成为一项世界性课题，先行国家希望通过文化创新保持文化现代化的前沿地位，而后行国家希望加快文化现代化的步伐，努力赶上先行国家的前进脚步。江苏历届省委、省政府都高瞻远瞩，高度重视文化建设，坚持把经济硬实力和文化软实力同步提升，持之以恒地加以推进。尤其是"十二五"以来，江苏文化建设取得了突破性进展，思想文化领域的新江苏精神，文化体制机制的重大创新，公共文化服务的全面覆盖、文化产业的爆发式增长，以及文化遗产保护工

---

[*] 杨明辉，江苏省社会科学院哲学与文化研究所助理研究员。

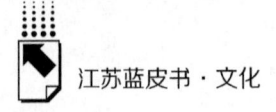

作的全国领先等，都力证江苏已经实现从文化大省到文化强省的历史性跨越。

乘势而上，不进则退。江苏率先实现基本现代化的征程迫切需要文化现代化的快速跟进，为全面现代化提供"强大的价值引导力、文化凝聚力、精神推动力"。对照中央文化强国建设的新部署和习总书记对江苏文化建设的新要求，对照国际文化现代化发展的新趋势和江苏"两聚一高"的新目标，我们必须对江苏文化现代化建设进行再认识、再谋划、再动员，必须提炼江苏文化现代化的新内涵，形成加快江苏文化现代化发展的新思路。

一　江苏文化现代化的新挑战

我们正在步入一个更加开放的世界、一个全面竞争的世界。各种文化之间的交流与交融更加频繁，文化多元与多变的特征更加鲜明，人民群众对精神文化的需求更加旺盛，文化对经济发展的助推作用更加凸显。这些复杂而深刻的变化对江苏文化现代化建设提出了新的挑战。具体说来，这些挑战主要表现在以下几个方面。

一是世界文化发展局势更加复杂。在全球化浪潮中，后发国家的文化现代化处于前现代、现代与后现代这三个历史向度的交汇处。一方面，前现代的有些东西还在阻挠着文化现代化的步伐，而在另一方面，后现代的文化思潮又伴随着全球化浪潮汹涌而来，对现代性进行批判与"解构"，使得现代性众说纷纭，优劣难断。这几种因素交织在一起，使得后发国家文化现代化的难度大大增加。虽然江苏的文化建设水平在全国处于领先地位，但大致处于初步实现文化现代化的阶段，离世界文化发展先进水平还有不少的差距，因此要妥善处理好前现代、现代与后现代各种思想资源之间的关系，扬长避短，奋起直追，尽快跟上世界文化发展潮流。

二是中央对江苏文化建设提出了新要求。党的十八大以来，习总书记多次就文化建设发表重要讲话，阐明文化建设的总体思路，提出新的部署要求。尤其在2014年视察江苏时的一系列重要讲话中，习总书记明确将社会文明程度高作为江苏发展的新目标，并提出了"推动文化建设迈上新台阶"的新要求。这就需要我们对照习总书记的新部署新要求，对文化现代化建设进行重新认识与谋划，着眼于全面发展的大局，着眼于推动文化建设迈上新台阶的新任务，寻求以文化现代化来推动文化建设迈上新台阶的新思路。

三是江苏省第十三次党代会对文化建设做出了新部署。李强书记在江苏省第十三次党代会报告中提出了"两聚一高"的新目标，其中关于文化建设的总体要求是"坚持社会主义先进文化前进方向，加快建设文化强省，努力构筑思想文化建设高地、道德风尚建设高地，推动精神文明和物质文明协调发展"。[1] 在文化建设的具体要求上，要使"社会主义核心价值观深入人心，公民文明素质和社会文明程度显著提高。公共文化服务体系更加完善，文化产业加快发展。文化精品力作不断涌现，形成更多特色文化品牌"。[2] 这就在新形势下为我们加快文化建设指明了发展方向和工作导向，赋予了文化现代化新的内涵。

四是人民群众对江苏文化建设产生新的期待。随着经济社会的快速发展以及人们生活水平的不断提高，人们的精神文化需求呈现出多元化、多层次的特点。这对国家和各个地区的文化政策和文化供给提出了新的挑战。近年来，江苏深入实施文化建设工程，大力推进"八项行动"，文化建设有声有色、成果丰硕。但同时也应看到，城乡居民的精神文化需求日益旺盛，更加热切地盼望享有健康而丰富的文化生活。这就需要我们准确地把握人民群众文化需求的新特点，加强文化产品的供给侧改革，增强文化产品供给的针对性和有效性，从而在满足人们精神文化需求的同时，提升他们的文化生活质量，促进文化生活方式的现代化。

---

[1] 李强：《聚力创新聚焦富民高水平全面建成小康社会——在中国共产党江苏省第十三次代表大会上的报告》，《新华日报》，2016年11月24日。

[2] 李强：《聚力创新聚焦富民高水平全面建成小康社会——在中国共产党江苏省第十三次代表大会上的报告》，《新华日报》，2016年11月24日。

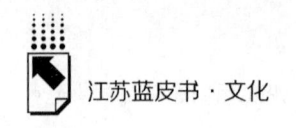

二 江苏文化现代化的新内涵

文化现代化是传统文化向现代文化的转型过程，是文化中的现代性元素比例不断增加并最终占据主导地位的过程。它不仅包括文化观念、文化制度、文化生活和文化内容的现代化，也包括文化形式、文化组织、文化载体、文化管理和文化政策等方面的现代化。

文化现代化属于一种文化变迁，是文化变迁与现代化的一个交集。文化变迁有多种变化形式，包括文化的进步、循环、倒退、渐变、突变和转向等。文化现代化是文化的发展进步，它有三个基本标准：一是有利于现代生产力的解放，但不破坏生态环境；二是有利于现代社会的公平、进步，但不妨害经济发展；三是有利于人的平等自由和全面发展，但不损害社会和谐。如果当前社会发生的某种文化变迁，符合这三个标准，那就属于文化现代化，否则就不属于。

江苏文化现代化是江苏率先基本实现现代化的重要组成部分，其总体目标：到2020年全省基本实现文化现代化，达到文化现代化的世界中等发达水平；到2050年左右，赶上世界文化发展先进水平，全面实现文化现代化。围绕推动江苏文化建设迈上新台阶的新任务和"三强两高"的新目标，江苏文化现代化的新内涵主要包括以下几个方面。

一是现代文化的引领力不断增强。社会主义核心价值观作为现代思想的精华，得到广泛认知和践行，全社会形成崇德向善的浓厚氛围。马克思主义在思想文化领域的指导地位更加巩固，中国特色社会主义理念和民族文化复兴的中国梦深入人心。

二是现代公共文化服务体系更加完善。到2020年，全省实现公共文化服务设施网络全面覆盖、互联互通，公共文化服务标准化和均等化程度达到85%以上，公共文化资源利用率和综合效益达到90%以上，居民综合阅读率达到90%以上。[①]

[①] 王宏伟：《推进公共文化服务标准化和均等化》，《新华日报》2015年10月1日。

三是文化产业实力更加雄厚。现代文化市场体系不断完善，文化企业的竞争力和影响力显著增强，文化产业结构布局更加优化，新兴文化产业业态占比达到60%以上，文化产业的支柱地位更加巩固，对其他相关产业的带动作用明显增强。到2020年，文化产业增加值占GDP比重突破6%，文化产业逐渐成为国民经济的主导性产业；文化创意和设计服务增加值占文化产业增加值的比重超过25%，基本建成创意设计强省。

四是文化人才队伍更加壮大。到2020年，拥有一批文化领域的高端创意人才，一批具有世界眼光的文化经营管理人才；拥有百个优秀文化活动品牌、千个优秀群众文艺团队、万名优秀文艺骨干。各类文化人才作用充分发挥，形成一支德才兼备、求实创新、规模宏大、结构合理的"文化苏军"。

三 江苏文化现代化的提升路径

文化现代化作为一种文化变迁，具有一定的时间跨度和不同的变迁路径。文化现代化的一般路径，是向传统文化不断注入现代性，促使其向现代文化持续转型；在此过程中，文化结构持续变化，传统文化要素比例不断下降，现代文化要素比例持续上升，最终实现现代文化要素占据主导地位。为了加快江苏文化现代化的进程，现阶段主要是把握四个"更加注重"。

一是更加注重价值引领。加快推进文化现代化，关键在于增强现代文化的吸引力、凝聚力和感召力，努力在全社会形成统一的指导思想和共同的价值信念。社会主义核心价值观作为现代文化的思想精华和道德精髓，是推进文化现代化的"主心骨"，因此，要更加注重以社会主义核心价值观凝聚时代价值共识，不断增强社会主义核心价值观的引领力和凝聚力。要以建立一个公平正义、以人为本、共建共享、共同富裕的现代社会作为核心价值诉求，因为这符合人民的根本利益和长远利益。要弘扬江苏传统文化中"崇正义、重民本"的思想，关心群众最迫切的利益诉求，解决群众当前的突出困难，在切实维护群众的现实利益中，使公正、平等、和谐、友善等价值理念深入人心。

二是更加注重协调发展。从系统论的角度来看，现代化是政治现代化、经济现代化与文化现代化的有机统一。正如罗荣渠先生所说，"过去讨论文化动向只在文化层面打转转，不接触经济层面，最后就会回到把中国出路问题归结为一个文化问题的思路上来。"为了避免泛泛的讨论，探讨文化问题时重点"应放在文化因素对经济增长与社会发展的关系这个时代的课题上"，"必须与制度因素首先是政治因素结合起来考察"。[1] 因此，加快推进文化现代化，应更加注重文化现代化与政治现代化、经济现代化的协调统一。以发展文化产业为例，要使江苏的文化产业加快融入国民经济体系，与国民经济各个领域、部门相互渗透，跨界发展，形成有机联动的良好格局；与此同时，要充分利用江苏文化产业加快发展的优势，打造全民性的社会主义核心价值观传播体系，使其成为传播社会主义核心价值观的有效载体。

三是更加注重制度支撑。文化制度创新是文化现代化的重要内容和有力保障，是江苏率先实现文化现代化的动力之源。要加快制定有利于文化现代化的各项制度，构建起文化现代化的制度支撑。以培育和弘扬社会主义核心价值观为例，要加快制定具体的实施意见和工作方案，把贯彻和践行社会主义核心价值观落实到江苏经济社会建设各方面的制度设计、政策法规和行为规范中去，使其成为引领人们的思想观念、培养优良的道德品质、塑造良好的行为习惯的强大力量。要对有违社会主义核心价值观要求的行为进行抑制、批评，甚至责罚；对践行社会主义核心价值观的高尚行为予以宣扬和褒奖，态度鲜明地提倡真善美。要让践行社会主义核心价值观的个人在经济上得实惠、政治上得地位、生活上得关照、社会上受尊重，从而促使越来越多的人见贤思齐、择善而从。

四是更加注重传承创新。文化现代化既不是全盘否定和摈弃传统文化，也不是完全肯定和继承传统文化，而是对传统文化的选择性继承和创造性发展。江苏拥有丰厚的历史文化资源，但开发利用还不够充分。加快推进文化现代化，要进一步梳理江苏"文脉"，系统挖掘、整理和研究江苏优秀传统

---

[1] 罗荣渠：《现代化新论》，北京：北京大学出版社，1993年版，第227页。

文化资源，深入阐述江苏文化的历史渊源、发展脉络和未来走向，系统出版江苏历代典籍精华和思想文化研究丛书，使其成为涵养社会主义核心价值观的重要源泉，成为推动优秀传统文化创造性转化和创新性发展的响亮品牌。在此基础上，要以时代精神为导引，大力实施文化创新战略，提高文化创新能力，推动文化理念、文化体制机制、公共文化服务方式、文化产业业态、文化传播方式、文化生活方式，以及文化遗产保护方式等方面的创新，持续推动各种文化要素现代转型。

参考文献

[1] 王燕文：《更加自觉有力推动文化建设迈上新台阶》，《唯实》2015年第8期。

[2] 王燕文：《在构筑"两个高地"中开拓江苏文化发展新境界》，《群众》2015年第10期。

[3] 中国政务案例研究中心：《"三强两高"：江苏文化建设新目标》，《领导决策信息》2015年第25期。

[4] 郭新茹、谭军：《创新融合：江苏文化产业发展趋势与路径选择》，《中国文化产业评论》，第21卷。

[5] 中国现代化战略研究课题组等《中国现代化报告2009——文化现代化研究》，北京大学出版社，2009。

[6] 张鸿雁、邵颖萍：《率先基本实现现代化进程中的文化传承与创新——以江苏为例》，《江苏社会科学》2013年第1期。

[7] 梁勇、叶南客：《提升江苏文化产业竞争力建设文化强省》，《唯实》2013年第4期。

[8] 叶南客：《增强城市文化的引导力、凝聚力、推动力——江苏城市文化建设新思维》，《中国名城》2015年第2期。

[9] 〔美〕西里尔·E. 布莱克编《比较现代化》，杨豫、陈祖洲译，上海译文出版社，1987。

[10] 张静、纪亚光：《新中国六十年文化现代化的思考》，《南开学报》（哲学社会科学版）2009年第5期。

B.5
城市化背景下江苏城市文化建设探析

李 宁*

摘　要： 近十年来，快速城市化、新型城镇化进程给江苏的城市文化建设带来了前所未有的机遇，借助城市化带来的规模优势和现代化发展理念，江苏的城市文化建设在公共文化服务能力提升、文化产业发展、城市精神铸造等方面都取得了显著的成绩。但城市化对城市文化建设造成的负面作用也不容忽视，如对城市文化遗产、城市凝聚力的冲击等。由于城市扩张过快，公共文化服务的发展往往滞后于市民的文化需求，文化产业的空间布局等也难以适应城市的变迁。在新型城镇化背景下，江苏城市文化建设应深化文化体制改革，提升现代化的文化治理能力，合理利用城市文化资源，完善公共文化服务体系，做大做强文化产业，使城市文化对提高城市化质量起到关键作用。

关键词： 城市化　新型城镇化　城市文化

"城市是现代化的中心，是科学技术和文化思想的策源地，是先进社会生产力和现代市场的载体。"[①] 江苏城市化基础好，起步早，发展快。改革

---

* 李宁，江苏省社会科学院哲学与文化研究所副研究员。
① 洪银兴、陈雯：《城市化模式的新发展——以江苏为例的分析》，《经济研究》2000年第12期。

开放以来,江苏初步形成了与现代化进程相匹配、与产业布局相呼应的,以南京、苏锡常、徐州等特大城市和大城市为中心、中小城市为纽带、小城镇为基础、城乡协调发展的城镇体系结构。① 为加快现代化发展,从21世纪初开始,江苏把城市化作为重大发展战略之一。江苏的城市化发展速度一直快于全国平均速度,截至目前,江苏的城市化率已达66.5%,高出全国平均水平约10%。按照规划,江苏省到2020年全省常住人口城市化率要达到72%。

2016年中旬,国家发改委发布的《长江三角洲城市群发展规划》中,明确将江苏省南京市定义为"特大城市",这是长三角江浙沪皖三省一市共26个规划城市中,仅次于"超大城市"上海的唯一一个特大城市,规模等级达到"500万~1000万人";苏州市则与浙江省会杭州市、安徽省会合肥市并列成为三个"Ⅰ型大城市"之一,规模等级达到"300万~500万人"。此外,江苏的无锡市、南通市、常州市、盐城市、扬州市、泰州市被定义为规模等级100万~300万人口的大城市。这就意味着,当前及今后一段时期,江苏的城市化进程将处于以大中城市为主导的城市化集约发展阶段。城市化加速发展的态势,既为江苏城市文化的发展和繁荣创造了重大机遇,又带来了一些新的问题与挑战。而城市文化建设既是城市化进程的一个重要组成部分,又是城市发展的主要推动力,文化发展的成效对城市化整体质量有着决定性影响。

一 城市化进程为江苏城市建设带来重大机遇

城市化有利于营造文化发展的规模优势。城市化有利于人才集聚、资本集聚、产业集聚,有利于文化资源整合及完整产业链的打造、文化产业集群优势的形成。与传统产业相比,文化产业的发展更有赖于智力的密集和思维的碰撞,大量信息高效率、高质量的流通将促进文化产业链的优化,最大限

---

① 刘俊:《江苏城市化发展的特征与模式研究》,《江苏社会主义学院学报》2009年第2期。

度降低协调、组织和运营成本。中国人民大学发布的中国省市文化产业发展指数（2016）显示，截至2016年，江苏文化产业从业人员超过220万人，规模以上文化企业6800多家，总资产规模、主营业务总收入均突破1万亿元。"十二五"期末，江苏形成了以南京为中心，苏锡常为主体的创意城市群，建成一批文化产业集聚区，规模以上文化企业发展步伐加快，江苏凤凰出版传媒集团、江苏省广电集团、江苏省广电网络公司和江苏省演艺集团等骨干企业已经成长为中国文化产业的行业标杆，如凤凰出版传媒集团连续六年在中国新闻出版业总体经济规模和实力评估中名列第一，2016年在世界出版50强排名中位列第七。这些大城市孕育产生的文化集团，成为江苏文化创新活力最强的企业、江苏经济发展进程中最活跃的生力军。

城市化质量提升需要文化助力。随着江苏城市化发展进程加速，资源环境压力、城乡差异扩大、文化认同危机等"城市病"开始凸显。而加强城市文化基础设施建设、保护利用城市文化遗产，能够提升城市形象、改善文化氛围、提高市民素质，从而增强城市的凝聚力、增强城市活力和创造力；推动文化与产业融合，整合运作城市文化资源，填补城市工业外迁后遗留的城市"产业空洞"，不仅能促进城市产业结构调整和区域经济发展，还能提高城市的创新能力并增加就业机会，从而带动城市资源利用集约化，为此，必须更加重视公民的文化权利，大力发展文化产业，注重加强对文化遗产的保护传承，保护和促进文化多样性发展。进入21世纪后，伴随着江苏城市化进程的加快，江苏各城市都兴建了大批文化基础设施，公共文化服务的覆盖面和水平得到了很大提升，资源压力、产业结构调整使得绿色低碳的文化产业日益受到重视，文化产业发展速度加快、结构日趋合理，如2014年文化创意和设计服务首次成为南京市文化产业第一大门类；产业结构发生标志性变化，2015年南京文化产业增加值超过590亿元，占GDP比重超过6%。南京市在"十三五"规划中提出，到2020年文化产业增加值要超过1100亿元，占全市国民生产总值达到8%以上；同时，功能区内文化产业增加值、创意文化产业增加值和四大重点产业增加值均占全市文化产业增加值80%以上，以此助推南京实现世界历史文化名城、全国重要文化创意中心、现代化国际性人文绿都的城市发展目标。

城市转型更新的需要使文化成为发展核心要素。城市化过程不能简单理解为城市规模的扩大和城市人口的增多,"根据城市化内涵,城市化要由突出人口流动转向突出功能提升,不仅包含城镇化的内容,更要突出其成为市场中心、信息中心、服务中心、文化教育中心的内涵"。[①] 发达国家在20世纪后期以来城市转型更新过程中,大多经历了城市综合竞争力由以资本、管理、科技为主导,上升为以文化为主导的过程。在当今世界,"文化"普遍被视为城市发展的核心战略要素,如西班牙的巴塞罗那市在21世纪第一个十年的文化发展战略中指出"城市即文化,文化即城市";英国伦敦认为"发展文化战略和创造新的文化多样性能够巩固伦敦作为世界都市的地位",曼彻斯特市认为"21世纪的成功城市将是文化城市";韩国首尔市政府在2020年长期城市发展战略中把"以文化为中心的市政方针"放在首位。[②] 2012年,十八大提出我国城市化的发展方向应当是集约、智能、绿色、低碳的"新型城镇化"道路。此后,中央又多次强调,要扎实推进"以人为核心"的新型城镇化,走"以人为本、四化同步、优化布局、生态文明、文化传承"的中国特色新型城镇化道路。2013国家级战略规划《苏南现代化建设示范区规划》提出:南京要成为国家创新型城市和国际软件名城,苏州要成为全国重要的先进制造业和现代服务业基地、国际文化旅游胜地和创新创业宜居城市,无锡要成为现代滨水花园城市和智慧城市,常州要成为智能装备制造名城和智慧城市,镇江要成为现代山水花园城市和旅游文化名城。2016年7月,江苏省委召开十二届十二次全体会议,贯彻中央城市工作会议精神,并对江苏做好城市工作做出部署。省委书记李强在会上指出"城市发展中要将文化提升作为重要目标,让城市有根有魂、有个性有品位、有魅力有活力"。当前,江苏城市化发展进入了转型更新的关键阶段,

---

[①] 洪银兴、陈雯:《城市化模式的新发展——以江苏为例的分析》,《经济研究》2000年第12期。
[②] 李宁:《世界城市的转型更新与文化发展》,载《2007~2008江苏文化蓝皮书——城市文化建设发展报告》,江苏人民出版社,2008。

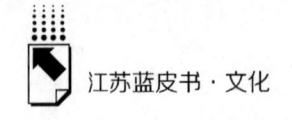

在人口聚集、文化需求急剧扩大、城市实力增长、城市功能转换等背景下，江苏的城市文化发展将迎来一个大发展大繁荣的重大机遇期。

二 城市化进程对江苏城市文化带来的挑战

城市化早期阶段，由于对城市"功能性"的过分强调，粗放式的城市发展方式造成了一系列的问题，对城市文化产生了很多负面影响。如城市扩建及改造过程中大量的文化遗产遭到破坏，城市记忆消失、历史文脉割裂，城市建设趋同化严重，造成"千城一面"的现象，城市精神衰落、道德沉沦，等等。在"以人为本"的新型城镇化发展阶段，这些问题有所改变，但相对于江苏各城市经济和城市规模的快速增长，江苏很多城市的文化建设仍然相对滞后。当前，江苏城市文化建设面临的问题主要有以下五方面。

一是城市文化遗产的保护和传承困难重重。城市化进程对文化遗产和城市记忆的传承构成了巨大挑战，随着城市规模的扩大，一些历史悠久的城市往往需要进行重新规划，交通压力的增大也要求对原有的街道进行拓宽，由于保护成本过高等原因，一些旧街区、旧建筑不得不拆除、损毁。同时，城市化伴随着现代化、工业化，使许多传统民俗失去了生活空间，一些非物质文化遗产的传承也面临后继乏人的危险，如果对其不能及时保护，将会渐渐湮没。如何在城市发展过程中避免破坏历史遗迹、保存城市记忆，是一个世界性的难题。

二是文化资源没有得到有效开发利用。江苏有很多历史文化名城，文化资源十分丰富。江苏在城市文化建设过程中虽然注意到了要利用各市优秀的文化资源，但这种利用大多是随机的、即兴的、零散的，不成规模、不成系统，对整体开发、利用各市文化资源的意识还不够，缺乏整体和宏观上的考虑与谋划，也缺乏多形式、成系列的配套产品。而且对江苏城市文化资源的精神特质和文化内涵挖掘得不够深、把握不够准确，对城市文化资源的开发和利用大多还处于浅层次，在开发、利用中没能充分突出和彰显江苏城市文化资源中特有的精神和文化内涵。

三是公共文化服务体系有待完善。公共文化服务体系能够为公民的文化权利提供最基本的保障。然而城市化进程加快、城市人口迅速膨胀，对江苏城市文化基础设施承受能力、人均公共文化服务的数量和质量都带来了严峻考验。江苏对文化发展的财政投入每年都有较大额度的增长，但公共文化服务资源供给的总量仍然相对落后，且存在结构性差距，与快速城市化进程不相适应。尤其是苏北一些经济较为落后的城市，文化基础设施建设本身欠账就比较多，对公共文化服务的投入不足，在快速城市化的背景下，很难满足市民的公共文化需求。在一些随着城市扩张刚刚转变为城市社区的村落，文化设施、文化组织方式、文化消费方式还没有得到相应的调整，往往造成这些"新市民"的文化需求得不到满足，衍生出精神、道德等一系列问题。此外，江苏城市公共文化服务社会化、市场化程度仍然较低，在资金来源方面主要依靠政府的投入，在公共文化产品和服务的供给方面，民营企业和非营利组织发挥的作用相当有限，大大制约了公共文化服务体系发展程度。

四是文化产业总体贡献有限。江苏文化产业总体水平虽然居于全国前列，但相对江苏的经济总量来说，文化产业目前占比偏低，对国民经济贡献度偏低，即使是南京、苏州这样文化产业较为发达的城市，文化产业也还没有成为先导产业，并且文化制造业占比过重，文化产业内部结构不尽合理，而苏北中小城市受制于经济基础、人才等因素，文化产业整体水平仍然较低，竞争力不强。文化产业空间布局的调整跟不上城市化发展速度，更为重要的是，当前江苏的城市文化产业在与相关产业融合发展方面做得还远远不够，还不能实现"通过文化产业实现新型城镇化产城一体、优化产业结构"的目标要求。

五是城市凝聚力不强，城市精神有"空洞化"危险。"城市精神"是一个城市的灵魂，它是同一个城市的人民在长期的共同生活中逐渐形成的。由于近十年江苏城市化过程加快，城市规模急剧膨胀、人口流动加剧，"新市民"尤其是刚刚转变身份的农民短时间内难以融入城市生活，而户籍制度等制约因素的存在，使大批新市民的基本权益难以保障，加深了他们的陌生感、隔阂感，不利于城市凝聚力的增强和新时期城市精神的形成。

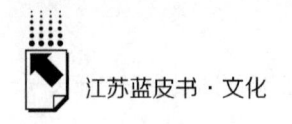

三 城市化进程中江苏城市文化建设思路

在快速城市化及新型城镇化背景下,笔者认为,当前及下一阶段江苏城市文化建设应重点关注以下几个方面。

一是深化文化体制改革,由"文化管理"向现代化的"文化治理"方向转变。城市化是现代化的重要标志,江苏城市化进程的加速,促使江苏必须深化文化体制改革,文化体制改革的关键在于政府转变职能,加快由文化管理向现代文化治理转变,政府应当承担的责任要承担好,政府能够放手的要坚决放手,让社会和市场逐步承担起更多的文化发展职责。在新的治理体制下,在不涉及国家安全的领域,政府不应当成为单一的治理主体,其他社会组织、私营机构也可以作为权力主体参与其中。政府治理文化的职能和权力不仅要继续向基层下放,还要由体制内分权向体制外分权扩大,在制定文化政策、进行文化监管时,充分吸收各文化主体的参与,探索共商共决机制,加强政府在文化治理方面的科学化、程序化、法制化。在土地、金融等生产要素市场化和人才政策等方面还需要进行深化改革,扫清资金人才自由流动的障碍,破除文化市场壁垒。

二是提高文化资源利用率。重视城市文化规划,认真对包括历史资源、民俗资源、知识资源、信息资源、人才资源等在内的城市文化资源进行梳理[1],这种梳理不能停留在表面的物质载体和文化符号上,而是要深入体察其内涵,掌握其活的肌理与脉络。在深刻理解与把握文化资源的基础上,合理利用文化资源,使其融入城市景观、产业发展、社区建设、市民素质提升等方方面面。

三是涵育城市精神,提升城市文化凝聚力。文化能够增强区域成员之间的向心力和协调性,能够凝聚奋斗力量,是区域软实力的重要源泉。习近平总书记在江苏调研时指出"做好各项工作,必须有强大的价值引导力、文

---

[1] 吴承忠、毛思儿:《城市文化规划视角下的文化资源》,《人文天下》2016年4月。

化凝聚力、精神推动力的支撑",文化凝聚力与价值引导力、精神推动力一样,对于一个区域的繁荣发展和区域竞争力具有基础性作用。城市中多元文化的存在并不必然意味着城市精神的空洞化、文化凝聚力的削弱。如果立足多元性,通过提炼、概况逐步形成兼收并蓄的统一文化,使体系内的多元文化形成和谐有序的结构,那么,多元文化之间的积极竞争、协同互补还能激发出更强的文化发展活力,使整个文化体系更具生机和凝聚力。在多元文化的前提下,涵育城市精神、提升城市文化凝聚力的关键在于树立、培育和壮大城市主导文化,作为多方共识、共同认同的城市主导文化,能够促进城市多元文化有序融合、共同发展。需要注意的是,城市精神的形成不能仅仅依托政府和少数专业文化群体,更不能靠行政手段自上而下推行,最重要的是要保障新老市民的各种权益,使他们能够感受到自己是城市的主人,从而增强文化自觉意识。

四是提高城市公共文化服务质量。公共资源配置的公平合理、公共文化产品和服务提供的有效性、参与主体的多元化,等等,是衡量公共文化服务体系是否取得成效的重要标准。由于苏南、苏中、苏北处于城市化不同发展阶段,各城市公共文化服务体系建设推进程度也应有所区别,要与各自区域城市化发展水平相适应。为构建更加科学的、现代化的公共文化服务体系,江苏有必要建立和完善公民需求表达长效机制,在公共文化服务的建设和投资等方面,要敢于打破利益壁垒,鼓励民营文化企业和民资、外资进入公共文化服务领域,形成公平竞争的局面。政府一方面要向体制外释放行政权力,为社会组织的成长壮大让出空间;另一方面要探索培育文化类社会组织的机制措施,如对文化行业协会和社会组织给予补贴,积极搭建政府与社会组织协商合作的平台,还可考虑创建相关社会组织"孵化器"、公益服务园区等。

五是做大做强与城市发展进程相匹配的文化产业。文化产业是解放和发展文化生产力、增强城市文化软实力的重要途径,新型城镇化背景下的城市文化产业,不仅要不断提升自身的竞争力,还要通过文化来聚合产业要素,整合市场资源,提升城市化质量。政府要积极创造有利于产业融合实现的各

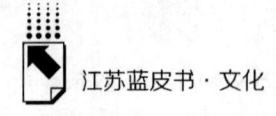

种要素，为文化产业与相关产业的融合创造一个良好的发展环境，如组建跨政府部门的行动小组、放宽产业管制、重视跨领域复合型文化人才队伍建设、科学制定具有前瞻性的产业规划等。为使文化软实力实实在在起到推动城市转型发展、增强城市竞争力的作用，在一些有基础、有条件的城市，有必要将文化产业发展为先导产业。

B.6 以"南京大屠杀"八十周年为契机深化爱国主义教育的对策研究

崔巍*

摘　要： 2017年是南京大屠杀发生80周年，也是全面抗战爆发80周年。我们党和政府的各级宣传部门可以以此为契机，在有关学术研讨和宣传教育方面加大力度，宣传方式和方法可灵活多样。各个单位，特别是大中小学校也应加强有关工作，真正使这一年成为爱国主义教育的宣传年，以期深化爱国主义教育、加强党的凝聚力。

关键词： 南京大屠杀　爱国主义　宣传教育

南京大屠杀事件是20世纪人类历史上极其罕见的战争暴行，是中国人在很长时期内都难以忘怀、无法抹平的历史伤口。1937年12月13日，日本侵略军在打败了守城的中国军队之后，攻占了当时的中国首都南京。在随后的6个星期内，日军对南京城进行了疯狂的洗劫。他们杀人、强奸、抢劫、纵火，犯下了令人发指的暴行。中国军民被屠杀者大约30万人，大批妇女惨遭蹂躏，财产损失难以计数，整个南京城成为人间地狱。

当今日本国内仍有一部分右翼势力极力美化当年日本军国主义发动的侵略战争，不承认南京大屠杀真实发生过。因此，这一历史的伤口仍然是影响

---

* 崔巍，江苏省社会科学院历史研究所副研究员。

当今中日关系的一个十分重要的因素,并对中日两国的国民感情和对对方的印象有着不可低估的影响。2017年是南京大屠杀发生80周年,也是中国人民抗日战争爆发80周年,是我们对全体国民,特别是广大党员干部和青年学生开展爱国主义教育的大好时机,我们应该抓住这一时机,采用正确的方法,进行卓有成效的宣传教育活动,以达到深化爱国主义意识、增强党的凝聚力的目的。

一 以往卓有成效的宣传教育和研究活动

长期以来,从中央到江苏省、南京市的各级党委、政府,对以南京大屠杀为主题开展爱国主义教育的活动是非常重视的。从中央层面来说,最重大的一件事就是设立国家公祭日。2014年2月27日,第十二届全国人民代表大会第七次会议决定把每年的12月13日定为南京大屠杀死难者国家公祭日。当年12月13日,中共中央、全国人大常委会、国务院、全国政协、中央军委在南京隆重举行首个南京大屠杀死难者国家公祭仪式,中共中央总书记、国家主席、中央军委主席习近平亲自出席,并发表重要讲话。这一举措既表明了中央对死难同胞的深切缅怀,也起到了对广大干部群众加强爱国主义教育的作用。此后,每年的12月13日,国家都会举行这样的公祭仪式。

南京是那场浩劫的发生地,虽然已经过去多年,当地的民众对由于日本军国主义的侵略给民众带来的灾难仍有刻骨铭心的记忆。从省市层面来说,多年来,江苏省和南京市的党委、政府,在不忘国耻、缅怀死难者、教育和激励广大人民群众等方面同样采取了许多卓有成效的举措。

早在20世纪80年代,当地政府就在南京城西江东门一处(当年屠杀发生地的原址)建立了"侵华日军南京大屠杀遇难同胞纪念馆"(以下简称"纪念馆")。尽管当年的政府财政并不宽裕,仍拨出大笔资金筹建。建馆以来,省市领导多次莅临参观致祭,为社会做出了表率。30多年来,纪念馆几经整修,不断扩大,形成了现在的规模。如今,该馆已经成为享誉世界的中国爱国主义教育基地。据笔者从纪念馆内部获取的信息,纪念馆的年参观人数远远超过国内同性质的其他纪念馆。广大民众在参观中感受到强烈的心灵震撼,在自觉中接受了活生生的爱国主义教育。近年来,因征地拆迁补偿引起的纠纷为数不少,少数事例甚至造成矛盾激化。但纪念馆的改造扩建工程却非常顺利,涉及征地拆迁的当地民众都识大体顾大局,自觉遵从政府的安排。此外,在一些当年集体屠杀的发生地,有关部门也建立了一些纪念碑,以供民众凭吊。

同样,早在20世纪80年代,南京的学术界就开始了对南京大屠杀的学术研究工作。南京大学的高兴祖教授是从事此项研究的先驱学者之一。高教授和他的研究团队在当年研究条件并不很好的情况下,以学者特有的执着热情进行学术耕耘,并取得了令人瞩目的学术成就。后来,以江苏省社会科学院研究员孙宅巍等为代表的后继学者继续努力工作,学术成就更上一层楼。近年来,以南京大学资深教授张宪文为首的学术团队在江苏省委宣传部和南京市有关部门的大力支持下,对南京大屠杀事件开展了更为系统深入的学术研究工作,并取得了丰硕的学术成果,出版了《南京大屠杀史料集》《南京大屠杀全史》等高水平的学术著作,把这一研究推进到了更高的水平,在国内外都产生了良好的反响。这样的研究既深化了学术的发展,也起到了回击日本右翼势力、以正视听的良好效果。

学者们从事的研究并不完全是象牙塔里的事情,其影响早已扩散到社会上。民众从学者们的专业研究当中了解到更多关于那场浩劫更为详细的信息和更为透彻的学理性分析。此外,在省市教育主管部门的支持下,以纪念馆的专业人员联合部分学者编写了不少更为通俗的读物,如配合国家公祭活动,分别针对小学生、初中生和高中生编写配套读本,及时走进了中小学课堂,对青少年起到了很好的教育作用。

此外,近年来,每年的12月13日,南京都要鸣放防空警报。这一天的上午10时,凄厉的警报声响彻在南京城上空,提醒着人们1937年的这一天发生了什么,告诫着人们勿忘国耻。这一活动已经成为常态。

经过多年的努力,以南京大屠杀为主题的爱国主义教育活动已经在形式和内容上都趋于成熟,成为当代中国爱国主义教育的一块品牌。

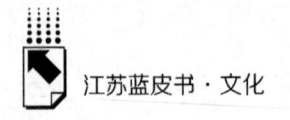

二 当前爱国主义教育存在的一些问题

虽然我们在以南京大屠杀为主题的爱国主义教育活动中取得了很大成绩，但我们还存在一些困难及不足之处。依笔者看来，主要有以下几点。

首先，近年来日本国内右翼势力的抬头，美化侵略战争、替战犯招魂，否认当年战争暴行的舆论和活动在日本国内甚嚣尘上。例如一再出现的历史教科书问题、日本政要一再参拜供奉有甲级战犯的靖国神社问题、日本当局拒绝为当年的慰安妇等战争受害者道歉及赔偿问题等。此外，当今的日本政府已经解禁集体自卫权，改变转守防卫的国家政策，并试图修改和平宪法，朝着"正常国家"的目标迈进。一些右翼观点也以"学术探讨"的面目出现，一再试图质疑南京大屠杀的真实性。这在一定程度上起到了混淆视听的效果，对中国国内的一些人也有一些影响。而过去我们的一些教育手法也确实存在过于刻板、鲜活度不够的问题。在一段时期内，中国的理论界和学术界对于日本右翼提出的一些具体问题未能做出有力和令人信服的回答。

其次，由于近年来经济环境的变化和社会竞争的加剧，人们的注意力逐渐转向以自己及其家人的生活为中心的事物中来，对与自己的生活"无关"的所谓爱国主义信念的关注度逐渐降低。此外，受市场经济的影响，一部分人奉行物质主义盛行，金钱至上理念，在一些领域出现了道德滑坡的现象。在实际的社会生活中，一些单位对加强爱国主义教育重视不够、措施不够有力，单位领导在制定规章制度时，过度强调以经济利益为导向，对"虚无缥缈"、不能赚钱的爱国主义漠不关心。少数人一听到爱国主义就表现出不以为然，甚至冷嘲热讽的态度。对于在南京大屠杀中遇难的同胞，认为已经是"很遥远"的事情了。

再次，随着近年来技术手段的不断进步，信息传播渠道和方式日趋多元化，特别是互联网的持续发展和普及，世界进入了信息爆炸时代。但在人们享受互联网带来的便捷的同时，许多不真实，乃至错误的信息也在网上出现。一些境外、国外的网站别有用心，诋毁党和政府的方针政策，故意散布虚假信息，误导民众，抹黑我们的国家形象。而不少普通民众则对此缺乏足够的辨别能力，认为政府的爱国主义宣传教育只是出于政治需要，使我们的宣传教育没有达到应有的效果。

这些困难及不足是我们在实施爱国主义宣传教育时必须正视和克服的。但笔者认为，经过多年的实践，我们已经逐步探索出一套比较行之有效的方法。笔者坚信，只要我们做出必要的努力，这些困难是完全可以逐步得到克服的。而进一步加强和改善以南京大屠杀为主题的爱国主义宣传教育，则是我们可以做，并且完全可以做好的。通过这样的教育，我们可以强化民众中的爱国主义意识，自觉抵制错误思潮的侵蚀，并加强党的凝聚力。

三　深化爱国主义教育的对策建议

2017年是南京大屠杀发生80周年，也是中国人民抗日战争爆发80周年，是我们开展以南京大屠杀为主题的爱国主义教育的大好时机。我们应该抓住这一时机，采用灵活多样的方式方法，适时、适当地开展爱国主义教育，使广大干部群众，特别是广大党员和青年学生切身感受到心灵的震撼，从而增强理想和信念、强化国家意识。笔者以为，2017年应该成为我们的爱国主义教育年。

首先，我们应该继续完善和深化国家公祭，对不同年份的公祭，在规模和规格上也应有所区别。在国外，以国家的名义对战争中的死难者或为国捐躯的人进行祭奠是一种惯用的做法。例如，在美国每年的"阵亡将士纪念日"，国家都要在阿灵顿国家公墓举行悼念仪式，总统也经常出席致辞。即使是战败国日本，每逢广岛和长崎遭受原子弹轰炸的纪念日，政府都要在当地举行隆重的悼念仪式，首相也往往出席讲话。

早在1994年的12月13日，许多南京市民就在纪念馆举行了公祭仪式，深切缅怀在那场浩劫中遇难的同胞。这次公祭在国内是首创。因为在此之前，国内还没有哪个城市用群众集会的方式悼念抗战期间的遇难同胞。① 此后，这一做法被国内一些城市采用。如沈阳从2001年开始在"九一八历史博物馆"举行了纪念"九一八"的活动。长春、哈尔滨等城市也开展了类似的集会悼念活动。沈阳市在9月18日也鸣放警报，警示后人，不忘历史。

南京市每年12月13日的集会悼念活动逐渐成为一种惯例，并延续下来。从2014年起这种公祭正式成为国家公祭，习近平总书记亲自出席了首次国家公祭仪式并发表重要讲话，这足以显示党中央国务院对此的高度重视。作为南京市民的我们，应该把这种重视作为一种鞭策和动力，把国家公祭仪式持续地办下去，同时要不断地改进和完善。公祭仪式年年办，但不必每年都千篇一律。由于中国人重视逢五、逢十的纪念日，而2017年又是南京大屠杀80周年，我们可以把公祭仪式搞得隆重一些、气氛庄重热烈一些、规格高一些。同时，宣传报道的步伐也要跟上，要让全体民众都了解国家对此次公祭的重视和它的意义。此外，由于2017年也是中国人民抗日战争爆发80周年，我们可以把国家公祭南京大屠杀遇难者与纪念抗战爆发80周年的许多活动有机结合起来，从不同角度让民众重温鲜活的史实，激发起民众内心的爱国激情。

其次，要在2017年加强对抗战史和南京大屠杀史的学术研讨，争取拿出更多、更新和质量更高的学术成果。近年来，在南京学术界的不懈努力下，对抗战史和南京大屠杀史的研究已经取得了丰硕的成果，一些成果在国际上都产生了良好的反响，有力地批驳了日本右派的错误观点。史学研究有以纪念历史事件周年为契机进行大规模学术探讨的惯例。2017年，有关部门可以组织不同形式、不同规格的纪念抗日战争爆发80周年和南京大屠杀发生80周年的学术研讨会，这些研讨会既可以有学者座谈形式的，也可以有大型国际性的，还可以邀请海内外部分知名学者参加。在高规格的研讨会召开时，省市有关领导也可以莅临开幕式，以示重视。宣传部和社科联则可以拨出必要的会议经费。高校和研究部门鼓励组织学者撰写一批高质量的学

---

① 朱成山等《第21次是国家公祭》，江苏人民出版社，2015，第4页。

术论文。同时，新闻媒体也可以对规模较大、参与学者较多、学术水平较高的研讨会进行适当报道，增加有关学术活动在社会上的影响力。此外，江苏省和南京市的社科规划部门也可以在编制本年度社科研究规划时，适当向抗战史和南京大屠杀史的方向倾斜，增加课题项目和研究经费，鼓励学者多出精品力作。高校和研究机构的学者可以出版一批专著，这些著作应该既有学术性的，也有通俗性的，要满足不同层次读者的需求。要把学者的学术研究成果转化为普通民众的历史知识和对历史的正确认识，要在抗战史和南京大屠杀史研究领域迈出面向大众、服务大众的步伐。

再次，要继续有效利用传统和现代的传播方法，以大众可以接受及喜闻乐见的形式向广大干部群众进一步普及抗战和南京大屠杀的有关知识。同时要特别注重内容，用正确的观点引导和教育民众，树立正确的历史观，激发大家的爱国主义热情，自觉抵制错误思潮带来的不利影响。

在运用传统方法上，笔者认为专家讲座是一种很好的形式。其实，普通市民十分渴望获取更多的历史知识而丰富其精神世界，而由于专家的权威性，在民众中有一定的威望。有关部门可以邀请一些对抗战和南京大屠杀研究方面比较有造诣的专家学者为民众做一些讲座，以"市民大讲堂""普及抗战史知识""纪念抗战爆发暨南京大屠杀80周年"等名义进行，讲座地点既可以在公共图书馆等公共文化场所，也可以走进工厂、学校、机关等具体单位。过去，有关部门曾做过类似的讲座，取得了不错的效果。

在运用新兴传播方式上，我们应该充分利用网络、微博、微信、微电影、微视频、客户端等新兴媒体平台，传播抗战和南京大屠杀史方面的知识，引导社会舆论，抵制错误思潮，教育广大党员干部群众树立正确的历史观。

笔者特别要强调的是，有关部门和专家学者在向广大干部群众进行爱国主义宣传教育的时候，不仅要以活泼的形式吸引人，更要以正确的思想引导人，特别是当教育对象是青少年学生时。对宣讲的内容，一定要以史实为依据，突出中华民族在反抗外敌入侵时不屈不挠的斗争精神。以往，我们曾经

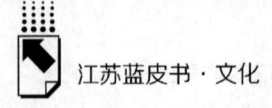

有意无意地回避国民党抗战的史实，这是不对的。但是近年来，抗战宣传中又出现另一种倾向，过度拔高国民党在抗战中的作用，有意无意贬损中国共产党在抗日战争中所发挥的作用，这也是不对的。我们应该在尊重史实的前提下，正本清源，用鲜活的史实突出中国共产党在抗日战争中的中流砥柱作用，加强党的凝聚力。

B.7
江苏家训中的仁者情怀

胡发贵[*]

摘　要： 在中国历史文化中，家是一种特别的精神共同体，包含着血缘、利益和亲情。因此，传统中国尤重家庭教育，而体现这一教育的家训家规可谓源远流长，它表达父辈的希望，抒发家声，展现家风，构成了传统文化的重要组成部分，也是富有亲情和"温度"的历史文明。江苏历史文化深厚，家训繁富，其内容也极为丰富，而且尤富扶困济穷的同情恻隐之心，生生大德的不忍人之心，贩夫有尊的礼敬之心。

关键词： 江苏　家训　仁者情怀

在中国文化中，家既是一种血缘共同体、利益结合体，更是亲情与孝悌忠义的精神共同体。因此，中国文化尤重家庭教育，而体现这一教育的家训家规可谓源远流长；它表达父辈的希望，抒发家声，展现家风，构成了传统文化的重要组成部分，也是富有亲情和"温度"的历史文明，江苏历史文化深厚，家训丰沛，其内容也极为丰富，本文这里撷取其间颇具仁者情怀的内容，以展示其思想文化之特色。

一　扶困济穷的同情恻隐之心

告诫家人要同情穷苦人，是江苏历代家训的一大关注话题。宋代大儒范

---

[*] 胡发贵，江苏省社会科学院哲学与文化研究所所长、研究员。

仲淹，在其家乡苏州吴县创办义庄，制定《义庄规矩》，要求救穷助弱："逐房计口给米，每口一升并支白米。如支糙米即临时加折。女使有儿女在家及十五年、年五十岁以上听给米。冬衣每口一疋，十岁以下、五岁以上各半疋"；又规定："嫁女支钱三十贯，再嫁二十贯。娶妇支钱二十贯，再娶不支。"在其《告诸子及弟侄》中，他又强调："吾吴中宗族甚众，于吾固有亲疏，然以吾祖宗视之，则均是子孙，固无亲疏也。苟祖宗之意无亲疏，则饥寒者吾安得不恤也？自祖宗来，积德百余年，而始发于吾，得至大官，若独享富贵而不恤宗族，异日何以见祖宗于地下？今何颜以入家庙乎？"

明代无锡大儒、东林党领袖"东林八君子"之一的高攀龙，在《高忠宪公家训》中这样谆谆教育子女："古语云：世间第一好事，莫如救难怜贫。人若不遭天祸，舍施能费几文，故济人不在大费己财，但以方便存心。残羹剩饭，亦可救人之饥，敝衣败絮，亦可救人之寒。酒筵省得一二品，馈赠省得一二器，少置衣服一二套，省去长物一二件，切切为贫人算计，存赢余以济人急难。去无用可成大用，积小惠可成大德，以为善中一大功课也。"现代社会的一方有难，八方支援，就可视作"救难怜贫"思想的历史延续。

类似的教诲又如清代著名书画家、学者郑板桥在家信中特别嘱咐堂弟关爱穷乡亲："刹院寺祖坟，是东门一枝大家公共的，我因葬父母无地，遂葬其傍。得风水力，成进士，作宦数年无恙。是众人之富贵福泽，我一人夺之也，于心安乎不安乎！可怜我东门人，取鱼捞虾，撑船结网；破屋中吃秕糠，啜麦粥，搴取荇叶、蕴头、蒋角煮之，旁贴荞麦锅饼，便是美食，幼儿女争吵。每一念及，真含泪欲落也。汝持俸钱南归，可挨家比户，逐一散结。南门六家，竹横港十八家，下佃一家，派虽远，亦是一脉，皆当有所分惠。骐骥小叔祖亦安在？无父无母孤儿，村中人最能欺负，宜访求而慰问之。自曾祖父至我兄弟四代亲戚，有久而不相识面者，各赠二金，以相连续，此后便好来往。徐宗于、陆白义辈，是旧时同学，日夕相征逐者也。犹忆谈文古庙中，破廊败叶飕飕，至二三鼓不去；或又骑石狮子脊背上，论兵起舞，纵言天下事。今皆落落未遇，亦当分俸以敦夙好。"（《郑板桥集·范县署中寄舍弟墨》）

郑板桥一生乐善好施，"橐中数千金，随手散尽，爱人故也"，他之所以对老弟如此"琐琐"嘱示，恰显示其拳拳"仁者爱人"之心。在另一封家信中，郑板桥为穷苦人备"一大碗炒米"，生动诠释了家训中的仁爱之心："天寒冰冻时，穷亲戚朋友到门，先泡一大碗炒米送手中，佐以酱姜一小碟，最是暖老温贫之具。暇日咽碎米饼，煮糊涂粥，双手捧碗，缩颈而啜之，霜晨雪早，得此周身俱暖。嗟乎！嗟乎！吾其长为农夫以没世乎！"（《郑板桥集·范县署中寄舍弟墨第四书》）这般的"暖老温贫"，其情其景，百年后读之，仍仿佛宛然在前，令人心动。这种体贴入微的善待上门的"穷亲戚朋友"，足显儒者深切的恻隐"良知"，儒者"仁民"的四海情愫；而板桥如此立教，意在培好生之德，育慈惠之心，树淳厚家风。清代常熟人蒋伊人在其《蒋氏家训》中，也要求善待佃户："不得逼迫穷困人债负及穷佃户租税，须宽容之，令其陆续完纳，终于贫不能还者，焚其券。人有缓急挪移，取利不得过贰分。"古代中国是奉行天有十日，人有十等的严格等级制的，在此社会情势下，这类叮嘱彰显了富有人道精神的温情关怀，先贤家训中力倡"救难怜贫"，实属不易，也足令后人见贤思齐。

二 生生大德的不忍人之心

热爱生命，是江苏家训反复强调的要义。其间又包含这样几层思想：一是反对溺杀女婴。人为天地之灵杰，人的价值是至上的，这是中国自古以来所传下的古训；但由于受重男轻女思想的影响，现实生活中常有溺杀女婴的不幸事件，战国时期的韩非，早就对此有过猛烈的抨击。后人在家训中也一再告诫，如《颜氏家训》就强调：生女不能不举，否则有违仁道。如颜之推就有过这样的议论：天生万民，人类生生不息，生男生女都是必需的。而世人生女却遗弃之、溺死之，太悲惨了。陈蕃云："女之为累，亦以深矣。然天生蒸民，先人传体，其如之何？世人多不举女，贼行骨肉，岂当如此而望福于天乎？"颜氏说，我就有个远房亲戚，生女就随手送人或扔掉，而母亲跟着后面哭天喊地，也没有人出来阻拦，真是太惨了。这实在是残害骨肉的行为，如此又怎么能得到幸福呢！先贤这一主张显然是符合人道精神的，今天虽罕有溺女婴之事了，但遗弃之举，仍时有耳闻，所以古代家训中热爱生命的思想，依然有其正面的时代意义。

二是反对滥杀动物的护生教育。文中的"护生"，是借用丰子恺先生《护生画集》中的词语，以寓意对一切有生之灵的敬畏关爱之情。中国古代护生思想是十分丰富的，先人家训于此方面的教诲，也可谓是特别的多，下面我们就选择有代表性的缕述如次。

明儒高攀龙在其《高忠宪公家训》中也反复教导爱惜生灵："少杀生命，最可养心，最可惜福。一般皮肉，一般痛苦，物但不能言耳。不知其刀俎之间，何等苦恼，我却以日用口腹，人事应酬，略不为彼思量，岂复有仁心乎。供客勿多肴品，兼用素菜，切切为生命算计，稍可省者便省之。省杀一命，于吾心有无限安处，积此仁心慈念，自有无限妙处，此又为善中一大功课也。"高氏以为，动物和人一样，也是血肉之躯，也一样有痛苦，只不过"不能言耳"。动物在屠刀之下，不知会有多少痛楚，而人类为满足口腹之欲，为了人事应酬，根本无视它们的苦难，这真是太没有仁心了。所以高氏要求家人"切切为生命计"，家里的荤菜能省就省。少杀一条生命，他觉得心里面有无限的安慰，而且"积此仁心慈念，自有无限妙处，此又为善中一大功课也"。明代江苏吴县人袁黄，在其《了凡四训》中，则以求仁、积德来教育家人少杀生。他告诫家人："凡人之所以为人者，惟此恻隐之心而已，求仁者求此，积德者积此。周礼孟春之月，牺牲毋用牝，孟子谓：吾子远庖厨，所以全吾恻隐之心也。所以前辈有四不食之戒，谓闻杀不食，见杀不食，自养者不食，专为我杀者不食。学者未能断肉，且当从此戒之，渐渐增进，慈以愈长。不物杀生当戒，蠢动含灵，皆物物命，求丝煮茧，锄地杀早虫，念衣食之由来，皆杀彼以自活，故暴殄之孽，当与杀生等。至于手所误伤，足误践者，皆当委曲防之。"他所引证先贤的"闻杀不食、见杀不食、自养者不食、专为我杀者不食"的"四不食"戒律，意在鼓励家人多行仁爱之心，多有放生之举，即"为鼠常留饭，怜蛾不点灯"。面对前人的护生家训，好食"野味"的今人，也许会感到不安吧，先人对生命的尊重和爱护之情是值得我们好好学习的。

郑板桥家书中也洋溢着"生生大德"的敬畏生命精神。在家信中他曾这样写道:"平生最不喜笼中养鸟。我图娱悦,彼在囚牢,何情何理,而必屈物之性以适吾性乎!至于发系蜻蜓,线缚螃蟹,为小儿顽具,不过一时片刻便摺拉而死。夫天地生物,化育劬劳,一蚁一虫,皆本阴阳五行之气氤氲而出。上帝亦心心爱念。而万物之性人为贵,吾辈竟不能体天之心以为心,万物将何所托命乎!"(《潍县署中与舍弟墨第二书》)

这段话饱含着"万物有情"的护生情怀,告诫家人要体天地好生之心,爱惜物命,敬畏生灵,不能听任孩童将蜻蜓、螃蟹等小生命当作嬉乐之具,"片刻便摺拉而死"。这种不忍小动物的夭折,不忍飞鸟生机受限的悲天悯人,与前信所叮嘱的育儿要长其"忠厚之情,驱其残忍之性",高度一致。其实,对生命的敬畏,可谓郑板桥家书的灵魂。唯此,他要呵护穷人的饥寒,要体恤卑者的尊严,要维护幼小的生灵;而其间折射的则是宅心仁厚,让家人做个明理的好人。

三 贩夫有尊的礼敬之心

维护他人尊严,是江苏家训中特别富有人文气息的内容。传统文化重礼,而礼的要义在敬,强调贩夫有尊,"虽负贩者,必有尊也"。人与人之间应相互礼敬,江苏家训文化中,也有不少这方面的内容。叶梦得《石林治生家训要略》要求:"要和气。人与我本同一体,但势不得不分耳。故圣人必使无一夫不获其所,此心始足,而况可与之较锱铢争毫,以至于斗讼哉?且人孰无良心,我若能以礼自处,让人一分,则人亦相让矣。故遇拂意处,便须大著心胸,亟思自返。决不可因小以失大,忘身以取祸也。"

明儒袁黄《了凡四训》强调敬人爱人:"何谓爱敬存心?君子与小人,就形迹观,常易相混,惟一点存心处,则善恶悬绝,叛然如黑白之相反。故曰:君子所以异于人者,以其存心也。君子所存之心,只是爱人敬人之心。盖人有亲疏贵贱，有智愚不肖，万品不齐，皆吾同胞，皆吾一体，孰非当敬爱者？爱敬众人即爱敬圣贤，能通众人之志即是通圣贤之志。何者？圣贤之志，本欲斯世斯人各得其所，吾合爱合敬而安一世之人，即是为圣贤而安之也。"

郑板桥老年得子，他担心家人溺爱，家书中严嘱要以同理心、平等心育儿，不能养尊处优，更不能唯我独尊独享而漠视他人的存在和感受："余五十二岁始得一子，岂有不爱之理！然爱之必以其道，虽嬉戏顽耍，务令忠厚悱恻，毋为刻急也。我不在家，儿子便是你管束。要须长其忠厚之情，驱其残忍之性，不得以为犹子而姑纵惜也。家人儿女，总是天地间一般人，当一般爱惜也不可使吾儿凌虐他。凡鱼飧果饼，宜均分散给，大家欢嬉跳跃。若吾儿坐食好物，令家人子远立而望，不得一沾唇齿；其父母见而怜之，无可如何，呼之使去，岂非割心剜肉乎！夫读书中举中进士作官，此是小事，第一要明理作个好人。可将此书读与郭嫂、饶嫂听，使二妇人知爱子之道在此不在彼也。"（《郑板桥集·潍县署中与舍弟墨第二书》）

一饼虽小，但均享却事大。郑板桥还特地在家书中告诫，接济穷苦孩子，一定要低调地去做，"当察其故而无意中与之"："吾儿六岁，年最小，其同学长者当称为某先生，次亦称为某兄，不得直呼其名。纸笔墨砚，吾家所有，宜不时散给诸众同学。每见贫家之子，寡妇之儿，求十数钱，买川连纸钉仿字簿，而十日不得者，当察其故而无意中与之。至阴雨不能即归，辄留饭；薄暮，以旧鞋与穿而去。彼父母之爱子，虽无佳好衣服，必制新鞋袜来上学堂，一遭泥泞，复制为难矣。"（《郑板桥集·潍县寄舍弟墨第三书》）郑板桥家教总是这么细微，举凡"阴雨留饭"以及接济"纸笔墨砚鞋袜"等，无不如此；但尤值得称道的是，他要求家人做这些事情，"当察其故而无意中与之"，就是不要凸显施舍布恩之意，而当作生活中的寻常相与，在不经意间帮助他人，从而减轻穷苦孩子的受惠压力，避免触痛其悲苦之心。郑板桥如此的教诲，所立意的无疑是对他人，特别是卑贱者的真诚尊重和敬畏。这一点尤体现在他要求弟弟尊敬"劳力者"的嘱咐上：

我想天地间第一等人，只有农夫，而士为四民之末。农夫上者种地百亩，其次七八十亩，其次五六十亩，皆苦其身，勤其力，耕种收获，以养天下之人。使天下无农夫，举世皆饿死矣。我辈读书人，入则孝，出则弟，守先待后，得志泽加于民，不得志修身见于世，所以又高于农夫一等。今则不然，一捧书本，便想中举、中进士、作官，如何攫取金钱、造大房屋、置多田产。起手便错走了路头，后来越做越坏，总没有个好结果。其不能发达者，乡里作恶，小头锐面，更不可当。夫束修自好者，岂无其人；经济自期，抗怀千古者，亦所在多有。而好人为坏人所累，遂令我辈开不得口；一开口，人便笑曰：汝辈书生，总是会说，他日居官，便不如此说了。所以忍气吞声，只得捱人笑骂。工人制器利用，贾人搬有运无，皆有便民之处。而士独于民大不便，无怪乎居四民之末也！且求居四民之末而亦不可得也！愚兄平生最重农夫，新招佃地人，必须待之以礼。彼称我为主人，我称彼为客户，主客原是对待之义，我何贵而彼何贱乎？要体貌他，要怜悯他；有所借贷，要周全他；不能偿还，要宽让他。尝笑唐人《七夕》诗，咏牛郎织女，皆作会别可怜之语，殊失命名本旨。（《郑板桥集·范县署中寄舍弟墨第四书》）

在士农工商，四民分业分明的传统社会，农民是"劳力者"，也是卑下者，而士"劳心"，为高贵者，但郑板桥一反社会成见，主张贱士重农，认为"我"与"农夫"无有贵贱之别，只是主、客之分，嘱堂弟要"待之以礼"。这在等级森严的社会里不啻是为贫贱者发声，为其权利张目，显现出一种难得的平等精神，也生动体现了他的仁者爱人的情怀，对人之为人本质的坚守。这也是江苏家训极为深厚的人文底色。

B.8 江苏家训中的天下情怀

陆月宏*

摘　要： "天下兴亡，匹夫有责。"在顾炎武看来，天下与仁义密不可分，天下是仁义之天下，而仁义当为天下之仁义。顾炎武的天下情怀，与顾氏忠烈家风、与忠于明朝的嗣母遗命，密切交织在一起。在以死拒绝博学鸿词科和纂修《明史》举荐的多封书信与诗歌中，他最重要的理由，都是嗣母"不仕异代"的遗命。同样，在明末风雨如晦的时代大潮中，天下情怀也在顾宪成、卢象升和瞿式耜身上得到了很好的体现。

关键词： 江苏　家训　天下情怀

在《两汉风俗》中，顾炎武身怀亡国之痛，发出了明清易代之际最沉郁最悲愤的议论："有亡国，有亡天下，亡国与亡天下奚辨？曰：易姓改号，谓之亡国；仁义充塞，而至于率兽食人，人将相食，谓之亡天下。"[①]显然，顾炎武表面上谈魏晋，实则是在谈论自己亲历的沉痛的历史教训。在他眼中，天下与仁义紧密相连。天下乃仁义之天下，而仁义当为天下之仁义。在他波澜壮烈的一生中，天下情怀与他所传承的顾氏忠烈家风、与他遵循的忠于明朝的嗣母遗命，密切交织在一起。

---

* 陆月宏，江苏省社会科学院哲学与文化研究所副研究员。
① 顾炎武：《日知录》。

一 高峻节操

康熙十八年六月,顾炎武闲居汾州刘子端家,在《答次耕书》中,表明不参与纂修《明史》的原因,即嗣母的临终遗命。在《与叶訒庵书》中,顾炎武表示嗣母忠贞光照天下,不仕异代的遗命不可违背,若当局相逼,只有一死相殉。嗣母"国亡绝粒,以女子而蹈首阳之烈。临终遗命,有'无仕异代'之言,载于志状,故人人可出而顾炎武必不可出矣"。① 嗣母绝食殉国,临终时的遗命,顾炎武念兹在兹,终生不敢或忘。康熙十九年十一月,在为原配王氏所作的《悼亡》诗其四中,顾炎武又不禁想起了嗣母遗命:"地下相烦告公姥,遗民犹有一人存。"也就是说,托付妻子在黄泉之下告知嗣母,顾炎武此生从未违背遗命,一直坚持民族气节!可见,在人生的最后几年中,顾炎武一再回顾嗣母不仕异代的忠烈遗命,以激励自己不赴博学鸿词科和纂修明史。

在《先妣王硕人行状》中,顾炎武回忆嗣母说:"呜呼!自不孝顾炎武幼时,而吾母授以《小学》,读至王蠋忠臣烈女之言,未尝不三复也。《柏舟》之节纪于《诗》,《首阳》之仁载于《传》,合是二者而为一人,有诸乎?于古未之闻也,而吾母实蹈之。"② 大意是说,自从不孝顾炎武幼年起,我母亲就教授我《小学》,读到王蠋忠臣烈女的言行,未尝不反复再三。《柏舟》之节操记载于《诗经》,《首阳》之仁德记载于《传》,将两者合二为一集于一人之身,有过这种情形吗?我在古代从未听说过此种情形,而我母亲实实在在地践行这种节操与仁德。讲到嗣母绝食殉国的情形,心中悲痛难忍:"又一年,而兵入南京。其时顾炎武奉母侨居常熟之语濂泾,介两县之间。而七月乙卯,昆山陷,癸亥,常熟陷。吾母闻之,遂不食,绝粒者十有五日,至己卯晦而吾母卒。八月庚辰大敛,又明日而兵至矣。呜呼痛哉!

---

① 顾炎武:《亭林文集》卷三,又见《蒋山佣残稿》卷二。
② 顾炎武:《亭林文集》。

遗言曰：'我虽妇人，身受国恩，与国俱亡，义也。汝无为异国臣子，无负世世国恩，无忘先祖遗训，则吾可以瞑于地下。'呜呼痛哉！"意思是说，又过一年，清兵进入南京。那时，顾炎武侍奉母亲侨居于常熟语濂泾，此地位于两县交界之处。七月乙卯日昆山陷落，癸亥日常熟沦陷。顾炎武母亲听到噩耗后，当即绝食，料米不进达十五日，到了己卯，顾炎武母亲去世。八月庚辰大殓，第二天清兵已经过来。唉，真是痛不可言！顾炎武母亲留下遗言："我虽然是妇道人家，但身受国恩，殉国，是大义。你不要去做异朝臣子，不要辜负世代国恩，不要忘却祖先遗训，如此，我就可以安心瞑目于地下。"唉，真是痛不可言！他又回忆起嗣母的教诲："尤好观《史记》、《通鉴》及本朝政纪诸书，而于刘文成、方忠烈、于忠肃诸人事，自顾炎武十数岁时即举以教。"忠臣义士的高峻节操，在那时就已经根植于顾炎武幼小的心灵中。

由顾炎武晚年极力拒绝清廷征召的忠烈表现来看，嗣母遗命对他此后一生的影响可谓至为深远，至死都刻骨铭心，念兹在兹。康熙十二年七月，他赋诗《先妣忌日》，悼念嗣母。其中有云："闻丝欲下刘夔泣，执卷方知孟母慈。""无穷明发千年慨，岂独杯棬忌日思！"在清廷不断的高压之下，顾炎武身上传承的忠烈家风，不时迸发出血性璀璨的光辉。

二 忠烈家风

顾炎武嗣父顾同吉未成婚就不幸夭折。顾炎武嗣母王氏在顾同吉因病早逝后，当即穿戴白衣至父母前，表露归顾家之意。她来到顾家后，叩拜棺椁，肃容拜见同吉母亲。据《明史》记载，王氏甘心作望门寡，并且断指疗亲。这些举动，确为今人难以接受和理解，但其中表现出来的节烈和刚毅，表露出来的悍烈之气，必然会将忠烈家风传承于顾炎武心灵中。

万历四十一年五月，顾炎武诞生于南直隶苏州府昆山县千墩镇。他初名绛，乙酉之变后，因敬仰南宋遗民王炎午，而改名炎午，即顾炎武。嗣祖绍芾，不仅是热爱读书的藏书家，而且还是致力于经世致用的实学的学者，认为"士当求实学，凡天文、地理、兵农、水土，及一代典章之故不可不熟究"。① 嗣祖对顾炎武的悉心教诲，使他从小就关心天下大事，具有天下情怀。

在大明倾覆的悲壮岁月中，顾氏家族的忠烈家风，不仅体现于顾炎武及其嗣母身上，而且也鲜明地展现于顾炎武两位弟弟的生命中。顾纾小顾炎武八岁，明朝灭亡后，他决意不仕新朝，隐居于千墩旧庐。居丧时，他因为过于哀痛，以致泪流不止，双目遂盲。顾炎武晚年为清廷博学鸿词科征召时，顾纾千里传书，鼓励顾炎武拒绝征召。顾炎武四弟顾缵，字子叟，为人负气尚节。顺治二年，清军进军江南。顾缵发誓以身报国，"持檄登陴，白衣指麾，奋不顾家。城破被戮，年二十六。天炎尸败，莫知死所，衣冠葬祖墓"。

顾炎武的抗清事业，自始至终贯穿于他明亡之后的遗民生涯。弘光元年（1645年），他被弘光朝廷征聘为兵部司务，撰写"乙酉四论"，包括《军制论》、《形势论》、《田功论》和《钱法论》。弘光朝廷覆灭后，顾炎武投身于光复苏州的战斗中。战斗失败后，他又参与昆山和常熟的斗争。隆武朝廷建立后，顾炎武被荐举为兵部主事，因母丧而没有成行。顺治十四年（1657），顾炎武浩然北游，首途山东。十年之间，他的游踪遍及华北和华中。此后又游历关中、榆林，垦田于雁门、五台之间，往返河北诸关塞，最后打算终老于陕西华阴。康熙十七年（1678），清廷开博学鸿词科，顾炎武以死拒绝。次年清廷开明史馆，他仍然拒绝赴征。

在经学、史学、音韵学、文字学、舆地兵事、金石考古等领域，顾炎武都做出了开创贡献。潘耒赞颂他为"通儒"，称颂他的学问为"通儒之学"，认为"天下无贤不肖，皆知先生为通儒也"。明清易代之后，顾炎武身怀亡国之痛，致力于反思明亡原因。他冷峻地总结明亡的历史教训，重新审视传统中的经学、史学、政治思想和文学思想等，致力于经世之学包括财赋、兵农、河漕、舆地、行政制度、音韵和礼学等的研究。针对晚明士子人格普遍颓废和学问上普遍空谈心性的情形，顾炎武旗帜鲜明地提出"行己有耻"和"博学于文"的观点，要求士子把做人和做学问统一起来。在深怀国破

---

① 顾炎武：《三朝纪事阙文序》，见《亭林文集》。

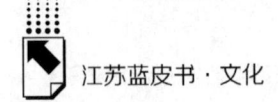

家亡之沉痛的遗民岁月中，顾炎武始而武装抗清，继而自觉承担传承道统香火的历史使命，体现了一代大儒"铁肩担道义，棘手做文章"的悲壮豪迈的情怀。主要著作有《日知录》、《天下郡国利病书》、《肇域志》与《音学五书》等。

三　民族气节

康熙十七年，顾炎武因峻辞而免于博学鸿词之征，他为此赋诗《春雨》，其中有云："平生好修辞，著集逾十卷。本无郑卫音，不入时人选。年老更迂疏，制行复刚褊。"表现了傲岸的品格，不为世俗所动而坚持民族大义的高洁品行。"东京耆旧尽，嬴瘵留余喘。放迹江湖间，犹思理坟典。""未敢慕巢由，徒夸一身善。穷经待后王，到死终黾勉。"表达了他面临坚持民族气节的耆旧故老纷纷弃世而去的孤独处境，依然坚持为后世致力于学问，以有补于汉族恢复山河后的天下苍生。

康熙十八年，当他得知自己将被举荐博学鸿词科时，不禁焦虑万分。在写给弟子潘次耕的书信《答次耕书》中，他申言："况鄙人情事与他人不同。先妣以三吴奇节，蒙恩旌表，一闻国难，不食而终，临没丁宁，有无仕异朝之训。辛亥之夏，孝感特柬相招，欲吾佐之修史，我答以果有此命，非死则逃。原一在坐与闻，都人士亦颇有传之者。耿耿此心，始终不变！幸以此语白之知交。"①意思是说，我的情形与别人不同，先母因为清奇节操得到恩典而受到旌表，一旦听闻国家遇到覆没的大难，就绝食而死。临终时谆谆叮嘱，留下不要我出仕新朝的遗训。如果真有被举荐博学鸿词科的事情，那我不是一死就是逃离。信中表达了顾炎武坚决不与清廷合作的态度，表现了他不忘母命而坚决不出仕清廷的崇高气节和决绝气概。

同样在康熙十八年，叶讱庵打算推荐顾炎武修《明史》，顾炎武去信表示坚决拒绝。他在《与叶讱庵书》中说："先妣未嫁过门，养姑抱嗣，为吴

---

① 顾炎武：《蒋山佣残稿》卷三。

中第一奇节，蒙朝廷旌表。国亡绝粒，以女子而蹈首阳之烈。临终遗命，有'无仕异代'之言，载于志状，故人人可出而顾炎武必不可出矣。"① 大意是说，先母未嫁时先父就病死，她毅然守节来到我家，是我吴中家乡守节的第一奇女子，因此得到朝廷旌表。国家覆亡时绝食，以女子之身而实践首阳之烈。临终给顾炎武留下遗命"不要出仕于新朝"。因此，人人可以出仕，但顾炎武我绝对不可背母命而出仕。他并且强硬地表示，若一再相逼，他只有以死相拒："七十老翁何所求？正欠一死！若必相逼，则以身殉之矣！一死而先妣之大节愈彰于天下，使不类之子得附以成名，此亦人生难得之遭逢也。谨此奉闻。"大意为，七十老翁只欠一死而已，倘若苦苦相逼，那就以身相殉。以身相殉的话，先母的崇高节操就能愈加彰显于天下，使我这个不肖之子也能附之于后得以成名。举荐者叶訒庵，与顾炎武同为昆山人，曾任礼部尚书，当时正负责撰修《明史》。顾炎武在表达自己的立场与决心时，义正词严，可谓字字金石，而以死拒绝的文字，更鲜明展示了顾炎武崇高的峻厉人格。同年，在《寄次耕时被荐在燕中》诗中，顾炎武讥讽京城文人"分题赋淫丽，角句争飞腾"，再次表明心迹，表示自己将以死坚持民族气节："嗟我性难驯，穷老弥刚棱。孤迹似鸿冥，心尚防戈矰。或有金马客，问余可共登？为言顾彦先，惟办刀与绳。"

顾氏的忠烈家风，不仅在顾炎武身上得到光辉展现，还影响着后世的仁人志士，尤其是近代中国的仁人志士。顾炎武在《正始》中曾指出："保天下者，匹夫之贱，与有责焉耳矣。"② 近代维新革命家麦孟华和梁启超最终把它演绎为"天下兴亡，匹夫有责"，从而使它更加深入人心，更能激发人们的爱国情怀。

四　忠贞不渝

江苏家训中的天下情怀，在顾炎武及其家人身上得到了灿烂的展现，同

---

① 顾炎武：《亭林文集》卷三，又见《蒋山佣残稿》卷二。
② 顾炎武：《日知录》。

时，在其他一些忠臣烈士的身上，也得到体现。我们最容易联想得到的，当属顾宪成。他自撰的对联"风声雨声读书声，声声入耳；家事国事天下事，事事关心"，可谓家喻户晓。

顾宪成，无锡泾里（今无锡张泾）人，字叔时，号泾阳，因创办东林书院而为世人尊称为"东林先生"。他六岁进私塾读书，既甘于清贫，又怀有远大抱负，在自己所居陋室的墙壁上题写了两句话："读得孔书才是乐，纵居颜巷不为贫"。顾宪成善于独立思考，十四岁就提出了"凡读书不论何书，要在立意处探讨，不然即六经皆糟粕也"的观点，后师从王阳明三传弟子张淇。

顾宪成万历八年中进士，授户部主事，十五年谪桂阳州判官，历迁至吏部员外郎、文选郎中。万历三十二年，顾宪成罢官还乡，在常州知府欧阳东凤和无锡知县林宰的资助下，修复宋代大儒杨时讲学的东林书院，与高攀龙、钱一本、薛敷教、史孟麟、于孔兼及其弟顾允成等人讲学于其中。"每岁一大会，每月一小会。"他们在讲学之余，"往往讽议朝政，裁量人物"。他们的言论被称为清议，在当朝或下野的士大夫中吸引了众多追随者。在其后风云变幻的政治斗争中，他们及其追随者被统称为东林党。其中，顾宪成、赵南星和邹元标被称颂为"三君"。同时，顾宪成又与顾允成、高攀龙、安希范、刘元珍、钱一本、薛敷教、叶茂才，被称为"东林八君子"。顾宪成遵从朱子学，主张性善，重视修养功夫，提倡静坐。他赞同王阳明的良知说，却严厉抨击王学的"无善无恶"说，并批评王学末流，认为他们轻视修养功夫，以至流弊深远。

在《示淳儿帖》中，他告诫焦虑于科举考试的儿子，要多关注德业。德业上进，能够悟到人生境界在于做个堂堂正正的人，能够以天地境界为方向做人，那么不仅会化解因科举考试而生起的焦虑心情，而且由于德行的厚植，科举考试自然也会比从前顺畅。他在信中表白自己说："在昔大圣大贤往往穷厄以老，甚而有囚有窜，流离颠沛不能自存者。我何人，斯不啻过分矣！更为汝十进耶，是无厌也。"大意是说，从前伟大的圣贤往往贫穷困顿而终老，甚至有被逮下狱和流放，有颠沛流离而无法自我保全的。我是什么人，竟然能享受太平，这难道不是太过分了吗！如果再为你求取科举及第之途，那不就是贪得无厌吗？接着告诫儿子，要立志做个大丈夫，要修德："就汝分上看，但在汝自家志向何如，若肯刻苦读书，到得功夫透彻，连举人进士也自不难，何有于一秀才？若又肯寻向上支要做个人，连举人进士也无用处，何有于一秀才？汝试于此绎而思之，余其忽然于汝也耶？抑爱汝以德也耶？"① 可见，在顾宪成的心目中，进德修业以做个有天下情怀的大丈夫，是人生最重要的事情。

卢象升，字建斗，又字斗瞻、介瞻，号九台，常州府宜兴县人，明末著名将领，民族英雄。他自小潜心经史，热衷操练骑射，虽然是江南文人，却天赋异禀，据明史记载："象升白皙而臞，膊独骨，负殊力。"崇祯十二年，卢象升部在河北巨鹿贾庄，遭到清军包围，监军高起潜拥兵不救，致使其部因炮尽矢绝而为清军所败，卢象升也战死疆场。他在《寄训子弟》中说："君恩既重，臣谊安辞？委七尺于行间，违二亲之定省。扫荡廓清未效，艰危困苦备尝。"② 意思是说，皇上的恩典既然如此厚重，出于为臣之义，我又怎么可以推托？委身于行伍之间，不能早晚向父母请安问好。扫荡敌人、安定天下尚未成功，艰难困苦已经备尝。可见，卢象升实乃当时移孝作忠的典范。为了国家，为了天下苍生，他只能告别双亲和父老，驰骋于疆场，最后悲壮地殉国于战场。在这篇家训中，他殷切地告诫子弟，要多想想父兄及广大士兵正在艰难地抗击清兵，千万不要只想到个人的事情。

瞿式耜，字起田，号稼轩、耘野，又号伯略，江苏常熟人，明末诗人和民族英雄。1646年，朱由榔即位于肇庆，拜瞿式耜吏部右侍郎。后清兵破赣州，瞿式耜留肇庆。第二年，改元永历，清兵攻陷肇庆，瞿式耜乃走梧州，旋即护送永历帝至桂林，升任兵部尚书。1650年，清兵自全州进攻，桂林大乱，瞿式耜与总督张同敞在风洞山仙鹤岭下英勇就义。在《与子书》中，瞿式耜苦口婆心地强调忠孝的重要性。他认为，其他的事或许可以权宜变通，但是忠孝大节绝不可以变通。忠孝名节，实在比生命还重要。他说：

---

① 顾宪成：《示淳儿帖》。
② 卢象升：《忠肃集》。

"可恨者，吾家以四代科甲，鼎鼎名家，世传忠孝，汝当此变故之来，不为避地之策，而甘心与诸人为亏体辱亲之事。汝固自谓行权也，他事可权，此事而可权乎？邑中在庠诸友，轰轰烈烈，成一千古之名，彼岂真恶生而乐死乎？诚以名节所关，政有甚于生者。"① 大意是说，我家作为四代科甲的望族，世代以忠孝传家，当此变故来临之际，你不思考躲避之策，却甘心与别人一样接受清廷统治者剃发的命令，这实在可恶。你固然认为这是在权宜行事。但其他的事可以权变，而此等关系名节的大事绝不可以权变。1650年，瞿式耜被清军逮捕。在囚室里，清军主将孔有德不止一次地派人劝降，都被他拒绝。即使孔有德提出只要削发为僧即可免于一死，也遭到瞿式耜严词拒绝。关押期间，瞿式耜与张同敞诗歌唱和，后来汇编为《浩气吟》，其中两句是这样写的："莫笑老夫轻一死，汗青留取姓名香。"在行将就义前，瞿式耜挥笔写下："从容待死与城亡，千古忠臣自主张。三百年来恩泽久，头丝犹带满天香"，充分表现了他坚贞不屈的气节。

参考文献

[1] 顾炎武：《日知录》。
[2] 顾炎武：《亭林文集》。
[3] 顾炎武：《亭林余集》。
[4] 卢象升：《忠肃集》。
[5] 瞿式耜：《瞿式耜集》。

---

① 瞿式耜，《瞿式耜集》。

B.9 江苏传统家训中的"治生"思想

孙钦香[*]

摘　要： 传统家训无疑重视做人的训诫，但做事也同样重要，在江苏传统家训中关于"治生"思想的文本众多，且多富有开创性意义。南宋苏州吴县人叶梦得《石林治生家训》便开"家训治生传统"的先河，从肯定生命的高度指出"治生"的必要性和急迫性，并总结数条"治生"应遵循的原则。"治生"家训在后世的家谱中大量出现，靖江《盛氏宗规》、盐城《蔡氏家训》、泰州《王氏宗祠六规》等都对"治生"这一家训主题有所论述。"治生家训"作为江苏传统家训的主要部分，显示出传统士人对谋划生计和经营家业的正面肯定和认可，可以说，传统家训不仅劝诫如何做人，而且也重视如何做事。

关键词： "治生"　家训　各安生理

一　题解

众所周知，传统家训的基本内容主要是孝顺父母、友爱兄弟、教训子孙、和睦邻里、为善去恶（毋作非为）等内容，是对子孙后代为人处世的教诲，其主要目的，是希望子孙成为一个明理的好人。无疑，伦理道德的教

---

[*] 孙钦香，江苏省社会科学院哲学与文化研究所助理研究员，中国哲学博士。

化是家训中的主体部分。但传统家训特别是历代族谱、宗谱中除了这些基本内容之外，还有一项很重要的内容便是治生。"治生"一词最早出现在《史记·货殖列传》，治生被用于谈论经商。所谓"治生"，赢利之事，被《史记》称为善治生者，有白圭、范蠡等都是一些成功的商人。

胡发贵研究员曾经在《从"谋道"到"谋食——论宋明之际儒家价值观念的迁移"》中指出"治生"有广义和狭义之分，《史记》为狭义，指行商坐贾，广义指谋生计。《石林治生家训》中的"治生"取广义，是指筹划生计和经营家业，它的目的是希望子孙能够通过努力选择和从事一份好的职业，能够经营好家中世代相传的事业或学业，以使自己和家人生活无虞、荣誉无损。

以"治生"为其家训基本内容的，首推南宋苏州吴县人叶梦得的《石林治生家训》，在中国传统家训家教史上首次提出了治生的意义、原则和方法，对后世影响巨大，自此，"治生"或"各安生理"成为家训的重要内容之一。

比如明太祖朱元璋的"圣谕六言"，除"孝顺父母，恭敬长上，和睦乡里，教训子孙，无作非为"这五项基本家训主题外，还特意提出"各安生理"一条。

泰州学派创始人王艮的同族弟弟王栋，致仕归乡后，创学堂，建宗祠，著《祠堂纪事》。在《祠堂纪事》中，以儿歌形式创立家规六条，谓《王氏宗祠六规训》，载入族谱，沿袭至今。《王氏宗祠六规训》依据明太祖朱元璋颁行的"圣谕六言"（或称"六谕"），创作六首歌谣，分别是"孝顺父母歌，恭敬长上歌，和睦乡里歌，教训子孙歌，各安生理歌，勿作非为歌"。

各安生理歌

我劝吾族安生理，处世无如守分美。守分不求自有余，过分多求还丧己。

耕耘收获无越思，规矩方圆法不弛。舟车辐辏宜深藏，货殖居奇戒贪鄙。

饶他异物不能迁，自然家道日兴起。黄金本从勤俭生，安居乐业荣无比。

击壤歌衢帝力忘，我劝吾族安生理。

这首"各安生理"歌谣，劝诫子孙勿要贪图珍奇异物，勿要寻衅挑事，恪守本分，勿要多求，谨守规矩，不废章法，安居乐业，自然心态平和，家道中兴。与《石林治生家训》相比，这首歌谣更为强调"安分守己"，对"治生"意义、原则的阐发偏少。

明清两代之所以出现大量的治生家训，与当时外部环境关系较大，明清两代士人数量剧增，而朝廷能够提供的官职非常有限，加之商品经济的长足发展，为士人思考甚至从事治生之业提供了有利的外部环境，明清士绅家训在论及治生问题时也更加普遍、深入和多元。如明代霍韬《霍渭崖家训》、许相卿《许云村贻谋》、焦循《里堂家训》等对治生均有详细的论述。

二 《石林治生家训》的要义

1. 为什么要提"治生"？

《论语·卫灵公》记载了孔子这样的一段话："君子谋道不谋食。耕也，馁在其中矣；学也，禄在其中矣。君子忧道不忧贫"，君子应该谋道而无须谋食，夫子的这一教训，一直引导着中国读书人的价值取向和选择，"君子固穷"成为读书人恪守的生活理念，甘于清贫成为读书人品格高洁的表征之一。但随着两宋经济的发展，特别是当读书人数量增多，而科举入仕并不能满足这一庞大群体需要的时候，在"学而优则仕"这一传统路径以外，读书人是否还可以有或者应该有其他的职业选择空间，成为一大课题。

在这样的时代背景下，南宋叶梦得《石林治生家训》出世，叶氏在开篇便设此大问：

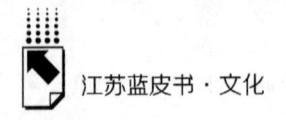

人之为人，生而已矣。人不治生，是苦其生也，是拂其生也，何以生为？

叶氏指出人最宝贵的就是生命。如果不"治生"，不好好地谋划好一己的生计问题，便会使自己的生活处于劳苦的境地，便是违背生命，怎么能称得上是爱护生命呢？从对生命的尊重高度，阐述人必须重视"治生"，如果不好好地重视和用心来谋划生计，便是对生命的戕害和无视，进而指出读书人更应该做出表率，"士为四民之首，尤当砥砺表率，效古人，体天地育万物之志，今一生不能治，何云丈夫哉"，努力经营和谋划好自己乃至一家的生计问题。传统的观念一直是君子安贫守道，这样宣扬读书人应该"治生"堪称石破天惊。

孔子门人中有最富者子贡，子贡善货殖，有"君子爱财，取之有道"之风，善于经商之道，传说他曾在曹、鲁两国之间经商，富致千金，为孔子弟子中首富、孔门十哲之一、"受业身通"的弟子之一，孔子曾称其为"瑚琏之器"。也有最贫者原宪，为孔门弟子七十二贤人之一，原宪出身贫寒，个性狷介，一生安贫乐道。孔子死后，原宪隐居卫国，茅屋瓦牖，粗茶淡饭，生活极为清苦。

《庄子·让王》篇记载子贡去见原宪的故事，故事情节丰富生动。原宪住在鲁国，屋里周围都被杂物堵满了，用茅草和泥盖的屋顶也长出了草，用草和树枝搭成的门户都破烂不完整了，拿桑条做门的转轴，用瓮做窗户。两间屋子，用褐土涂墙缝，下雨的时候屋顶漏雨地下湿滑，但原宪端坐在里边弹琴边唱歌。子贡坐着气派大马车去见原宪，大马车里边黑红外表洁白，小巷子都快容不下。原宪戴着桦树皮做的帽子，穿着没有后跟的鞋子，拄着藜木的拐杖来开门。子贡说："嘻！先生何病？"原宪说："我听说没有钱财叫作贫穷，学习的东西不会实践叫作有病，现在我是贫穷，不是有病。"子贡顿时脸上有了惭愧地表情。原宪笑着说："那种满世界旅行、到处结交朋友，学道用来帮助人们，教授用来谋取自己利益，仁义隐藏的罪恶，车马的装饰等事情，我不忍心做呀。"子贡听后非常羞愧地走了。原宪乃徐步曳杖歌《商颂》，声满天地，若出金石。

从《庄子》这则故事来看，明显是有价值偏向的，是暗讽子贡，而褒扬原宪安贫守道。但叶梦得却给出另一种解读，他认为："圣门若原宪之衣鹑，至穷也，而子贡则货殖焉。然论者不谓原宪贤于子贡，是循其分也。"也就是说，叶梦得认为，孔子门下原宪穿着带补丁的旧衣服，极为贫穷，而子贡做生意能致富。然而原宪并不比子贡贤良，两人只是依循自己的本分而已。简言之，贫富和贤良与否并不具有直接对等关系，原宪贫穷，子贡富有，并不能以此说原宪比子贡就高尚。这就与传统"君子固穷"观念稍有不同，指出谋生、治生的重要性。

而且叶梦得也认识到社会分工的必要性和合理性，认为"治生"各有不同，"治生不同。出作入息，农之治生也；居肆成事，工之治生也；贸迁有无，商之治生也；膏油继晷，士之治生也"。士、农、工、商各有自己的"治生"事务，都是值得尊敬的职业选择，并没有"万般皆下品，唯有读书高"的愚见。叶梦得"四民治生不同"的理念，在明代的阳明学那里，得到进一步发展和推进，王阳明在《节庵方公墓表中》讲述的苏州昆山人方麟，便是苏州亦儒亦商的典型。王阳明借助这个典型人物，对士、农、工、商的价值做了新的评论：

> 士以修治，农以具养，工以利器，商以通货，各就其资之所近，力之所及者而业焉，以求尽其心。其归要在于有益生人之道，则一而已……故曰：四民异业而同道。

王阳明指出士、农、工、商虽然职业不同，但都益于人民的生活，都值得尊重，只是因个人天性偏好、资质才能大小，选择和从事不同的职业，并无高低之分。但是这种职业平等意识并不多见，比如泰兴黄桥《何氏家范》有"安生理"一条，虽然也认同四民治生不同，但却认为有高低之别，其言曰：

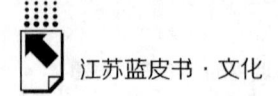

四民之中，惟士称首，次则务农。如不能力行，则宜以务农为本业。农者，必须勤苦力耕，勿失其时，庶衣食有资，而俯仰可无累。又次则为工，要精巧。又次为商，要公平。四民外，惟医卜近儒术，若俳优、僧道、兴贩、私宰之类，皆非正经生理，切勿为之。

这里给士、农、工、商四民排了次序，认为读书人是最高的职业，其次是农民，再其次是做工的人，最后是商人。四民之外，医学、占卜之类允许子孙操持，但不许子孙去从事歌舞技艺、僧道、贩夫走卒之类的职业，认为这些都不是正经的谋生方式。

尽管"四民异业而同道"这种卓识远见，在传统家训文献中并不多见，但至少可以看出在家训中，劝诫子女应该从事何种职业成为一项基本的内容。明末清初大儒王夫之在《传家十四戒》中便显明地指示子孙后代"勿作吏胥""勿为乡团之魁"等，不允许子孙与为非作歹、欺压百姓的贪官污吏、土豪劣绅为伍。在排除了以上必不可选择的职业之外，王夫之对子孙后代如何择业进一步做了专门指示，认为子孙"能士者士，其次医，次则农、工、商、贾，各惟其力与其时"。王夫之指出，子孙后代应该根据各自的才智和天性，选择适合自己的职业，如果天资聪颖，便去读书，如果稍逊一点，可以选择医生，其次可以务农、做工、经商都是可以的，都是正当的职业，是被允许的。靖江《盛氏宗规》也有劝诫子女应该从事何种职业，才不至于辱没家门，其言曰：

子弟自读书而下，必及时各习一业，使为养家立身之本……若其游手好闲，不务正业，无论士农工商，有无恒产，总难以支持，及至家道中落，此亦无策矣……

子孙后代除读书一途之外，还必须及时操习一种谋生职业，以此为本，从而能够"养家"与"立身"，若是游手好闲，不务正业，不论是在什么行业中，家庭经济状况如何，都是难以维持下去，都会招致家道败落。

2. "治生"所应遵循的原则

"治生"自两宋以后逐渐获得正面的认可，可以被正大光明的追求，并被称为长辈劝诫子女的基本内容，但"治生"是有条件和规矩的。首先要正当守法，不可损人利己。叶梦得明确指出：

> 治生非必营营逐逐，妄取于人之谓也。

谋生绝不是蝇营狗苟，坑蒙拐骗，也不是损人利己。正确的治生原则应该是尽自己所能做好本职工作，不损人，不钻营，不唯利是图。盐城《蔡氏家训》于2007年重修族谱时而创作，虽其年代较近，但传统"治生"训诫保留下来，并以"生财"为题，主题更加显明和突出，其言：

> 生财有道，不走邪门。致富道路千万条，劝君行事走正道。凡吾族子孙，搞经营要合理合法，不卖伪劣产品，不能利欲熏心，坑害他人。办企业、承包工程要保证质量，诚信为本，注意安全，对职工的权益应当尊重，利益应当关心……不管干哪一行，都不能违法犯罪。做到不义之财不取，伤天害理之事不为。即使腰缠万贯，也不能为富不仁。德者本也，财者末也。

孔子也曾说："君子爱财，取之有道"，《蔡氏家训》作为新时代家训的代表，将"生财有道"列为一条，细致地规定族中之人如果从事商业经营类活动，千万不能卖假货、劣质品，如从事工业实业类行业，要做到诚实守信，保质保量，关心员工合法的权益。最后点出无论从事哪种行业都要守法，不义之财不能取，伤天害理之事不能做，应该做到富而好礼。

"善于治生"者所应遵循的原则是"富而好施，贫而能俭"。叶梦得指出：

> 予曾见《颜氏家训》，大约有一子则予田产若干，屋业若干，蓄积若干。有余，则每年支费。又有余，则以济亲友，此直知止知足者也。

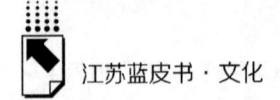

盖世业无穷，愈富而念愈不足，此于吾生何益？况人之分有限，踰分者颠。今吾膝下亦当量度处中，未足则勤俭以足之，既足则安分以守之。敦礼义之俗，崇廉耻之风，其于治生，庶乎近焉。

《颜氏家训》中关于分配家产有明确的记载，如果分配子女之后还有剩余，便拿来接济亲朋好友，这便是知足，知足才能常乐。这样做就在于家业无穷，越是富裕，越会担心不足，这样对于我的生活有什么益处呢？何况人的本分是有限的，逾越本分便会癫狂。今天我们家也要量入为出，生活尚不充裕的则要勤奋节俭，以使生活无虞，生活已经富足则要安分守己，保持住。能够使礼仪丰富醇厚，崇尚廉耻之风，这便接近"善于治生"了。

"治生"两大原则确立后，叶梦得还提出九条具体的"治生"规则和事项，选录前五条做一解说。

第一要勤。每日起早，凡生理所当为者，须及时为之，如机之发、鹰之搏，顷刻不可迟也。若有因循，今日姑待明日，则费事损业，不觉不知而家道日耗矣……

虽然人之常情，是好逸恶劳，但叶梦得指出首条"治生"规则便是勤奋，唯有勤劳才能保持生活无虞，家道兴旺，所谓"治生之道，莫尚乎勤"。徐州睢宁《仝氏家训》有"勤劳兴业"一条，同样持这种观点，认为："勤劳可以兴业，暇逸即以败家。"唯有勤奋刻苦才能使家业兴旺，否则便会导致家道衰落。

第二要俭。夫俭者，守家第一法也。故凡日用奉养，一以节省为本，不可过多。宁使家有盈余，毋使仓有告匮。且奢侈之人，神气必耗，欲念炽而意气自满，贫穷至而廉耻不顾……

节俭是传统家训中一项基本训诫，叶梦得指出"俭者，守家第一法"，奉行节俭，是持守家业的法宝。凡是日常用度，应以节省为念，不可贪多奢靡，宁可保持家有盈余，也不可使家庭经济告急。而且追求物质享受，奢侈不知节制的人，往往欲望旺盛，志满意足，如果不幸遭遇贫穷，那么这种人就会半点廉耻也不会顾及。

  第三要耐久……今后生汲于谋利者，方务于东，又驰于西。所谓欲速则不达，见小利则大事不成。人之以此，破家者多矣。故必先定吾规模，规模既定，由是朝夕念此、为此，必欲得此，久之而势我集、利我归矣。故曰："善始每难，善继有初，自宜有终。"

这一条劝诫已经相当专业和具体，谋生者务要持之以恒，善始善终，不为小利牵引，唯此才能保家兴业。

  第四要和气。人与我本同一体，但势不得不分耳。故圣人必使无一夫不获其所，此心始足，而况可与之较锱铢，争毫末，以至于斗讼哉？且人孰无良心，我若能以礼自处，让人一分，则人亦相让矣。故遇拂意处，便须大著心胸，亟思自返。决不可因小以失大，忘身以取祸也。

从人我本一体的观念出发，叶梦得指出待人须和善，不可因蝇头小利，便与人争是非。若能以礼相待，人必待我以礼，万不可因小事、小利而丧身取祸。

  第五自奉宜俭。至于往来相交，礼所当尽者，当及时尽之，可厚而不可薄。若太鄙吝废礼，何可以言人道乎？而又何以施颜面乎？然开源节流，不在悭琐为能，凡事贵乎适宜，以免物议也。

节俭是美德，是持家之道，但是人情往来之际，勿要吝啬，礼节所当尽者，应该尽力履行，万不可贪图钱财货物，不近人情，招人非议。

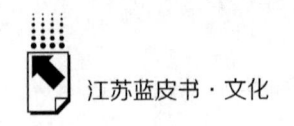

三 "治生家训"的现代意义

江苏传统家训中大量"治生"文本的存在，说明江苏传统士人对谋划生计和经营家业的正面肯定和重视，在江苏这片土地上自古以来，便有亦儒亦商的传统，读书人对谋生和家业的话题能够认真地对待和讨论。在今天看来，这些"治生家训"仍富有启示意义。

第一，子女职业选择的原则，应该遵循个人才智和性情所近而定，士、农、工、商等职业并无高低贵贱之分。个人按照自己才能、智慧或者爱好，来选择不同的职业。天生聪慧且热爱读书，便去做读书人，天生资质稍差，又不好读书，便去做工或经商，等等，都是允许的，都属"正经生理"，但万不可从事坑蒙拐骗、杀人放火等行业。

第二，谋生或追求财富必须遵循"勤俭节约"的原则。无论从事何种职业，在谋划生计和经营家业的过程中都要奉行勤奋、节俭的作风，做到惜福散财。

第三，要秉承"富而好施，贫而节俭"的原则。如若自家富裕千万要懂得珍惜福气，要乐善好施，周济贫苦的族人、邻里朋友等，如若自己并不富有，则要节俭为尚，勤奋、节约，积累财富，自助助人。

江苏传统家训无疑也重视和劝诫子女"做一个明理好人"（郑板桥语），但"治生"思想也相当充实和生动，不仅展现江苏传统家训的丰富内容和开阔主题，而且对现代人教育和引导子女职业选择、追求财富等方面仍具有积极的启发意义。

参考文献

[1] 叶梦得：《石林治生家训》，宣统辛亥叶氏观古堂刊本。

[2] 靖江《盛氏宗规》选自《靖江盛氏宗谱》，清光绪二十年修订。

［3］泰兴黄桥《何氏家范》出自泰兴《泰兴何氏家乘》。

［4］盐城《蔡氏家训》出自盐城万二公系《蔡氏宗谱》（洛阳堂，2007年新修家谱）。

［5］泰州《王氏宗祠六规训》出自姜堰《三水王氏族谱》。

B.10
朱柏庐家训思想及其现代借鉴意义研究

陆月宏[*]

摘　要：《朱柏庐治家格言》即《朱子家训》，它的目的是挽回世道人心，重建淳朴的生活秩序，因此它着眼于普通百姓的日用常行以立言设教。家训起首就讲卫生与安全之道，朴实无华，但深入思考，却能发现其中的希圣希贤之道。《朱子家训》以劝人勤俭持家开篇，以安时处顺终篇，含义博大精深。其核心宗旨，就是要让人成为一个生活勤俭、知书明理、宽容善良和希圣希贤之人，读《朱子家训》，最好与《劝言四则》相互参照。这是因为，两文从内在精神来说，实为姐妹篇。现代人读家训，应当善于思考其文字背后的深层哲学理念，因为这些哲学理念是超越时代并具有永恒价值的。当代继承和发扬家训的目的，是把现代人培养成为合格的公民，进而把现代人培养成为"君子"。

关键词：　朱柏庐家训　劝言四则　家训的现代意义

在一定程度上，我们可以说家训是中国传统文化中根源最深厚的部分。家训起源于上古时期父子相传、口耳相授的生产生活实践。家训在我国已有

---

[*] 陆月宏，江苏省社会科学院哲学与文化研究所副研究员。

三千多年的历史,既包括家庭伦理规范,也包括社会道德规范,它的内容涉及勤俭持家、忠孝仁爱、安身立命、求学成人、育儿闺训、男女力戒、谋事和人与天地阴阳等,包含了儒家所倡导的修身齐家治国平天下的方方面面。在"三贫三富不到老"反复无常的社会生活中,家训告诫子孙后代,教导他们勤俭持家、仁义忠孝,促使他们循规蹈矩和积极上进,并以此保持家运长盛防止家族败落。在家训中,也因此形成了"惟祖训是从,惟祖训是尊"与"率由旧章,层层相因"的文化精神。

家训的基本内容是居家之道和为人处世之道,主要突出勤俭持家、孝悌、立志、耕读、交友、调养身心、应对进退、待人接物、言行步履、尊师重道、立德、立功、立言等方面内容。

一　勤俭持家

朱用纯,字致一,号柏庐,明末清初江苏昆山县人,著名理学家和教育家。顺治二年五月,南京沦陷。其父朱集璜毅然率众弟子守卫昆山城,七月六日城破,投东禅寺后河,以死明志。父亲的大义殉国,对朱用纯来说,是终生难愈的心灵创伤与情感剧痛。他因此自号"柏庐",以茹哀饮痛,寄托对亡父绵绵孝思的同时,也寄寓了矢志不仕新朝的遗民之志。入清后,他隐居教读,居乡教授学生。以家庭塾师为业,是当时家境贫寒却又不愿仕清的明遗民较为普遍的选择。康熙十七年,乡人叶方恒推荐他参加博学鸿词科考试,朱用纯闻讯之后,以死自誓,坚决拒绝。康熙三十七年,朱用纯病逝。弥留之际,他朗诵陆游诗句"王师北定中原日,家祭无忘告乃翁",并念叨"学问在性命,事业在忠孝"。总的来说,终其一生,朱用纯未尝忘怀故国志节与克己修身之理学。朱用纯的主要著作有《毋欺录》《朱柏庐治家格言》《愧讷集》《大学中庸讲义》等。

朱用纯生活于明清易代之际,被当时的儒者称为世风日下、物欲横流的时代。面对这样的时代,他没有绝望颓废,而是仍然坚信人心的向善。《朱柏庐治家格言》即《朱子家训》。《朱子家训》的目的,正是挽回世道人心,

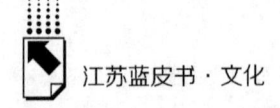

重建淳朴的生活秩序，因此着眼于普通百姓的日用常行以立言设教。

家训起首就讲卫生与安全之道，朴实无华："黎明即起，洒扫庭除，要内外整洁；既昏便息，关锁门户，必亲自检点。"① 其意为，天快要亮的时候就起床，洒扫庭院，使院落内外保持整洁。天快要黑的时候就准备休息，关窗锁门之事，一定要亲自检查。这两句家训，初看起来极为朴实，实为居家生活的普通道理。前半句写的是"勤"，后半句写的是"谨"。日出而作、闻鸡起舞，表现的都是一个"勤"字；日落而息，亲自检点门户，体现的正是"谨慎"。总之，家训的第一句话告诉我们，做人首要的事情就是要早起、勤劳和整洁，反映在修身上的道理就是，要自强不息，要为人恭敬，要时刻清洁身心。

勤俭在传统儒家中的地位相当重要。第二句家训讲的正是勤俭："一粥一饭，当思来处不易；半丝半缕，恒念物力维艰。"人吃的每一粒米饭，应当想到它来之不易；人穿的每一件衣服，要时常想到它在制作时的艰难。在这里，朱用纯特别强调勤俭的重要，要求我们懂得惜福报恩，要节约，体现了对劳动的尊重。正如古人所说"锄禾日当午，汗滴禾下土，谁知盘中餐，粒粒皆辛苦。"② 朱用纯其实也在告诫子弟要知足，要认识到生活的温饱来之不易。勤俭的思想运用于修身，就是要淡泊，要以勤俭养育德行；而没有修身的美德，即使荣华富贵，也无法长久保守。朱柏庐没有子女，过继兄弟的儿子做嗣子。他一直教导嗣子导诫要节俭，指出要做到俭，一要平心忍气，二要量力举事，三要节衣缩食。

接下来，讲的是凡事豫则立的道理。"宜未雨而绸缪，勿临渴而掘井。"应该在天还没下雨的时候就修葺屋顶、修补门窗。不要等到渴得无法忍受时才去挖井打水。俗话说："人无远虑，必有近忧。"做事情不能临时抱佛脚，一定要事先做好充分的准备。饮食之道则是："自奉必须简约，宴客切勿流连。"朱用纯在这里告诫子弟，奉己要俭约，做事情要有分寸，要适可而

---

① 《朱子家训》。
② 《全唐诗》。

止。自身的日常生活供养一定要节俭，宴请宾客要有节制，不可沉湎于逸乐之事。"器具质而洁，瓦缶胜金玉；饮食约而精，园蔬愈珍馐。勿营华屋，勿谋良田。"家常用的器具不求华美，质地坚实就好。只要经常洗刷干净，就是瓦罐也会超过金器、玉石。家常的菜肴不必贪多，只要烹调得当，即使自家园地的菜蔬，吃起来也比山珍海味来得美味舒心。不要在乎良田美宅，只要宽裕就好。无止境的欲望，只会导致人身心的失衡，与感受幸福能力的丧失。朱用纯在这里说的生活道理：要活得快乐平静，就得活得简单朴实。

二 调养身心

朱用纯告诫子弟，不可沉溺于美色："三姑六婆，实淫盗之媒；婢美妾娇，非闺房之福。奴仆勿用俊美，妻妾切忌艳妆。"意思是说，三姑六婆那样不正派的女人，实在是邪淫和盗窃的媒介。婢女美艳、姬妾娇艳，并非家庭生活的福气。家童仆人，不可雇佣英俊美貌的，妻妾切忌着艳丽的妆饰。在这里，朱用纯告诫子弟，在言行上要谨慎，要学会守心护念，切勿贪图和沉溺于美色。这是因为，沉溺于美色之中而难以自拔，将会极大消耗一个人的精神，从而损害一个人的德行与事业。生活常识也告诉我们，过分暴露美色，会令人生起邪念，诱动欲望。真正的美，不是娇艳露色之美，而应当是富有心灵内涵的贤淑之美。

心性要淳朴厚实，就得讲究慎终追远和尊重学问。因此"祖宗虽远，祭祀不可不诚；子孙虽愚，经书不可不读。"每逢节日虔诚地祭祖，有助于培养我们的仁孝之心、仁厚之心。这是在培养我们人生的根基。根基坚实了，人的生命一定会丰茂，一定会硕果累累。对待子孙，要让他们多读圣贤之书，读书不仅仅是为了求取功名，而更是为了希圣希贤，是志在圣贤。

"居身务期质朴，教子要有义方。"做人一定要朴实淳厚，教育子女行事要遵守行为规范。孔子说："巧言令色，鲜矣仁"。说话甜言蜜语的，大概不会是仁德之人。做人应当朴实无华，要多做少说，正所谓"君子欲讷于言，而敏于行。"要以规矩教育子女，印光大师曾说："人家欲兴，必由家规严整始。"可见，对家族兴衰来说，家教是关键。《三字经》中也说："窦燕山，有义方，教五子，名俱扬"。① 其中的窦燕山就是教子成功的典范。

如何对待财和酒？要"勿贪意外之财，勿饮过量之酒。"不可贪图意外之财，不可过量饮酒。做人，不能贪意外之财。对钱财，不能贪得无厌。不是你的，就不能贪婪地强取豪夺。不能饮过量之酒，醉酒会乱性，醉酒会误事，醉酒可能会祸从口出，这些也都是生活常识，但能坚持做到的，却不太容易。《弟子规》中说："年方少，勿饮酒；饮酒醉，最为丑。"酒后若失态，往往就会乐极生悲，不仅伤心，还会伤身。历史上嗜酒贪色而亡国的例子比比皆是，如商纣王、前秦厉王。当今社会，能让人沉溺上瘾于其中的东西更多，如抽烟、吸毒、上网、打游戏等。这些有害的东西，都会伤害人的身心，甚至让人家破人亡。对此，我们不得不加以警醒。

心性如要敞亮，做人就得慈悲，要体恤生活贫困的人："与肩挑贸易，勿占便宜；见贫苦亲邻，须加温恤。"与挑担子做生意的小贩打交道，不可占便宜。看见贫苦亲邻，应该多加体贴抚慰。对穷人不能落井下石，而是要雪中送炭。小商小贩，肩挑贸易，经常要冒严寒酷暑，获利微薄，如果再占他们便宜，于心何忍？因此千万不能占他们的小便宜，不能与他们斤斤计较；看见穷苦的乡亲邻里，就应该尽力救济体恤。

三　和睦齐家，慈悲戒争

在齐家上，一定要有恭敬之心，要敬畏伦常，否则"刻薄成家，理无久享；伦常怪舛，立见销亡。"对人刻薄而发家的，没有长久享受的道理。伦常上败坏怪诞的，就会马上沦亡。朱用纯在这里指出，家庭生活中，要懂得互相帮助，互相扶持。对人刻薄，自己也终究会受到别人的反击。"作

---

① 《三字经》。

善，降之百祥；作不善，降之百殃。"① 人若能常常行善，上天一定为他降福；反之，如果常常刻薄待人而行不善之事，那么上天一定会降下灾祸。刻薄寡恩的人，专注于自己的私利，即使偶然骤发，也必定享受不了长久，而会骤亏和骤亡。不守伦理、乖僻古怪，很容易为人所弃。违背伦常的后果往往很可怕，正所谓"人弃常则妖兴。"② 丢掉伦常，那么各种反常恐怖的事就会发生，人就会很快败亡。因为伦常是做人的根本，就像一棵树，根腐烂了，当然很快就会枯死。

家庭一定要和睦。"兄弟叔侄，需分多润寡；长幼内外，宜辞严法肃。听妇言，乖骨肉，岂是丈夫；重资财，薄父母，不成人子。"面对财富的时候，即使兄弟之间也会出现裂痕和争吵，这实在是可悲的事。为了避免"一家饱暖千家怨"的可悲困境，就得做到以富济贫，促使家族和睦。家族如要福泽绵延，就必须有严肃的家规和严谨的家风。严谨的家规有助于培养子弟的恭敬之心，防止骄纵傲慢的倾向。一家之主，心中一定要有主见，不能轻易相信挑拨离间之言，而使骨肉之情遭到伤害。如果因为钱财而冷落、薄待父母，那就简直不是人了。

家庭始于婚姻。在婚姻上："嫁女择佳婿，勿索重聘；娶媳求淑女，无计厚奁。"也就是说，在对待子女婚配上，切忌让财富蒙蔽双眼，而应该以朴实之心待人。为子女选择配偶，应当以德行作为首要的标准，而非家世和财产。嫁女儿，就应当考察夫家的德行是否深厚；如果是娶媳妇，那就应当考察她的家教是否良好。

不仅在子女嫁娶上不能让财富蒙蔽眼睛，而且在日常与富人和穷人交往时也不能以财富权势为标准。朱用纯提出的处贫富贵贱之道："见富贵而生谄容者，最可耻；遇贫穷而作娇态者，贱莫甚。"在与富贵之人交往时，我们应该出之以德行，要自重，而不是一味讨好奉迎。"君子不重则不威"。自己不庄重，如何让别人尊敬你呢？如《弟子规》所说："若衣服，若饮

---

① 《尚书》。
② 《左传》。

食；不如人，勿生戚。"① 即使生活清贫，也要自尊自爱。如果自己在心上真正把功名利禄看得淡了，那么见到大富大贵之人，自然就不会谄媚巴结，而会不卑不亢地平等交往。同样，对贫穷的人，我们也应当平等交往。

"居家戒争讼，讼则终凶；处事戒多言，言多必失。"不管是居家，还是待人处世，都应当避免争讼。正所谓"家和万事兴"，"退一步海阔天空"。家庭和睦，与人为善，才能有益于生活与事业。言语是交往的通道，言语一定要谨慎。正如孔子所说："可与言而不与之言，失人；不可与言而与之言，失言；知者不失人，亦不失言。"

"勿恃势力，而凌逼孤寡；勿贪口福，而恣杀牲禽。"人生于世，不应该仗势欺人。从根本上来说，权势既是责任又是福泽。如果放纵一己之欲而以势压人，那么就很可能造成众叛亲离、福泽消耗殆尽。为贪图口福之欲而任意宰杀牲畜，是错误的行为。在没有必要的时候，我们最好不要杀生。

不可误入歧途，在齐家上如果误入歧途，后果必定可悲："乖僻自是，悔误必多；颓惰自甘，家道难成。"朱用纯在这里指出，经营家业，必须励精图治，而绝不能懒惰颓废。乖僻的人往往富有聪明才智，其中的一些人趾高气扬，自以为是。如果以这样的人来治家，那么必定会做出许多日后追悔莫及的错事来。还有一种人则贪图安逸，消极颓废，也很难成就家道。

四　交往有道，安时处顺

人不仅仅生活于家庭、家族中，还得与乡人、世人打交道。《论语》第一章中就讲到"有朋自远方来，不亦乐乎？"② 朱用纯告诉子弟，在交友上一定要慎重："狎昵恶少，久必受其累；屈志老成，急则可相倚。"亲近小人必受牵累，应当以老成持重的人作为朋友，只有他们才能帮助我们提升道德学问。交友之道大不易，当谨慎对待，正所谓"千金易寻，知音难求"。

---

① 《弟子规》。
② 《论语》。

在与人交往时，言行上要善于自我反省："轻听发言，安知非人之谮诉，当忍耐三思；因事相争，安知非我之不是，须平心再想"，切忌为流言蜚语所惑。遇到争论，要多反躬自省，懂得三思而行，正所谓"兼听则明"。在与世人交往时，可能会产生施恩与受恩的恩情关系。那么我们应当如何正确对待呢？朱用纯认为，应当"施惠无念，受恩莫忘。"予人恩惠，不要记在心里；但滴水之恩，应当涌泉相报。做事不可太绝，要懂得适可而止，要给人留下余地，这样对人对己都好。"凡事当留余地，得意不宜再往。"真正懂得为人处事的聪明人，做事一定会留有余地。少壮时要为暮年留余地，祖辈父辈要为子孙留余地。

人有七情六欲，难免喜怒哀乐，但做人一定要厚道。"人有喜庆，不可生妒忌心；人有祸患，不可生喜幸心。"不可嫉贤妒能，也不能幸灾乐祸。为人不可存妒忌之心，若存妒忌之心，就不仅会伤害别人，而且也会伤害自己。何谓善恶："善欲人见，不是真善；恶恐人知，便是大恶。"做了好事，就想让别人看见，那么所做的善事就不善了，而这样做的人也就无法称之为真正的善人。做了坏事而怕别人知道，那么这种坏事就是大恶事，而这样做了坏事的人就可称之为大恶人。在这里，无疑也提出了衡量善恶的两条标准，即欲人见和恐人知。"见色而起淫心，报在妻女；匿怨而用暗箭，祸延子孙。"见到美色就生起邪淫之心，那么报应就往往会应在自己的妻子和女儿身上；怀恨在心而又暗箭伤人，那么祸患会延及子孙。

做人要开心，要快乐。"家门和顺，虽饔飧不继，亦有馀欢；纳税，国课早完，即囊橐无馀，自得至乐。"家中和气平顺，那么即使三餐不继，也会觉得生活快乐。赋税早早地交给国家，那么即使自己囊中羞涩，也能自得其乐。家庭生活要礼敬谦让，要和和气气。一般来说，"仓廪实而知礼节"，家道富裕，家庭生活就容易和睦。家境清贫，正所谓贫贱夫妻百事哀，家庭关系往往也会比较紧张。但是，朱柏庐却提出和顺治贫的观点，也就是说，一家人只要生活得和睦开心，那么即使上顿不接下顿，也会觉得生活快乐。早早向国家上交钱粮课赋，不欠租税，那么也有一种履行责任的快乐。

明了世间的善恶和至乐，还得更上一层楼，即希圣希贤，安时处顺：

"读书志在圣贤,非徒科第;为官心存君国,岂计身家。守分安命,顺时听天,为人若此,庶乎近焉。"读书的目的在于效仿圣贤,在于成圣成贤。出仕为官,要忠君爱国,怎么可以只考虑自己的身家性命。要守得本分,要能安于命运,听从上天的安排,也就是要能做到"谋事在人,成事在天"。也就是说,学习经典的目的在于希圣希贤,要懂得忠于国家,也要能够乐天知命。一个人读书的目的在于使自己成为一个具备圣贤之心的高尚的人。

五 《劝言四则》和《与四弟》

总的来说,《朱子家训》全文短小精悍,仅五百余字,但内容简明赅备,对仗工整,朗朗上口。因此,问世以来,不胫而走,成为清一代家喻户晓、脍炙人口的教子治家的经典家训。《朱子家训》以"修身""齐家"为宗旨,集儒家做人处世方法之大成,以劝人勤俭持家开篇,以安时处顺终篇,含义博大精深。它的核心宗旨,就是要让人成为一个正大光明、知书明理、生活严谨、宽容善良和希圣希贤之人。

三百年来,《朱子家训》之所以在中国甚至在全世界的华人文化圈有这么大的影响,除了它集中体现了中国人修身齐家的理想与追求之外,还有一个重要的原因,是它运用了一种既通俗易懂又讲究语言骈偶的表达形式。通俗易懂,则容易被广大民众接受;语言骈偶,则朗朗上口,容易记忆。骈指两马相并,骈文就是用作对联的方式写就的文章,每句都两两相对,讲究平仄对仗,铿锵有韵,是最能展现汉语独特魅力的一种文体,在魏晋南北朝时最为兴盛。《朱子家训》就是以骈文形式写成的,每句都对仗。

《朱子家训》以格言形式表达出来。它可以口头传训,也可以写成对联条幅挂在大门、厅堂和居室,作为治理家庭和教育子女的座右铭。因此,它被历代士大夫尊为"治家之经",在清至民国年间一度成为童蒙必读课本之一。

如果我们想要更全面更彻底地理解《朱子家训》,那么我们还应当读读《劝言四则》和《与四弟书》。《劝言四则》的宗旨,与《朱子家训》一脉相承,是劝人为善的劝世文,包括《敦孝弟》、《尚勤俭》、《读书》与《积德》四篇。读《劝言四则》，最好与《朱子家训》相互参照，这是因为两文从内在精神来说，实为姐妹篇。四篇之间，具有紧密的内在联系。所谓孝悌，实乃人的本心；所谓勤俭治家，实乃人的本业；所谓读好书，是为了做个堂堂正正的好人；所谓积德行善，实能有益个人、家庭和社会。以四者为准则去做人和做事，那么就能德业无量。虽然不如《朱子家训》那么家喻户晓，但《劝言四则》在后世的影响也相当大。乾隆时，陈弘谋将其收入《训俗遗规》，并高度评价说："其义则该括而无遗，充其量可以希圣贤，否也不失为寡过。"

第一篇"敦孝弟"提出："孩提之童，无不知爱其亲；及其长也，无不知敬其兄。可知孝亲悌长是天性中事，不是有知者有不知者，有能者有不能者。"[①] 也就是说，孝弟即孝敬长辈敬爱兄长，出自于人的天性。"不必言古圣贤孝弟之行，如大舜、武周、泰伯、伯夷各造其极，只如晨省昏定、推梨让枣，有何难事？而今人甘心不为，极而至于生不能养、死不能葬，大不孝于父母"。如果真心去做，朴素的孝顺父母和友爱兄弟，要做到并不难。"有子曰孝弟'为仁之本'。乌有孝子悌弟而不修德行善者。孔子曰：'孝弟之至，通于神明，光于四海。'乌有孝子悌弟而不为乡党所称、书策所载、皇天所佑者。其不孝不友者反是，何不勉之！"孝顺父母友爱兄弟的人必定会为乡人称颂、为书籍记载和为皇天所佑护。儒家认为，孝悌是仁德的核心。作为一代大儒，朱用纯自然将《孝弟》置于《劝言》诸篇之首。朱用纯认为，孝亲悌长是人的天性，关键在于人们是否愿意去做。他首先感慨世人看重钱财、热衷功名而轻视孝悌的不良风气，以历史圣贤为例，劝告人们奉行孝悌之道，以回归人的天性。在文中，朱用纯有力抨击了当时社会上追逐功名利禄而漠视亲情道义的卑劣现象，热情地弘扬孝悌之德，对当代的家庭教育与社会教育也不无启发。传扬孝悌之德，有助于调节和促进家庭的和睦气氛，在社会上形成尊老爱幼的美好风尚。

第二篇"尚勤俭"强调勤俭的重要性，"勤与俭，治生之道也。人情莫

[①] 《劝言四则》，下同。

不贪生而畏死，然往往自绝其生理者，不勤不俭之故也。不勤则寡入，不俭则妄费。寡入而妄费，则财匮；财匮，则苟取，愚者为寡廉鲜耻之事，黠者入行险徼幸之途。生平行止，于此而丧；祖宗家声，于此而坠。""孔子曰：'谨身节用，以养父母。'可知孝弟之道、礼义之事，惟治生者能之，又奈何不惟勤俭之为尚也。"也就是说，孝弟的道理，礼义的事理，唯有懂得经营家业的人才能做到。勤俭是我们民族的传统美德。勤劳则能开源，简朴则能节流，两者相合，自然能促进家道中兴，使得国富民强。朱用纯首先批评了不勤不俭的危害性，认为入少出多就必定导致家庭财产的匮乏。由懒惰引发的贫穷，就会轻易地使人走上歪门邪道，用不正当手段索取财物，如此就会使人道德堕落，使妻子儿女染上贪婪和懒惰的恶习，使祖宗名声蒙尘。如何做到勤？笔者认为一要心勤，即深谋远虑、凡事早做准备；二要身勤；三要能耐烦能吃苦。如何做到俭？笔者认为一要心平气和，要能忍耐，避免动辄诉讼导致倾家荡产；二要量力而行地做事情，切忌讲排场和摆阔气；三要节衣缩食，切忌浪费和奢华。在阐述勤俭的各项准则时，朱用纯观点鲜明，论述丝丝入扣，朴实的语言中不时出现警世箴言。

　　古代世家大族向来以耕读传家，因此极其重视读书。朱用纯认为："读书须先论其人，次论其法。所谓法者，不但记其章句，而当求其义理；所谓人者，不但中举人、进士要读书，做好人尤要读书。"不但考举人考进士要读书，想做好人的话尤其要读书。"此教人读书，识义理之道也。要知圣贤之书，不是为后世中举人、进士而设，是教千万世做好人，直至于大圣大贤"。所以读书，便要反之于身：我能如是否；做一件事，便要合之于书：古人是如何——此才是读书。教人读书，在于让人认识其中的义理之道。读书要善于自我反省。中国自古以来就重视读书，甚至出现"世间万事，惟有读书高""书中自有黄金屋，书中自有颜如玉"的观点。作为一代大儒，朱用纯自然也极其重视读书。他认为，读书目的一定要明确。读书不仅仅是为了如世间俗人那般中举人、中进士，而且更是为了做个好人，甚至要立志做大圣大贤。读书不仅要记住章句，更要求得书中的义理。读书更要做到时时反省，身体力行，使读书与做人结合起来。

"盖德亦是天性中所备，无事外求；积德亦随在可为，不必有待。"积德的事随处随时都可以做。"就日用常行之中、所见所闻之事，日积月累，成就一个好人。亦不求知于世，亦不责报于天，但庶几生顺死安。"在日常生活之中积德，成就一个好人，能够一生平安就好。儒家向来重视修养德性，将修身视为人生第一等事。正所谓"太上有立德，其次有立功，其次有立言，虽久不废，此之谓不朽。"朱用纯在《积德》中，首先批评了富贵之后方才积德的庸俗观点，指出积德行善是一个人的天性。不必等待特别的时机去积德行善，而随时可以进行。一个人，只要葆有天性中的恻隐之心，从身边小事做起，从亲近的亲戚邻里做起，逐渐推及于朋友，推及于众生，那么如此日积月累下来，就能成就一个好人。

儒家向来倡导兄弟友爱之情，认为兄弟之间的友爱之情应当"如影之与形，声之与响"（《颜氏家训兄弟第三》）。由于朱用商是遗腹子，作为兄长的朱用纯，更多了一份如兄似父的沉甸甸的责任。用商成年后，生活潦倒，学业荒废，当时谋得一份乡村私塾老师的职位。为此，朱用纯觉得十分欣慰，禁不住趁机谆谆教诲四弟。在《与四弟》中，朱用纯首先动之以情："所以戚者，吾虽长于吾弟几二十年，然吾意中初不知年齿若是相悬，相怜相爱，但知古人所谓出则牵袂、入则联裾之乐，今赴乡馆，不免有分离之感。"① 接着，殷切地告诫四弟，到馆之后，要做个好先生。他对四弟提了三点要求，即一要晚睡早起，勤勉教学；二要改变积习，要戒酒；三在教学之余，要潜心于学问。他叮嘱四弟不管做什么事，都要精益求精。总的来说，信中语言朴实，情感真挚，一字一句都表露了长兄对幼弟的殷切期盼。

六 《朱子家训》的现代借鉴意义

从《朱子家训》、《劝言四则》和《与四弟》等的内容中，我们可以看到，传统家训主要在阐发儒释道的"道""仁""义"等核心观念。

---

① 《与四弟》。

这些观念是传统家训的哲学基础,也是受训谕者即子孙们日常践履和体悟的归宿点。历代家训无不体现古人对子孙后代追求以仁为核心、以礼为形式的殷切期盼,要求他们践履仁、义、礼、智、信、忠、恕、孝、悌等理念。

现代人最关注的是要求公平正义,因此现代人的人格完善不能仅仅依靠道德内修,不能只讲责任、义务和担当,不能只讲情义和道义,还应该在实现公平正义的实践中去完善人格。因此,现代人格的完善,就涉及法权人格,涉及权利和义务的高度统一。古代家训的精华,在现代应当用来培养合格的公民,用林安梧的话来说,就是要成为公民君子。

参考文献

[1]《朱子家训》。
[2]《劝言四则》。
[3]《与四弟书》。
[4]《论语》。
[5]《弟子规》。

道德风尚建设篇

Morality and Manners

B.11
当前江苏省社会信任问题的伦理溯源

杜海涛*

摘　要： 当前江苏省的社会信任问题主要体现在社会整体的道德遗失和诚信缺失带来的信任风险的加剧，这种风险性集中体现在社会的"现代性"特点上，一方面现代社会对经济的片面强调导致了社会功利倾向的加剧，这是社会诚信问题的重要源头；另一方面因为现代社会中大量的人口流动性，公共性的场域生活代替了传统"小社群"生活，但陌生主体之间的关系问题并没有得到一种伦理的对待，由此信任问题变得突出起来。另外，"信任"问题在政治上体现为政府公信力的减弱，政府行为应是事实与价值的结合，而当前的政府问题集中体现在价值取向上的不足，如官员德性失范、政策执行缺乏人文关

---

* 杜海涛，东南大学人文学院博士研究生。

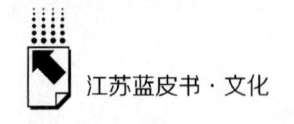

怀、政令言行不一，这就造成了人们对政府的信任问题。

关键词： 信任 公共生活 政府公信力 诚信

一

本质上来说，信任是一个依据信息的"在场性"而"取消怀疑"的心理演变过程，以社会心理学为视角，信任体现为两种不同的社会心理特征：一方面体现在对信息的依赖性，包括对信任对象的道德品质的依赖和社会伦理风尚信息的依赖；另一方面它又是社会凝聚力得以形成的重要条件，因为只有信任能提供一种心理上的安全感。由此可见，社会信任问题既关联到社会结构的设计要求，又关联着和谐社会建构的方法论考量。值得注意的是，信任并非一个古已有之的社会问题形态，因为在传统伦理社会的设计上，社会治理者往往利用人的"信任半径"建构一种伦理自治的"小社群"体系，在这种社群结构中"信任距离"与"伦理关系"互为依凭，恰好形成了一种"本乡本土"的"放心关系"体系。因而在传统的伦理社会中，信任非但不是一个社会问题，相反，它是古代社会设计的基本出发点。正因如此，不论是在孔子的德性纲目中，还是在亚里士多德的德性纲目中，都没有将"信任"作为一种必要的个体德性。

而信任真正作为一个重大的社会问题出现是在一个伦理祛魅后的世界，即所谓的"现代性"世界，如吉登斯所说："在传统文化中，除了农业大国某些大城市的街区有例外情况以外，自己人和外来者或陌生人之间存在者非常清晰的界限。不存在非敌意的与自己不认识的人相互交往的广泛领域。"[①]而"现代性"的与传统的分界恰恰在于开放性社会及其交往方式的多元性。从黑格尔的"市民社会"到哈贝马斯的"公共领域"，一个介于传统"小社

---

① 〔英〕安东尼·吉登斯：《现代性的后果》，田禾译，译林出版社，2000，第103页。

群"与民族国家之间的社会领域成为现代性的重要标志。而在这种"陌生关系"为主的生存境遇下,社会信任问题在现代社会中变得尤为突出。

而中国社会进入"现代性"以来,随着"本乡"这个"中层社群组织"的消失,个体与社会整体形成了一种直接对立,陌生个体之间的信息变成一种完全"缺席"的状态,在这种情况下社会信任难题开始出现。就当今社会个人生存状态而言,信任对当代人的生存困境没有直接的影响。在江苏省和全国"个人身心不和谐的影响因素"的二次调查报告中可以发现,就影响个人身心和谐的五个最重要因素里面,信任问题在江苏省排第三位,在全国调查中排第四位,两者数据极其相近,几乎可以忽略差别。那么不论江苏还是全国,对个人"身心和谐"影响最大的始终都是"竞争激烈,工作压力过大,身心疲惫",相较之下"信任"对个人的影响要小得多,因此可以说信任问题并不构成个人的生存论问题。

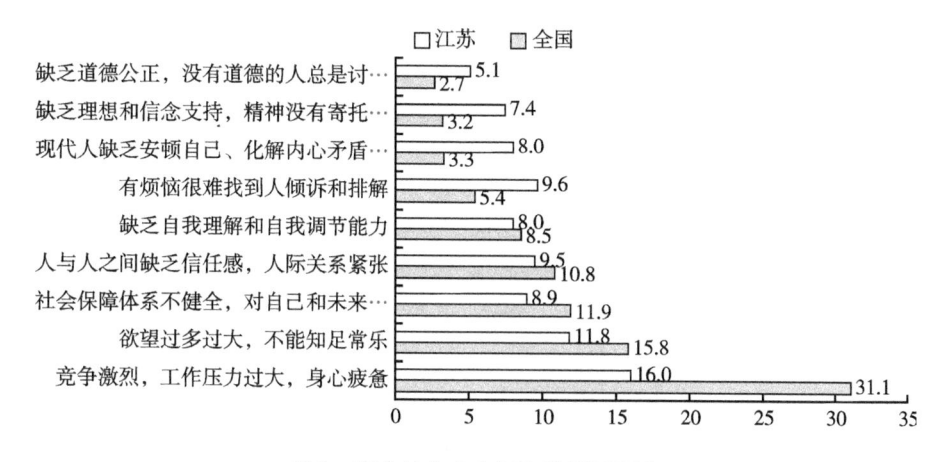

因素	江苏	全国
缺乏道德公正,没有道德的人总是讨…	2.7	5.1
缺乏理想和信念支持,精神没有寄托…	3.2	7.4
现代人缺乏安顿自己、化解内心矛盾…	3.3	8.0
有烦恼很难找到人倾诉和排解	5.4	9.6
缺乏自我理解和自我调节能力	8.0	8.5
人与人之间缺乏信任感,人际关系紧张	9.5	10.8
社会保障体系不健全,对自己和未来…	8.9	11.9
欲望过多过大,不能知足常乐	11.8	15.8
竞争激烈,工作压力过大,身心疲惫	16.0	31.1

图1 当今社会身心不和谐原因调查

虽然信任不是构成个人生存困境的主要矛盾,但是就社会关系而言,其影响却极为严峻。以扶老太事件为例,该类事件自南京彭宇案进入公众视野以来,近年来在社会上不断发酵,已经成为国人信任的敏感地带,据统计,2006~2015年共报道老人摔倒事件93起,四大门户网站(新浪、搜狐、网易、腾讯)报道19起,官方媒体(人民网、光明网、新华网)报道44起,年均报道超过10起①。"好人被诬"导致的社会性大讨论并没有找到该问题的解决方案，反而激起了一种社会普遍性的信任风险规避形态。由此，局部不信任演化为对社会整体风气信心的丧失。

对个人而言，如调查显示，当今社会对个体生命影响最为深刻的是体制化管理和市场经济带来的压力。所谓体制化是指扁平化的社会视野和科层制的阶层构架带来的体制固化，加上市场经济的物质刺激，个体很难跳出现实环境去思考人与人之间的统一性问题，因而信任问题并非个体焦虑的主要来源。但信任毕竟是群体德性，在群体中信任关乎群体的秩序性和凝聚力，也是群体关爱互助的情感性基础。如果群体成员之间缺乏信任，个体孤独将演化成身心困顿的焦虑，所以在调查中发现信任问题对个体存在之维的影响依然占据着不小的比值。因为个体幸福和存在感，不仅需要物质的满足还有群体的归属感。从"群体道德冷漠调查报告"（图2）中可以发现认为中国社会当前人际关系冷漠严重的受访者高达46%，比认为不严重的受访者高出

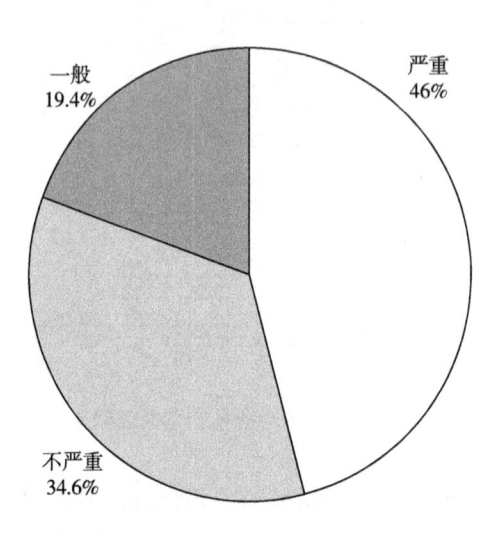

一般 19.4%

严重 46%

不严重 34.6%

图2　中国社会当前人际冷漠程度

---

① 该数据引自樊浩《当前中国社会大众信任危机的伦理型文化轨迹》，载《'道德发展智库'首届高端论坛：信任论坛》论文集。

11.4个百分点,由此可以看出,中国社会人际关系的冷漠已经到了非常严重的程度,以至于完全凭直觉都能感受得到。群体冷漠的基础是"群体性"的丧失,而信任恰是群体性的基础。

如上文所述,群体性的基础是个体间的信任感,只有个体的信任感才能穿透个体的单一性,进而在群体中贯彻伦理原则。那么研究当今社会的信任问题就可以以"个体的群体性——个体的道德现状——普遍性的伦理生活"为线索。

二

信任是对他人是否值得相信的判定,因而它关涉更多的是风险与存疑,毕竟陌生人之间的关系是发生在彼此信息不在场的情况下,而且信任风险的程度与社会整体道德状况和诚信状况是成正比的。一个具有较高道德水平和诚信度的社会,其社会成员之间的信任风险就会降低。这是因为优良的道德状况说明的是整个社会文化的和谐有序,个体只有在整体有序中才能将信任托付于他人。所以,个体信任风险的降低必须以社会宏观伦理道德为基础。那么从江苏和全国的社会道德调查情况来看(图3),不论是江苏省,还是全国都存在较为严重的欺诈、坑蒙拐骗现象,在调查数据中可以发现,就江苏省而言,认为当前社会欺诈的严重和非常严重的受访者分别为50.2%和22.8%。从全国的调查数据来看,认为当前社会存在严重的欺诈、坑蒙拐骗问题的受访者高达53.5%,认为社会坑蒙拐骗问题不严重的仅为17.7%。所以通过数据比较可以发现,对江苏省的调查结果和全国差别不大,这说明当前中国整个社会都存在严重的社会欺诈问题。

在关于江苏省诚信缺失严重程度的调查报告中(图4),认为当今社会存在严重诚信缺失的受访者高达53.3%,认为诚信缺失一般的和不严重的分别为3.1%和28.8%,数据表明江苏省社会诚信度并不高。在全国的社会诚信度调查问卷中,认为当今社会诚信缺失严重的受访者高达50.6%,和

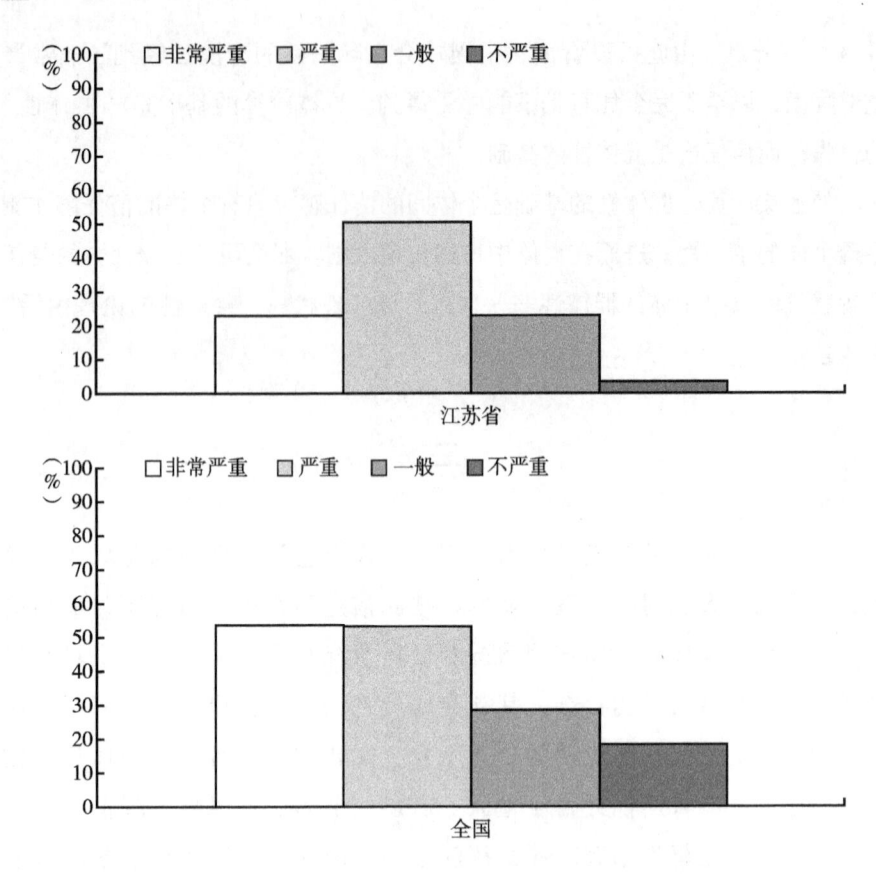

图 3　江苏省与全国坑蒙拐骗严重程度调查情况对比

江苏省的调查数据相近，这说明在社会诚信的问题上，江苏省的情况并非特殊，也说明全国都面临着诚信缺失的问题。

从以上数据中可以发现，中国当前社会的诚信确实较为严重，一方面江苏省的调查数据和全国基本持平，就是说诚信缺失已成为全国性问题。诚信缺失导致的是一种道德失落的社会文化，而这种文化失落的后果是个体对社会的风险预警，那么依据个体道德和诚信形成的社会信任危机就发生了。

当今社会个体道德诚信问题的始源性问题可以追溯到经济与市场的作用。在对"道德形成因素"（图5）的调查中显示市场经济形成的道德占35.33%，而社会主义道德、个人主义、传统道德、西方文化影响而形成的道德所占的比值分别为24.96%、18.01%、11.66%、7.98%，可见这些方

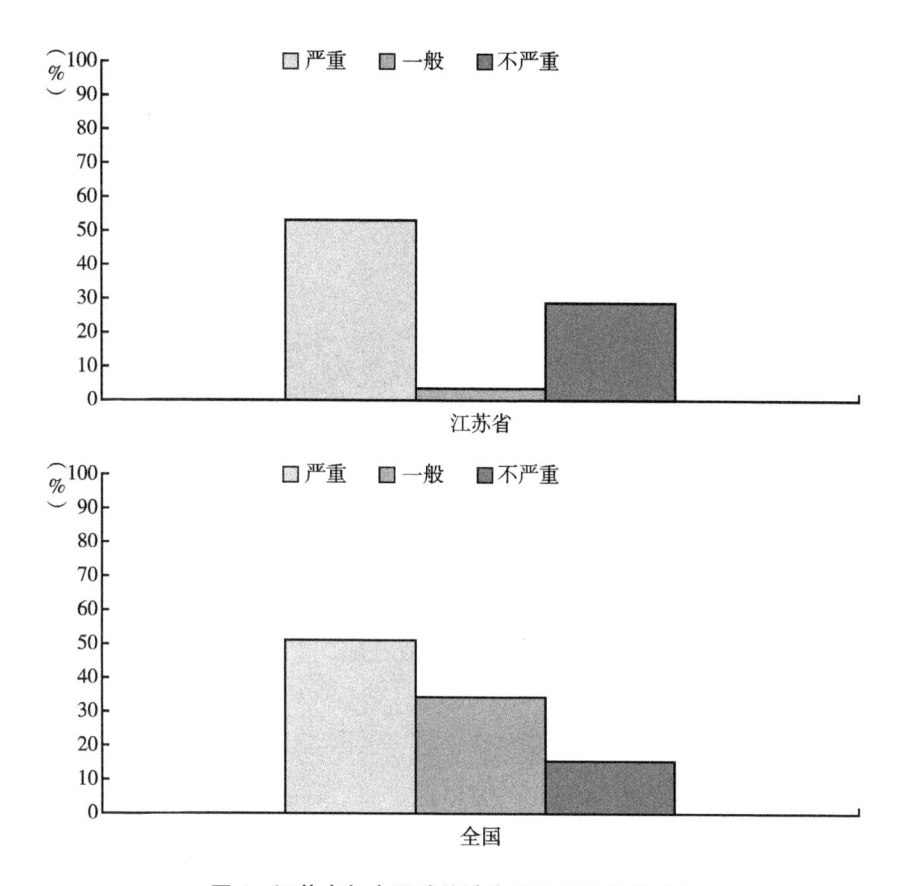

图 4 江苏省与全国诚信缺失严重程度频数对比

面对中国社会道德现状的影响要低于市场经济对道德的影响。市场道德是和利益相伴而生的,它具体表现为商业契约、职业规范、企业文化、成功学教育等经济伦理范畴。这些途径的道德形态虽然可以起到一定的秩序性作用,但是道德的利他性往往伴随的是个体功利性的计算。道德是个体对普遍性的自觉,个体寻求与他者的共在,但是市场经济过度的利益牵涉已经导致个体之间的疏离,因而这种道德是有限的。

所以不论是江苏还是全国,信任危机的原因和发生是相似的,江苏省并没有因经济的优势取得道德上的优越性,也并没有因为较高的商业水平使自身的信任问题得以降低,因为商业和市场形成的道德在中国是具有普遍性的,最终的影响因素并非经济量上的差异,而是在市场影响下全国性的功利

其他 1.46%
未作答 0.6%
社会主义道德 24.96%
市场经济形成的道德 35.33%
个人主义 18.01%
西方文化影响而形成的道德 7.98%
传统道德 11.66%

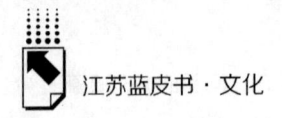

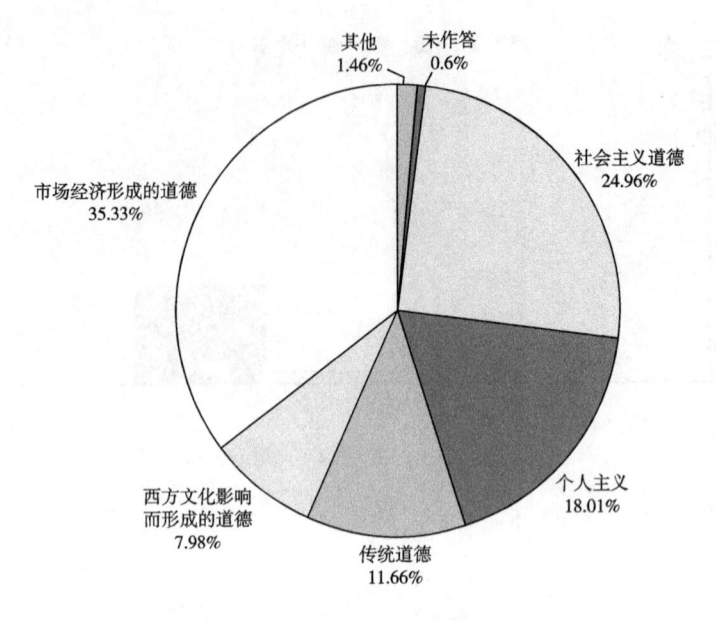

图5 道德形成因素

主义态度。同时，因为商业化自身的要求，全国人口开始了大规模的集中与流动，使个体不得不在公共社会的整体性中面对自身的个体性，这是陌生化的社会和独立性的人之间的纠结，因而重塑人际信任必须重视社会整体道德素质的提高和伦理精神的培养。

三

如果要对当今社会的公共生活进行强调，那么必须区分公共生活中的社会生活和政治生活，按照哈贝马斯对公共领域的划分，社会生活和政治生活是当今公共领域的两大范式。上文谈及的开放社会中陌生主体间的信任问题，是公共社会生活的层面上的基本人际关系问题，那么在公共政治生活中谈信任问题关乎着政治治理中的公正、民主、和谐等重大政治问题。但除此之外，公共领域，包括政治领域和公共生活都是以各领域内具有公共身份的社会群体来得到表达的。因此，由公共性出发探讨社会信任问题，必须首先关注特殊公共群体的信任问题。

在关于江苏省和全国各大群体满意度调查情况比较（图6）中，参与调查的有政府官员、企业家、演艺娱乐界明星、教师、青少年、农民、商人、工人、专家学者、医生10个职业群体，调查结果显示最不被群众满意的4个群体为政府官员、演艺娱乐界明星、企业家和商人，对企业家和商人的不满源自他们占据社会财富但对公共事业的不作为，使社会财富的公正体系受到损害，对娱乐明星的不满则在于该群体诚信度和道德水平的普遍低下，为求知名度不择手段，而对政府官员的不满意则多在于公共权力的滥用。

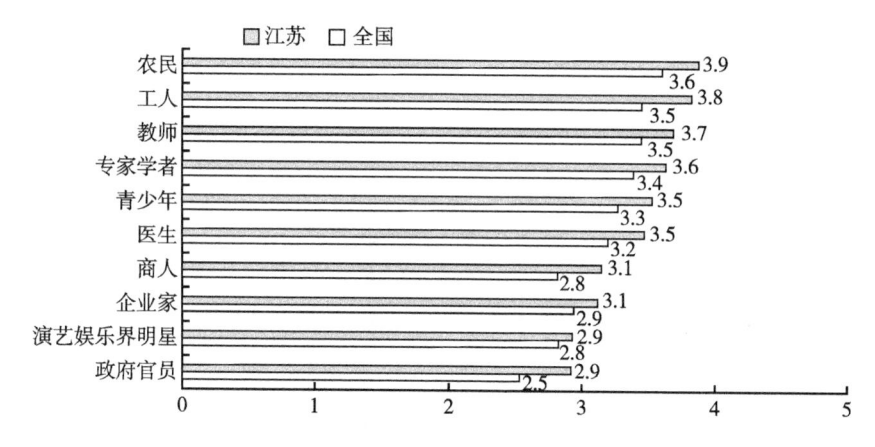

群体	江苏	全国
农民	3.9	3.6
工人	3.8	3.5
教师	3.7	3.5
专家学者	3.6	3.4
青少年	3.5	3.3
医生	3.5	3.2
商人	3.1	2.8
企业家	3.1	2.9
演艺娱乐界明星	2.9	2.8
政府官员	2.9	2.5

图6　江苏省和全国各大群体满意度调查情况比较

这种群体性的不满意度直接体现在各群体占据公共身份，而不履行其公共职责。所谓公共身份是指公共生活中的高关注度，对社会公共生活的风尚、舆论导向有一定的影响力，他们个体的德性品行往往与社会某种风气有重大关联，因而这类群体的公德具有鲜明的特点。但在对企业、娱乐明星、官员干部社会责任感的调查（图7）中发现四大公众群体公德缺失"严重"和"一般"的受访者要明显高于"不严重"的受访者，可见中国当前社会公德在公共群体中的体现明显不足。这是导致公共生活信任危机的重要原因之一。

在政治层面上，信任是联结政府与人民的情感媒介，只有可信度的政府

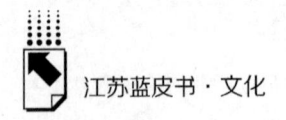

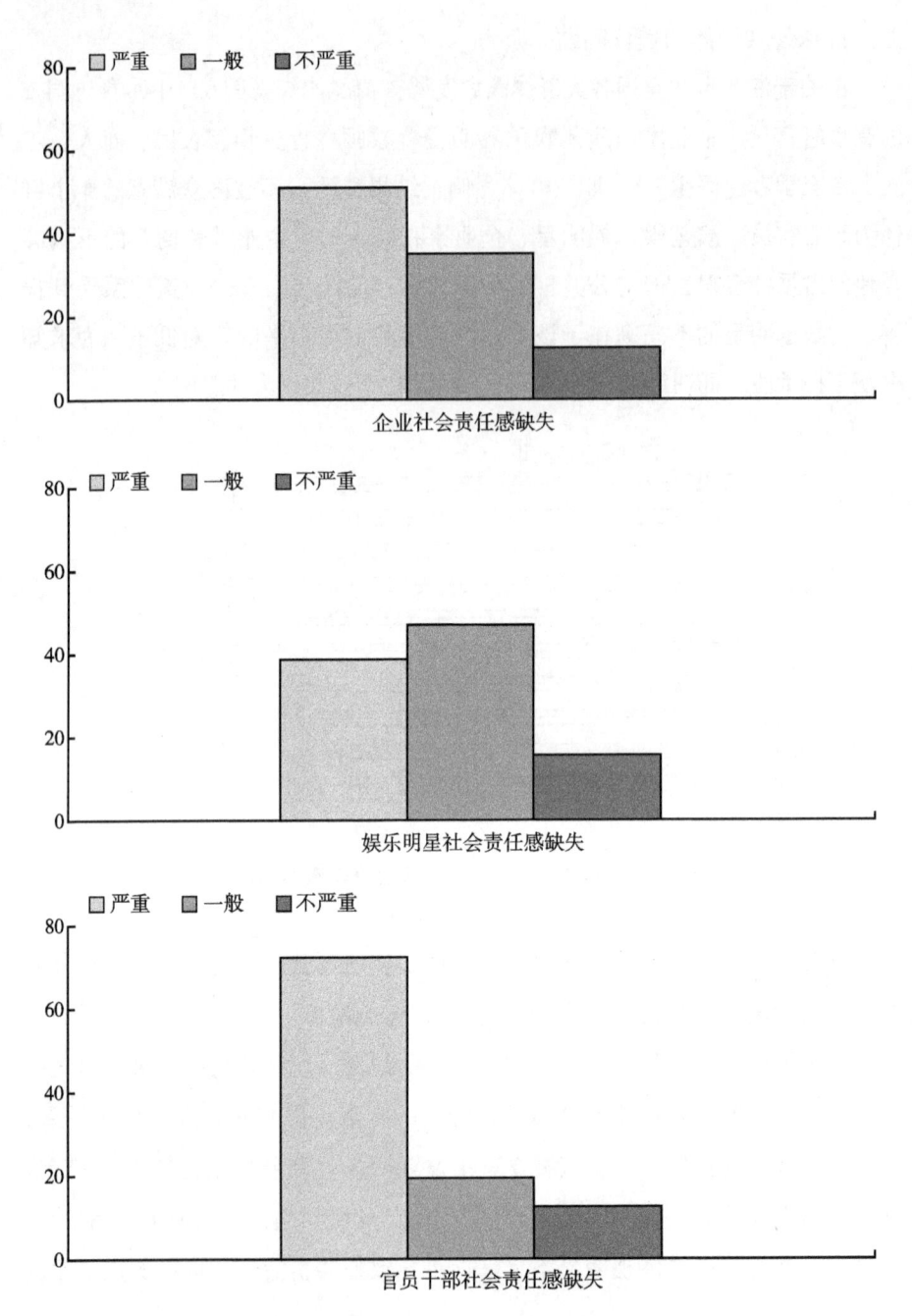

图7 公众群体的公德状况汇总

才会得到人民的信任，而只有得到人民信任的政府才能体现出其政治治理合理性和民主性。因而政府信任在形式上体现为"公信力"，即政府在执行公共事务中的影响力和号召力，而只有受信任的政府才能产生这种公信度。当今政府失信于民多是政府官员公私混乱造成的。但在关于"当前我国政府官员道德问题"的调查中显示，官员最严重的道德问题是"贪污"和"以权谋私"，二者的比值分别为43.1%、24.8%（图8），可见中国社会的公共权力的问题集中公私关系上。

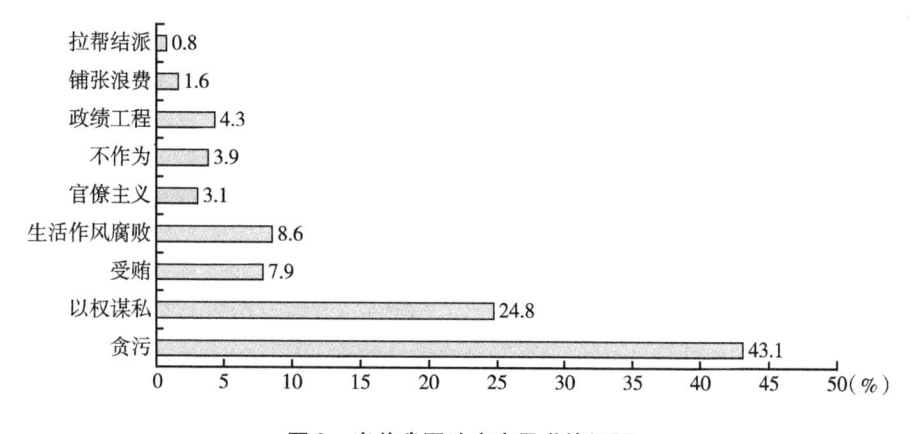

类别	百分比
拉帮结派	0.8
铺张浪费	1.6
政绩工程	4.3
不作为	3.9
官僚主义	3.1
生活作风腐败	8.6
受贿	7.9
以权谋私	24.8
贪污	43.1

图8 当前我国政府官员道德问题

公共权力规范性的保障在于制度设计合理性和法律监管完善性，但在政治治理上如果过于注重制度建设，那么整个制度合理性几乎可以算为一种权力牵制科学，虽然制度的合理性和法律的完善更有利于公共权力的规范性，但是法律是底线道德，它有其自身的局限性，因而对政治公正必须加强公权参与者的主体性素质的培养，官员的政治公德和法律的监管应该同时作为公共权力执行中的手段。因而政府"公信力"的获得应有其"道德"因素，政府"道德"行为不同于个人的道德行为，因为政府道德对象是辖区居民，其道德基本原则是保障居民的物质生活和秩序和谐，这种道德主要包括政府的诚信和公正。政府诚信在于政府的"言行一致"，所谓"言行一致"是指政令和施行的一致性。政府政令"朝令夕改"，政府工程"表里不一"，必然造成民众对政府丧失信心。

建立官民信任的基础在于政府的道德性，政府的道德性首先体现在公正与诚信上。公正在政治层面上主要体现公共权力和公共财富分配、法律实施等方面的公正；就分配而言，公共分配其实包含着公共权力的分配和公共财富的分配，而分配的正义性就在于分配体现的是国家以公民利益为出发点，因而正义性的分配首先应该能够体现出道德性。因此政府公信力需要政府以道德行为的践行为基础，诚信和公正是政府获得信任的关键。在政治领域中，诚信和公正不能完全依托于制度和体制，政府官员作为政府和权力的代表者，必须有民意和道德的自觉，这是政府公信力的源头活水。

结　语

中国传统社会是伦理型社会，伦理型社会的基本特点是社会整体的伦理约束力为其法则形式，而且传统社会以农业为基本生产形式，没有大的人口流动，因而这种伦理社会具有稳定性、风俗性。可以说传统社会人与人之间的信任建立在共同的伦理要求和伦理评价的强制之上。近代以来的社会启蒙以及工业发展，社会形态产生巨大变革，人与人之间的关系放置于完全敞开的原子式个人之间，这种状态其实面临一种背反。一方面这种原子式的人际关系，缺少了伦理与风俗的天然聚集力，迫切需要人际的基本信任作为其凝聚剂；另一方面，这种敞开的社会状态，对陌生人信任潜在的风险性又使当代信任极其脆弱。那么，重建信任的基础就显得极为迫切。

从以上对江苏和全国的调查数据的分析中可以发现，江苏省和全国在道德水平、信任问题上并没有明显的分别，这种一致性有相似的成因。信任本身对伦理和政治都有基础性意义，这应该是治理者反思当今很多社会问题的重要出发点，孔子说："不逆诈，不亿不信，抑亦先觉者，是贤乎！"《尚书》中亦有言："罪疑惟轻，功疑惟大"，《周礼》言："选贤任能，讲信修睦"，因而对社会治理而言，社会治理与道德性之间的和谐是建立社会普遍的信任的基础，是一个古已有之的范式，值得当今治理者借鉴。

B.12
江苏省伦理关系和道德生活之影响因子动态分析（2007～2013）

何浩平*

摘　要： 对2007和2013年两次调查的比较分析表明，江苏民众的伦理关系和道德生活的基本精神素质，以及伦理道德调节能力，在2007～2013年间并未得到提升，而影响这些素质和能力的因子，则在发生变化。在伦理道德的受益场域方面，社会场域的影响力正在提升，与家庭、学校这两个原本的"策源地"，构成了"三足鼎立"的架构；正面的影响因子方面，社会团体正在取代"大学及其文化"，与网络媒体、市场、和政府构成了"新四大影响因子"；负面影响力结构的文化因素方面，传统文化崩坏的负面效应提升，正在超过外来文化冲击的影响，成为第二主要的负面文化要素；在应该对当前不良道德状况负主要责任的因素方面，官员腐败以及社会的不良影响依旧该负主要责任，变化在于学校的教育功能弱化这一点，不再是主要的负责要素；而就全球化、高技术、市场经济等"非确定"因素，持有正反对立意见的"两极分化"局面正在形成。

关键词： 伦理道德调查　精神素质　教化　影响力结构

---

* 何浩平，东南大学人文学院讲师，道德发展智库成员。

2007年，在首席专家樊浩的带领下，东南大学伦理学专业的师生们对我国当时的伦理关系和道德生活状况及其发展规律，进行了堪称"史无前例"的"万人大调查"，形成了关于我国伦理道德基本状况的详尽数据库。从作为"精神哲学"的道德哲学角度，对这一数据库进行分析，形成了《中国伦理道德报告》[1]，和《中国大众意识形态报告》[2] 两大报告。这一调查及据其形成的报告，如今已是人们了解、研究我国伦理道德状况的权威根据。

在上述数据库和调查结论的基础之上，从2013年起，我们进行了新一轮的大调查。这一次以"道德发展智库"为依托，整合了更多的社会学专家，获得和处理的数据更为科学，形成了最新的伦理道德数据库。研究伦理道德的发展规律，本就是第一次调查的目的之一。根据2007年的基本结论，我国的伦理道德已经从传统形态转型为市场经济道德形态，但还只是处于"经济决定性"的经济必然性或者说经济的自然伦理水平。如果将伦理道德，理解为是意识形态的组成部分，那自然它们为经济发展所决定着。这五六年间，我国的经济水平发展迅速：2007年国内生产总值为27.02万亿元，居世界第四；而在2013年则为59.52万亿，居世界第二。[3] 经济变化必然导致伦理道德的变化，第二次的大普查也就势在必行了。由此，我们不仅要了解和研究当前的状况，更重要的，是能够从两次调查的对比中，发掘出伦理关系和道德生活的动态发展规律，这是新调查给我们提出的新课题。

本报告为这一课题下的一个子课题，旨在针对江苏省的伦理关系和道德生活的影响因子，对2013年和2007年做出比较研究。江苏省是我国沿海经济大省之一，经济的增速较快，也是一个人口大省，其中"六大群体"的分布也典型；所以，这两次调查都对江苏省的情况用力颇深，样本量也大，其用意在于将江苏省作为发达省份的代表，与广西等经济相对要差一点的区域做对比。可以说，本研究据有可靠和广泛的数据做支撑。

---

[1] 樊浩：《中国伦理道德报告》，中国社会科学出版社，2012。
[2] 樊浩：《中国大众意识形态报告》，中国社会科学出版社，2012。
[3] 数据来自国家统计局网站，http://data.stats.gov.cn/。

江苏省伦理关系和道德生活之影响因子动态分析（2007~2013）

伦理和道德不能停留在抽象层面，必须要在具体的生活世界中外化出来，展现其真理性。黑格尔在《精神现象学》中提出了精神是一个从伦理（真实的精神）经教化（自身异化了的精神）到道德（对其自身具有确定性的精神）的辩证发展过程。教化要在生活世界中完成。"现实生活世界，黑格尔在精神哲学的意义上称之为教化世界，教化世界既是伦理世界的异化，又是它的现实，同时也是道德世界的根据和必然性。"[1] 在日常生活中，江苏人民所具备的伦理道德能力、素质究竟如何？伦理道德精神素质在当代为哪些正面或负面的因素所左右，在这几年中又发生了何种变化？我们如何去做出应对策略等问题，构成了本报告的核心内容。

一 江苏伦理道德的精神素质状况 2007~2013年的动态比较

1. 江苏人的人际关系的伦理调节能力，以及个人行为的道德调节能力并未有显著提高

在面对纷繁的伦理关系以及道德生活的时候，特别是在面对冲突时，如何去处理纠纷，是通过互相的说理沟通，还是选择别的方式，甚或是沉默，体现了人们实际的素质和能力。据2007年的调查显示，在面对冲突时，人们对人际关系的伦理调节能力，以及对个人行为的道德调节能力63%的江苏人认为人们的能力只是"一般"，另有23.1%的人认为"很差"，更有6.5%的人认为是非常差，只有7.2%的人选择"良好"。在2013年的调查中，并没有做此问题的问卷，但我们认为这数年间，人们的调解能力并未得到显著提升，这可以在另一个问卷中得到验证。2007年的调查显示，在面对利益冲突时，57.3%的人选择"直接找对方沟通，但得得理让人，适可而止"；另有21.6%的人认为应该通过第三方从中调解，不伤和气；会诉诸法律的人只有19.2%。2013年的调查更为仔细地区分了不同的人伦关系，

---

[1] 樊浩：《中国伦理道德报告》，中国社会科学出版社，2012，第21页。

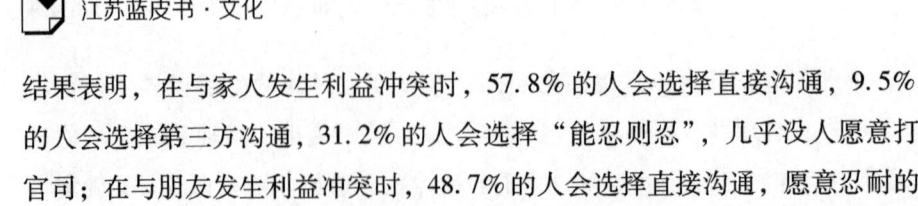

结果表明,在与家人发生利益冲突时,57.8%的人会选择直接沟通,9.5%的人会选择第三方沟通,31.2%的人会选择"能忍则忍",几乎没人愿意打官司;在与朋友发生利益冲突时,48.7%的人会选择直接沟通,愿意忍耐的比例则为18.1%;面对同事,选择直接沟通和愿意忍耐的比例分别为44.1%和22.8%。这一比较可以看出,即便面对熟人,也只有一半左右的人会选择直接的沟通,这与2007年的情形基本相仿。这表明人们的伦理和道德调节能力并没有显著提高。

2. 江苏人具备了一定的道德知识,但是伦理道德精神只停留在主观的抽象层面,缺乏将其在现实中实现出来的能力,并且这一现象在2007~2013年这几年中有加重的趋势。

在2007年对"当前社会中个体道德素质存在的主要问题"的问卷中,江苏省有75.9%的人选择"有道德知识,但不见诸行动";选择"既无知,也不行动"的人则占了15.2%;8.2%的人认为问题在于"道德上的无知"。而在2013年,面对同样的问题,选择"有道德知识,但不见诸行动"的人为72.4%;选择"即无知,也不行动"的人为10.5%;选择"道德上的无知"的则为13.2%。可见,绝大部分人认为人们具备了基本的道德知识和判断力,问题在于人们并不敢行动。道德是伦理的主观内化,人们的道德知识其实并不欠缺,但是仅仅停留在抽象层面,并没有具备将其真正实现出来的能力。这当然也和我们整个社会的不信任的风气相关,或许,结合之前的结论,人们更愿意将具体处理现实生活中的纠纷的事务,交由他人或者政府来处理。这也解释了我们现实生活中感受到的围观的、空谈议论的"吃瓜群众"多,而真正会站出来的人很少这一现象。

二 江苏伦理道德精神的影响力结构和影响因子在2007~2013年的动态发展

提高处理具体的生活世界中的伦理关系和道德生活能力的关键,是提升人们的伦理道德精神的基本素质。这也是我们将生活世界称为伦理道德的

"教化世界"的本意。但是,当前社会中形塑这些素质的具体影响要素是什么?我们提出以"肯定性结构"和"否定性结构"为解释框架,去理解这些要素。而培育伦理道德精神的关键,自然是更好地去夯实肯定的要素,尽力消除否定要素的影响。

1. 肯定性结构的动态发展

家庭依旧是公民成长中最重要的接受伦理教育和道德训练的场所,但是社会的教育功能在增加,学校的教育功能在降低,原本的家庭和学校"两大策源地"结构,正在演变成"家庭－学校－社会"三足鼎立结构。在影响因子方面,网络媒体、市场、政府,以及社会团体,正成为对新型伦理关系和道德观念起主要作用的新四大影响因子。

伦理道德精神的培育场域主要是家庭,但是在个人的精神发育历史中,还会受到其他的场域的影响,只有在与不同群体的交往过程中,伦理道德精神才能得到健康的发展。在面对"您认为在自己的成长中得到最大伦理教益和道德训练的场所是什么"的调查时,2007年(限选两项)的数据显示,选择家庭的比例为64.5%,学校的为59.7%。这表明了家庭和学校是教化伦理道德精神的最重要的两大"策源地"。此外,选择社会的数据为32.4%,这是第三重要的场所,另外两个较为重要的场域为国家或政府(10.1%),以及媒体(6.0%),其他场所则为1.0%。在2013年,这一问题改为了单选,选家庭的为38.7%,学校的为26.2%,而选择社会的则高达24.9%。可以看出,家庭和学校依然被认为是最重要的两大培育道德伦理精神素质的场所,在2013年,"社会"的作用已经和学校相当,由此可见,学校的伦理道德教育功能正在减弱。社会也已成为了公民接受伦理受益和接受道德教育的重要"策源地"。

另外,对正面塑造人们的伦理关系和道德观念起着重要作用的影响因子的调查表明,在2007年(限选3项),网络和媒体(71.5%)对江苏人的影响最大,政府(68.3%)以及市场(62.1%)的因素紧随其后,大学及其文化的比例也达到了51.1%;其余的影响因子,如企业(14.1%)、宗教团体(8.6%)等相对而言起的作用不大。2013年的调查改进了问卷的方式，结果显示，网络、媒体（39.1%）依旧和政府（30.7%）被认为是第一重要因素；在关于第二重要因素的问卷中，政府以24.7%的比例当选；第三重要因素则19.6%的人认为是市场；另外值得注意的是，社会团体的影响被认为是第四重要因素，超过了大学和文化的影响力。在前一次调研中，并未加入社会团体这一选项，而是对宗教团体等进行调查，宗教团体可被认为是社会团体，但只是其中一小部分。但不容怀疑的是，大学及其文化的影响力正在减弱，网络媒体、市场、政府，以及社会团体已经成为新的四大影响因子。

2. 否定性结构的动态发展

从对伦理关系和道德生活造成负面影响的文化因素上来看，市场经济导致的个人主义以及外来文化等新兴的文化形态虽然仍是主要因素，但其影响在逐步削减，反之，传统文化的崩坏所带来的负面影响力正在逐步增强。这表明人们在逐渐适应和消化新型的文化形态的不良影响，与此同时，对传统文化的丢失所带来的伦理道德恶果，则正在体现出来。我们预计这种新兴的和外来的文化与固有传统文化之间的影响力此消彼长的趋势还会继续。

从对当前伦理关系和道德生活造成最大负面影响的文化因素上来看，在2007年，在面对"您认为对现代中国社会伦理关系和道德风尚造成最大影响的因素是什么？"的问题时，57.9%的受调查者认为是市场经济的发展导致个人主义泛滥，这是最主要的因素；排在第二位的因素是外来文化的冲击，占比23.8%；而15.6%的人则认为是我国传统文化的崩坏；高技术的应用，即技术带来的伦理道德负面影响，也被1.4%的人认为应付首要责任。2013年，依旧有41.7%的人认为市场经济带来的个人主义是主要负面因素，传统文化的崩坏则上升为第二负面因素，占比25.4%；外来文化的冲击作用减弱，只有12.6%的受访者认为这是重要的原因；计算机网络等高技术的负面影响大幅提升，为11.6%。

由此可见，人们已经逐步在适应市场经济带来的道德影响，虽然个人主义与传统伦理道德相冲突，但人们也逐渐对其中蕴含的合理因素加以认可；而外来文化的入侵所带来的影响，在过了其最初所具有的冲击感后，也逐渐为人们所消化。当前我国互联网和网络媒体的迅猛发展,特别是自媒体的道德失范导致互联网等高技术带来的负面影响显著提升。

在对当前的不良道德状况应该负责任的要素调查中,在2007年对"您认为哪种因素应当对当今不良道德风尚负主要责任(限选两项)"的问卷中,江苏的结果为,官员腐败排第一,占比52.2%;与此相当的为"社会的不良影响",占比51.4%;选择学校道德教育功能的减弱的人数比例为36.3%;企业不诚信和损害社会利益,以及家庭伦理功能式微则被认为是排在第四和第五的要素,分别为27.4%和20.0%。与之比较,2013年,此题改为了单选,官员腐败依旧第一,为41.1%,社会的不良影响则为36.5%,学校道德教育功能弱化依旧排第三,为7.7%,企业的原因为6.5%,家庭伦理功能弱化则为6%。

可见,对应该负责任的主体的认知,江苏民众依旧认为官员腐败、社会上不良伦理行为和道德风气的影响是主要的原因,家庭和学校的伦理道德培育能力并不是主要负责因素。这些,反映了上行下效等传统观念依旧在江苏民众中有着重要的作用。

3. 不确定影响因素的动态发展

在受访者中认为全球化、高技术、市场经济因素,这三者与伦理道德发展的关系说不清的仍然是多数意见,但是认为存在积极影响和认为存在消极影响的人数相当,同步上升,"两极分化"日趋明显。

以市场经济对于伦理道德发展之间的关系为例,2007年,22.6%的江苏民众选择"经济发展了,人变得自私了",9.9%的人选择"经济发展了,道德也更合理了";中性的选项,"经济发展了,伦理道德也变化了"得到了高达59.1%的人的青睐,而"问题复杂,说不清"的人也有7.9%。2013年对问卷进行了改进,选择"变好了的"为29.7%,选择"没有变化的"占到了11.8%,选择"变差了"的为31.5%,选择"说不清"的则有25.2%。如果我们将之前的调查中的"中性的变化"选项理解为是一种"说不清"的状态,那么趋势就很明显,随着我国市场经济越来越成熟,虽然很多人依旧视其为是一种不确定因素,但认为是正面的影响和认为是负面

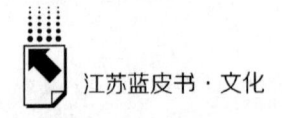

的影响的人比例相当，两极分化的趋势明显。在对全球化和高科技的影响的比较分析中，也出现了相同的趋势。

三 江苏伦理道德的精神素质发展中面临的问题和原因

1. **肯定性的与否定性的影响力结构之间的矛盾，互相消解的问题并未得到缓解**

培育生成伦理道德精神的肯定性影响力结构，与产生负面影响的结构相互消解，使我们不具备很好的条件让精神得到健康的发展。一方面，学校的伦理道德教育功能进一步被减弱，"源头性"的污染更为严重；另一方面社会的作用被凸显，但是引领社会风气的网络媒体、明星等主体的伦理道德水准不足以完成这一任务；此外，政府、官员等在传统文化的理解中，本应是引导人们提升伦理道德素质的要素，现在变成了阻碍发展的要素。

在对人们认为在伦理道德方面感到最不满意的群体的调查中，2007年（限选两项）在伦理道德方面让人们最不满意的群体是政府以及官员（72.4%），其次是演艺娱乐界（54.8%），再次为企业以及企业家群体（36.1%）；2013年，我们分别调查了人们对官员、企业家、演艺娱乐界，以及教师等的道德满意度，其中对官员、企业家、演艺娱乐界表示非常不满意和比较满意的累积百分比分别为官员54.7%、企业家46.5%、演艺娱乐界54.8%，而对教师的道德不满意度累积为19.6%。可见，尽管趋势是社会作为受益场域的作用更为凸显，社会团体和风气成为更大的影响因子，但是这些影响力结构并不具备条件去完成养成伦理道德精神的任务。

2. **对全球化、高技术、市场经济等不确定因素的评价的"两极分化"，最终或许会导致伦理道德生活的"彻底分裂"**

2007年的报告，针对全球化、网络等高技术，以及市场经济等因素与伦理关系和道德生活的关系，提出了三大悖论："技术－伦理悖论"，"经济－伦理悖论"，以及"开放－封闭悖论"。这些悖论凸显了这些因素和伦理道德之间的复杂关系，"说不清，道不明"。2013年，人们认为说不清的虽然还是多数，但是更多的人开始持有立场，这是因为随着我国参与全球化的程度加深，对网络等高技术的应用的推广，以及市场经济的深入，人们开始日益了解这些新的事物，对这些事物对伦理道德的影响，也开始有了明确的判断。

如果最终人们形成了分裂的两种判断，这将导致人们在伦理关系和道德生活上的大分裂。事实上，这种迹象已经出现，我们有"崇洋媚外的新派人士"，也有坚持"因循守旧"的老派人士；我们有整天依赖互联网，足不出户的"宅男宅女"，也有担心活生生的伦理道德情感会由此遭到破坏的人。这种分裂无疑也会对我国的市场经济改革、全球化，以及发展高技术等形成阻碍。江苏省伦理关系和道德生活的影响因子在这几年间发生的变化，以及这些变化所带来的新问题，亟须我们制定相应的对策来应对。

B.13 江苏家庭伦理道德发展研究报告（2007~2013）

刘霞[*]

摘　要： 调查表明，当前江苏省的家庭伦理基础仍然比较牢固，家庭伦理对个人、社会和国家仍具有重要的影响。但与5年前相比，现代理性追寻的个体主义、契约关系等不断弱化着家庭的伦理功能。以"我"为出发点和中心，强调个体的自由和利益导致男女性观念变得开放；从"我的感受"出发，离婚变得随意、任性；追求个人独立，子女的责任感下降，代沟严重。当前作为拯救家庭伦理的关键期，我们需要提高婚姻的伦理能力；将伦理教育与公民教育相融合进行家庭成员教育，并将家庭打造成生命伦理的实践场域。

关键词： 江苏　家庭伦理　伦理功能　个体理性　伦理拯救

"家庭伦理"作为伦理道德大调查的重要组成部分，其意义不仅在于能反映江苏家庭伦理道德发展的轨迹，也折射了江苏作为东部沿海经济发达省份和文化繁荣地区的社会经济、文化等各方面发展的讯号。以2013年江苏家庭伦理调查为依据，对比2007年的调查，寻找江苏家庭伦理发展的轨迹和问题，旨在对近年来呈现出的新问题进行分析，以期提出有效的对策。

---

[*] 刘霞，南京晓庄学院，讲师。

一 良好的伦理基础依然是家庭的重要特征

在伦理道德大调查中，数据显示，江苏家庭伦理仍然具有重要的地位，对经济社会的发展提供强有力的支撑。

1. 家庭对个人和社会的重要地位仍是基本的价值共识

2007~2013年，江苏经济快速发展，人民的生活水平随之提高。调查显示，认同江苏"经济生活水平得到提高"的占80.8%。有一半（50.2%）的参与者认为自己的社会经济地位在本地处于中等地位，对自己的经济地位表现出较为满意的状态。

快速发展的江苏经济和日益提高的人民生活水平，并没有降低江苏人对家庭这一传统伦理实体的认同感，反而因为生活水平的提高更加意识到家庭、国家对个人存在和发展的意义和价值。在2013年的调查中，选择"家庭和国家是个人安身立命的基础，比个人重要"的有41%。

家庭和国家因为对个人的成长和发展共同发挥着重要的伦理作用，但近年来也发生了一些变化。在2007年的调查中，当问及"您认为哪一种伦理关系对社会秩序和个人生活最具根本性意义"时，45%的人选择"家庭伦理关系或血缘关系"，但2013年这一数据下降到26.8%。

2. 家庭对个体伦理道德发展的教育功能依然强大

虽然国家作为伦理实体对个体的影响不断增强，但其发挥作用的主要是政治、经济等宏观领域。具体到特定的时间和空间，家庭伦理实体的作用更为真实地凸显出来。如问及"您认为在自己的成长中得到最大伦理教益和道德训练的场所是（限选两项）"时，在2007年的调查中，32.5%的受访者选择家庭，选择"国家或政府"的仅为5%。同样的问题和选项，2013的调查结果是，38.7%的人选择家庭，选择"国家或政府"的也仅为5.9%。可见，个体的伦理能力和道德训练主要还是依赖家庭，家庭的作用不仅远远超过国家，而且超出学校和社会的影响。对江苏人来说，家庭对于个体伦理道德发展具有非常大的影响，是个体获得伦理道德教育的重

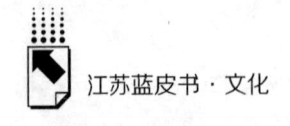

要场所。

家庭中的伦理道德教育，其教育与受教育的双方主要是父母与子女。在2013年的调查中，99.8%的父母会教孩子尊重别人，99.3%的父母教孩子诚实守信，98.4%的父母教孩子乐于助人，99.5%的父母教孩子负责任。这些伦理道德品质无论孩子是否在父母的教导下认真去践行，但父母对子女正面引导和积极承担的教育任务是非常明显的。

3. 家庭的伦理功能降低了社会冲突，维护了社会和谐

2013年的调查显示，大部分家长积极主动地教给孩子参与公共生活、进行公共交往需要的品质。这些品质都与个别性的"我"获得公共性所需要的品格有关。习得这些品格，孩子不仅能主动积极地与他人沟通、交往，而且从正面意义上有效地促进了社会的良好运转。

良好的家庭教育维护着社会的运转体制。因为社会高效、良性地运转与参与社会交往的成员之间的信任不无相关。"不信任"不仅无形地增加了高额的社会运行成本，而且伤害了社会成员彼此之间的感情，也破坏了社会的风尚。在调查中，个体对家人的信任程度是最高的，达99.1%。而同样的问卷，对象换为"外地人（陌生人）"的时候，选择完全信任只有1.1%。可见，虽然江苏省是沿海经济发达地区，其经济运作体制相对比较成熟，但绝大部分的江苏人只把信任留给自己的家人，对陌生人等仍保有传统上的不信任态度。

因为对家庭成员的信任，家庭成员彼此在交往中发生冲突的时候，多倾向于彼此之间的沟通甚至是谅解。比如，在2013年的调查中，家庭成员之间发生冲突时，57.8%的人选择"直接找对方沟通但得理让人，适可而止"，31.2%的人选择"能忍则忍"，可以说，不增加社会运行成本，伦理地解决冲突的比例达到89%。家庭的伦理功能极有效地维护了社会和谐，降低了社会运行成本。

二 "现代理性"弱化着家庭的伦理功能

虽然家庭伦理在江苏人的心中仍具有较高的地位，并发挥着比较重要的作用，但随着市场经济不断发展，以"个人主义"为核心的现代理性不断膨胀。"现代理性"以个人为立足点，个人是本源和中心，从而产生了诸如性开放、离婚率上升和家庭责任感弱化等负面影响。

1. 性开放直接冲击着家庭的伦理基础

在我国，血缘关系是所有关系的原型，家庭是直接以血缘关系为纽带的。因而，中国伦理文化中的两性关系从不是基于人的简单的自然属性形成的交往关系，性关系也不是自然冲动的行为。性关系的发生虽然强调自由意志的个人掌控和支配自己身体所进行的自由选择，但受到伦理的监控，性关系必须以伦理为前提。将性关系置于伦理范畴内，是"人之异于禽兽"的终极忧患。一旦两性过度开放，首先破坏的就是家庭中最核心、最基本的婚姻关系——不仅会使婚姻关系失去伦理存在，而且从根本上瓦解家庭伦理。在2013年的调查中，认为两性过度开放导致婚姻不稳定的现象，18%的人认为非常严重，46.2%的人认为比较严重，对两性过度开放持强烈的否定态度的比例高达64.2%，远远超出以往的40%。性开放带来的危害不仅是家庭和婚姻，而且会导致整个社会风气的污染和道德沦丧。在2007年的调查中，当问及"目前中国社会两性之间的性开放日益发展，它对社会风尚的影响是怎样的"，27.4%的人认为"两性关系的混乱必然导致道德沦丧"，而27.6%的人认为"从根本上污染了社会风气"。在2013年的调查中有71.3%的人认为两性关系混乱带来了严重的社会危害，1/3的人认为会"从根本上污染了社会风气"。

在中国传统伦理中，两性关系限制在婚姻内不仅仅是为了传宗接代，不仅仅是捍卫私有财产和继承姓氏，而是为了对"天伦"的捍卫和守护。所谓天伦，"不仅昭示着人的血缘存在的客观普遍性，更将人的个体存在回归于某个终极性及其在时间之流中延绵的根源生命。"① 一旦两性关系混乱，在婚姻内开放，必然会带来血缘混乱、血胤中断的风险。血缘混乱必然会彻底破坏家庭这一基于血缘的天然的伦理实体，姓氏的继承出现断裂，个体应

---

① 樊浩：《中国社会价值共识的意识形态期待》，中国社会科学，2014，第4~25页。

该继承的绵延至今的根源生命就此中断。这些不仅对个体、对家庭是致命的打击，对社会和国家也是绝大的伤害。

2. 离婚的随意性增大

"爱情"与"婚姻"的和谐是人类永恒的追求。然而，爱情与婚姻有着天然的矛盾。爱情是个体化、私人化、感性的，充满理想主义和浪漫主义色彩；而婚姻是属于社会的，强调责任、义务、法律制度、风俗习惯，要求理性、现实。当爱情和婚姻发生矛盾的时候，传统伦理强调婚姻的社会属性，甚至放大了婚姻的社会属性，并以此压制个人的情感体验和对爱情的追求。传统婚姻在维持社会风俗、秩序的时候对人的心灵是压制的。现代理性强调个人体验，强调个人追求爱情的权利，甚至以个人的感性化追求摧毁婚姻的社会属性。

在2007年的大调查中，认为"婚姻是一种契约关系，根据个人需要可以建立也可以淡化或解除"的占17.1%；在2013年的调查中，29.9%的人选择同意或比较同意"离婚主要考虑自己的感受和利益"。契约关系是对契约双方利益的保护。契约关系只是夫妻双方的共同意志，而不具有普遍性意义。因而，契约关系下的离婚只是基于个体的选择，只考虑自己的感受和利益，"有更满意或更适合自己的就离婚"。离婚不仅使子女得不到父母的精心养育，也会使年迈的老人得不到精心的照顾。不断攀高的离婚率使很多人感到非常的紧张，甚至因此而觉得社会道德面临很大的挑战。

3. 子女缺乏责任感

2007年在问到"您对现代家庭伦理中最忧虑的问题是什么"时，59.7%的人认为"子女尤其独生子女缺乏责任感"，36.2%的人认为是"代沟严重，价值观念对立"，24%的人认为是"子女不孝敬父母"。2013年，虽然题干改为对"年轻人缺乏责任感，不孝敬父母的严重程度"进行选择，选择"比较严重"和"非常严重"的共占45.6%，几乎占一半。两次调查都表明家庭伦理中子女责任感缺失已经成为比较严重的问题。

子女不孝敬父母、价值观独立等都是子女责任感缺乏的具体表现，而社会对子女责任感缺乏的忧虑并非是指向"养老送终"层面，而是对其背后伦理能力缺乏的深深忧虑。"责任"就是基于伦理的义务,"尽责"之所以是道德的,就在于以伦理为评判标准。中国人对子女责任感缺失的忧虑主要是对伦理式微的忧虑。

导致子女伦理能力降低、伦理责任感意识缺乏的原因很多。首先,现代家庭的子女越来越受西方化的个人主义、自由主义的影响;其次,现代化的生产方式,使子女不再参与家庭财富的积累,一定程度上丧失了其伦理能力;再次,现代社会的生存压力导致畸形的生活方式也削弱了家庭成员的伦理感。

三 "我们在一起"的伦理期待与家庭伦理的现代建构

从江苏伦理道德发展大调查的动态分析可以看出,虽然家庭作为天然的伦理实体依旧发挥着比较大的功能,但现代理性逐渐破坏着家庭伦理,并且有进一步削弱其功能的趋势。当前家庭伦理的现代建构需要伦理的再启蒙,即回到伦理实体上思考问题,从而培育伦理凝聚力。

1. 婚姻需要一场伦理拯救

冯友兰认为,儒家眼中的婚姻在于"使人有后",即完成家庭血缘的延续,故而"儒家论夫妇关系时,但言夫妇有别,从未言夫妇有爱"[1]。传统文化影响下的婚姻因为看重其伦理属性和社会属性,轻婚姻的爱情基础和情感体验。可以说,作为个体的人被淹没和奉献于婚姻中,个体的情感诉求和自由选择让位于伦理实体的要求。个体从"无我"的婚姻状态走向有觉醒的自我,追求"我"作为有自由意志的个体的自然属性,这是社会的进步。然而,基于婚姻的爱情从来不是夫妇双方的主观的情感体验,更不是仅追求个体的自然属性、满足个体的生理需要。这种爱应该是基于个体需求的伦理的爱,是黑格尔所认为的"在一起"的能力。

在现代理性不断增强、个体意识越发觉醒的今天,如何看待离婚?作

---

[1] 冯友兰:《中国哲学史》(上),商务印书馆,2011,第376页。

为个体的自由选择，个体完全可以离婚，然而婚姻是两种自由意志的产物，故而，离婚是被允许，但应该是一场伦理事件，而非夫妻双方的契约行为。① 费孝通从社会学、人类学角度讨论离婚问题，指出离婚应该成为一场公共事件，需要风俗参与和道德评判。费老认为，"把婚姻这件事拖累很多人，成为一件社会上很多人关心的公事，其用意无非是在维持婚姻的两个人营造长期的夫妇关系；长期的夫妇关系是抚育子女所必需的条件。"②

仅仅靠法律规约婚姻是无智慧的表现，捍卫婚姻必须将经济惩戒、舆论监督等许多的关系与婚姻关系紧密结合，要以伦理来制约离婚的发生，使离婚因为牵涉面太广，牵涉的人多，而不至于简单、便捷地得到解决。作为现代婚姻的法律《婚姻法》也要吸收中国传统伦理主导的道德准则和精神。任何一个伦理发达和文明和谐的社会，都应该使离婚成为一场伦理事件，而不应该使离婚变得非常草率，仅仅是夫妇双方的自由决定。

2. 伦理教育与公民教育相融合的家庭成员教育

西方宗教型的文化强调上帝面前人人平等，平等的个体有利于组成城邦，在城邦中主持公共事务的是公民。虽然古典时期奉行的是共和主义公民观，强调美德、城邦义务，但核心还是个人本位的，重视平等、民主和自由，强调契约关系。

伦理型的文化重视家庭并重视在此基础上扩展的家族、宗族，继而推至国家。按照费孝通先生所提出的"差序格局"，伦理首先维系的是家，每个家庭成员要按照一定的"序"履行自己的职责和义务，这就形成了伦理关系的上下尊卑、长幼有序的血缘等级秩序。与西方自由主义的个人本位不同，中国的伦理型文化因为是血缘等级秩序，故而是整体性思维，个人融入家庭、群体和社会之中，仅仅作为共同体中的一员，去履行自己的伦理义务。

---

① 黑格尔：《法哲学原理》，商务印书馆，1996，第170~175页。
② 费孝通：《乡土中国生育制度》，北京大学出版社，1998，第131~132页。

中国传统文化强调通过家庭成员教育为国家培养合格的成员，强调"修身、齐家、治国、平天下"。"修身""齐家"都是在家庭中完成。"治国""平天下"虽然面临的空间不同，需要的能力不同，但其伦理能力和道德要求与"修身""齐家"相通。因而，中国的家庭非常强调家风，家风不仅是一个家庭的价值观，而且是社会美德的一种表现形式。

在西方公民文化与中国伦理文化的交流与冲突，中国文化历经百年沉浮，全球化、信息化高速发展的今天，培养适应社会发展所需要的时代公民的任务比历史上任何时候都更为迫切、艰巨。培养中国公民，要以家庭为重要的阵地，以中国的家文化为核心，进行本土化的公民教育。

3. 家庭应该成为生命伦理的实践场域

家庭最大的功能就是产生新的生命，完成人类的血脉延续。家庭中夫妇双方生产着人类自身，家庭也就成为迎接新生命诞生并送别生命结束的场所。在生命的迎来和送别中，人类完成了从普遍到个别的成长过程，又完成了最终归于普遍的结束过程。生死的不可选择性决定了生命的神圣性，也决定家庭作为社会胎盘的重要性。

自然的两性关系在家庭中变成夫妻关系，并与亲子关系共同成为家庭中的核心关系。在对2007和2013年的调查中，亲子关系、夫妇关系作为最重要的伦理关系排在第一、第二位。这是传统五伦中最坚定的两个伦理关系。亲子关系的伦理属性和伦理要求是"父慈子孝"。"父慈"不难做到，这是人类的本能，是人类对生命延续的守护。"父慈"守护的不仅是子女的自然生命，更多的是子女的精神生命。我们在谈论"父慈"时，要求"养不教，父之过"，甚至强调父亲对子女绝对的道德义务和道德权威，诸如"父要子亡，子不得不亡"的极端要求。现代社会，"父慈"强调父辈为子女守护精神生命的时候，也要补充传统文化中对自然生命、对子女个体"我"的尊敬和保护。

正确地理解"子孝"，必须从家庭实体出发，要从生命伦理的角度去考察——子女生命的成长是在父母生命的衰亡下进行的，对父母的孝敬是对生命之源的肯定、依恋和敬畏，是对作为生命诞生的伦理实体即人的普遍性存

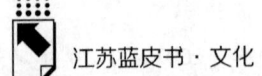

在的认同。父母的衰老是为他性的，具有生命伦理意义，敬畏生命、孝敬父母才能真正使"'自我'的存在及其生存意义与'他人'内在地关联在一起，使'爱他人'与'爱自己'结合为一个不可分割的整体"①。只有认识生命的不可分割，才能真正对父母尽孝道。

20世纪初，陈独秀呼吁："伦理的觉悟，为吾人最后觉悟之最后觉悟。"② 一个世纪过去了，此时的我们要更加呼吁伦理觉悟，不仅对家庭如此，对社会和国家更是如此。

---

① 贺来：《"陌生人"的位置——对"利他精神"的哲学前提性反思》，《文史哲》，2015年3月，第130~137页。
② 任建树等编《陈独秀著作选》（第1卷），上海人民出版社，1993，第179页。

B.14
江苏公务员群体的伦理道德发展研究

——基于江苏的调查数据*

蒋 阳**

摘　要：　江苏公务员群体的伦理道德调查表明，江苏公务员群体在公共场合的道德自律性较强，有很强的正义感，对自身的职业道德要求较高，为人处世秉持道德规范，个体可以对政府决策施加影响的自我效能感较强；家本位的人际信任占据主导地位，社会本位的制度信任模式处于上升阶段；在公共利益与个体私利的冲突面前，多数公务员秉持公益优先的原则，道德是非感清晰的；对自身的道德评价比较积极，对我国社会的整体道德状况的评价较为正面。对于理想道德形态的愿景，较多公务员认可传统伦理道德关系。目前江苏公务员群体在伦理关系方面，面临着血缘关系对国家关系的疏离；在公义与私利方面，面临小群体的私利与大社会的公共利益之间的义利矛盾；在个人道德层面，面临知行合一的困境。从

---

* 东南大学人文学院、东南大学道德发展智库为本文提供了全部的社会调查问卷数据，樊和平教授给予了学理和研究方法等有关方面的具体指导，樊佩佩助理研究员为社会调查基础数据的分析和研究框架的形成提供了强有力的支持。对江苏省公务员群体的伦理道德发展的调查涵盖的主要内容有：1. 政府机关人员的伦理价值观，2. 公务员的伦理关系状况，3. 伦理关系的结构和排序，4. 公域和私域的道德行为，5. 公务员群体对职业伦理的态度，6. 对家庭的伦理态度，7. 对公利和私利的伦理认知，8. 公务员对待国家的伦理态度，9. 公务员群体对环境的伦理态度，10. 公务员群体面对社会冲突和伦理冲突的处置方式，11. 公务员群体对于伦理实体的认知排序，12. 市场经济和高技术（比如互联网）对于伦理关系的影响，13. 自身道德评价以及对社会的道德状况的总体评价等。

** 蒋阳，江苏省社会科学院哲学与文化研究所助理研究员。

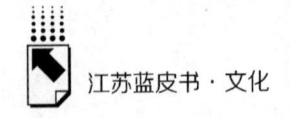

内圣与新外王统合的角度看，融通自然权利与仁义、融通内圣与新外王，关键就在于开通德性认知渠道，为人的道德本性产生社会功效造就作用空间，真正实现自然权利与天然明德、自由意志与自然道义的统一，使现代政治法律实践获得必要的道德维度。

关键词： 公务员群体　伦理道德　宇宙本体论

一　江苏公务员群体的伦理道德发展趋势

1. 公务员群体在公共场合的道德自律性较强，有相当的正义感，对自身的职业道德要求较高，为人处世秉持道德规范，凭良心做事，个体可以对政府决策施加影响的自我效能感较强。对江苏公务员群体的道德生活进行调查，发现其在公共场合的基本道德自律性较强。对公务员群体的处世之道进行调查，发现80%的公务员群体的为人处世原则是遵循道德规范、凭良心办事。从政商关系的角度来说，公务员群体并不认为企业家和商人就应该对政治置之不理，明哲保身。对公务员个体对政府的影响力的调查显示，60%的受访者认为自己对政府的决定并非没有任何影响；同时，认为自己向政府机构提出建议会被有关部门采纳的占比72%。另外，认为自己对政府部门的建议可以有办法让领导知道的占比56%。对公务员的伦理素养和道德要求，绝大多数的受访者认为应该对官员的道德提出比一般民众更高的标准。可见，公务员群体是一个自律性高，对于公共道德和职业伦理有着自觉追求的群体。

2. 公务员对各个社会群体的信任度，家本位的人际信任占据主导地位，社会本位的制度信任模式处于上升阶段。从问卷调查中可以发现，当涉及对社会各个群体的信任度时，公务员群体对于家人的完全信任度最高，达到了88%；其次是对警察的信任，达到了32%；第三位是对于住在周围的邻居以及对法官和法院的完全信任度，为28%；第四位是对村领导/所在城市领导的完全信任度，为24%；第五位是对政府和医生的完全信任度，为20%；第六位是对国内广播电视媒体的完全信任度为8%；最低的是对于外地人、外国人和市场上的商人的完全信任度，仅为4%。从这个排序来看，中国人赖以习惯的家本位——人际关系的信任模式占据主导地位，对警察和法官所代表的公权力的信任也较为显著，这说明国本位——系统依附的信任模式处于上升位置。

3. 当个人受到不公待遇时，大多数公务员群体反对暴力手段，认为应充分相信政府并积极寻求相关部门帮助。当其他社会成员有所需要时，人人都有责任相互帮助，避免社会戾气的产生。88%的公务员群体认为，受到不公平待遇时，应充分相信政府并积极寻求相关部门帮助。应该说，公务员群体有着较高的社会责任感，对于社会不公遭遇有着强烈的同情，担心社会戾气的传播，并不支持以暴易暴的处理方式，而是希望全社会承担起相互帮助的责任。

4. 对伦理关系重要性的排序、对伦理冲突的排序，前三位分别是人与人、个人与社会，以及人的内在自身的冲突。公务员按照血缘亲疏对五伦关系进行排序，亲子和夫妻关系的重要性排名靠前，个体与社会和国家的关系靠后。从问卷数据来看，受访的公务员将人与人之间的冲突作为排名第一位的伦理冲突，选择比例相对更高，为44%；排名第二位的伦理冲突，相对最高的是28%的公务员选择的个人与社会的冲突；在排在第三位的伦理冲突中，选择比例相对更高的是人自身的内在冲突，比例为36%。人际冲突，群己冲突和自身冲突，分别是公务员群体所面临的前三位伦理冲突。公务员在日常生活中具有频繁的人际接触，自然可能将人际冲突作为首要的矛盾。其次是如何处理个人和社会之间的关系，也被视为一个伦理难题。从国家、社会和家庭这三大伦理实体对于个人的重要性而言，在受访的公务员中有52%的人将国家作为第一重要的伦理实体，将社会作为第二重要的伦理实体，选择比例为60%，有40%的人认为家庭是影响力第三的伦理实体。对社会秩序最具根本性意义的关系，公务员群体认为排名前三位的依次为个人与国家民族的关系，个人与社会的关系，以及家庭伦理关系或血缘关系，占比分别为36%、32%和28%。就传统的五伦关系进行排序，受访的公务员群体将父母与子女的关系排在第一位，夫妇关系排在第二位，兄弟姐妹排在第三位，同事或同学的关系排在第四位，个人与社会/国家的关系排在第五位。公务员群体的伦理关系，凸显出家庭角色的重要性，而兄弟姐妹的关系已经后退，然后是同事或同学这样的"业缘"或"学缘"关系，个人与社会和国家的关系比较靠后，排在第五位。

5. 公务员认为最重要的德性是正义或公正，其次是诚信，第三是责任，排名末位的是宽容。 对江苏公务员的道德价值取向及认为最重要德性的调查发现，江苏公务员将正义或公平放在第一位，第二位是诚信，第三位是责任，第四位是正直，排在最后一位的是宽容。与全国问卷的"当前社会缺乏公正心和正义感的程度"调查相比，40.4%的受访者认为程度严重，与江苏公务员群体的答案相呼应，当前社会公众认为最严重的问题是如何营造一个公平正义的社会环境，然后在此环境中坚守诚信和责任等德性修养从而提升个人境遇。

6. 在利益价值多元化的时代，在公共利益与个体私利的冲突面前，多数公务员秉持公益优先的原则，道德是非感清晰。 在问卷中对"受访者是否会举报一项可以使集体和个人得利但污染环境的举措"这一问题进行调查，超过六成的公务员群体在意向上将公共利益放在个体私利之前，但也有超过三成的公务员群体认为私利重于公利其中选择举报的比例为64%，表示不会举报的比例为32%。这说明多数公务员群体坚持环境伦理，在私人利益和公共利益面临冲突时秉持公德心。对"政府机关及大中小学利用权力让本单位的职工子女在更好的学校读书或降分录取的行为是否道德"进行调查时，36%的公务员认为以权谋私是不道德的，24%的公务员认为这是对社会公众的欺骗，属于严重不道德的行为，还有24%的公务员认为这种行径符合本单位员工利益和内部伦理，但严重侵害社会道德。可见公务员对于自身的行为有较强的自律性，对以权谋私这种行为有较强的排斥。

7. 公务员群体对自身的道德评价比较积极，对我国社会的整体道德状况的评价较为正面。超过六成的公务员对政府官员的道德满意度评价较高。就全国而言，社会公众认为贪污和以权谋私是最严重的官员道德问题。通过问卷调查发现，60%的公务员对自己的道德状况比较满意。公务员群体认为当前中国社会个人道德素质的主要问题，首先是"有道德知识，但不见诸行动"，其次是"既无知，也不行动"，再次是"道德上无知"。对当前我国政府官员最严重的道德问题进行调查时，34.4%的受访者认为是贪污，31.1%的受访者认为是以权谋私6.4%和5.9%的受访者认为是受贿和生活作风腐败。可见，贪污腐败和以权谋私等问题，作为政府官员的弊病，也是社会公众最反感的痼疾。

8. 对理想道德形态的愿景调查发现，超过四成的受访者认为当前社会道德生活中最重要的是我国传统道德，最向往或怀念的是传统社会的伦理和道德关系，其次才是新中国成立以后到文革前的大公无私的集体主义精神。问卷中也询问了受访者认为当前我国社会道德生活中最重要的元素，44%的公务员选择中国传统道德，32%的公务员选择意识形态中所倡导的社会主义道德。对公务员群体最向往的伦理关系和道德生活进行调查，有44%的受访者选择了仁、义、礼、智、信这样的传统社会伦理道德观，32%的受访者选择了新中国成立后到"文革"前的大公无私的集体主义精神，仅16%的受访者选择了自由、平等、博爱的西方道德观念。可见，中国古典道德精神、集体主义精神和社会主义道德这些传统的伦理道德关系，对当代人具有强烈的感召力。同时，深埋在中国人心灵深处的家本位和集体主义的传统伦理情结，作为一种本土的文化结构力量抵制或挤压了顺应市场经济发展的具有普遍主义价值取向的西方道德观念。

二 江苏公务员群体伦理道德发展面临的挑战

在义与利、公与私的矛盾面前，大多数人都能以公共利益为重，超过半数的人都表示会举报伤害环境利益换得个人利益的行为。在不涉及外在有效

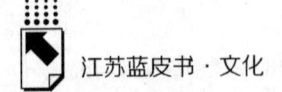

监督的情况下，也有少数公务员表现为私利重于公义，这说明极少数公务员内心还没有形成一种以公义为重的道德自觉。

对社会公众对政府官员群体的伦理道德状况的满意度的调查，有48.9%的受访者明显表现出不满，仅有15.4%的受访者感到满意。相比公务员群体的自身道德评价，60%的公务员表示满意，还有36%的公务员感到非常满意。可见，公务员群体的自身道德评估和社会公众的道德评价之间存在差距。

对政府官员具体的道德问题的严重程度的调查，全国和江苏的受访者都认为，第一为贪污，第二是以权谋私，第三是生活作风腐败，第四是受贿。这说明贪污、以权谋私和作风腐败等问题已经成为整个社会达成共识的弊病。

就当前社会个人道德素质的问题而言，66.7%的受访者认为是"有道德知识，但不见诸行动"，17.2%的受访者选择"既道德上无知，也不见道德行动"，12.3%的受访者选择了"道德上无知"，表明知行合一是目前个体道德面临的难题。

三 价值多元化时期构建伦理道德良序的对策建议

基于以上分析，我们认为，应处理好"公"与"私"二者之间的关系，协调义利冲突，以规范指引行政实践；应以利他作为最终目标培养公共责任，以责任为核心重塑职业道德；应通过建立普遍主义伦理道德模式，构建作为义务与作为目的的道德责任。在强调责任作为公务员职业道德的核心要素时，应当明确把具有积极意义的正当主观动机作为基本的行为指导与精神支柱，重视道德精神与道德理想的关键作用，以保证履行道德责任所产生的客观结果不偏离正当道德动机的轨道。

中国的传统思想特别是儒家思想认为，"人者，天地之心"。基于自孟子以来的心学传统，宋儒和明儒更加强调人与宇宙所具有的道德同构性。为了回归"作为宇宙本体的生命"的理想道德境界，个体生命自身必须从固定不变、自我限隔的状态，重返宇宙与人互逆双运之境，使"存在与价值、心智与物象、知识与行动、人心与人性、人性与天道，两相浃化，一体不分"①。这样的道德世界观对人的道德本性的侧重，决定了中国传统政治法律实践的道德路向。在"内圣外王"的传统中国道德政治中，我们始终需要基于"内圣"开"外王"，始终是由"内圣"来指导"外王"。但胡水君等学者认为，自近代以来，很多时候寻求新外王的努力却抑制了个体生命道德系统在社会领域的生发。② 在胡水君看来，重启作为中国文化根基的道德系统，并由此将"新外王"与"内圣"、外在社会形式与内在道德精神重新贯通起来，既是一种时代的需要，也构成中国文化的历史契机。当代中国需要一种具有全球视野的新的人文主义，它能够实现自然权利与天然明德、自由意志与自然道义、仁义与民主法治的统一。③ 胡水君认为，从内圣与外王统合的角度看，中国既需要培育行政精英的人文素养和道德认知，也需要疏展德性之知在大众中的普遍生发渠道。④ 融通自然权利与仁义道德，融通内圣与新外王，在于"存容、开通德性认知渠道，由此为人的道德本性和道德律产生社会功效造就作用空间"⑤，使现代政治法律实践获得必要的道德维度。

参考文献

[1]《十三经注疏》，上海古籍出版社，1997。
[2] 陆九渊：《陆九渊集》，中华书局，1980。
[3] 王守仁：《王阳明全集》，上海古籍出版社，2014。
[4] 戴震：《孟子字义疏证》，中华书局，1982。

---

① 方东美：《中国哲学精神及其发展》，中华书局，2012，第16页。
② 胡水君：《内圣外王：法治的人文道路》，华东师范大学出版社，2013，引言第4页。
③ 胡水君：《内圣外王：法治的人文道路》，华东师范大学出版社，2013，引言第6~7页。
④ 胡水君：《内圣外王：法治的人文道路》，华东师范大学出版社，2013，第118~119页。
⑤ 胡水君：《内圣外王：法治的人文道路》，华东师范大学出版社，2013，第110页。

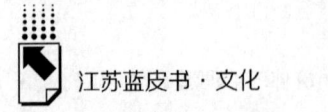

[5] 方东美:《中国哲学精神及其发展》,中华书局,2012。
[6] 熊十力:《新唯识论》,岳麓书社,2010。
[7] 熊十力:《体用论》,上海书店出版社,2009。
[8] 梁漱溟:《人心与人生》,上海人民出版社,2005。
[9] 瞿同祖:《中国法律与中国社会》,中华书局,2003。
[10] 樊浩:《伦理精神的价值生态》,中国社会科学出版社,2001。
[11] 胡水君:《内圣外王:法治的人文道路》,华东师范大学出版社,2013。

文脉工程建设篇

Cultural Engineering

B.15
知血脉,通命脉,仰望山脉
——关于"江苏文脉工程"的"智库"建议

樊和平[*]

摘　要：　"江苏文脉整理与研究工程"已经启动,这将是一个在江苏文化史上承前启后、继往开来的大工程,它将为江苏留下一份丰厚的文化资产,也为江苏历史恭恭敬敬地奉上一份足以表达现代江苏人的文化伦理和文明品位的厚重礼物。只要我们付出足够的努力,历史终将证明,我们正在开启的是能够让历史铭记的豪迈而艰苦的千里之行,它将让我们站在江苏文化的"巨人之肩",一览数千年江苏文化的无限风光;鸟瞰在未来中国文明乃至人类文明的绚烂星空中那片属于江苏的壮丽云彩。弓已满,箭在弦,不可回,畅想还是绝唱,最

---

[*] 樊和平,江苏省社会科学院党委委员、副院长,教授。

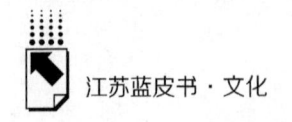

期待的是顶层设计,最稀缺的是思想资源。

关键词: 江苏 文脉工程 智库

一 学会"理念思维":"顶点"在"文脉"

当今之时,文化建设已经成为促使经济长足发展的国家战略,它是充分吸取中国文明的历史智慧、经验和教训,获得人的精神世界的话语权和主导力的重大国家战略工程。当全国许多省份星罗棋布般地开始甚至早已开始编纂"文库""集成"的时候,我们所需要的自觉和自信是江苏启动这一工程的创新性贡献到底在哪里?我们在何处超拔?一言蔽之,在"文脉"的理念上,在"文脉"的顶层设计上。

"理念"是什么?理念是元思想,元概念,元理论。理念是概念和现实、灵魂与肉体的统一,它具有诉诸行动的内在要求,因而是行动着的概念,理念是灵魂,行动是肉体。"理念思维"是哲学思维,或者说,是达到哲学的思维。作为顶层设计,理念具有之于行动的毋庸置疑的优先地位,越是高层次和重大的政治设计与政府决策,理念越是重要。"五大发展理念"是中国发展的哲学层面"理念思维"的顶层设计。地方政府决策,应当也必须与中央领导集体的政治思维同步。与之相应,智库作为"思想库"的首要和最重要的任务,就是贡献顶层设计的理念,或哲学层面的思想和理论,进行"做什么"的思想创新和"为什么做"的学术论证。如果跳过这个最重要的环节,过早进行"如何做"的行动方案的技术谋划,不仅是对政府职能部门的越俎代庖,而且可能会因为缺乏严肃和严谨的学术论证在"一念之差"中不幸为政府决策出了"馊主意"。诚然,"行动方案"无论对智库还是政府决策都具有重要意义,但无论对管理、科技还是决策,创新都发生在思想和设计的层面,最大的创新在理念层面,一旦落实到技术与行动中,需要的除了严谨还是严谨。

"江苏文脉工程"建设的理念是什么？在哲学层面，其顶层设计的顶点就是"文脉"。与其他省份相比，江苏的最大特点在于它是"文脉工程"而不是一般的"文化工程"。"文化工程"只是一般的文化挖掘与整理，而"文脉工程"则是与地域的文化生命深切相通，是贯穿地域的历史、现在与未来的生命工程。"文脉"对历史而言是血脉，对未来而言是命脉，对当下而言是山脉。"江苏文脉"就是江苏人的文化血脉、文化命脉、文化山脉，是历史、现在、未来江苏人特殊的文化生命、文化标识、文化家园，以及生生不息的文化记忆和文化动力，只是它们可能以诸种文化典籍和文化传统的方式呈现和延续，但"文脉工程"致力于探寻和发现跃动于这些典籍和传统，也跃动于江苏人生命之中的那种文化脉动。文化血脉作为文化基因，深刻地影响甚至部分地决定地域的文化命脉，作为文化符号，它呈现为具有地理地标意义的文化山脉。譬如，山东的"泰山—尼山"山脉，历史上造就了孔子、孟子两大文化伟人；安徽的"黄山—九华山"山脉，造就了五四运动时期的陈独秀、胡适两大文化旗手；湖南的"韶山—岳麓山"山脉，既造就了以毛泽东为代表的绝代伟人，也造就了以沈从文为代表的文化天才；那么，江苏的"钟山—虎丘山"山脉——假设它表征一种文化山脉，从伍子胥到范仲淹、再到周恩来，一代代文化英豪隐约流淌着大致相似的文化血液，然而我们只需向历史深处及其作为它的人格化符号的文化英雄们投上深深一瞥就会发现，站在这些文化山脉之巅的文化英雄们身上流淌着明显不同的文化血脉，其文化象征意义已经远远不是"一方水土一方人"所能表达的。所以，"江苏文脉"所要呈现的不只是历史文化的多彩与生动，也不只是唤醒地方文化的集体记忆，而是考察它们如何汇成中华民族的文化大动脉，体认在这个大动脉中，它是哪一株文化支脉，逶迤蜿蜒于何种文化山脉中，为现代江苏人的安身立命提供文化基地和精神家园。

二 指向国家战略的问题意识与理念设计

开启"江苏文脉工程"的根本意义，不是为了推动文化产业，也不是为了发展文化事业，更不是政绩工程。"文脉工程"理念的旨意要高远得多。它是应对全球化挑战、续写江苏文明的国家战略工程。"文脉工程"的立意不仅体现江苏人的文化眼界和文化胸怀，而且体现江苏人的文化抱负和文化担当。

毫无疑问，我们正处于全球化的裹挟之中，全球化既是一股浪潮，也是一种思潮，其中隐含着发达国家的诸多文化战略和文化企图，文化霸权主义和文明帝国主义就是深藏于其中的对整个人类文明最具颠覆性的文化故意。全球化飓风将整个世界推向空前的风险之中，其中最重要的就是由解构和颠覆地方性知识而导致的文化同质性。文化同质性的风险用一句话概括就是一场文化瘟疫，将可能导致整个人类文化物种的灭绝。全球化催生的是一个文化上的独生子女，其可能的镜像：一种文化风险将是整个世界的风险，一次文化失败将是整个人类的文化失败，甚至它可能像一个苹果，一处小小的溃坏，将导致整个机体的病变，于是整个世界将可能遭遇"乔布斯苹果"的命运——虽名利双收，最终却夭折了人生。在应对全球化的挑战和西方文化帝国主义的国家战略时，"江苏文脉工程"是整个中国民族文化工程的一部分和具体落实，其战略意义绝不止于保存文化记忆的自持和自赏，在这个全球化的高风险正日益逼近的时代，完整地保存地方文化物种，认同文化血脉，畅通文化命脉，不仅可以让我们在遭遇全球化的滔滔洪水之时可以于故乡文化的山脉之巅建设自己的精神家园和文化根据地，而且可以在患上全球化的文化感冒甚至某种文化瘟疫之后，不致于乞求"西方药"来治"中国病"，而是根据自己的文化基因和文化命理，寻找强化自身的文化抗体和文化免疫力，发现可以治愈异域顽疾的"青蒿素"，治愈反复无常的人类文化疟疾，到那时，或许我们也可以获得一项"文化医学的诺贝尔奖"

"江苏文脉工程"的意义还在于中国文明尤其是江苏文明的永续发展。历史学家许倬云先生曾经说过，在"轴心时代"，中国文明起源的文化图式是"满天星斗"。近现代以来，中国社会处于不断转型和高速变化之中，尤其近30年来，经济发展导致整个社会前所未有的高速变化。高速发展对经济和生活来说当然是好事，但对文化来说，可能会产生巨大挑战。由此，"文脉工程"可以为今人在蒙太奇般目不暇接变化大潮的漂流之途找到一块栖息之石。另外，对地域发展来说，"江苏文脉工程"的意义，在于江苏核心竞争力或发展的核心能力的再发现和再创造。农耕时代，人类文明的决定性因素是地理位置，例如在江苏，一道长江天堑，硬是在大地上划出了苏南苏北两个世界；黄河只是一个小小的改道，就让淮安府的历史繁荣成为明日黄花。然而，正是在这些相对隔绝的空间和相对稳定的环境中，孕育了吴越文化、淮扬文化、楚汉文化。20世纪是一个文化大发现的世纪，在文化大发现中，"江苏文脉工程"不仅是唤醒江苏人的文化集体记忆，而且是江苏人的文化自觉、文化自省，是江苏发展的核心能力的再发现和再创造，是江苏走向新的文明高地的文化大发现。

三 政府、学者、大众三位一体的文化战略

"江苏文脉工程"如何展开？行动计划取决于理念和顶层设计，与其他省份"文集"、"文库"不同，"文脉"是一项战略工程，是国家文化战略工程的一部分，是构筑江苏文化高地的战略工程。这项工程必须由政府、知识精英、社会大众三位一体的文化战略联盟来完成。

无疑，"江苏文脉工程"是严肃和严谨的学术工程，无论典籍整理、校订，还是关于江苏文脉传统的研究，都必须经得起学术检验和时间洗涤，否则不仅是智力和财力的巨大浪费，而且可能会误导世人，贻笑后人。从这个意义上看，它是对江苏学术能力包括学术组织能力的一次检阅和考验，我们期待组建一支庞大的高度专业化并且可持续的专家队伍。"江苏文脉工程"在现实性上是江苏的社会大众对自己的文化血脉认同、对文化命脉疏通、对文化山脉构筑的工程。文脉之谓文脉，必定流淌于江苏人生生不息的生命之中，尽可能广泛吸引大众参与是文脉工程最重要的战略目标之一，由此才能唤醒江苏人的文化集体记忆。江苏人的文化自觉，才能成就江苏文化的真正建构。当然，精英主导和大众参与都必须在政府正确而又强有力的组织下才能实现，不仅是财政的支持，而且是各种文化力量的汇集与凝聚，只能透过强有力的政府组织，各种力量才可能在"江苏文脉"的主题下作为一个

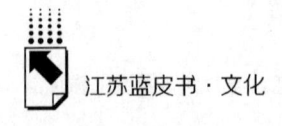

"整个的个体"而行动。

于是，在行动策略层面，可以从三个维度共同行动。（1）知识界通过研究和梳理，提供关于江苏文化典籍的最重要的文本和最重要的代表人物；（2）以新媒体为介体发动社会大众参与推荐、评选、评论江苏历史上的文化典籍和文化代表人物，使"江苏文脉工程"成为全社会的共同行动和文化认同；（3）各市政府部门组织对本地域的历史文化典籍和地域文化传统的推荐和研讨，以此展现江苏文脉的多元生命构造，发掘江苏文化的生命活力。三个维度同时展开，缺一不可，汇集为政府、知识界和社会大众的共同行动，其中可能最容易被忽视和轻视的是大众参与。大众参与不仅因为文脉在民间、在社会，所谓"礼失而求诸野"，而且大众参与的过程就是文化认同的过程，是"江苏文脉工程"最重要的战略目标之所在。

政府、知识精英、社会大众三位一体，政府组织、精英主导、大众参与的行动策略的关键，在于必须有一个高效和可持续的中枢机构和运作机构。作为一项浩大的战略工程，"江苏文脉工程"将延续相当长的时期，在时势更替中，政府、知识界、社会大众中的任何一方面，都可能真正成为可持续的力量，因而一种三大主体整合的机构和机制便是必要和必需的，三者辩证互动的生态，才是文脉工程漫长进程中"变"中之"不变"的力量。传统的力量在于继往开来，对这一漫长历史性工程来说，最让人忧虑也最可怕的是中断。

四 "江苏文脉·研究工程"的启动设想

以上建议姑且是越俎代庖，因为江苏省社会科学院的具体任务是进行关于江苏文脉的研究工程。这一工程包括三方面：（1）"江苏文化通史"的研究；（2）"江苏文化名人传"的研究；（3）江苏专门文化史的研究。前几年，江苏省社科院早已启动前两项工程。在"江苏文脉工程"的新理念和新框架下，必须进行必要的调整和谋划。

"江苏文化通史"的关键词是"通"，其前提当然是"文化"，它必须是文化史而不是经济社会史，虽然二者之间有深刻的关联。"通"的要义，首先是江苏文化与中国文明的息息相通，与人类文明的息息相通，由此才能有民族感或"中国感"，因而必须进行关于江苏文脉在中国文化传统中地位的研究，为此，我们已经启动第一卷"中国文化传统中的江苏文脉"的研究；其次是江苏文脉中诸文化板块之间的"通"，由此才是"江苏"，才有"江苏味"；再次是历史上各个重要历史时期文化发展之间的"通"，由此才能构成"史"，有历史感；最后是与江苏人的生命与生活的"通"，由此"江苏文脉"才能真正成为江苏人的文化血脉、文化命脉和文化山脉。达到以上"四通"，"江苏文化通史"才是真正的"通"史。

百位"江苏文化名人传"已经完成十九本，根据"江苏文脉工程"的战略谋划，在条件允许的情况下可能要进行重新修订。"名人传"的特色在"文化"。被选择的百位历史人物不都是文人或文化界人士，像刘邦、项羽等，但"名人传"所"传"的是其文化意义，所"传"的是他们所负载的文化信息和文化密码。刘邦本是无赖，但"竹帛烟消帝业虚，关河空锁祖龙居。坑灰未冷山东乱，刘项原来不读书"却是深刻的文化；项羽是一介武夫，但从李清照"生当为人杰，死亦为鬼雄，至今思项羽，不肯过江东"，到毛泽东"宜将剩勇追穷寇，不可沽名学霸王"，演绎的却是延绵不绝的文化心结；韩信"多多益善"同样没有文化，然而临死之言"飞鸟尽，良弓藏；狡兔死，走狗烹"却道出《道德经》中的文化大智慧。如何对历史人物进行文化倾听、文化诠释、文化理解，是"文化名人传"的最大难点，也是其最有意义的方面。

"专门文化史"工程的关键在于"专门"中如何呈现具有一定普遍意义的文化内涵，确切地说是"江苏文脉"的气韵气质，它是将江苏学界各专业整合起来的一次机会。该计划从精神文化史、制度文化史、物质文化史、社会生活史诸多维度展开。

总之，江苏文脉的"研究工程"是一项艰巨的学术工程，期待深厚的学术功力，坚韧的学术努力，也期待确立与之相适应的学术组织方式和建构与之相适应的学术管理机制。我们相信，只要持之以恒地努力，一定会一步一步的接近预期的目标，目标一定会实现。

B.16
江苏名人研究的宗旨、任务与难点

姜 建[*]

摘　要： 本报告着重探讨江苏名人研究的宗旨、任务与难点。本报告的研究宗旨是从人才群体的角度，展现江苏名人的文化贡献，并为江苏文化的保存和发展揭示文化生命力和文化创造力；研究任务在于实施三种类型的研究，从而形成一个包括基础性、代表性、理论性的立体工程；研究难点在于落实整体性思路和整体性视野，从而形成整体性面貌或风格。

关键词： 江苏　名人　文脉工程

较之其他研究，名人研究的独特之处在于，名人作为他们所处时代的一个特殊端点，携带着那个时代丰富的文化信息，除名人自身的价值外，还可以借此全方位地观察那个时代，观察他们与他们所身处的文化传统之间的种种关联。由此，"江苏名人研究"成为"江苏文脉研究工程"中的重要组成部分，为全面观察江苏文化传统、梳理江苏文脉提供了一个有价值的角度。

一　江苏名人研究的宗旨

从司马迁的《史记》开始，名人立传这一传统，在《汉书》《三国志》

---

[*] 姜建，江苏省社会科学院文学研究所研究员。

《清史稿》中都有体现，这一传统被历代史学家认可并强化，一直持续了两千多年。虽说进入现代社会以后治史的方式已经有了变化，但当下越来越红火的各种名人传记的撰写，在不断地提示我们名人研究的重要性。

这种重要性至少可以从以下几个方面来理解：第一，名人身上通常扭结着历史的重大矛盾和重大事件，通过名人可以察时代之嬗变、历史之兴废，尤其是在民族的存亡之际或社会的转折关头；第二，名人有着超越世俗的精神品质和思想能量，其精神和思想的结晶通常体现着那个时代人们所能达到的精神高度和思想深度，具有指引民族的发展道路、焕发民族的理想之光的巨大作用；第三，名人有着异于常人的创造力和智慧，坚定的意志力和强烈的求知欲支持着他们突破旧规探索未知，从而不断地以创新成果推动社会的文明进步；第四，名人与传统有血肉般的渊源，历史的延续和文化的传承主要是由人与文体现的，名人和经典，构成了其两个显著的标识。由此，他（它）们通常成为民族文化记忆留存的完整的基因库，成为观察一个民族历史沿革和文化传统的重要视角。至于名人因其贡献和影响而形成的对家族、乡邦、地区乃至整个民族的推动作用、示范效应和启迪意义，更是毋庸置疑，尤其在中国这样一个特别重视人伦的国度，名人的作用更具有放大的效果。在这个意义上，名人研究具有其他研究不可替代的作用。

在中华民族的名人版图上，江苏占据着分量很重的一块。无论是在名人总量、含金量上，还是在名人的种类和特色上，江苏名人在全国举足轻重。以今天的两院院士数量来说，无论从哪个指标入手，江苏都为全国第一。如在我国古、近代著名作家中，仅江苏籍作家即占 27.5%，尤在明清时期，江苏籍作家所占比例高达 37.5%。再如清代有文学家 1741 人，江苏为 599 人，占三分之一多①。江苏名人规模随时代演进而递增。这意味着，江苏名人的脉络是连续的，而且越来越壮实。

在江苏庞大的名人队列中，文化名人占据了显要位置，据笔者不完全统计，文化名人占比 70% 左右。这种鲜明的特色显然与江苏的地理环境、历

---

① 参见孙志军《论新时期江苏精神》，《江海学刊》2007 年第 1 期。

史脉络和文化传统息息相关。魏晋六朝以来民族经济文化中心的南移，把江苏的文化发展推上了快车道，宋元尤其是明清以来，江苏在思想、学术、文学、艺术、教育、人文和社会科学、宗教等领域走向全面繁荣，大师辈出，各领风骚，在全国处于遥遥领先水平。可以说，无论是在纵向的历史延伸还是在横向的历史跨度上，江苏文化名人的贡献，都凝聚着江苏乃至全民族的智慧、勤劳、勇敢坚韧的品格。而上述这些领域恰是江苏文化传统的基本构成或主体内容，对梳理、总结江苏文化传统的脉络、内涵和质地，是无法回避的主体性存在。在这个意义上来说，江苏文化名人最直接也最本质地体现了"江苏文脉整理和研究工程"的宗旨，当仁不让地成为这一重大文化工程的有机组成部分，也成为"江苏名人研究"的主体部分。

由此，"江苏名人研究"的宗旨可定义为：从人才群体的角度，在名人与他们身处时代的互动中，在名人对文化传统的守护和开拓中，全面展现江苏名人的文化生命和文化贡献。第一，完整地保留江苏的文化资源，再现江苏历史上的文化辉煌，彰显江苏对全民族发展的文化贡献；第二，勾勒江苏的文化源流，保存江苏的文化记忆，绘制江苏的文化地图，推进全江苏人的文化自觉与文化认同；第三，揭示江苏文化发展的内在机制和规律，提炼江苏发展的文化生命力和文化创造力，为当下和未来江苏打造新的文化高地把脉探势、勾画蓝图。

二 江苏名人研究的任务

基于上述宗旨，"江苏名人研究"的总任务是全面展现江苏名人对民族的和江苏的社会发展、文明进步所做出的重大贡献，系统梳理江苏名人的生长轨迹和发展流脉，精准提炼江苏名人的文化旨趣和文化基因，着力探索江苏名人成长的文化土壤和文化动力。

要实现这样的总任务，"江苏名人研究"应该成为一个立体工程，在架构上，至少包括基础性的、专门性的、宏观性的三个层面，形成由宽度、高度和深度交织成的"三度空间"：由《江苏历代名人词典》承担体现宽度的工程，由"江苏文化名人传记丛书"承担体现高度的工程，由"江苏名人的理论研究"承担体现深度的工程。在进度上，至少分三阶段实施：第一阶段，编制《江苏历代名人辞典》，通过词典对江苏名人的概况进行完整扫描，由此在朝代分布、地区分布、领域分布、性别分布等方面对江苏名人形成一个整体的初步认识；第二阶段，编纂"江苏历代文化名人传记丛书"，从历朝历代中挑选100名最具代表性的顶级文化名人，以100种传记的规模，进行专人研究，全面展现江苏名人的文化贡献，完整地揭示江苏名人对江苏文脉传承的价值；第三阶段，出版理论性研究专著，在"文化名人传记丛书"陆续出版以后，人们对江苏名人整体风貌的深入了解，适时开展宏观性的理论研究，探讨总结涉及江苏名人生长的形貌、内涵、特质、流脉、气象和规律等基本理论问题。

要想圆满完成上述三项任务，必须在几个基本理念上形成整体性设计，实现整体性要求。

第一，名人入选的整体性标准。通常而言，名人在"立德、立功、立言"三方面至少有一个方面较为突出，但仅此尚不足以构成入选的理由。我们认为，能否入选的最根本标准应该是看是否充分地具有能够彰显江苏文化血脉、命脉、山脉的文化基因和文化符号。一般而言，士农工商各色人等，只要其在文化传承方面做出了突出贡献，均有入选可能，但中国古代的士人直接承担了文化传承人的角色，无论是政治家、思想家，还是文学家、艺术家、藏书家、出版家、语言学家、历史学家、教育学家、宗教学家，他们的职责就在于观世情之百态，导风尚之趋向，究天人之奥秘，探学术之流脉，他们的作品和著述凝聚着他们的思想和精神的结晶，也承载着江苏的文化记忆，所以他们应该也必须成为本研究的主体。不属于士人范畴的名人，也应该努力挖掘并有效建构他们与江苏文脉之间的深刻联系。之所以强调"士"的重要，并非指这个身份具有先天的优势，而是说他们的工作都与人文相关，体现了丰富深厚的思想性、精神性，或者概而言之：人文性。人文性，是江苏名人研究所必须坚持、必须强调的。

第二，名人传记写作的整体性思路。本丛书所收录的名人是一个涉及不同朝代、不同地区、不同领域、不同贡献和影响的文化名人群体，如果仍然沿用对单个名人的观察眼光和写作范式，那么，"丛书"易成为单个名人传记的放大版，放在一起固有乱花迷眼之妙，却难见整体的构思和清晰的理路，如一盘散珠而缺乏一根将其串起的红线。由此，必须建立整体性的思路，在围绕名人活动所形成的时空这两个维度之外增加第三个维度，即江苏文脉的维度。这就意味着，在观察理解某个名人的过程中，时时刻刻注意其与江苏历史文化进程的关联并在写作中充分体现这种关联。当然，这应该是一种内在的有机的关联。

第三，理解名人与江苏文脉关系的整体性视野。江苏是个独特的省份，无论对外还是对内，都体现出很大的位势差。在外部，就与全民族的关系而言，江苏从唐宋以来就成为全国的文化中心，而且始终占据很大权重，在内部，就省内各地区的关系而言，江苏的文化又难说是个整体，而呈现出吴文化、楚汉文化、淮扬文化、江海文化、金陵文化等版块结构。不同的地域文化具有不同的风貌、不同的气质，它们虽互相影响、互有融合却各自传承有序，它们所产生的名人，在时代、领域、贡献等方面也存在很大的差异。如果对此没有清晰的认识，我们往往被这种差异性所左右而陷入只见差异性不见共同性的尴尬，造成写出的名人其面貌、精神、气质千差万别，难以充分体现本研究的宗旨。这就是说，江苏名人通常同时具备民族的、江苏的和省内某地域文化的三重文化属性，从不同的文化属性入手，可以得出不同的结论。由此，我们必须建立一种整体性视野，在尊重差异性的同时追求共同性，其要义在于站在江苏看全国，站在江苏看省内各地域。我们所研究的是"江苏文脉工程"中的为特定目的服务的江苏文化名人，不是一般意义上的全国名人或某地域文化的名人，因此，必须站稳江苏这个"主位"，从江苏的立场出发上连全国下接地域，去观察、揭示其价值。这一点，在全国性与江苏性、地域性不完全一致的时候尤为紧要。

三 江苏名人研究的难点

目前，"江苏名人研究"工作正在有序推进，但诸多方面的难点，已经或将逐渐显现并影响本研究目标的最终实现。大而言之，这些难点主要表现为以下三点。

第一，名人名单的选择。

江苏作为人才大省，名人数量众多，这给本研究提供了很大的选择空间。但空间的广阔也就意味着变量的巨大，不同的研究目的可以排出面貌完全不同的名单。就此，确定符合本研究宗旨的名人名单就成为最基础的工作。此项工作已进行多年，名单也历经多次调整，但至今尚未形成最终确定的版本。这需要集思广益群策群力共同完成。

第二，研究理念的落实。

从理论上确认研究理念比较容易，真正的难点在于如何在写作中不折不扣的贯彻。在"文化名人丛书"的编纂理念中，整体性思路和整体性视野落实起来较为困难。这两个难点的核心要点在于"关系"的协调与把握，前者指时空两个维度与第三个维度"文脉"的关系，后者指中国属性与江苏属性的关系。以后者的人文类名人为例。江苏学者在探讨学术问题的时候，出发点建立在民族的而不是江苏的或省内某地域文化，也就是说，他们关注的是全民族的普遍经验、普遍知识和普遍问题，而不是江苏的地方经验、地方知识和地方问题。所以，通常他们的学术研究体现出鲜明强烈的民族属性，而江苏的和省内某地域文化的属性则未必鲜明。因此，如何在彰显民族文化属性的同时勾勒江苏文化属性，或者说，如何在强化江苏文化属性的同时不丢失民族文化属性，是放在所有撰写者面前的共同难题。强调这一点，是因为它关涉所有撰写者在撰写过程中的思考路向、论述重心和材料组织。

要想协调"关系"，关键在于准确理解"江苏文脉"。这需要把握两点。

（一）"江苏文脉"并没有一个固定的外显形态，它潜于历史发展、文明进程的深处，附着在与文化气息、文化记忆、文化动力有关的制度、民俗、典籍和名人活动之中。在这个意义上，江苏名人可以定义为江苏文脉的一种人格化符号，名人传写作也可以定义为挖掘人格化符号之内涵和价值的过程。每个撰写者面对的对象不同，感受和理解不可能一致也不要求一致，但每个人格化符号都从不同的侧面或层面揭示了江苏文脉的部分内涵，这些

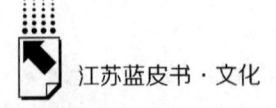

不同的侧面或层面经过累积提炼、融汇，就构成了我们所说的"江苏文脉"。所以，江苏文脉的形成演进、姿态内涵、特质气象取决于所有撰写者共同的整理开掘。

（二）由于江苏历史文化在全国的独特地位，江苏名人普遍具有民族意识。对此，不仅不必压缩他们的全国性意义，相反应该大力彰显他们对民族的文明进步所做出的贡献。只要站稳了江苏这个"主位"，是完全可以兼顾江苏文脉的独特性和民族性的，而且也只有如此，才能准确判断并深入揭示江苏文脉的历史价值。

第三，整体的面貌或风格。

名人传记有多种写法，有偏重传主的事功活动，以丰富多彩、生动活泼取胜；有偏重传主的思想精神，以精微分析、深入解剖见长。以"江苏文化名人传记丛书"100种的规模，如何协调各种元素，形成自己的整体面貌或风格，必须事先擘画并周密安排。这里暂且撇开因传主资料多寡形成的差异和因撰写者知识结构、思维方式与写作习惯造成的不同，仅以传主自身特点而言，政治家型的文化名人和学者型的文化名人，两者之间的差异是巨大的，如不进行协调，则成书面貌难免百人百面。由此，需要对"江苏文化名人传记丛书"的写作原则有明确的把握。概而言之，"江苏文化名人传记丛书"定位于学术性传记，在写作中应落实以下三点原则。

学术性：以学术性的观点、思路、结构、语言贯穿始终并向学术深处开掘，追求学术创新，体现学术新高度。

江苏性：充分反映名人与江苏历史文化的深刻关联和对江苏文化承传的贡献影响，并以此勾勒揭示江苏文脉的内涵特质、风貌气象。

文化性：紧扣文化的思路，写出名人的文化个性、文化气质，揭示其活动著述的文化内涵、文化价值。

上述三大难点，涉及"江苏名人研究"尤其是"江苏文化名人传记丛书"从设计到落实再到完成的几个主要层面。第一点需要设计决策层集思广益反复推敲；第二点、第三点则需要从决策层到所有参与者形成共识，并且贯彻到研究与写作工作的每一个环节中。

B.17
民国江苏文献及其保护利用研究[*]

王卫星[**]

摘 要： 本报告所述之民国江苏文献，主要指民国时期江苏省政府及省府直属机构编辑发行的"宣传政令，报道政情"等出版物。其内容涉及江苏省政府及省直属机构的方针政策、法令法规、施政报告、会议特刊、调查报告、统计资料，等等。目前民国江苏文献的保存状况并不乐观，应加强保护，加快数字化建设和影印出版，使民国江苏文献充分发挥为现实服务、为学术研究服务、为文化强省建设服务的作用。

关键词： 民国时期 江苏 官方文献

民国文献是指1912～1949年间形成的各种图书、报刊、手稿、革命文献、历史档案等。限于篇幅，本报告所述之民国江苏文献，主要指民国时期江苏省政府及省府直属机构编辑发行的官方出版物。

从1912年至1949年的38年，是中国社会从传统走向现代的过渡时期。这一时期，中国的政治、思想、社会经济、文化教育、民间风俗等各个方面均发生了重要变化。在这一变化转型时期，江苏省政府及省政府直属机构编辑发行了一大批出版物，这些出版物内容庞杂，涉及江苏省政府及省政府直属机构的方针政策、法令法规、施政情况、工作报告、会议特刊、调查报

---

[*] 本文为江苏省社科基金重点项目"民国江苏文献整理与研究"（11LSA001）的阶段性研究成果。
[**] 王卫星，江苏省社会科学院历史研究所研究员。

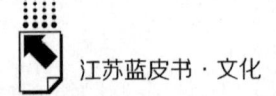

告、统计资料等。对这些历史文献进行综合梳理，有助于人们进一步了解民国时期江苏省情和省政府的施政情况，以及各类官方出版物的发行情况等。同时，分析民国江苏文献的保存现状，也可以有针对性地寻找对策，以便在有效保护的基础上充分发挥民国江苏文献的作用。

一　民国江苏文献及其分类

公报　在公报类出版物中，《江苏省政府公报》可谓民国江苏省政府最为重要的刊物之一。北京政府时期，江苏省于1913年5月开始编辑发行《江苏省公报》，初为双日刊，后改为日刊（周日除外）。截至1927年3月22日，《江苏省公报》共发行4722期。1927年北伐军占领南京，《江苏省公报》停刊。南京国民政府成立后，江苏省政府于1927年9月15日创刊《江苏省政府公报》，主要登载江苏省政府的各项法令法规、各机构组织章程、公告、电令、政府工作报告、会议记录、调查统计资料等。

1929年，江苏省政府由南京迁至镇江，《江苏省政府公报》在镇江继续出版。全面抗战爆发后，1937年12月10日镇江失陷，江苏省政府被迫迁往苏北，该刊也随之停刊。抗战胜利后，《江苏省政府公报》复刊，直至1949年江苏省政府撤离镇江前停刊。

民国时期，江苏省政府直属机构也先后编印了多种公报类刊物。如省财政厅编印的《江苏财政公报》，省建设厅编印的《江苏建设公报》，省教育厅编印的《江苏教育公报》，省高等法院编印的《江苏高等法院公报》，省农矿厅编印的《江苏省农矿厅公报》，省政府土地整理委员会编印的《江苏省政府土地整理委员会公报》，等等。

除了上述《公报》外，民国时期，江苏省还有一些官方出版物虽不冠"公报"之名，但实属"公报"性质，如《江苏司法汇报》《江苏自治汇报》《江苏实业月志》《江苏省议会汇刊》，等等。

综合出版物　民国时期，江苏省政府编辑发行的综合性出版物主要有两类，一是综合性刊物，二是综合性图书，如"年鉴"等。

综合性刊物，首推《江苏旬刊》。《江苏旬刊》由江苏省政府于1928年9月1日创办，每旬1期，共发行64期，至1930年6月21日停刊。《江苏旬刊》"发刊词"特别强调了该刊出版的目的和意义：一是希望"有学术经验的人，来参加文字工作"，"将这一册江苏旬刊形成训政时期的科学讲坛。"二是"省政府的行政说明。过去的行政机关，总将'民可使由不可使知'认为博取自己权威的法门，现在是绝对不行了。人民是主子，行政人员是民仆，民仆要兴一事废一事，须先将兴废的理由，向主子报告；虽然，现尚在训政时期，没有到政权属于全民的宪政时期，行政机关多少还保留得一部分保傅地位，做保傅的，尤其应该将一切设施，向幼主详细说明，才不失为'训'呵。我们依据这个意义，要在旬刊中做一切设施的说明。"三是"江苏境内一切有关建设的调查。一切建设事业的基本工作是办统计，要有比较正确的统计，须先有科学性的调查。现在，建设已迫近开始，统计还没有基础，青黄不接，这是莫大憾事……我们依据这个意义，要在旬刊中注意关于政治经济的调查。""发刊词"最后指出："以上所举，是江苏旬刊内容的基点，也就是江苏旬刊与省政府公报最明白的分野"①。

从《江苏旬刊》内容看，该刊与公报类出版物有两点不同：一是未刊载相关法令法规，也未刊载政府命令及人事任免等；二是刊载了一些宣传性、理论性、纪念性文章，如《劳动运动与国民革命》(《江苏旬刊》第22、23期合刊)、《纪念五四运动》(《江苏旬刊》第22、23期合刊)等。

民国时期，国民党江苏省执行委员会也编辑发行了一些刊物。《苏声月刊》是国民党江苏省执行委员会宣传科于1933年6月创办的综合性刊物，"以代表民众舆论，启发民众智识，发展大众言论，并探讨苏省党政及各项社会事业实际实施问题为宗旨"②。1934年下半年，《苏声月刊》一度停刊，1935年初复刊。《苏声月刊》的内容涉及面较广，包括党务、思想、政治、法令法规、会议纪要，以及经济、教育、民政、社会等。

---

① 《发刊词》，《江苏旬刊》第1期，江苏省政府秘书处宣传股，1928，第2~3页。
② 《本刊征稿启事》，《苏声月刊》第1卷第2期，中国国民党江苏省执行委员会宣传科，1933，封2。

1933年11月，国民党江苏省执行委员会还创办了《江苏月报》。《江苏月报》版权页虽注明主办者为"江苏月刊社"，但"编辑者"则注明为王振先等。20世纪30年代，王振先任职于国民党江苏省执行委员会，负责宣传和编辑工作。《江苏月报》在创刊一周年之际，于第3卷第1期刊发了马元放的署名文章《一年来之本报》，而马元放时任国民党江苏省党部宣传部长。由此可见，《江苏月报》实为国民党江苏省执行委员会主办的刊物。

《江苏月报》的内容涉及政治、经济、施政纪要、法令法规、教育、新闻、文艺等，既有理论宣传、评论等方面的文章，如朱均复《论澄清吏治》（《江苏月报》第2卷第1期）、丁铭忠《江苏文化建设之检讨》（《江苏月报》第4卷第1期），也有江苏省政府施政方针及施政情况、江苏社会经济社会调查等方面的内容，如沈百先《江苏省建设施政方针》（《江苏月报》第2卷第2期）、余井塘《一年来之江苏民政》（《江苏月报》第3卷第1期）等。

除了期刊之外，民国时期，江苏省政府还编辑发行了一些综合性图书，以单行本发行。

《江苏省政治年鉴》是民国时期编辑发行较早的一部综合性年鉴，由江苏省长公署统计处于1924年6月编纂发行。该书名为"政治年鉴"，内容不仅包括江苏政治、行政等，还包括土地、人口、警察、礼教、卫生、财政、司法、教育、实业、交通、军事等，实为江苏省情综合性年鉴。

1931年10月，江苏省民政厅编辑发行了《江苏省各县概况一览》，其内容为各县"史地"，包括各县地界、面积、气候、土地、交通、水利、户籍、重要市镇、名胜古迹、发展略史等；"政治"，包括行政组织、财政、警卫概况、司法、教育、建设、市政、地方自治；"经济"，包括农矿、商业、工业、金融、合作、度量衡等；"社会"，包括衣食住行、粮食问题、贫民与盗匪、救济事业、风俗习惯、卫生、社会教育等[①]。该书内容广泛，

---

① 参见江苏省民政厅编《江苏省各县概况一览》，江苏省民政厅，1931。

为系统介绍全省各县概况的综合性出版物。

法令法规 民国时期，江苏省政府及省直属机构出台了一系列法令法规，为了便于人们了解政府颁布的法令，省政府及直属机构先后编辑发行了一批法令法规类出版物。

《江苏省单行法令初编》是由江苏省长公署司法秘书庞树森、佐理陈典猷编辑，由江苏省长公署公报处于1924年5月发行。该《法令初编》将各类法令分为"内务""军务""财政""教育""实业""司法"六类，汇集了江苏省颁行的各类法令法规。

南京国民政府成立后，随着各项法令法规的颁布，江苏省民政厅于1929年4月编印了《法令辑要》（上下编）。该《法令辑要》按"党务"、"官制"、"官规"、"民政"、"警政"、"土地"、"卫生"及"杂录"分类，收录了中央和江苏省颁布的各项法令法规。

1930年5月，江苏省民政厅又编印了《法令辑要》第二集。该集同样分上下编，与《法令辑要》的分类基本相同，它是《法令辑要》的续编。

除了上述综合性法令法规汇编外，民国时期，江苏省一些省直属机构也先后编辑发行了一些本部门、本行业的法令法规汇编及单行法规，主要有：《江苏省区长训练所训育处规章汇编》《江苏省县长任用条例》《江苏省财政厅会计法令汇编》《江苏省现行教育法令汇编》《社会法规汇编》《禁烟法令汇刊》《江苏省公路局组织规程》，等等。

施政报告 民国时期，江苏省政府及省直属机构先后编辑发行了一批施政状况和工作报告，其中较早的有民国初年发行的《江苏省内务行政报告书》。该报告书由江苏省行政公署内务司于1914年11月编辑发行，为综合性行政报告。

南京国民政府成立后，江苏省政府也编辑发行了省政府施政报告。1929年5月，江苏省政府编辑发行了《两周岁之苏省府》。该书虽为纪念性质，但其内容显然为省政府综合性行政报告。该书分"本府两年来之沿革""本府委员会两年来工作纪要"两部分，后附有《江苏省政府成立宣言》《江苏省政府委员会成立宣言》《江苏省政府十七年度施政大纲》。其中"本府委员会两年来工作纪要"刊载了两年来江苏省政府委员会在行政、民政、财政、建设、农矿、工商、土地、教育、司法、军事、党务等方面的工作①。

除了省政府综合性行政报告外，民国时期，江苏省直属机构也先后编印了一批施政报告，涉及财政、经济、司法、教育、社会等方面。

江苏省清理财政委员会于1925年10月编辑发行了《江苏清理财政委员会报告书》，以图表的形式，全面说明了清理财政委员会的施政情况。

江苏省农矿厅于1930年编辑发行了《中华民国十九年江苏省农矿行政报告》。该行政报告"编辑凡例"指出："本报告系十九年份江苏省政治工作总报告中之一部分，故文字编制悉用省政府口气。本厅为便于关心农矿行政者之参阅起见，特将农矿部分工作报告提出，略加修改，印为专册。"②

江苏省民政厅于1936年4月编辑发行了《江苏省保甲总报告》。该总报告"自二十三年四月本省举办保甲起，迄民国二十四年十二月止，举凡筹备经过、办理步骤、实施概况，以及各项规程法令、统计图表等，均择要搜入。"③ 这是江苏省实施保甲制度以来省民政厅首个全面的保甲施政报告。

1935年7月，"鲁境黄河南决，洪流经微山湖下注，苏北地处下游，无异承流釜底"④。江苏省政府"为防止水患，救济灾黎起见"，于当年7月组织成立江苏省水灾救济总会，负责苏北水灾救济事宜。1936年10月，江苏省水灾救济总会编辑发行了《中华民国二十四年江苏省水灾救济工作报告》。该报告介绍了江苏省水灾救济总会的组织概况，并重点报告了此次苏北水灾救济工作情况，可以说这是江苏水灾救济总会针对1935年苏北水灾救济情况做的总体报告。

此外，民国时期江苏省直属机构编辑发行的施政报告类出版物还有《江苏省农民银行年度业务报告》、《江苏省立麦作试验场年度事业总报

---

① 参见江苏省政府：《两周岁之苏省府》，1929。
② 《编辑凡例》，江苏省农矿厅：《中华民国十九年江苏省农矿行政报告》，1930。
③ 《凡例》，江苏省民政厅：《江苏省保甲总报告》，1936。
④ 江苏省水灾救济总会：《中华民国二十四年江苏省水灾救济工作报告》，1936，第1页。

书》、《江苏省昆虫局十七十八年年刊》、《江苏省公路局年刊》、《江苏省江北运河工程局年刊》、《江苏省国术馆年刊》、《江苏省第一林区林务局周年概览》、《江苏教育行政概况（民国十三年）》、《江苏省立国学图书馆概况》、《四年来之江苏省立镇江民众教育馆》、《江苏省禁烟概况》和《疏浚江南运河工程纪实》等。

除了上述报告外，民国时期，江苏一些省属机构还编辑发行了"概况""概览""年刊""纪要""纪实"等出版物。这些出版物虽未冠"报告"之名，但其内容实为施政报告。如江苏省公署教育科1916年10月编辑发行的《江苏教育近五年间概况》，江苏省公路局1931年2月编辑发行的《江苏省公路局沿革及概况》，江苏省教育厅编审室1932年11月编辑发行的《江苏教育概览》，等等。

会议汇刊　民国时期，江苏省政府及省属机构召开会议，常编辑发行"会议会刊""会议汇编"等，以全面介绍会议情况。

1912年9月，江苏曾举办第一次教育行政会议，但由于民国肇始，各项工作尚未走上正轨，故未编印会议汇刊。1915年8月，江苏举办第二次教育行政会议。会后，江苏巡按使公署政务厅教育科于当年编印了《江苏第二次省教育行政会议汇录》，并以《教育行政月报·临时增刊》发行。该《会议汇录》包括"规章"、"议员表"、"议事日程"、"决议案"、"公布案"及"讲演会讲稿"等内容，全面记述了会议情况。1918年五六月间，江苏召开第三次教育行政会议，同年7月，《江苏第三次省教育行政会议汇录》以《江苏教育公报·临时增刊》的形式发行，其内容包括"规章"、"议员表"、"议事日程"、"决议案"和"公布案"等内容。

1929年5月，江苏省农矿厅召开"江苏省盐垦讨论会"，同年7月，江苏省农矿厅编辑发行《江苏省盐垦讨论会汇编》，其内容包括江苏省盐垦讨论会"宣言"、"会议规则"、"议事细则"、"大会记录"、"议案录"和"临时动议录"等。

1929年五六月间，江苏省民政厅召开庶政会议，同年8月1日，省民政厅编辑了《江苏省民政厅庶政会议汇刊》，由省民政厅第一科第三股发行。该《会议汇刊》刊载了"会议经过""重要演说""会议题名""大会记录"等内容,全面介绍了会议情况。

1930年3月下旬,江苏省农矿厅召开"江苏省合作事业会议",同年9月,江苏省农矿厅编辑发行了《江苏省合作事业会议汇编》,其内容包括"宣言""规则""记录""演说及报告""图表""议案选载"等。

1946年6月,江苏省临时参议会召开第一次大会,同月,大会秘书处编辑发行了《江苏省临时参议会第一次大会会刊》,其内容全面,会议文件一应俱全,从中可见此次大会之全豹。江苏省临时参议会大体每半年召开一次大会,1947年2月、1947年9月、1948年5月,江苏省临时参议会先后召开了第二次、第三次、第四次大会,大会秘书处分别编辑发行了第二次、第三次、第四次《大会会刊》,其体例与第一次《大会会刊》基本相同。

1947年5月,江苏省召开第一次行政会议。同年6月,江苏省政府秘书处编辑发行了《江苏省三十六年第一次行政会议特辑》,其内容包括"法规"、"与会人员"、"演词"、"会议记录"、"决议案件"及"编后"等,大会情形一目了然。

调查报告 民国时期,江苏省属机构为掌握省情,多次进行省情调查,此类调查多集中于经济行政机关,如省实业厅、省农矿厅、省建设厅等,其调查内容也多与经济相关。

1919年4月,江苏省实业厅编辑发行了《江苏省纺织业状况》。该书凡例称:"吾国新式工业比较,以纺纱为最发达,顾向未详细调查,致无记载专书,殊为憾事。上年文灏奉委调查上海等处经济状况,曾于纺织一项特加注意,兹将调查所得编辑此书,以供一般留心纺织业者之参考。"[①]

1919年12月,江苏省长公署第四科编辑发行了《江苏省实业视察报告书》。该报告书系根据江苏省长公署派驻各地实业视察员的调查报告汇编而成,分"总说及实业视察暂行条例、视察细则"、"正编"、"附编"和"各

---

① 《凡例》,江苏省实业厅第三科编《江苏省纺织业状况》,江苏省实业厅第一科,1919。

种一览表"四个部分,是一部较为全面的江苏各县实业调查报告。

江苏桑蚕业素为发达,为全面掌握江苏蚕业状况,江苏省农矿厅于1930年3月编辑发行了《江苏省十七年度蚕业状况》,内容包括"蚕业行政""学校蚕业""改良蚕种产额""丝厂概况"等。

1931年4月,江苏省农矿厅在调查的基础上,编辑发行了《江苏省最近三年茧行状况》。该书为当时江苏各县茧行最为全面的调查统计资料。

江苏省民政厅于20世纪20年代末编辑发行了《江苏省各县划区调查表》。该调查表未注明编辑发行时间,但从内容分析,当为20世纪20年代末。该调查表内容十分详尽,对全省各县各区均有记载,内容涉及各县各区的区名、人口、面积、区公所所在地、交通和经济概况等。

统计资料　民国时期,江苏省政府及省直属机构先后编辑发行了一些统计资料,其中重要的有《中华民国十八年江苏省政治工作统计》《江苏省田赋正附税统计表》《江苏省各县荒地统计汇编》和《江苏省民国三十六年度各县市地方总预算书汇编》等。

1930年9月,江苏省政府秘书处编辑发行《中华民国十八年江苏省政治工作统计》。该书分"政治工作统计图""政治工作统计表"两部分,全年政务工作一目了然,是江苏省重要的官方政治工作统计资料。

1933年7月,江苏省财政厅编辑发行了《江苏省田赋正附税统计表》。该统计表清晰地反映出当时江苏各县农民沉重的捐税负担。

1935年10月,江苏省垦殖设计委员会编辑发行《江苏省各县荒地统计汇编》。该统计汇编内容分两个部分,一是全省各县荒地统计,二是全省各县荒山荒地概况及垦荒情况;其整理统计较为详细,包括荒地荒山所属、面积、资料来源,等等。

二　民国江苏文献的特点与价值

综观民国时期江苏省政府及省直属机构的出版物,大体呈现以下几个方面的特点。

第一，种类繁多，数量庞大。民国时期，全国各省均大量编辑发行"宣传政令，报道政情"的官方出版物。江苏为全国经济文化最为发达的省份之一，因此，江苏省政府及省直属机构更是大量编辑发行各类出版物，尤以1927年以后南京国民政府时期为甚。

第二，内容丰富，涉及面广。江苏省政府及省直属机构编辑发行的各类出版物，包括前述之"公报""法令法规""施政报告"等，涉及政治、行政、军事、财政、经济、文化教育、社会等各个方面，其内容丰富、涉及面广。同时，编辑发行出版物的官方机构较多，除了北京政府时期的江苏省长公署及南京国民政府时期的江苏省政府外，江苏省府各直属机构几乎都编辑发行了出版物。此外，一些省属社会组织和团体也编辑发行了许多出版物。如江苏水利协会1918年3月创刊的《江苏水利协会杂志》，江苏兵灾各县善后联合会1924年12月编辑发行的《民国十三年江苏兵灾调查纪实》，江苏省教育会编辑发行的《江苏省教育会月刊》等。

第三，信息量大，开放性强。民国时期，江苏省政府及省直属机构"基于行政机关与民众合作之精神，及民众对行政机关协助之意志"，大量编辑发行"公报""法令法规""施政报告""统计资料"等出版物，"务使情感流通，设施惬洽，凡有兴作，期为民众之瞭然，俾不至有所隔阂"，以达到政府政务"为人民所为及周知，而又须使人民周知者，一一取而载之，以公诸人民"[①]之目的。在这一理念指导下，江苏省政府及省直属机构大量公布政府的行政命令、法令法规、施政报告、调查报告和统计资料等。这些官方出版物按日、按月或按年编辑发行，其信息量大，许多政府部门的行政工作均公布于众，具有较强的公开性和开放性。

第四，时断时续，缺乏系统性和连续性。民国时期，江苏省政府及省直属机构编辑发行的出版物，尤其是期刊，往往改版或时断时续，缺乏系统性和连续性。其原因主要是国内政局动荡，战争频仍，既有国内军阀的混战，

---

① 《创刊词》，载江苏省政府秘书处公报股编《江苏省政府公报》第1期，江苏省政府秘书处庶务股，1927年，第1页。

又有外敌的入侵，这对江苏政局产生较大影响。《江苏省公报》发行至1927年，时值北伐军占领南京，由于政府更替，该公报改版为《江苏省政府公报》。再如江苏省部分直属机构编辑发行的年刊，也不是每年编辑发行，而是时断时续，甚至只发行了一两年即告停止，如江苏省昆虫局自1922年成立以来，只发行了《江苏省昆虫局十七十八年年刊》，其他各年均未发行。再如《江苏旬刊》在1930年6月21日发行的第64期上刊登一则"本刊停刊启示"后即告停刊，且未说明理由。另一方面，江苏省直属机构的改组，也是导致期刊不断改版的原因之一。如江苏省实业厅改组为农矿厅后，原实业厅编辑发行的刊物也随之改版。全面抗战爆发后，随着日军向镇江、南京进犯，江苏省政府也由镇江迁往苏北，此时省政府及省直属机构的刊物几乎全部停刊。抗战时期，由条件所限，江苏省政府发行的出版物大幅减少。抗战胜利后，随着国共内战爆发，江苏省及省直属机构的出版物数量与战前相比大幅减少。

民国文献是民国时期形成的重要的文化遗产，具有文物价值和学术价值。从文物角度看，民国文献继古籍之后，越来越受到人们的关注。民国时期社会动荡、战争频仍，加上民国文献因纸张酸性较强等不易保存，文献破损率达到80%~90%，甚至更高①，因此完好保存至今的文献并不是十分丰富。正是由于这种稀缺性，民国文献日益受到收藏界的青睐，其文物价值日显突出。从学术角度看，民国江苏文献，尤其是官方出版物数量庞大，其内容涵盖面广，涉及政府工作的方方面面，是研究民国时期江苏历史的重要史料，这些文献为历史学界，以及各级党史办、政协文史委、地方志等机构的研究工作提供了重要而丰富的资料。因此，民国江苏文献具有重要的史料价值和学术价值。

三 民国江苏文献的保存与利用

由于历史原因，民国江苏文献保存较为分散。从保存主体看，民国江苏

---

① 参见张玉文《民国文献的价值》，《图书馆学刊》2012年第6期。

文献主要保存在各地公共图书馆、高校图书馆和各级档案馆，以及台湾相关图书馆、档案馆和研究机构等。其中保存相对集中者包括国家图书馆、上海图书馆、南京图书馆、校史悠久的重点高校图书馆、中国第二历史档案馆、台湾"国史馆"等。此外，民间也有部分收藏，但收藏量有限。

虽然现存民国江苏文献数量较大，但经历了民国时期的战争和社会动荡及"文革"时期的破坏，部分文献已无从寻觅，再加上民国江苏文献保存相对分散，这就不可避免地影响民国江苏文献尤其是期刊的完整性。如前述《江苏省公报》和《江苏省政府公报》，目前没有一家图书馆、档案馆等有完整的保存。

民国时期造纸材料混杂，制浆工艺较为落后，导致机制纸张酸性较强、纸质酥脆、质量较差，不易长期保存，加之长期的翻阅和风化，许多民国文献严重脆化和碎化，破损严重，更谈不上有效利用[1]。

面对民国江苏文献亟待保护的现状，我们必须加大保护力度，在有效保护的基础上合理开发利用。

第一，加强民国文献保护意识，重视民国江苏文献保护工作。民国江苏文献绝大部分保存于公共图书馆、高校图书馆、各级档案馆等单位，因此，保护民国江苏文献首先是各级领导和政府主管部门应高度重视。一些政府主管部门和领导对民国文献的保护存在误区，认为民国文献不同于古籍，距今年代较近，且多为国民党或国民政府的出版物，因此重视程度远不如红色革命文献。对此，我们应转变观念，充分认识民国江苏文献的价值，充分发挥其在江苏文化强省建设中的特殊作用。

第二，针对民国江苏文献纸张脆化和碎化的问题，应加大科研力度，研究脱酸的有效的和经济的方法。目前国内纸张的脱酸主要有显色螯合脱酸法、碳酸氢镁水溶液脱酸法等四种方法[2]，但效率低，成本高，而发达国家纸张脱酸技术较为成熟，拥有先进设备，但引进设备成本较高，一般图书馆

---

[1] 参见武红《民国文献保护抢救之我见——以山西省图书馆为例》，《晋图学刊》2016年第4期。

[2] 赵辉：《民国文献保护研究的特点及思考》，《黑龙江史志》2013年第10期。

无法承受。因此，应在政府主导下，建立资源共享机制，引进设备，共同利用。

第三，充分利用现代技术，再生利用民国江苏文献，包括数字化、影印出版等。这样既可以不再翻阅文献原本，以利于文献原本的保护，也可以充分发挥数据库的优势，便于读者查找和利用。影印出版则可以最大限度地再现民国文献的原貌，以便读者更多了解文献本身透露出的历史信息。

总之，民国江苏文献既是前人留下的丰富文化遗产，也是研究民国江苏的资料宝库。民国江苏文献保护利用状况如何，关键在于各级领导和政府主管部门，只要从根本上转变现有之认识和观念误区，民国江苏文献的保护利用就一定能在现有基础上进一步得到加强。

B.18
江苏文化家族研究的意义、优势与路径

王裕明*

摘 要： 江苏文化家族具有鲜明特征。江苏文化家族源远流长、数量众多、代际长、规模大、人才辈出、类型多样。江苏文化家族在学术、医学、艺术、教育和文献等方面都做出卓越贡献和获得巨大成就，不仅对江苏地方文化产生深远影响，而且对全国的文化发展亦深具影响。江苏文化家族著述极为丰富，为其研究奠定了坚实基础。江苏文化家族研究可从个案研究和专题研究两方面展开。

关键词： 江苏文脉 文化家族 个案研究

所谓文化家族，又谓文化世家，指能够长期在文化领域做出杰出贡献的家族。文化家族不仅是传统文化的重心所在，也是文化传承的重要方式。对此，陈寅恪曾精辟论道："东汉以后学术文化，其重心不在政治中心之首都，而分散于各地之名都大邑。是以地方大族盛门乃为学术文化之所寄托。中原经五胡之乱，而学术文化尚能保持不堕者，固由地方大族之力，而汉族之学术文化变为地方化及家门化矣。故论学术，只有家学之可言，而学术文化与大族盛门常不可分离也。"[①] 显而易见，文化家族不仅关乎地方文化的

---

* 王裕明，江苏省社会科学院历史研究所研究员。
① 陈寅恪：《金明馆丛稿初编》，三联书店，2001，第147、148页。

兴衰，而且关乎国家文化的发展。

江苏文化家族源远流长，自两汉至民国年间从不间断；数量众多，达数百家，尤其属于大型文化家族达百家以上；分布广泛，遍及江苏南北各地；代际时间长，延续10代，甚至10多代乃至20代的比比皆是；类型全面，基本涵盖了学术、文学、艺术、科技、教育、医药、文献和商业诸领域；人才辈出，拥有数十人文化群体；文献丰硕，著述极为丰富；贡献巨大，在学术、医学、艺术、教育和文献等方面都做出卓越贡献和巨大成就；影响深远，江苏文化家族不仅对江苏地方文化产生深远影响，而且对全国的文化发展亦深具影响。因此，对江苏文化家族研究具有重要意义和学术价值。

一　江苏文化家族研究的重要意义

江苏历史文化极为深厚，文化家族竞相辈出。通过对江苏文化家族发展过程、源流盛衰、文化类型、婚姻交游、代表人物和家规族约的详细考察，总结文化家族的家风学风，揭示代表人物成长规律，探索家族文化形成的时代特征和地域特色，阐明江苏文化家族贡献和影响，对了解江苏地方文化的本质内容、把握江苏文化发展脉络和充分认识江苏文化历史地位，有着重要的意义。

通过对江苏文化家族的研究，可以了解江苏地方文化的本质特征。文化家族和地方文化两者互动密切，一方面文化家族的形成受到时代和地域的制约，具有明显的时代特征和地域特色；另一方面文化家族的兴衰又将影响地方文化的盛衰，文化家族是构成地方文化的基石。从地方文化家族的具体实态，我们就可以窥见地方文化的本质特征。首先，文化家族既是地方文化的一种外在形式，也是地方文化真正的核心所在。如吴江，"地钟具区之秀，大雅之才，前后相望，振藻扬芬，已非一日。粤自季鹰秋风，希冯芳树，天随笠泽，成书师厚，宛陵名集，流风所扇。下逮明清，人文尤富，周、袁、沈、叶、朱、徐、吴、潘，风雅相继，著书满家，份份乎盖极一时之盛矣。且夫一大家之出，同时必有多数知名之士追随其间，相与赏奇析疑，更唱迭和。而隔世之后，其风流余韵，又足使后来之彦闻风兴起，沾其膏馥，而雅道于以弗替。用是词人才子，名溢于缥囊，飞文染翰，卷盈乎缃帙，斯固我乡里之光也。"① 可见，明清时期，吴江文化是通过周、袁、沈、叶、朱、徐、吴和潘等文化家族呈现出来的，这些文化家族构成吴江文化的主体，奠定吴江文化的基础，通过对这些文化家族的考察，就能了解吴江文化的本质特征。其次，文化家族是地方文化的引导者，直接推动地方文化的发展。如清初淮安文化之风即由邱氏文化家族所开创。邱氏"自胜国，即以科第起家，暨曙戒侍讲象升、季贞洗马象随，尤为吾淮鼎族。侍讲子迩求明经迥，所居桐园，积书甚富。尝游新城王贻上、秀水朱竹垞以来，学术深邃。子庸谨明经谨，别字浩亭，文名尤噪曲江楼。胜流过从，啸咏其中，意泊如也。里人称文献整者，首推邱氏"②。清初，邱象升、邱象随兄弟不满清统治，致力于诗学研究和创作。其后，象升子邱迥、孙邱谨，象随子邱迈等，也致力于诗学研究，由此发展成为一个颇具规模的文学家、诗人群体，从而开了清代山阳一代文风的先河。又清初兴化李氏家族开创昭阳诗派，引领地方诗坛发展。"启、祯间，诗家多惑于竟陵流派，中州张瓠客暨弟凫客避寇侨居昭阳，每于宾座论诗，有左袒竟陵者，至张目批其颊。是时艾山特欣然相接，故昭阳诗派，不堕奸声，皆艾山之导也。"③ "昭阳诗派"得以健康发展，不沾染文坛恶习，其功劳在于李沂。因此，以李沂为核心的李氏家族，在"昭阳诗派"中占有重要地位。

通过对江苏文化家族研究，可以把握江苏文化发展脉络。两汉以降，江苏文化家族不断涌现，从不间断。西汉出现了彭城楚元王刘交家族和彭城韦孟家族，东汉出现下邳陈球家族和广陵臧旻家族，两汉六朝出现吴郡陆氏、琅琊王氏、陈留谢氏、兰陵萧氏和京口刘氏等家族，唐朝出现彭城刘知几家

---

① 沈昌直：《吴江文献保存会书目序》，转引自沈津《柳亚子与吴江文献》，《苏州大学学报（哲社版）》1984年第4期。
② 王光伯辑《淮安河下志》卷八，程景韩增订、荀德麟等点校，方志出版社，2006，第251页。
③ 朱彝尊：《静志居诗话》卷二十二，人民文学出版社，1990，第698页。

族、吴郡归崇敬家族、常州刘祎之家族、宜兴蒋乂家族、镇江储光羲家族、丹阳包融家族和蔡希寂家族等，宋代出现吴郡范氏、苏州丁氏、江阴葛氏和无锡尤氏等家族，元代出现平江陈氏、长洲袁氏、平江钱氏、昆山顾氏和溧阳偰氏等家族。明清以降，江苏文化家族更是辈出，在南京，除明代倪氏、顾氏和丁氏等文化家族外，清民时期尚有"梅毂成、梅曾亮世家、邓廷桢世家、甘福世家、陈作霖世家、朱绪曾世家、夏璵世家、司马钟世家等等"[1]。通过对江苏文化家族研究，不难发现，自两汉以降，江苏文化发展经过两个时期四个阶段。两个时期为两汉至元为一个时期，明清民国为另一个时期；四个阶段为，两汉至六朝为第一阶段，隋唐宋元为第二阶段，明至清前期为第三阶段，晚清至民国为第四阶段。第一阶段为江苏文化兴起阶段，第二阶段是江苏文化发展阶段，第三阶段是兴盛时期，第四阶段为转型时期。由此尚可看出，明清时期，苏中地区文化家族已相当兴望。同时，同一时期江苏文化家族分布又十分不均。就明清时期而言，江苏各地均涌现出一定的文化家族，然而各地的文化家族却是多寡不等。从区域来看，苏南地区的文化家族多于苏中地区，苏中地区文化家族明显多于苏北地区。如苏南武进，就涌现出毗陵庄氏、河庄恽氏、西营刘氏、西营汤氏、青果巷唐氏、华渡里管氏、前黄杨氏、观庄赵氏、西盖赵氏、安阳杨氏、段庄钱氏、龙溪盛氏、新河徐氏、城南张氏、卢庄徐氏、毗陵洪氏、毗陵孙氏和郡城瞿氏等约20个文化家族。又苏中文化家族颇为兴盛的兴化，涌现出"李氏、吴氏、解氏、魏氏、高氏、宗氏、徐氏、杨氏等八大家族"[2]，又苏北文化家族极盛的沭阳，涌现出胡琏、吕封、吴祚昌、耿沄、徐陵、张裕生和周宗濂等近10个文化家族。明清时期，江苏各地文化家族不仅多寡不等，而且特征有异。如同处苏南的南京和苏州两地文化家族特征有所不同，南京是家族多而不显，而苏州却是既多又显。

通过对江苏文化家族的研究，可以充分认识江苏文化的历史地位。江苏

---

[1] 陈鸣钟：《同光两朝南京文化概貌和文化世家》，《东南文化》1987年第2期。
[2] 王向东：《明清昭阳李氏家族文化文学研究》，扬州大学2014年博士论文。

文化家族成就斐然、贡献巨大，不仅对江苏地方文化作用明显，而且对全国甚至世界的文化发展亦深具影响。它不仅对当时文化起着示范导向作用，而且也对后代产生深远影响。清代常州庄存与创立《春秋》公羊学说，其后，庄存与将其学说传承于其侄庄述祖及门生孔广森，庄述祖再传承于庄存与外孙刘逢禄、庄述祖外甥宋翔凤及庄存与孙庄绶甲、重侄孙庄有可，刘逢禄再传承门生魏源和龚自珍。鸦片战争前后，龚自珍、魏源以《公羊》经义，抨击封建专制制度的腐朽，为社会政治改良提出新的价值取向。光绪年间，从王闿运、皮锡瑞、廖平到康有为、谭嗣同直至梁启超，都承继了龚自珍、魏源改良思想。廖平分析经学，详论今古文经学的歧异，以为古学系伪造，今学乃孔子自创新制。康有为则利用今文"托古改制"作为戊戌变法的理论依据。由此可见，庄存与家族所创立的《春秋》公羊学说，不仅在乾隆年代产生影响，而且对晚清社会也产生重大影响。

二 江苏文化家族研究的优越条件

有关江苏文化家族资料极为丰富，这为江苏文化家族研究提供了优越条件：一是家族文献遗存极为丰富，二是文化家族多有家谱遗存，三是江苏文化家族研究成果丰硕。

江苏文化家族文献遗存丰硕。江苏文化家族著述多寡不一，却极其丰富，难以尽述。淮安邱氏，"计胜国以来，吾宗擅文笔有著作者近四十人"。[1] 又同府潘埙家族，自明代至清乾隆年间35人著述56种。此外，如《李氏八叶诗存》即为清代山阳李氏一脉李挺秀、李孙伟、李嘉禄、李蟠枢、李蒸云、李长发、李元庚、李钟骏八世诗集总刊。又《金陵朱氏家集》为明清时期南京朱氏一族朱廷佐、朱应昌和朱墉等29人文集总刊，其中，朱廷佐撰有《春雨堂集》、朱应昌撰有《洗影楼集》、朱墉撰有《雪浪集》、朱圻撰有《夏云堂稿》、朱堂撰有《吉光集》、朱元英撰有《虹城子集》……朱兰皋

---

[1] 邱宪：《邱氏家集序》，淮安楚州图书馆藏。

撰有《葛覃集》、朱绍曾撰有《华峰集》、朱续曾撰有《璞疑集》、朱丞曾撰有《毅堂集》、朱绪曾撰有《北山集》、朱桂桢撰有《庄恪集》、朱桂森撰有《澹持集》。

江苏文化家族家谱多有遗存。家谱是家族文化的载体，不仅记录家族世系，而且记录家族文献，因而是研究文化家族的基本资料。据上海家谱中心数据库所载，遗存的江苏家谱共有4963部。兼之民间所藏和未被收录的公藏，现存江苏家谱总数当在5000部以上。而江苏文化家族大多有家谱遗存。以明清兴化八大文化家族为例，除高谷家族外，其他家族均有家谱遗存。其中，李春芳家族遗存家谱2部，分别为乾隆二十八年（1763）李培源纂修《李氏家谱》（10册）和1928年李竹溪纂修《兴化李氏族谱》（4册）；吴甡家族遗存家谱1部，为光绪二十五年（1899）吴春元纂修《吴氏族谱》，藏于南京博物院；魏应嘉家族遗存家谱2部，分别为咸丰六年魏寿金纂修《兴化魏氏族谱》（8册）和光绪十四年（1888）魏潢纂修《兴化魏氏族谱》（6册）；解学龙家族遗存家谱1部，为光绪三十四年（1908）解联萼纂修《解氏宗谱》（4册）；徐谧家族遗存家谱1部，为1937年《徐氏家谱十一卷附徐氏老谱备正》（14册）；宗周、宗臣家族遗存家谱1部，为民国33年（1944）《广陵宗氏家谱》。[①]

江苏文化家族研究方兴未艾、成果丰硕，发表论文近200篇、出版专著数十部，其中，重要论文有周绍良《吴江沈氏世家》（《文学遗产增刊》第12辑，1963年）、严迪昌《"市隐"心态与吴中明清文化世族》（1991年）、李真瑜《明清吴江沈氏文学世家略论》（1992年）、杜志强《兰陵萧氏家族及其文学研究》（2006）和王文荣《论清代京江张氏家族文化及其文学》（2009年）等，主要专著有丁福林《东晋南朝的谢氏文学集团》（1998年）、李真瑜《明清吴江沈氏文学世家论考》（2008年）、静平《明清之际汾湖叶氏文学世家研究》（2009年）、郝丽霞《吴江沈氏文学世家研究》（2003年）和《江南文化研究丛书》，等等。

[①] 顾国华：《宗臣研究》，扬州大学2011年博士论文。

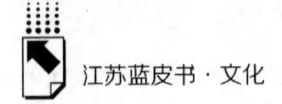

此外，地方总集亦多收录地方文化家族文献。如丘象随《淮安诗城》、阮元《淮海英灵集》、曹镳《淮山肆雅录》、丁晏《山阳诗征》、王锡棋《山阳诗征续编》和李元庚《望社姓氏考》大量收录明清淮安文化家族文献，因而对于研究淮安文化家族大有裨益。

三 江苏文化家族研究的双重路径

江苏文化家族研究路径可以从文化家族个案研究和文化家族专题研究两方面展开。

江苏文化家族个案研究。个案研究可以择选 100 个文化家族来进行研究。100 个文化家族研究可以分成两步走。第一步，择选 50 个具有典型意义和重大学术价值的文化家族进行研究。根据现有研究状况，50 个文化家族研究可以分成三种情况。一是已有研究专著的文化家族，可择选吴郡陆氏、六朝琅琊王氏、陈留谢氏、六朝常州兰陵萧氏家族、武进恽氏、无锡秦氏、长洲文氏、汾湖叶氏、吴江沈氏、常熟翁氏和兴化李氏 11 家进行研究。由于现有专著的研究内容不够全面、研究深度不够深入、研究体例也不够一致，因此需要对其专著进行修订，统一体例，强化深度，增加内容。二是没有出版专著的硕博论文，可择选彭城楚元王家族、吴江徐枋家族、镇江张玉书家族、金坛于敏中家族和宜兴储氏家族进行研究。由于这些硕博论文的研究内容、深度或多或少存在不足之处，因此亦需要进行补充修订。三是或有或无论文论及的文化家族，可择选六朝镇江刘裕家族、唐朝徐州刘知几家族、两宋江阴葛宫家族、宋明镇江何氏医学世家、明清淮安潘埙家族、明清淮安邱俊孙家族、清代镇江鲍氏家族、明清武进庄存与家族、明清武进西营刘氏家族、清代西盖赵翼家族、明清无锡顾宪成家族、明清宝应刘台拱家族、明清宜兴陈维崧家族、明清南通范应龙家族、明清兴化宗臣家族、明清泰州王艮家族、清代扬州王念孙家族、明清常熟钱谦益家族和明清太仓吴伟业家族等 34 家进行研究。

在完成第一步的基础上，进行第二步研究。可以择选唐宋宜兴蒋义、宋代常州胡宿、明清淮安阎若璩、清代清河王锡祺、清代扬州郑元勋、清代连云港程氏、明清长洲唯亭顾升、武进张惠言、常州郡城瞿秋白、明清苏州东兴缪国维、宋清昆山郑氏、明清吴江吴洪、明代太仓陆世仪、明清丹阳荆光裕、清代金坛段玉裁、清民无锡杨方灿、明清兴化王仲儒、明清昆山徐乾学和明清江阴曹禾等50多个家族进行研究。

江苏文化家族专题研究。可以分为两种情况，一是对江苏文化家族中的文化类型、生命周期、人才培养、文化传承、学术活动、社会交际以及婚姻关系等不同方面的研究以及对文化家族内部的家谱、家训、家规、家学、家风、家集等问题的研究。该方面研究，有助于文化家族微观探讨。二是江苏文化家族综合研究。综合研究主要是江苏文化家族内部的综合化研究，诸如基于个案、区域、断代、专题研究而向相关层面逐步拓展。区域方面，即在江苏大区域范围中选择若干亚区域展开系列研究。大致可以分四级范围：一是以苏南、苏中、苏北为区域范围，二是南京、常州、镇江、苏州、扬州、淮安等现行行政区域为范围，三是选择部分文化家族特别发达的县级区域，例如吴江、昆山、常熟、江阴、宜兴、丹徒、仪征、兴化、沭阳等，四是跨区域的比较研究，包括江苏内部区域及其与其他区域之间的比较研究。断代方面，目前江苏文化家族研究主要集中于六朝和明清两个时段，其他朝代研究力度与成果明显减弱，因此要加强对唐、宋、元等时期文化家族的研究。由个案研究，逐步上升至理论研究，使江苏文化家族研究更加全面、系统、深入，提高到一个新的水平。

B.19 江苏省"桐城派"文化资源的发掘、整合与开发策略

王思豪*

摘　要： 江苏省是"桐城派"一个最为重要的学术高地，江苏区域在桐城派近三百年的流衍过程中，呈现出宗师林立、作家层出、成果丰硕、影响巨大的特征。根据时间维度上的师承关系和空间维度上的地域分布，这些文化资源概括为"六大组团"：南京组团、常州阳湖组团、通州组团、无锡秦氏家族组团、无锡薛氏家族组团、苏州吴江柳氏家族组团。在对江苏的桐城派文化资源进行挖掘、整合的过程中，其所隐含的文化品格可以转化为社会价值观建设所需的德育资源，成为社会主义核心价值体系建设的重要组成部分。以南京组团开发为例，在南京复建的钟山书院中设立"桐城派纪念馆"，集中展示全省的桐城派文化资源，发掘各组团文化资源的文化品格，提升南京的文化软实力，并有所侧重地将桐城派打造成为"南京学"的一个重要文化品牌。

关键词： 江苏省　桐城派　文化资源　南京学

---

* 王思豪（1983~　），男，安徽桐城人，文学博士，江苏省社会科学院文学研究所副研究员；研究方向为明清文学与文化。

桐城派雄踞清代文坛近三百年，是中国文学史上历时最长、影响最巨、规模最大的学术流派。袁行霈主编《中国文学史》即说："桐城派以'义法'为基础，发展成具有严密体系的古文理论，切合古代散文发展的格局，遂能形成纵贯清代文坛的蔚蔚大派……其规模之大，时间之久，为我国文学史所少见。"桐城派文脉传薪，逐渐成为一个全国性的学术流派，从地域来看，成员遍布全国19个省、市、自治区和境外日本、朝鲜等国；就时间跨度而言，自清初绵延至近现代，国务院总理李克强的授业恩师李诚先生，即被尊称为"桐城派最后的人物"①。缘于学术、政治与经济等多方面的考量，近年来，各地的桐城派文化资源逐渐受到重视，被积极保护、发掘和开发，产生了很好的社会效益和经济效益。

一 江苏是"桐城派"学术流播的重要高地

民国学者刘声木的《桐城文学渊源考》中考定桐城派作家有1211人，《桐城文学撰述考》辑录桐城派作家著作有4300余种，其中，江苏是桐城派的一个最为重要的学术高地。

首先，桐城派这一庞大的文派，直接继承江苏昆山归有光的散文脉络。桐城派"三祖"方苞、刘大櫆、姚鼐都有意识地取法归有光，而武进张惠言、恽敬，宜兴吴德旋，娄县姚椿，上元梅曾亮，阳湖李兆洛更是被尊为桐城派"宗师"级人物，刘声木《桐城文学渊源考》列出桐城派"宗师"15人，江苏籍就有7人。其中归有光的门人、私淑弟子江苏籍有75人，张惠言、恽敬的门人、私淑弟子江苏籍有30人，吴德旋和姚椿的门人、私淑弟子江苏籍有50人，梅曾亮的门人、私淑弟子江苏籍有10人，李兆洛的门人、私淑弟子江苏籍有28人。

其次，桐城派"鼻祖"方苞虽祖籍桐城，但据苏惇元《方苞年谱》载，

---

① 李克强总理曾撰文《追忆李诚先生》，称自幼就读恩师推荐的《古文辞类纂》《经史百家杂钞》等桐城派典籍；2015年2月李克强总理在与国务院参事、中央文史馆馆员及参事室特约研究员举行座谈时，更鲜明地提出自己"受了点桐城派的影响"。

方苞自曾祖方象乾始移家秣陵（今江苏南京），世居于此。康熙七年（1668）方苞生于六合留稼村，至康熙三十年秋，二十四岁他随高裔至京师，在南京生活24年，其间仅回安庆考试数次。自康熙三十二年秋，方苞二十六岁，应顺天乡试，落第南归，十月下旬抵上元家中，至康熙五十年，《南山集》案发被逮，解至京师，其间他仅数次外游，又在南京生活15年左右。大赦后蒙养皇恩，不得归里，仅雍正二年（1724），方苞才得请假归南京葬亲，给假一年。乾隆七年（1742）春，方苞以年近八旬，时患疾痛，乞解书局，终获归里，直至乾隆十四年卒，葬于江宁县建业三图沙场村龙塘，又在南京著述授徒7年之久。粗略计算，方苞享年八十有二，有约47年是在南京度过。方苞的门人、私淑弟子江苏籍的有24人，更值得注意的是，他与刘大櫆在南京完成"桐城派"统绪的传承。

第三，桐城派"中祖"刘大櫆教授江苏阳湖钱伯坰，直接促成张惠言、恽敬等开创桐城派的一个重要支派——"阳湖派"，成为江苏文学史上的一个重要文学流派。刘大櫆的门人、私淑弟子江苏籍的有3人。

第四，桐城派"三祖"姚鼐主讲扬州梅花书院3年，编纂古文名著《古文辞类纂》；又两次主讲南京钟山书院，前后共20多年，最后病逝于钟山书院。姚鼐的门人、私淑弟子江苏籍的有30人，在他的得意门生"姚门四杰"中，梅曾亮、管同都是南京人。同时，江苏作家又把桐城古文之学传播到外省，如传播到广西，首推江苏吴德旋、梅曾亮二人之功。吕璜、彭昱尧、龙启瑞、朱琦、王拯，都是广西人，合称"岭西五家"，至此，广西才有桐城派古文之学。

在桐城派作家区域分布中，江苏籍作家共有302人，远远高于排名第二的安徽（193人），在全国桐城派作家的总数上占有1/4的份量。学术研究有两个维度：时间维度与空间维度。时间维度一般是指学术所处的时代与思潮，及其本身的特性；而空间维度涉及文化层面的内容，尤其是地域文化。现代江苏区域在桐城派沿承中呈现出宗师林立、作家层出、成果丰硕、影响巨大的特征，在桐城派的发展与传播的时间维度和空间维度上都扮演了一个极其重要的角色。

二 江苏拥有丰富的"桐城派"文化资源

文化资源是在历史发展过程中人们创造的各种文化形态的总和，是一种能够彰显区域特色、具有独特文化特质和多重价值魅力的重要资源。但一个区域的文化资源，往往是零碎且不成系统的，需要找到一个能贯穿始终、体现主题灵魂的脉络，这就需要以"文脉"来整合文化资源。文化资源整合就是把原本是分散、零碎、不成系统的文化资源根据渗透其中的"文脉"来加以有效地集中、提炼与优化，使之成为具有社会价值的文化产业资源。

文化资源整合首先就是要对文化资源进行梳理和提炼。江苏省的桐城派文化资源非常丰富，但比较零散，最早的宗师级人物归有光，是苏州府太仓州昆山县（今江苏昆山）宣化里人，最北的是铜山县（今属江苏徐州市）王嘉诜，其余如宿迁有周韶音、淮安有吴昆田、盐城有陈玉澍……几乎分散在江苏的各个区、县，要对这些文化资源加以开发、利用，就必须对这些文化资源进行优化与选择。根据时间维度上的师承关系和空间维度上的地域分布，我们可以将江苏省的桐城派文化资源分成"六大组团"：南京组团、常州阳湖组团、通州组团、锡山秦氏家族组团、无锡薛氏家族组团、苏州吴江柳氏家族组团。

（一）南京组团：以桐城派的开创者方苞和集大成者姚鼐为中心，围绕在这个中心的是各自的门生弟子与家族传人，从而形成了一个学术集团，其主要成员及其撰述、文化遗存情况如表1所示。

（二）常州阳湖组团：雍正二年拆常州府原辖县武进为二，一为武进县，一为阳湖县，二县同属今江苏省常州市。阳湖人恽敬、武进人张惠言都是桐城派"中祖"刘大櫆弟子、阳湖人钱伯坰的学生，且都私淑姚鼐。他们基本接受了桐城派的主张，致力于古文创作，形成了文学史上重要的散文流派——"阳湖派"。这个组团的主要成员及其撰述与文化遗存情况如表2所示。

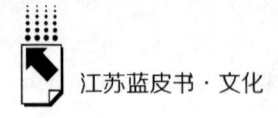

表1 南京组团桐城派师承渊源、主要撰述及文化遗存情况

姓名	师承渊源	主要撰述	文化遗存
方苞(1668~1749)	桐城派开创者,祖籍桐城,生于南京六合留稼村,长期居留南京。	《周官集注》《周官析疑》《考工记析疑》《仪礼析疑》《礼记析疑》《丧礼或问》《春秋比事目录》《方望溪全集》	故居:将园、教忠祠、清凉山 墓:江宁县建业三图沙场村龙塘
姚鼐(1731~1815)	桐城派集大成者,祖籍桐城,长期居留南京。	《九经说》《三传补注》《老子章义》《庄子章义》《惜抱轩全集》《古文辞类纂》	主讲扬州梅花书院、南京钟山书院,逝世于钟山书院
邓廷桢(1775~1846)	师从姚鼐于钟山书院	《说文解字双声叠韵谱》《双研斋诗钞》《双研斋词钞》《双砚斋笔记》《双砚斋词话》	故居:万竹园 墓:南京城东仙鹤门外灵山下邓家山
梅曾亮(1786~1856)	师从姚鼐于钟山书院	《柏枧山房诗文集》	晚归主扬州梅花书院讲席
管同(1780~1831)	师从姚鼐于钟山书院	《因寄轩文集》	

表2 常州阳湖组团桐城派师承渊源、主要撰述及文化遗存情况

姓名	师承渊源	主要撰述	文化遗存
钱伯坰(1738~1812)	师承刘大櫆,传师说于同乡张惠言、恽敬	《仆射山房诗集》	
恽敬(1757~1817)	受文法于钱伯坰	《大云山房文稿》	
恽谷	恽敬子	《子居年谱》	
谢士元	师承恽敬	《敬业堂文稿》	
张惠言(1761~1802)	受文法于钱伯坰	易学著作十五种,文学著作八种	故居:德安街德安里。 墓:循理乡塘北桥
张琦(1764~1833)	张惠言弟	《宛邻集》	
张成孙(1789~?)	张惠言子,师事陆耀遹	《端虚勉一居文集》	
张𬎡英(1795~1824)	张琦次女	《纬青遗稿》	
张曜孙(1808~1863)	张惠言侄、张琦子、包世臣女婿	《惜分阴斋诗》《同声集》《阳湖张氏四女集》	

续表

姓名	师承渊源	主要撰述	文化遗存
董士锡(1782~1831)	师从舅氏张惠言、张琦游	《遁甲因是录》《遁甲通变录》《齐物论斋集》	历主通州紫琅书院,扬州广陵、泰州两书院讲席
董祐诚(1791~1823)	师承陆邵文	《董方立文甲集》《董方立文乙集》	
董思诚	董士锡子,张惠言外孙	《蜕学斋词》	
陆继辂(1772~1834)	私淑刘大櫆、姚鼐	《崇百斋诗文集》	
陆耀遹(1771~1836)	陆继辂从子	《双白燕堂诗文集》	
陆黻恩(1803~1874)	陆继辂族孙、师承李兆洛	《读秋水斋诗文集》	
李兆洛(1769~1841)	私淑姚鼐,"恨不得在弟子之列"	《皇朝文典》《骈体文钞》《养一斋诗文集》	主讲江阴暨阳书院二十年故居:武进三河口

（三）通州组团：通州，今属江苏省南通市。江苏通州范当世、朱铭盘、张謇三人合称"通州三生"。三人都师承张裕钊，高拜石《通州三生记范大》谓范当世"和张謇可说是总角之交，同治七年戊辰，张謇应州试，榜发，范铸（按：即范当世）列第二，张謇取列百名以外，张謇日记中自注'通、范铸，少余一岁，列第二'。次年己巳，便结为良友。朱铭盘（曼君）和张謇相识，则在光绪三年丁丑，张謇入吴长庆幕时，始相识为友。铭盘为泰兴籍，南通在清代为直隶州，泰兴是通州的属邑，故三人称'通州三生'。"又有"通州三范"，是范当世与弟范钟、范铠三人合称，范当世初名铸。这个组团的主要成员及其撰述与文化遗存情况如表3所示。

（四）锡山秦氏家族组团：无锡人文荟萃，文化积累深厚，孕育出众多文学世家，锡山秦氏是其中最具实力者之一。锡山秦氏家族自宋代末年由武进迁无锡，清代乾隆中期达到鼎盛阶段，人称望族。秦瀛官终兵部右侍郎加一级，名列清史大臣传。祖居地是寄畅园，原主人秦金，是宋代著名词人秦观的后裔，所以又名秦园[①]。锡山秦氏家族文学受桐城派影响，自十八世秦

[①] 寄畅园是江南著名的明代山麓别墅园林，坐落在惠山东麓，锡惠公园内，毗邻惠山寺，是全国重点文物保护单位。

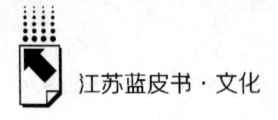

瀛始，其后代有传承，文运绵长，主要成员及其撰述与文化遗存情况如表4所示。

表3　通州组团桐城派师承渊源、主要撰述及文化遗存情况

姓名	师承渊源	主要撰述	文化遗存
朱铭盘(1852~1893)	师承张裕钊、方浚颐。	《桂之华轩文集》《两晋宋齐梁陈会要》	庆云禅寺
张謇(1853~1926)	师承张裕钊。	《张季子九录》《张謇日记》《啬翁自订年谱》	故居：海门市常乐镇河西扶海垞 墓：江苏省南通市啬园内张謇纪念馆；江苏海门市常乐镇状元街东首
范当世(1854~1905)	师事张裕钊，由吴汝纶为之介，续聘桐城姚莹孙女姚倚云为妻。	《范伯子诗集》《范伯子文集》	讲学于保定莲池书院 南通范氏诗文世家陈列馆
范钟(1856~1909)	范当世弟，师事张裕钊、吴汝纶及其兄范当世。	《蜂腰馆诗集》《范中子外集》《范钟诗文稿》	
范铠(1869~1924)	范当世弟，师事张裕钊、吴汝纶及其兄范当世。	《范季子诗集》《范季子文集》	
范罕(1875~1938)	范当世长子，范曾祖父。	《蜗牛舍诗》《蜗牛舍说诗新语》	

表4　锡山秦氏家庭组团桐城派师承渊源及主要撰述情况

姓名	师承渊源	主要撰述
秦瀛(1743~1821)	师承姚鼐。	《赐泉堂集》《小岘山人诗文集》
秦濂(1752~1784)	秦瀛弟，师承秦瀛。	
秦缃武(1771~1835)	秦瀛长子。	《城西草堂诗集》
秦缃业(1813~1883)	秦瀛子，师从曾国藩、梅曾亮。	《虹桥老屋遗稿》《虹桥老屋遗稿补遗》
秦赓彤(1807~1884)	秦瀛孙，秦缃武子。	《铁华仙馆集》《礼经学述》
秦臻(1821~1898)	秦缃武子，秦国楠嗣子，秦赓彤弟。	《冷红馆賸稿》《冷红馆诗补钞》
秦宝玑(1843~1882)	秦臻第三子，师承从祖秦缃业。	《竢实斋文稿》《霜杰斋诗》

（五）无锡薛氏家族组团：这个家族祖籍江阴，在宋代有人做过翰林承旨之类的小官，至元代移居惠山之麓。此组团的主要代表人物薛福成，是我国著名思想家、外交家、民族工商业者，在晚清史上具有重要影响。薛福成出生在无锡宾雁里一个书香世家。祖居地是薛家花园①。薛福成墓及坟堂屋在现龙寺生态园内②。薛福成与吴汝纶、张裕钊、黎庶昌曾同居曾国藩幕，以师礼事国藩，后又入李鸿章幕，掌笺奏之事，为"曾门四大弟子"之一。

表 5　无锡薛氏家族组团桐城派承师渊源及主要撰述

姓名	师承渊源	主要撰述
薛玉堂(1757~1835)	薛景珏孙、薛福成伯祖，与钱伯坰、董士锡师友兼资。	《画水诗文稿》《七家文钞》
薛福辰(1832~1889)	薛福成之长兄，私淑桐城。	《青萍阁文集》《医学发微》
薛福成(1838~1894)	师承曾国藩。	《庸庵全集》《庸庵笔记》《出使奏疏》
薛福保(1840~1881)	薛湘四子，薛福成弟，从李联琇受古学，曾与兄薛福成同入曾国藩幕。	《青萍轩文录》《青萍轩诗录》

（六）苏州吴江柳氏家族组团：分湖柳氏中的柳树芳与桐城派姚鼐的弟子吴江郭麐、娄县姚椿等人关系密切，获益良多，晚清咸同间柳以蕃以文学驰名乡里，与莘塔凌氏、雪巷沈氏并称为分湖三大世家。柳以蕃晚年主讲切问书院，故居在今南通崇川区寺街 123 号。柳亚子纪念馆地处苏州市吴江区汾湖镇黎里古镇中心街，是全国重点文物保护单位。

另外，在江苏活动的桐城派名家众多，徜徉江苏山水之间，美好风物流溢笔端，这些文章也是极为重要的文化资源。如方苞笔下的南京风土景观：为高淳好友张自超写《苍溪镇重修三元观记》，为位于金陵西华门外的阳明书院写《重修阳明祠堂记》，为好友清凉寺老僧写《重修清凉寺记》，并刻

---

① 位于今无锡市中心，属全国重点文物保护单位。
② 属无锡市级文物保护单位。

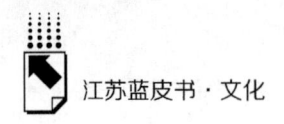

成石碑，为清凉山乌龙潭写《乌龙潭放生举本记》并刻于石碑（碑存今南京乌龙潭公园颜鲁公祠）上。

表6　苏州吴江柳氏家族组团桐城派师承渊源及主要撰述

姓名	师承渊源	主要撰述
柳树芳(1787~1850)	师承姚椿、沈曰富。	
柳兆薰(1819~1891)	柳树芳子、柳亚子曾祖。	《东坡词编年笺注》《柳兆薰日记》《柳氏重修家谱》
柳以蕃(1835~1892)	师承沈曰富、陈寿熊。	《食古斋诗录》《食古斋文录》
柳应墀(1842~1877)	柳兆薰子，师承从兄柳以蕃。	《笠云文稿》《赋稿》《杂识》
柳念曾(1865~1912)	柳亚子之父，师承诸福坤。	《钝斋诗文存》
柳慕曾(1869~1918)	柳念曾弟，师承诸福坤。	《了庵诗文词存》
俞焕章	柳亚子师，师承沈成章。	《钝庵遗稿》
柳亚子(1887~1958)	柳树芳元孙，师承俞焕章。	《磨剑室诗词集》《磨剑室文录》《南社纪略》

三　江苏"桐城派"文化资源的文化品格

文化资源蕴含着丰富的德育功能，在对文化资源进行挖掘、整合的过程中，需要深入发掘文化资源所隐含的气质品格。在此基础上，对这些历史文化资源的价值进行重新阐释与判断，由文化资源的价值再造，赋予它们以现代意义，从而转化为德育资源，使传统文化资源在现代社会中发挥出更大的作用，成为当代社会主义核心价值体系建设的重要组成部分。

江苏的桐城派文化资源有着丰富的文化内涵。

（一）重义轻利的君子观。桐城派以"义法"开派，"义法"是桐城派文脉传衍的灵魂。方苞作为桐城派的开派者，首倡古文"义法"，其中包含着儒家的"义利观"，尤其是程朱理学的道德观，是"君子之义"。儒家历来注意义利之辨，力倡公利，反对私利，主张爱人修己，博施济众，兼善天下。方苞一生致力于三礼研究，主张做君子之事，行君子之礼，重义轻利。姚鼐作为"桐城三祖"之一，尊奉孔孟，推崇程朱，强调义理和文章的统一,主张"文以载道",要求自己及门生坚定维护儒家道统,做到生平行止,"无愧于圣门",可为道德楷模。

(二)孝悌传承的宗族观。方苞以"孝悌"闻名。他参加礼部试,成绩卓然,殿试前景一片大好,"朝论翕然,推为第一人"。正在此时,母亲病重危急,方苞孝心至切,闻母病,放弃殿试,急回金陵孝养母亲,并筑"将园"孝养父母。方苞与哥哥方舟、弟弟方林三兄弟感情笃深,生前相互扶持,死后合葬一丘。常州人杨传第奉母赴开封,未入城而母死,自己也仰药自尽,黄赞汤以母烈子孝入奏,得旨旌恤,母祀节烈,杨传第祀孝悌。苏州翁广平著有《两孝子寻亲记》,"万里寻亲记者,为我族叔楫山、蓼野兄弟寻父作也……有以见二子之孝实可感天地而泣鬼神,故濒死于悍仆猛兽、惊涛骇浪之间,卒得保其躯而其葬所也",此书是翁广平记其族叔祖翁运槐、翁运标兄弟寻父翁瀛的孝行故事,告诉后人"以此为不独我同族所当奉为模范也,并以告天下后世之凡为人子者"。

(三)尊师重教的师德观。桐城派得以传衍的一个重要阵地是书院,尤其是在江苏的传播,有一个鲜明的特征:文士们基本上都有书院任教与学习的经历。以地域划分,南京:姚鼐从事书院讲习四十余年,梅曾亮师从姚鼐学于钟山书院,又归主扬州书院,秦际唐肄业钟山、尊经、惜阴三书院,主讲凤池、奎光诸书院;泰州:金鉽任泰兴学堂总教习、如皋安定书院山长、江苏全省高等学堂担任监督;盐城:陈玉澍主讲尚志书院、县学堂,任三江师范教务长;淮安:吴昆田主讲淮安府奎文、崇实书院;南通:张謇主持赣榆选青书院、崇明瀛洲书院、江宁文正书院、安庆经古书院等,范当世讲学于保定莲池书院,范钟任两湖书院教习、大学堂教习、山西省学务处坐办、山西大学堂教习、山西农林学堂教习;苏州:凌泗主讲切问书院,柳以蕃主讲切问书院,曹允源主讲淮南书院,江之升主讲梅里书院,潘眉主讲潮州黄冈书院,顾曾主讲博罗书院,王芑孙主讲仪征乐仪书院,王振声主讲游文书院,冯桂芬主讲南京惜阴书院、上海敬业书院、苏州紫阳书院、正谊书院;常州:李兆洛主讲暨阳书院,董士锡历主通州紫琅书院,扬州广陵、泰州两书院讲席,杨金监主讲山西解梁书院,汤成烈掌延陵书院;无锡:郑经主讲

193

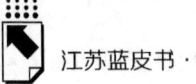

泰兴延令书院、旌德毓文书院等，秦瀛主讲敬胜书院，秦赓彤主讲东林书院。江苏的桐城派作家都投身于书院教学，崇尚师德培养，尊师重教，是一笔宝贵的文化遗产。

（四）编纂乡邦文献总集，修地方志，传承家乡文化。乡邦文献传文脉，江苏的桐城派文人学者深知这一点，他们热衷于搜集、整理乡邦文学文献，弘扬优秀的地方传统文化。仅苏州吴江一地的桐城派文士，乾隆时期江苏吴江诗人袁景辂曾编纂了一部诗歌总集《国朝松陵诗征》，选录了清代前期吴江四百四十一位诗人之作；陆日爱续其志业，辑纂《松陵诗证续编》十四卷，选诗精当，以诗存人，以人存诗。吴江凌淦与哥哥凌泗又搜集松陵一地的古文，合纂《国朝松陵文录》二十四卷。又如吴江柳氏，柳树芳绩学不仕，专事著述，尤留意故乡文献，撰有《分湖小识》，专载邑志及他镇志所不录者，文献价值极高，又辑录《分湖诗苑》，收录当地作者25人，诗前各有小传。至柳亚子，沿其祖志，扩大《分湖诗苑》规模，成《分湖诗钞》凡二十三册，共辑录作者387人，诗作2546首，是一部起自唐代，以元、明、清三朝为主的分湖流域的作者（包括寓贤）的诗作总集，呈现出分湖地区的历史文化内涵，兼及苏南、浙西的艺文景观和望族文化，一时有"松陵文献，尽在柳氏""南社文献，有赖以存"之誉。

（五）实业救国的经世思想。经世思想是中国传统文化的核心价值之一，是我国知识分子所具有的最为宝贵的精神品格。桐城派的学术具有鲜明的经世特征，桐城派文人皆胸怀强烈的经世思想。方苞生性耿直，尊崇程朱理学，立身处事最重礼法，以"学行继程朱之后"自许。他仕宦康雍乾三朝三十几年，积极关注社会现实问题，有着强烈的入世情怀和经世思想，比如他对边防、屯田、人才培养、吏治整顿以及事关民生的现实问题，都提出许多切实可行的建议，如《请备荒政兼修地治劄子》《请禁烧酒事宜劄子》《台湾建城议》《请矫除积习兴起人才劄子》等，上达最高统治者或执政大臣，许多条陈得到采纳实施。姚鼐一生从事书院讲学四十余年，培养一大批人才，对传统教育事业贡献尤大。姚鼐"高第弟子"，南京人管同、梅曾亮、邓廷桢等人都生活在鸦片战争发生前后，颇具经世之才。管同怀有

"经世之志"，所撰《拟言风俗书》《拟筹积贮书》等，胸怀所蓄，抒发为文，指陈弊端，可视为他的经世思想的代表。梅曾亮早在鸦片战争以前，就已经敏锐地感受到了社会存在的巨大危机，所撰《民论》《刑论》《臣事论》等文章，探讨国计民生之大事，谋划治国之道。薛福成广览博学，致力经世实学，向曾国藩呈递万言书，提出养人才、广垦田、兴屯政、治捻军、澄吏治、厚民生、筹海防、挽时变八项施政方略。张謇更是中国近代著名的实业家、教育家，主张"实业救国"，一生创办了20多个企业，370多所学校，为我国近代民族工业的兴起，为教育事业的发展做出了宝贵贡献，被称为"状元实业家"。这些桐城派文人的经世思想，体现了传统人文精神的内涵，是中国思想文化中宝贵的精神财富。

四 开发策略：以南京组团为例，打响"南京学"文化品牌

桐城派能够衍播全国，南京是一个极为重要的枢纽。桐城派先驱戴名世与"三祖"方苞、刘大櫆、姚鼐，以及"宗师"级人物梅曾亮，都长期在南京生活、教学，学术薪火在南京传承，并播撒全国。南京组团的桐城派学术文化资源也最为集中和丰富，主要文化遗存有方苞教忠祠、姚鼐故居、邓廷桢故居和钟山书院。

（一）孝义天下：教忠祠（方苞纪念馆）

方苞的曾祖方象乾，自明末避乱迁居江宁上元，先是居住在上元由正街，后移居土街，方苞的祖父方帜、父亲方仲舒皆居于此。方苞生于六合留稼村外祖父吴勉家。方苞在六合生活6年，然后回到上元土街。37岁时，因孝养父母的需要，又从上元土街移居由正街故宅"将园"。雍正二年，方苞请假归葬亲，寓居北山清凉山清凉寺中，并与老僧交往颇深。方苞兄方舟，寄籍上元，娶江宁张氏；方苞娶江宁蔡氏，又娶继室上元徐氏（内阁中书徐时敏之女）。方苞先人多葬于金陵，其高祖太仆公方大美、祖父方

帜、祖母吴孺人长眠金陵。方苞的父母也葬于南京,《台拱冈墓碣》载"先考妣既卜葬于台拱冈","使兄子道希、道永奉大父母柩,以戊戌二月壬寅葬于南鄙石觜之台拱冈"。方苞与兄百川、弟椒涂相友爱,三兄弟合葬于江宁县建业三图沙场村龙塘①。

乾隆七年,方苞乞解归里,进行了一场重要的文化建设活动——在清凉山麓营建"教忠祠"。在南京城配享宗祠的桐城方氏,方苞高祖太仆公方大美从桐城移葬秣陵,曾祖迁居金陵,而至方苞父亲方仲舒,桂林方氏在金陵已成为一大宗。因此,方苞决定在南京设立宗祠,取断事公"忠义"之意,名"教忠祠"。"教忠祠"具体地址,据1997年《南京文物志》记载,"在龙蟠里14号……祠初建时4进12间,占地面积3921.96平方米……祠现存3进9间,建筑面积420平方米。现为方氏后裔居住。为鼓楼区文物保护单位。"

方苞生于金陵,长于金陵,著书授徒于金陵,长眠于金陵,其人生足迹与文化事功大半都镌烙在南京这片土地上,南京可以考虑恢复"教忠祠",以"孝义天下"为主题,建造"方苞纪念馆"。

(二)重教传统:姚鼐纪念馆(老门东姚氏故居)

方苞在南京将桐城派的薪火传给刘大櫆,刘大櫆再将接力棒交给了姚鼐,姚鼐是桐城派的集大成者,他的集大成之作也是在南京完成。位于南京老门东陶家巷5号,有姚鼐在南京的故居,可以此为基础,建造"姚鼐纪念馆"②,重点展示"师教"与"家教"相融合的"重教"传统。

"姚鼐纪念馆"可能会面临实物少、资料缺、很难表现的问题,但也有其优势,那就是姚鼐在南京培养的弟子,尤其是南京籍的弟子众多,且影响甚巨。具体展陈内容可包括以下几方面。(1)姚鼐生平陈列:以历史为线索,主要展现其宦海沉浮、从教生涯与学术成就。(2)姚鼐弟子

---

① 在今江宁区牛首山区域。
② "姚鼐纪念馆"目前正在筹建中。

门生陈列。初步统计，姚鼐的南京籍门生，除上文"南京组团"列表中提到的邓廷桢、梅曾亮、管同外，还有刘钦、吴启昌、温葆琛、伍长华、伍光瑜、吴维彦、邢晋、汪兆虹、胡镐、李际春、谈承基、阮林、顾乔、余敏、吴翼元、张廷珏、张德凤、管培、王岑、金志伊、陶定申、秦际唐等；再传弟子有管嗣复（管同次子，幼承家学）、邓嘉缉（邓廷桢之孙，私淑姚鼐）、朱士焕（梅曾亮从女之子，师事梅曾亮）等。（3）姚氏后人事迹陈列：姚景衡（姚鼐长子）、姚莹（姚鼐侄孙）、姚元之（姚鼐侄孙）、姚柬之（姚鼐侄孙）、姚濬昌（姚莹之子）、姚永朴（姚濬昌二子）、姚永概（姚濬昌三子）、姚倚云（姚莹孙女）等。这些后人都是桐城派的杰出俊彦，且都与南京或者江苏有很深的渊源关系，如姚景衡曾主讲江苏淮安书院、南京江浦书院；姚永朴任教南京东南大学；姚倚云任教南通公立女子学校，并由吴汝纶介绍，嫁与范当世为妻。

（三）忠贞报国：邓家"万竹园"（邓廷桢纪念馆）

嘉庆四年，邓廷桢自钟山书院肄业，师从姚鼐，列姚门高弟，成为桐城派的追随者，深受桐城派"忠义"思想影响。邓廷桢一生廉洁奉公，律己极严，有"邓青天"的美誉；任两广总督期间，与林则徐、关天培一道禁烟抗英，重挫英军的侵略野心；调任闽浙后，积极组织反击英军，他是第一个明确提出反对割让香港给英国，是杰出的民族英雄；被贬戍伊犁后，不以个人得失为意，尽己所能，关心国事；被召回启用后，清查荒地，伏击流寇，直至死于任上，鞠躬尽瘁死而后已，是忠贞的爱国主义者。

乾隆四十一年，邓廷桢出生于祖居地金陵"万竹园"①，自邓廷桢的五世祖邓旭即定居于此。据《游金陵诸园记》载：万竹园"园有堂三楹，前为台，台亦树数峰，墙可高数仞，朱楼扃其固……堂左厢三楹，亦可布席。自此而外，则碧玉数万挺，纵横将二三顷许"。又邓廷桢墓在今江宁区汤山街道东郊仙鹤门外红旗农牧场邓家山麓，墓西南向，背倚灵山，正对钟山，

---

① 在南京老城南的西南隅，今南京凤游寺路南段。

1982年被列为江苏省文物保护单位。建议以"忠贞报国"为主题，以"万竹园"为基础，结合邓廷桢墓，筹建"邓廷桢纪念馆"，将其打造成为南京一个重要的爱国主义教育基地。

（四）清代江苏教育的集中展示：复建钟山书院（桐城派纪念馆）

书院是一种重要的文化教育组织，是传播文化的学术重地。在清代，南京的书院众多，有文昌书院、虹桥书院、钟山书院、尊经书院、惜阴书院、文正书院、奎光书院和凤池书院等。其中钟山书院历史最悠久，影响也最大。据《江宁府志》载："钟山书院，在府城内旧钱厂地①。雍正二年总督查弼纳创建。"太平天国攻占江宁，钟山书院被毁。清军克复江宁后，曾国藩着手恢复钟山书院，选择门东旧漕坊苑街东花园②作为钟山书院的新地址，但因存在难以克服的弊端，在当时颇受诟病。刘坤一担任两江总督，将钟山书院迁回城内原址，其间江楚编译官书局设立于钟山书院，钟山书院的译书、刻书事业达到鼎盛。后来张之洞署理两江总督，光绪二十九年四月，钟山书院改为高等学堂，是为江南高等学堂。

钟山书院是清代江苏教育演变的见证者，而桐城派学人则积极参与，甚至主导了钟山书院的教育活动。据《同治上江两县志》和有关资料记载，钟山书院山长著名者有：夏之容（高邮人）、叶酉（桐城人）、卢文弨（余姚人）、钱大昕（嘉定人）、姚鼐（桐城人）、孙星衍（阳湖人）、朱珔（泾县人）、程恩泽（歙县人）、胡培翚（绩溪人）、陶澍（安化人）、唐鉴（善化人）、李联琇（临川人）、梁鼎芬（番禺人）、缪荃孙（江阴人），其中叶酉、卢文弨、钱大昕、姚鼐、朱珔、程恩泽、陶澍、唐鉴、李联琇、缪荃孙等人，皆有桐城派学脉。又据光绪《续纂江宁府志》载：光绪五年，在钟山书院听事之南，建有享堂，祭祀查弼纳、德沛、尹继善、方昂、杨绳武、

---

① 在今南京市户部街与太平南路交接处，太平南路西侧，与郑和公园隔路相望。
② 在今南京白鹭洲公园一带。

卢文弨、钱大昕、夏之蓉、姚鼐、胡培翚、秦承业、朱珔、程恩泽、任泰，增祀曾国藩，唐鉴、李联琇。除上述山长外，尹继善、曾国藩两位桐城派的名家也入祀享堂，足见桐城派在钟山书院中的地位之重。

钟山书院培育出大批桐城派弟子，这些人对桐城派文人群体的形成以及扩大桐城派之声势皆有着重要贡献。尤其是姚门弟子，《姚惜抱先生年谱》谓："门弟子知名甚众，其尤著者上元管同、梅曾亮，同邑方东树、刘开，而歙县鲍桂星、新城陈用光、江宁邓廷桢，尤为显达。"姚鼐逝世后，弟子们继续弘扬桐城派家法，分别以梅曾亮、陈用光、邓廷桢、姚莹等人形成了重要的传播中心，"自淮以南，上溯长江，西至洞庭、沅、澧之交，东尽会稽，南逾服岭头，言古文者，必宗桐城"。

江苏是桐城派学术流播的一个重要高地，宗师级人物众多，成为学派得以传衍全国的一个重要枢纽，因此也拥有最为丰富的桐城派文化资源，可待阐发的文化价值极大。在对江苏各个桐城派文化组团进行整合的基础之上，我们可以考虑在南京复建的钟山书院中设立一个"桐城派纪念馆"，集中展示全省的桐城派文化资源，发掘各组团文化资源的文化品格，提升南京的文化软实力，并有所侧重地将桐城派打造成为"南京学"的一个重要文化品牌。

B.20
关于江苏当代文化史
研究的若干思考

叶扬兵*

摘　要： 江苏当代文化史研究具有重大的现实意义和重要的学术价值。改革开放前30年的历史已经基本沉淀下来，学界也已积累了相当多的研究成果和一定的研究资料，加上档案馆藏有极为丰富的档案资料可资利用，故目前已经具备撰写江苏当代文化史的基本条件。江苏当代文化史的总体思路是分块按期撰写。

关键词： 江苏　当代　文化史　初步设想

在进行"江苏文化通史"项目设计时，有人主张下限到民国为止，也有人提出应将江苏当代文化史包括在内，最后采纳了后一种意见。本文拟就江苏当代文化史研究的相关问题谈一些思考。

一　消除妨碍江苏当代文化史研究的心理障碍

有人不主张进行当代中国史研究，声称"当代人不写当代史"。由此，

---

* 叶扬兵，江苏省社会科学院历史研究所副所长、研究员。

在具体讨论江苏当代文化史研究之前，首先应消除"当代人不写当代史"说法所带来的心理障碍。

不主张进行当代中国史研究，论据之一是中国有"当代人不写当代史"的"历史传统"，亦有人将其表述为"当朝人不写当朝史"或"隔代修史，当代修志"。表面上看，"二十四史"中，《史记》外的其余史书都由后代人修前代史，似乎印证了上述说法。但此外无论是从中国修史实践还是从中国史家论述，都找不到支持此说的论据。

除《史记》外，"二十四史"都是一个王朝的断代史，当然只有在这个王朝结束后由后人修撰，这就是"二十四史"多为后代修撰的特殊原因。但俗称正史的"二十四史"只是史书大海中的一小部分，从古至今，无论官方还是民间都有重视当代史的传统。如孔子作《春秋》，不仅写"所传闻世"，而且写"所闻世"和"所见世"，时限上起鲁隐公元年（前722），下至鲁哀公十四年（前481），也就是说，孔子将鲁国的国史从古代一直写到"当代"。"二十四史"中的《史记》，在130篇中完全和重点写当代的有66篇，加上其他篇章也有当代内容，可见司马迁是"用半数以上的篇幅记述近百年的当代史"①。唐、宋、元、明各朝都有很多官修或私撰的国史（亦即本朝史、当代史）。近代以来，魏源的《圣武记》、李剑农的《戊戌以后三十年中国政治史》、王芸生的《六十年来中国与日本》等，都是当代人写当代史的成功例证。

笔者遍查中国历史上史学名家的论述，并未发现有人提出过"当代人不修当代史""当朝人不修当朝史""隔代修史、当代修志"等说法，亦从未有人表露出类似的意思。

论据之二是认为当代人写当代史难以做到客观公正，这种说法是经不起推敲的。应该承认，当代人修当代史是有局限性的：受制于情感好恶、利益纠葛及认识局限等，修史者难以做到完全客观公正，往往出现回避、遮蔽乃

---

① 施丁：《司马迁写当代史》，《历史研究》1979年第7期，转引自曹守亮《论当代人写当代史》，《山西师大学报》（社会科学版）2015年第3期。

至扭曲历史的现象。同时，有些历史事件的意义和影响在当时难以看清楚。然而当代人修当代史也有不可比拟的优势，即亲身经历或熟悉历史氛围、历史场景以及具体运作过程，在弄清事件原委和因果联系方面更胜一筹。如果后世修史，后人只能依据前人的资料，对当年的时代氛围、社会关系、民众心理以及影响事态发展的种种复杂因素不免有隔膜，后人很容易拿后来的状况和经验去推想当年，或把局部的、未必准确的记载看作事情的全体，有时就难免"失真"。

当代修史与后世修史各有价值和优势，两者互为补充，是历史研究所不可缺少的。唐代史学家刘知几就很好地阐述了两者的关系："夫为史之道，其流有二。何者？书事记言，出自当时之简；勒成删定，归于后来之笔。然则当时草创者，资乎博闻实录，若董狐、南史是也。后来经始者，贵乎俊识通才，若班固、陈寿是也。必论其事业，前后不同。然相须而成，其归一揆。"[1] 这里，刘知几肯定当代修史（即"当时之简"）与后世修史（即"后来之笔"）是中国史学赖以生存和发展的两大驱动力，对两者的价值给予同样肯定，认为前者主要工作是"书事记言"，要求"博闻实录"，需要像董狐、南史那样的良史，后者工作是"勒成删定"，要求"俊识通才"，需要像班固、陈寿那样大手笔。两者虽然有前后不同，但又相辅相成。世界史学家齐世荣也说："当代人写当代史与后代人写前代史，都是需要的。二者各有其优越性，也各有其局限性，借用蔡元培先生的话，'合之则两美，离之则两伤。'"[2]

必须指出，当代史著述是后世修史的重要依据，完全不参照当时人著述的历史研究是难以想象的，后人在修撰"二十四史"时无不充分吸纳前人修撰的大量国史（当代史）研究成果。有时当代人修史成果的多寡好坏，甚至对后世修史的质量也有重要影响。如唐代除修撰25部皇帝实录外，在

---

[1] （唐）刘知几撰《史通·卷十一·史官建置第一》，黄寿成校点，辽宁教育出版社，1997，第93页。
[2] 齐世荣：《合之则两美离之则两伤——试论当代人写当代史与后代人写前代史》，载《史料五讲》，首都师范大学出版社，2014，第183页。

国史方面还有长孙无忌、令狐德棻等的《武德贞观两朝史》，吴兢的《唐书》，吴兢、韦述、柳芳、令狐峘、于休烈的《唐史》《国史》等。这些著作止于唐中前期，故《旧唐书》在叙述唐中前期历史时，文献资料完整翔实，叙事详明，颇受后世重视，但在叙述唐后期历史时，则材料简略疏漏，内容也较芜杂，质量明显下降。明代除官修13朝实录外，还有大量私人修撰的国史，加上不少明遗民的参与，这些都是《明史》质量上乘的重要因素。所以在这个意义上，写好当代史是当代人义不容辞的责任。党史学家金冲及指出：历史研究工作者中有一部分人，"把他自己亲身经历过的时代、亲眼看到或直接听到过的历史"，"在经过严肃研究后写下来，实在是一种无可推托的历史责任，不必有那么多顾虑。至于总结较近的历史经验所独有的重大现实意义，就不消再去多做解释了。"①

在当下，并不存在"当代人不写当代史"的禁区，当代中国史研究正在如火如荼。就全国而言，至少有三个系统在编撰当代史。一是高校系统。19世纪80年代末至今，高校教师编撰的中华人民共和国史不下十余种，其中以靳德行、何理、陈明显、齐鹏飞、何沁等编著的影响较大②。二是中共中央党史研究室。2011年，《中国共产党历史（1949—1978）》（第二卷）出版，现在该研究室正着手编撰改革开放以来的历史。三是当代中国研究所。该所费时20年编撰《中华人民共和国史稿》（五卷本）并已于2012年出版。此外，自19世纪80年代以来，《当代中国丛书》编委会先后出版了《当代中国丛书》152卷共210册，涵盖了新中国建立40年来的方方面面。

就江苏而言，自19世纪90年代以来，各级党史部门在完成新中国成立前党史后，相继将视野转向新中国成立后至改革开放前，纷纷从事中共地方史第二卷的编撰工作。2011年，江苏省委党史办出版了《中共江苏地方史

---

① 萧今：《金冲及：博学笃志，切问近思》，载《无言的风景：中国高校知名社科学者学术思想巡礼》，高等教育出版社，2006，第750页。
② 靳德行主编《中华人民共和国史》，河南大学出版社，1989；何理：《中华人民共和国史》，档案出版社，1989；陈明显：《中华人民共和国史》，北京理工大学出版社，1993；齐鹏飞编著《中华人民共和国史》，中国人民大学出版社，2009；何沁主编《中华人民共和国史》，高等教育出版社，2009。

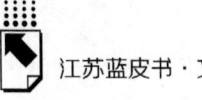

(1949—1978)》第二卷,在此前后,南京、徐州、南通等市也出版了本市的中共地方史第二卷[①]。此外,1998年江苏省委党史办还出版了《历史的探索与回顾(1949—1978)》(论文集)和《拨乱反正·江苏卷》[②]。自1997年开始,无锡、南京、苏州等市党史部门更将视野扩展到改革开放后,先后出版了反映本地改革开放情况的论著。2008年,江苏省委党史办也出版了《新时期江苏改革发展实录》[③]。目前,江苏各级党史部门正在编撰改革开放以来的历史,即中共各级地方史第三卷。作为"当代中国"丛书江苏卷,《当代中国的江苏》于1990年出版。在省委、省政府的直接领导下,在"中华人民共和国地方简史"丛书编委会的指导下,经过6年努力六易其稿,《当代江苏简史》终于在1999年获得出版。

二 江苏当代文化史研究的现实意义和学术价值

主张《江苏文化通史》应包含江苏当代文化史,主要源于江苏当代文化史研究的现实意义和学术价值。

第一,当代中国史研究(含文化史研究)具有资政、育人、护国的重大现实意义。尽管一般历史研究都不同程度地具有此三项功能,而当代中国史研究的这三项功能则更强大。"资政"功能与现实联系密切,可为党和国家大政方针的制定实施提供历史的借鉴。中国社会主义建设和改革中的正反

[①] 江苏省委党史办《中共江苏地方史(1949—1978)》(第二卷),江苏人民出版社,2011;南京市委党史办《中共南京地方史(1949—1978)》(第二卷),中共党史出版社,2009;徐州市史志办《中共徐州地方史(1949—1978)》(第二卷),中共党史出版社,2010;南通市委党史办《中共南通地方史(1949—1978)》(第二卷),中共党史出版社,2011。

[②] 江苏省委党史办《历史的探索与回顾(1949—1978)》,江苏省委党工委,1998;江苏省委党史办《拨乱反正·江苏卷》,中共党史出版社,1998。

[③] 无锡市委党史办、无锡市委农工部编《新时期无锡农村的变革》,中共党史出版社,1997;南京市委党史办、南京市委办公厅编《走向辉煌——南京改革开放二十年(1978—1998)》,江苏文艺出版社,1998;苏州市委党史办、苏州市体改委编《姑苏春潮——苏州改革开放纪实》,上海大学出版社,1998;江苏省委党史办编《新时期江苏改革发展实录》,江苏人民出版社,2008。

面经验都是宝贵的精神财富，只有对新中国建立60多年来党和国家各个时期的路线、方针、政策的成功与失误进行研究，具体分析其形成的历史背景、社会环境和思想政治根源，得出带规律性的认识，才有助于提高决策的科学性和执行政策的自觉性。相反，回避当代中国史研究，就无法弄清历史与现实之间的联系，也无从吸取经验和教训，所谓"资政"就成了一句空话。"育人"功能可为我国社会主义文化建设提供丰富生动的历史教材，在对广大干群进行爱国主义和社会主义教育、马克思主义世界观和革命人生观的教育中，发挥它应有的启迪作用。"护国"功能意在认识民族的历史，这从来都是民族主流文化和核心价值体系的重要组成部分，是民族的重要精神支柱。在某种意义上看，历史，尤其是当代史的书写都牵涉历史的诠释权，关乎政权合法性和正当性，影响民心向背与政权认同，因而实际上都带有强烈的政治色彩。各个阶级各种政治力量，无不高度重视对历史特别是对国家史解释的话语权。古人说："灭人之国，必先去其史。"否定自己的历史必然会酿出否定自己的苦酒。戈尔巴乔夫在苏联掀起一场否定斯大林、列宁直至否定十月革命以来全部历史的运动，最终导致苏联解体。今天，有些人打着反思历史的幌子，大搞历史虚无主义，抹黑共产党的历史，抹黑新中国的历史，必须引起我们高度警惕。为此，我们必须大力加强当代中国史研究，不仅引导人民正确地认识历史，而且有力地回击历史虚无主义的种种谬论。

试想，倘若回避江苏当代文化史，我们就无从知道新中国建立60多年来江苏文化取得了哪些成绩，出现了哪些失误，有什么经验和教训，如此，我们还能对当前江苏的文化建设提出什么有价值的建议和对策。果真如此，岂非显出我们对江苏当代文化缺少自信，又如何谈道路自信和理论自信。

第二，对当代文化史研究较为薄弱，在学术上有更为广阔的开拓空间。应该承认，目前已出版的一些省市文化史著作很少有涵盖当代的，但这不能成为江苏不写当代文化史的依据，也不意味着我们必须亦步亦趋不能突破别人的藩篱。相反，正因为各省市乃至全国对当代文化史研究的薄弱，在学术更有开拓空间，我们完全可以选择在这方面下大功夫，力争取得较大创新和突破。

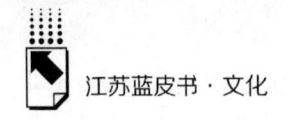

三 江苏当代文化史研究的可行性

总体而言，江苏目前已具备了撰写本省当代文化史的基本条件，且不说改革开放以来的30多年就在眼前，即使1949～1978年的"前30年"也是如此。以"前30年"为例：主要体现在以下两个方面。

第一，积累了相当的研究成果。

就全国而言，有关新中国文化事业的论述多散布在国史和党史著作中，专门的当代文化史专著很少。据笔者所见，在2016年以前仅有1992年出版的张顺清和李金山主编的《中华人民共和国文化史》[①]。2016年10月，当代中国研究所文化研究室历经4年编撰的《中华人民共和国文化史》由当代中国出版社出版[②]。此前，该室研究人员先后发表了大量的相关论文，并出版了一些著作[③]。

就江苏而言，除前述《江苏通史·中华人民共和国卷（1949—1978）》和《江苏通史·中华人民共和国卷（1978—2000）》、《当代江苏简史》等综合性著作程度不同地涉及江苏当代文化外，还有许多论著也较深入地涉及江苏当代文化领域。在教育方面，有陈乃林、周新国主编的《江苏教育史》和徐传德主编的《南京教育史》[④]；在文学方面，有陈辽、董健、卞维等对江苏当代文学史的研究[⑤]；在艺术方面，有学界关于新金陵画派、苏州评

[①] 张顺清、李金山：《中华人民共和国文化史》，黑龙江教育出版社，1992年。

[②] 欧阳雪梅主编《中华人民共和国文化史》，当代中国出版社，2016。

[③] 夏杏珍：《1975：文坛风暴纪实》，中共中央党校出版社，1995；夏杏珍：《五十年国事纪要·文化卷》，湖南人民出版社，1999；程中原、夏杏珍：《文坛寻踪录》，江苏教育出版社，2001；夏杏珍：《共和国重大文化事件纪程》，九州出版社，2013。

[④] 陈乃林、周新国主编《江苏教育史》，江苏人民出版社，2007；徐传德主编《南京教育史》，商务印书馆，2012。

[⑤] 陈辽主编《江苏新文学史》，南京出版社，1990；董健：《江苏短篇小说五十年》，《江海学刊》2001年第1期。董键：《启蒙、文学与戏剧》，人民文学出版社，2014；卞维：《江苏戏剧文学五十年回顾》，《艺术百家》2001年第1期。

弹、扬州评话、扬州戏剧、靖江宝卷等研究论著[1]；在宗教方面，有江苏省佛教协会的《当代江苏佛教》和赵德兴的《南京佛教小史》[2]。此外，从1990年代末到21世纪初，江苏省地方志编委会先后出版了《江苏省志·出版志》《江苏省志·文物志》《江苏省志·报业志》《江苏省志·教育志》《江苏省志·广播电视志》《江苏省志·宗教志》《江苏省志·民俗志》《江苏省志·文化艺术志》《江苏省志·文学志》等[3]。

第二，积累了丰富的研究资料。

在文学方面，1999年出版的大型文丛"江苏文学五十年"，计13卷17册850万字，涉及中篇小说、短篇小说、诗歌、散文、戏剧文学、杂文、报告文学、文学评论、儿童文学、影视文学、曲艺、民间文学等门类。陈辽的《文学的江苏，江苏的文学》也收录了大量关于江苏文学的评论。在教育方面，江苏省教育志编委会从档案馆、图书馆搜集资料约900万字，从各市县、各级各类学校征集志稿、校史、校志等资料1200多册，整理了《江苏教育史志资料》7期共70万字，受到教育界、史志界欢迎。另外，江苏省发展计划委员会编的《解放初期的江苏经济（1949—1952）》（上下）也收录了南京、苏南、苏北等地关于教育、文化等方面的资料[4]。

需要提及的是，江苏省档案馆藏有大量江苏当代文化史的档案资料。为迎接新中国建立十周年，中国科学院江苏分院历史研究所曾拟编写《江苏

---

[1] 石延平：《论新金陵画派》，河南美术出版社，2004；马鸿增：《新金陵画派五十年》，江苏美术出版社，2008；苏州市文联编《苏州评弹史稿》，古吴轩出版社，2002；董国炎：《扬州评话研究》，社会科学文献出版社，2009；明光：《扬州戏剧文化史论》，社会科学文献出版社，2008；陆永峰、车锡伦：《靖江宝卷研究》，社会科学文献出版社，2008；张美林、韩月波：《扬州民歌史略》，社会科学文献出版社，2006。

[2] 江苏省佛教协会：《当代江苏佛教》，南京一品图文制作有限公司，2004；赵德兴、蒋少华编著《南京佛教小史》，东南大学出版社，2012。

[3] 《出版志》，江苏人民出版社，1996；《文物志》（上下），江苏古籍出版社，1998；《报业志》（上下），江苏古籍出版社，1999；《教育志》（上下），江苏古籍出版社，2000；《广播电视志》（上下），江苏古籍出版社，2000；《宗教志》，江苏古籍出版社，2001；《民俗志》，江苏人民出版社，2002；《文化艺术志》（上下），江苏古籍出版社，2003；《文学志》（上下），江苏古籍出版社，2003。

[4] 江苏省发展计划委员会编《解放初期的江苏经济（1949—1952）》（上下），2002。

十年史》，后在 1959 年出版《江苏十年大事记》。在此过程中，江苏省教育、文化等部门都曾将本部门十年资料汇集成册。目前，江苏省档案馆收藏的资料有《江苏省文化工作重要文件汇编》《江苏省文化事业统计资料汇编》《江苏省文艺工作资料选辑》《江苏省剧种研究资料汇集》《江苏省教育事业统计资料汇编》《新中国成立十年江苏教育史》等。与此同时，在苏南行署、苏北行署、南京市政府、省委办公厅、省委宣传部、省委文教部、省教育厅、省高教局（高教厅）、省文教委、省科技委、省科协、省文化局、省文联、江苏人民出版社、江苏省哲学社会科学研究所、省社科联等全宗中，都保存有大量的江苏当代文化方面的原始档案。

此外，《当代江苏简史》和《江苏通史·中华人民共和国卷》的撰写，也为江苏当代文化史培育了基本的撰写队伍。我们相信虽然要付出艰辛努力，但是甘之如饴。

四　江苏当代文化史研究的初步设想

这里仅以"前30年"为例，谈一些江苏当代文化史研究的初步设想。

（一）江苏当代文化史（1949～1978）的基本特征

1. 整体上具鲜明的时代性，发展上呈明显的阶段性

整体而言，"前30年"江苏当代文化史具有同一性，表现出鲜明的时代性。（1）革命化：文化对"革命"宗旨的追求，强调要为政治服务，带有高度政治化色彩。（2）组织化：文化活动被纳入政府掌控的体系，并形成高度集中的组织管理体制，纯粹民间的文化活力大降。（3）大众化：首先要求服务对象大众化，如强调文艺为人民服务特别是为工农兵服务，教育向工农大众开门；其次要求题材、内容、风格的大众化，如文艺要反映人民大众生活，要受到人民大众的接受和喜欢；最后追求主体的大众化，如工农兵创作、写诗、画画、学哲学、办教育等。虽然30年在整体上保持着高度一致性，但在发展过程中又呈现明显的阶段性。

2. 既具全国一致的共性，又具江苏独特的个性

由于江苏独特的地域文化底蕴和深厚的历史文化传统，江苏在大致保持共性之外，也相对保留了一些个性。但在研究中要准确概括并分析这种个性并不容易，需要有丰厚翔实的"史实"，更需要精准犀利的"史识"。

3. 受意识形态主导，也受经济、社会变化的影响制约

意识形态领域的风云变幻主导了文化的发展和变化，而经济和社会变化也对其产生重要影响。

4. 知识分子政策调整贯穿着30年历史

在文化各领域中基本由知识分子组成文化队伍，党和政府对知识分子的政策往往具有全局性的影响。"前30年"中，党的知识分子政策处于频繁调整之中。

（二）江苏当代文化史（1949~1978）的研究思路

总体思路可简单概括为：分块研究和按期论述，两者交织构成纵横兼顾的深度空间。所谓"分块"，即可分为意识形态（含政治理论学习、思想改造、文艺批判和思想批判、知识分子政策）、教育、文学艺术、新闻出版广播、科学技术、人文社会科学、群众文化、社会风尚和宗教8个板块，按块展开研究。鉴于"前30年"阶段性特点明显，可在综论部分专门论述江苏文化发展的阶段与特点，以与分块研究形成互补。所谓"按期"，即按板块进行分期论述，在此过程中，须充分注意各板块在分期上的不一致性。

B.21
明清小说和江苏教育

胡莲玉[*]

摘　要： 明清时期江苏教育高度发达，形成了完备的学校教育体系。江苏教育不仅在规模上，而且在质量上都远超其他省份。教育之发达促成了江苏地区小说创作的繁荣发展，不论是在文言小说创作领域，还是在通俗小说创作领域，均涌现出一批名家。细究而言，中国小说史上的杰作几乎都与江苏有莫大关系。小说作为社会生活的反应，可体现明清时期江苏教育状况。明清两朝，各级教育均直接服务于科举，科举乃教育之终极目标。学校、私塾、书院这三种教育模式本应相互补充，然受科举文化影响，三者由相互补充逐渐趋向同一，形成了以科举为中心的应考教育。此种变化带来的弊端在明清小说中多有揭露，对我们现今的教育提出警醒。

关键词： 教育　科举　小说

一　明清时期江苏教育的发达

明清时期是我国封建社会发展的最后一个历史阶段，同时也是我国封建社会得以高度发展的历史时期。明统治者在新中国成立之初，为巩固和加强封建集权统治，在政治和军事方面进行了诸多改革，同时，在经济方面也推

---

[*] 胡莲玉，江苏省社会科学院文学研究所副研究员；研究方向为中国古代小说、戏曲。

行了一系列"安养生息"、发展生产的政策,推动了农业、手工业的恢复和发展,促进了商业和城市经济的繁荣。至明洪武二十六年(1393),江苏人口已有575万。明初的统治者同时也认识到文化教育对于治国的重要作用,将教育置于国家发展的重要地位。朱元璋奉行"治国以教化为先,教化以学校为本"的文教政策,采取一系列措施,大力发展各种性质、各种层次的教育,形成了完备的官学学制系统。自明初至永乐十九年(1421)的五十余年间,江苏之地是明王朝的政治、文化中心,明代一些重大文教政策的确立和发展教育事业举措的倡行,大都产生于这段时期。明代首都北迁以后,江苏之地仍是陪都所在之处,这种至为有利的客观社会条件,对江苏的文化教育事业产生很大的促进作用。

明代江苏拥有各级教育机构,其学校从社学、县学、州学、府学到最高级别的国学,层级分明,分布广泛,普及教育的程度很高。其中社学始建于洪武八年,主要针对民间子弟,"弘治十七年令各府、州、县建立社学,选择明师,民间幼童十五以下者送入读书,讲习冠、婚、丧、祭之礼"(《明史·选举志一》)。而县、州、府学是更高一级的学校,生员众多,相应地设教谕、学正、教授及训导教习学生。国子学在明初乙巳(1365)始设,初只允许品官子弟和平民中俊秀通文义之人入学,后选府、州、县学诸生入国子学。作为官学学制的补充,民间私学有各类学塾和书院。学塾是针对儿童实施启蒙教育的。明代江苏民间各地广泛设立塾学,这些塾学在分担和支撑社会的启蒙教育方面发挥了很大的作用。书院之设立乃为补学校教育之不足,聘请硕儒名师,以明经行修、讲谈儒理为主,或作为各家学派的宣讲之所,如明代的理学、心学、清代的汉学。书院在江苏的发展经由前期的沉寂不兴,到中期的勃然兴盛,再至晚期的一蹶不振[①]。

清朝在文教政策方面,基本上是继承了明朝在文教方面的作风。清代江苏有完备的学校教育,府州县学、书院、学塾遍布江苏各地,有一批名师充任教官,教育经费也较充足。繁荣的江苏经济,使江苏教育不仅在规模上,

---

① 参曹松叶《明代书院概况》,《中山大学语言历史研究所周刊》第10集,第113期。

而且在质量上都远远超过了其他省份，形成"江左士俊冠盖全国"的局面。

明清时期，江苏的教育水平可谓居全国上乘。王鏊《苏郡学志序》说苏州府"科第往往取先天下，名臣硕儒亦多发迹于斯"①。耿桔《皇明常熟文献志》说："今代科目之设，惟吴越为最盛。"②张大纯《吴中风俗论》说："吴俗之称于天下者三：曰赋税甲天下也，科第冠海内也，服食器用兼四方之珍奇，而极一时之华侈也。"③清康熙末年江苏布政使杨朝麟感慨："本朝科第，莫盛于江左，而平江一路，尤为鼎甲萃薮，冠裳文物，竞丽增华，海内称最。"④康熙《苏州府志·风俗》称"吴郡人文自有制科以来，名公巨儒先后飚起"。康熙《常州府志·风俗》云常州府"科目蝉联，数代不绝"。其属县武进"科甲蝉联鹊起，文风甲于天下"（康熙《武进县志》卷一三《风俗》）。松江府在明代"文物衣冠，蔚为东南之望"（正德《松江府志·风俗》），入清，"康熙以来，科第甚盛"（嘉庆《松江府志·风俗》）。这些记载亦被今人统计数字所证实，据《江苏教育志》（江苏省地方志编纂委员会编）统计，明代江苏进士（不含松江府）总数为2619名，清代2920名，均在全国处于领先地位。而且，有清一代全国状元共114人，江苏籍状元49人，占43%，这一比例相当可观。

二　明清时期发达的江苏教育促进小说创作的繁荣发展

明清江苏，小说的创作尤见发达。不论是在文言小说创作领域，还是在通俗小说创作领域，均涌现出一批名家。

在文言小说创作方面，可说是举不胜举，择其声名较著者略而言之，如叶盛（昆山）《水东杂记》，陆容（太仓）《菽园杂记》，王鏊（吴县）《震

---

① 钱穀：《吴都文粹续集》卷一，文渊阁四库全书本。
② 管一德：《苏州掌故丛书》，苏州古旧书店，1986。
③ 袁学澜：《吴郡岁华纪丽》卷首，江苏古籍出版社，1998，第1页。
④ 杨朝麟：《紫阳书院碑记》，载杨镜如主编《紫阳书院志》，苏州大学出版社，2006，第490页。

泽纪闻》，祝允明（苏州）《志怪录》《语怪录》《义虎传》《猥谈》，王世贞（太仓）《艳异编》《世说新语补》《剑侠传》，焦竑（南京）《笔乘》《玉堂丛语》《明世说》，顾起元（南京）《客座赘语》，赵翼（常州）《檐曝杂记》，杨复吉（苏州）《梦阑琐笔》，沈起凤（苏州）《谐铎》，沈复（苏州）《浮生六记》等。

就通俗小说而言，更是发展史上的巅峰，略列其目于下。

兴化施耐庵《水浒传》，淮安吴承恩《西游记》，兴化陆西星《封神演义》（或云南京许仲琳著），南京甄伟《西汉演义》，苏州冯梦龙"三言"《新列国志》，苏州袁于令《隋史遗文》，南京纪振伦《杨家府演义》，金坛于华玉《岳武穆尽忠报国传》，兴化李春芳《海刚峰先生居官公案集》，兴化李清《梼杌闲评》，昆山吕熊《女仙外史》，江阴屠绅《蟫史》，苏州杜纲《娱目醒心编》，扬州石成金《雨花香》《通天乐》，苏州唐芸洲《七剑十三侠》，武进李伯元《官场现形记》《文明小史》，丹徒刘鹗《老残游记》，常熟曾朴《孽海花》，松江韩邦庆《海上花列传》，苏州褚人获《隋唐演义》《醒风流》，江阴夏敬渠《野叟曝言》，常州陈森《品花宝鉴》，苏州俞达《青楼梦》，常州张春帆《九尾龟》，松江孙家振《海上繁华梦》。尚有不知名姓的江苏作家作品：古吴墨浪子《西湖佳话》，古吴娥川主人《生花梦》《炎凉梦》《世无匹》，古吴素庵主人《锦香亭》，吴中佩衡子《吴江雪》，苏州震泽九容楼主人松云氏《英云梦》，江都扬州梅禹金《双双传》，云间嗤嗤道人（云间，松江府华亭县。或作"云阳"，为江苏丹阳）《五凤吟》。另外，还有署名"素政堂主人"的系列才子佳人小说（学界考证其为冯梦龙之子冯焴），署名为"天花藏主人"的系列作品，如《玉娇梨》《平山冷燕》《金云翘传》等，目前学界对其身份尚有争议，或以为其是江苏人，或以为其是浙江人。

还有一些作品，其作者虽未有定论，但其评点者却是江苏人，并经由他们的评点而成为通行的传世经典版本，如苏州毛纶、毛宗岗父子评点《三国演义》，徐州张竹坡评点《金瓶梅》，苏州金圣叹评点《水浒传》。

此外，还有虽非江苏籍作家，但其作品与江苏有很大关系的，甚至可以说如果没有江苏，就没有这些小说的产生，如凌濛初（浙江人，曾寓居南京，其创作与出版均与江苏有很大关系）"二刻"，李百川（籍贯不详，长期寓居盐城和扬州）《绿野仙踪》，李渔（浙江兰溪籍，生于江苏如皋，长期寓居南京）《无声戏》《十二楼》，吴敬梓（安徽全椒人，后移家南京，《儒林外史》中的南京地域文化极为浓厚）《儒林外史》，曹雪芹（在江苏出生长大，这段生活对其创作产生了巨大的影响）《红楼梦》，李汝珍（直隶大兴人，长期生活于连云港）《镜花缘》，曹去晶（辽东人，长期生活于南京）《姑妄言》等。

就以上简略梳理来看，小说史上的杰作几乎都与江苏有莫大关系，冯保善曾分析各文学史著作中对明清小说的论述，得出结论："在文学史家公认的第一流经典名著中，江苏小说所占比例高达79%"①，这充分说明了江苏明清小说创作的实际分量。

江苏明清小说创作之所以在中国文学史上占如此之重的分量，和江苏教育的发达密切相关。江苏是明清时期的人才荟萃之地，这一点在科举考试中表现得最为明显。天启年间的首辅叶向高说："吴地广袤数千里，郡县百余，弟子员以数万计。"② 这一人才储备，使得江苏地区的小说作者和小说创作亦处于领先地位。具体而言，文言小说和通俗小说的作者群有着很大区别。一般来说，文言小说作者群相对科举层次较高，很多都是进士或举人，如前所列举文言小说作者多为进士及第者，他们参与小说创作更多的是出于随笔记闻的想法，因此其创作多倾向于笔记小说，此类作者大多姓名可考。而通俗小说作者群则以落第者为多，投身举业者人众，然而科举录取名额却极其有限，这就造成了一大批科举士子沉沦下僚，无以谋身，不得已而转向通俗小说创作，这些作者大多是连秀才也不曾考取的老童生，不仅生平难以详考，连本名亦不知为谁，乃处在社会底层的读书人。

---

① 冯保善：《文学史家视野下的江苏明清小说创作——兼论中国文学史编写范式及其走势》，《江苏第二师范学院学报》（社会科学版）2015年第7期。
② 叶向高：《苍霞草全集·苍霞草》卷五《三校录序》，广陵古籍刻印社，1994，第1册，第489页。

少部分可以考知功名者,也多为蹭蹬科场多年,所取科举功名不高,如冯梦龙、吴敬梓等。

三　明清江苏小说对明清江苏教育的反映

明清时期的教育与科举密切相关。明王朝建立不久,便于洪武三年(1370)诏令特设科举,并于洪武十七年(1384)"定科举之式,命礼部颁行各省,后遂以为永制"(《明史·选举志二》)。此"永制"一直延续到清末,"有清以科举为抡才大典,虽初制多沿明旧,而慎重科名,严防弊窦,立法之周,得人之盛,远轶前代"(《明史·选举志三》)。由明迄清,科举遂为政府选用所有官员的最主要途径。政府并规定,"科举必由学校,而学校起家可不由科举"(《明史·选举志一》),也就是说,只有经过学校教育具备出身条件的学子才有资格参加科举考试。

从明清小说中我们可以看到,明清两朝的教育完全围绕着科举进行。明太祖定下科举取士之制,吴敬梓在《儒林外史》开篇借由王冕之口批评说:"这个法却定的不好!将来读书人既有此一条荣身之路,把那文行出处,都看得轻了。"教育的职能本应以培养人才为旨归,而在明清两朝,可以说,各级教育均直接服务于科举,科举乃教育之终极目标。此在科举大省的江苏表现尤盛,亦在小说创作中得到了充分反映。

首先,官办学校教育服务于科举。《石点头》中写道:"大凡初进学的秀才,广文先生每月要月考,课其文艺,申报宗师,这也是个旧例。其时侯官教谕姓彭名祖寿,号古朋,就是仙游人,虽则贡士出身,为人却是大雅。"其中所说的月考,是学校各种考试中的一种,"课其文艺"的内容即科举考试的主试文体——八股文。《巧联珠》中写道:"只见家人来说'学院老爷挂牌,先考吴县'。闻生只得带病入场,做完两篇文字,颇觉得意,头牌就出来了。闻公夫妇接着,问道:'身子不甚狼狈么?'又叫他念了个'破承起讲'。闻公道:'大意已见,论起理来,科举还该取得。'"小说谈及学校的考试时,只讲"破承起讲"、八股文章,对其他的考课形式和内容并没有陈述。这一特点在明清小说中几乎是一致的。史料记载则非如是，仍以月考为例，《明史·选举志》言："每月试经、书义各一道，诏、诰、表、策论、判、内科二道。"学校考试课业的科目不在少数，绝非几篇八股文章可以囊括。但是，明清科举考试只重首场八股文，学校作为举子们的科举备考之所，也随之以八股文为主要考课内容，除此之外的深研学问、探赜索隐以及品行修养就不加在意了，也正是吴敬梓所云"把那文行出处，都看得轻了"。

私塾教育的内容更是服务于科举，大多是涉及与科举相关的教学内容。《儒林外史》中的鲁小姐幼年所受私塾教育可谓明清私塾的真实写照，书中写道："鲁编修因无公子，就把女儿当作儿子。五六岁上请先生开蒙，就读的是《四书》、《五经》；十一二岁就讲书、读文章，先把一部王守溪的稿子读的滚瓜烂熟。教他做'破题'、'破承'、'起讲'、'题比'、'中比'成篇。送先生的束脩、那先生督课，同男子一样。这小姐资性又高，记性又好，到此时，王、唐、瞿、薛以及诸大家之文，历科程墨，各省宗师考卷，肚里记得三千余篇。自己做出来的文章又理真法老，花团锦簇。"这一学习过程和内容完全是以科举考试为中心，从《四书》、《五经》，到历科程墨、宗师考卷，从读书讲文到开笔作文，可谓由浅入深、循序渐进。同样，《快心编》中李再思说其侄女："家兄把他就像男儿一般，教他读书作文，六七岁时，便会做诗、做破承题，笔下了然明白。"这种教育是否有益学殖、修养，有益于健全人格的建立，则难以言说了，接受此教育的鲁小姐即一股冬烘气，只读八股文章，不读诗词歌赋，一门心思盼着夫婿"不日就是举人、进士"，见夫婿不事举业，心中愁闷不已，丈夫拉她共同读诗，她则丝毫没有兴趣。

在书院教育方面，亦是如此。明初书院不兴，尚能沿袭前朝，以讲论经籍为主，内容与科举相游离；至明中叶，书院繁盛，随着科举的深入人心，书院亦开始出现与科举相联系的现象；明末更有"洞学科举"，可以推举生员直接参加乡试，其功能与学校大同小异。至清代初年，统治者将书院与科举相联系的教育模式全面推广，使书院以科举考试为核心，考课形式完全仿照学校，甚至还兼作考场。明清江苏小说对书院的描写集中在清代中后期的小说中，这更能表明，书院发展至清代中叶，完全成为以科举为中心的教育机构。比如，士子进入书院之前必须经历考试以取得资格，这一点与入学之前的童试制度相同。袁枚《子不语》中记："余甥韩宗琦，幼聪敏，五岁能读《离骚》诸书，十三岁举秀才。十四岁，杨制军观风，拔取超等，送入敷文书院。"[①] 又如，书院与学校相同，亦有考课，考课要分等级，李伯元《文明小史》第十一回写到傅知府卸任之时为造成万民景仰的假象，自己花钱让师爷安排送万人伞，立德政碑，举行留靴大典，"一霎时走到书院跟前，只见山长率领着几个老考头等的生童，在那里候送"，没想到却被一伙闹事的生员搅局，"内中有两个认得的，是屡屡月课考在三等，见了山长眼睛里出火，想要上来打他"。再如，书院所作文章完全是为应考，李伯元《官场现形记》写道，陶华想给抚院大人上条陈以求进身，"主意打定，便开了书箱，把去年考大考时候买的甚么'商务策''论时务'重新拿了些出来摆在桌子上。先把目录查了半天，看有甚么对劲的，抄上几条，省得费心。可巧有一篇是从那里书院课艺上采下来的，题目是《整顿商务策》"。

学校、私塾、书院这三种教育模式本应相互补充，私塾为学校教育的准备阶段，书院则应独立平行于学校教育，拓展、深化知识体系，然而，受科举文化影响，三者由相互补充逐渐趋向同一，形成了以科举为中心的应考教育。此种变化带来的弊端在明清小说中多有揭露，对我们现今的教育提出警醒，值得我们多加注意。

明清小说对于江苏教育状况的反映，所在尚多，诸如，对于科举制度的记载、对于科举实施过程中实际情况的记述、对于教师生活的描绘、对于教科书的使用、对于江苏在科举文化影响下形成的社会风气的描绘，等等，限于篇幅，不再罗列。关于明清小说和江苏教育的研究实乃是一个相当大的课题，非区区一文所能尽述。

---

① （清）袁枚：《子不语》卷十九，上海古籍出版社，1986，下册，第451页。

文化事业发展篇

Cultural Undertaking

B.22
江苏出版业的现状、问题与对策

魏文哲*

摘　要： 江苏是文化大省，也是出版大省，其出版业的实力和影响仅次于北京、上海，位居全国第三。但江苏出版业存在的诸多问题，严重阻碍着出版业的健康发展。如市场体制不健全，行政干预过多过死，对教材教辅出版的过度依赖，数字出版的冲击，国际出版集团的挑战，发行上的条块分割，地方保护主义盛行，规模偏小，资金、管理经验和管理人才的匮乏，选题、内容上的低水平重复，纸张、印刷、校对、装帧上的粗糙，混乱激烈的恶性竞争，创新能力的缺乏，片面追求经济效益，漠视文化传承，等等。这些都是江苏出版业乃至全国出版业的问题。对此，需要各方面认真对待。

---

* 魏文哲（1968～）男，山东枣庄人，文学博士，江苏省社会科学院副研究员；研究方向：明清与近代小说研究。

关键词： 江苏 出版业 管理人才

一 江苏出版业发展现状

江苏是文化大省，也是出版业大省。早在明清时期，南京、苏州等地就是全国著名的出版中心。进入 21 世纪以来，随着中国经济的高速发展，中国的文化事业也蓬勃发展，呈现空前繁荣的局面。出版业也不例外，尤其是实行企业化改制以来，江苏出版业同全国出版业一样，呈现空前的发展和繁荣。在图书出版方面，如今的图书不仅数量巨大，而且品种繁多，应有尽有。从以下统计数据更可看出江苏出版的繁荣。

表1 2005~2013 年江苏图书出版统计

年份 \ 类别	种类（种）	印数（万册）
2005	11564	47379
2006	10593	49189
2007	11191	50640
2008	12587	49486
2009	14248	51695
2010	17763	54819
2011	20154	51851
2012	23353	56578
2013	23819	55855

数据来源：江苏省统计局、国家统计局江苏调查总队合编的各年度《江苏统计年鉴》。

表2 2002~2014 年江苏报纸出版统计

年份 \ 类别	种类	印数（万份）
2002	163	250000
2003	148	260000
2004	133	245000
2005	143	253900
2006	143	267160

续表

年份\类别	种类	印数（万份）
2007	143	280000
2008	143	279400
2009	142	264971
2010	142	270000
2011	142	280000
2012	143	290000
2013	143	286000
2014	143	287000

数据来源：《江苏出版年鉴》《江苏统计年鉴》。

表3　2002~2014年江苏期刊出版统计

年份\类别	种数（种）	印数（万份）
2002	451	10000
2003	458	975246
2004	438	9150
2005	440	10000
2006	439	9069
2007	439	8696
2008	439	9652
2009	439	9578
2010	440	10000
2011	441	11000
2012	441	12000
2013	442	11846
2014	442	11807

数据来源：《江苏出版年鉴》《江苏统计年鉴》。

表4　2002~2014年江苏音像电子出版物统计

年份\类别	种数（种）	总量（万张/盒）
2002	573	1093
2003	614	1896
2004	683	80000
2005		672
2006	1185	1031
2007	1186	1381

数据来源：《江苏出版年鉴》。

数字出版是新兴的出版产业。2008年，江苏凤凰出版传媒集团成立数字化中心，标志着江苏数字出版业的兴起。此后，数字出版等新兴产业快速发展，成为全省新闻出版业新的重要增长点。国家新闻出版总署于2011年批准江苏省建设国家级数字出版基地，并与江苏省政府签订了战略合作框架协议。江苏国家数字出版基地实行的"一基地、多园区"发展模式为全国独创，南京、苏州、无锡、扬州等地的数字出版分园区工作进展顺利，入园企业超过100多家。2012年，全省数字出版总产值达146亿元，规模在全国35个新闻出版产业（园区）中位居第三（据2013年11月11日《新华日报》）。同时，江苏出台了《关于加快数字出版产业发展的意见》，强化对数字出版产业的政策支持，传统出版转型升级，数字出版的发展步伐进一步加快。

江苏出版业的经济总量较大。如2005年，全省图书销售码洋为25亿元，全省报纸销售总收入近32亿元，广告收入17.5亿元；全省期刊销售总收入2.61亿元，广告收入8400万元；全省电子音像出版销售码洋1.93亿元；全省印刷工业总产值325亿元。而2011年，全省新闻出版业总产出为1289亿元，营业收入1266亿元，资产总额1026亿元，净资产472亿元，利润总额126亿元，增加值304亿元，全行业经济单位26677个，直接就业人员33万人（以上数据来自《江苏出版年鉴》）。

以上数据在很大程度上说明了江苏出版业总体上是较为发达的。各类出版物的种类逐年增长，总印数和经济收入也逐年增加，可见江苏出版市场是相当稳定和繁荣的。近年来，江苏出版集团所属各出版社出版了一批受到广泛欢迎的图书，先后有10多种图书获得中宣部"五个一工程奖"，20多种图书获得国家图书奖，40多种图书获得中国图书奖等，获奖图书约占出书总数的20%。江苏出版集团策划出版的很多图书品位高、质优价廉，在海内外读者中享有较高声誉。凤凰出版传媒集团2008年成为我国第一家资产、销售双超百亿的出版企业，2011年又成功上市，连续4年位居全国文化企业30强之首。总之，江苏出版业总体上是比较好的，在全国范围内名列前茅，整体实力仅次于北京和上海，位居全国第三。

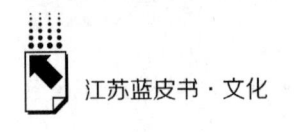

二 江苏出版业存在的问题

尽管江苏出版业在全国范围内名列前茅，但由于各种原因，仍然存在诸多问题和不足。

为了应对国外出版商的挑战，为了大力发展文化出版产业，国家对新闻出版业进行了大胆的改革，实行行政管理部门与出版社分离，营业性的新闻出版单位进行企业化转型。到目前为止，江苏出版业已经基本完成了企业化转型，成立了江苏出版集团，即江苏凤凰出版传媒集团。

但新闻出版业企业化改革也产生了许多问题。新闻出版局与新闻出版单位分离后，党委宣传部门、行政管理部门与新闻出版单位之间的关系有点混乱，如何理顺这三者之间的关系是江苏出版业面临的实际问题。这个问题不解决，就会影响和阻碍江苏出版业的健康发展。

根据国家的要求，新闻出版业既要注重经济效益，又要注重社会效益。但在实际工作中，这两个目标往往是很难同时达到的。新闻出版单位为了自身的利益，过分追求经济效益，对社会效益重视不够。省新闻出版广电局对新闻出版单位的监督和管理往往不到位。但江苏省广电局认为，在现有的体制下，其自身的力量不足，无法对全省的新闻出版业进行有效管理。

与西方发达国家的出版业相比，中国的出版业在规模上偏小，总体质量也不高。江苏省新闻出版广电局认为，应当扩大本省出版业的规模。但在国家宏观调控政策的约束下，这种要求难以得到满足。同时，作为新闻出版业的行政主管部门，省局在业务上也缺乏足够的资金，以便对出版业进行必要的宏观调控。再者，市、县级别的行政管理部门的力量非常薄弱，因此，无力对本地的新闻出版业进行有效的管理和干预。

中国的新闻出版业刚刚完成企业化转型。与西方发达国家的新闻出版业相比，中国的新闻出版业在规模、资金、管理经验、运行机制等诸多方面还有明显差距，缺乏足够的市场竞争力，面临着国外同行的严峻挑战。另一方面，由于国内的管理体制不完善，出版业市场也不成熟，所以国内的竞争也处于无序混乱的状态，不利于新闻出版业的健康发展。

新闻出版单位认为，出版业的外部环境不够宽松，国内新闻出版单位自身的束缚太多，不利于出版业的正常发展。一方面，国有出版业被推向市场，原先的各种保护和优惠政策被逐步取消，主要的收入来源即中小学教材教辅的出版发行面临改革。另一方面，经营者和管理者分开后，二者的职能转换与相互关系需要磨合、适应的过程。选题、书号等管理制度成为制约出版业发展的瓶颈。所有这些问题都给出版业带来比较大的压力和挑战。

从新闻出版单位的角度看，经济增长过分依赖教材教辅的状况依然存在，这严重制约了产业结构的优化，制约着新闻出版业的健康发展。现阶段，实体书店越来越少，多数书店正是依靠教材教辅的销售来维持生计。这种现象在中国出版业相当普遍，而且由来已久，是计划经济时代遗留下来的问题。这个问题不解决，国内出版业就无法与国外同行同台竞争，必然会在市场中败下阵来。

出版业的另外一个结构性矛盾是出版物的种类和数量增长过快，超过了现有的市场消化能力，从而在很大程度上浪费了资源。这说明在出版市场中供求关系是失衡的，供求双方都存在很多问题。一方面，出版商不能提供足够的能够满足市场需求的产品，也就是说，供给不足；另一方面，消费者的消费需求没有得到有效开发。与发达国家相比，中国人的阅读水平比较低下。据统计，中国读者平均每年只读四五本书，很多人几乎不读书，或者只读与自己工作有关的实用性的读物。尽管中国图书的定价总体上是比较低的，但多数中国人在购买图书上的花费更低。这与国民的素质普遍不高有关。很多中国人认为，读书是没用的，能够赚到钱才是最重要的。

与此相关的是，出版界低水平重复的现象极其普遍，出版创新能力严重不足。长期以来，出版物同质化倾向非常明显，不同的出版单位之间互相抄袭，互相模仿，只要是容易销售的图书，很多出版社一拥而上，争相出版。比如，当代文学名家名著，古代文学名家名著，著名专家学者的著作，被出版单位一版再版，重复出版，充斥着大大小小的书店。这种低水平的重复出版只能造成恶性竞争，不利于出版业的健康发展。

出版业的创新能力严重不足是不争的事实。比如在教材出版、工具书编纂、畅销书的策划等领域，最重要的创新主体应是出版者。但实际上出版者并没有尽到创新者的职责。教材编写上依赖教育主管部门，双语词典依赖于国外进口，而畅销书的策划又经常依靠专门的工作室。低水平的重复出版、模仿出版也是创新能力不足的突出表现。出版物的质量决定于它的内容，而内容的好坏取决于作者水平的高低。但多数出版单位不重视发掘、培养高水平的作者群体。为了提高经济收入，出版单位重视畅销书的开发，一味地迎合读者的口味和水平，开发出大量的文化垃圾，对社会主义精神文明建设几乎毫无价值，甚至有百害而无一利。这是行政主管部门和出版界需要认真对待的问题。

出版界创新能力不足，与出版界人才匮乏有关。出版业刚刚完成转型，直接面对市场，这对传统出版社而言是严峻的挑战，需要相当长的磨合期。同时，出版集团缺乏企业管理方面的人才，这使得它们在市场竞争中处于不利地位。因为对于公司来说，管理水平是决定公司生存和发展的关键。西方公司的经验是七分靠管理，三分靠技术。为了在竞争激烈的市场中站稳脚跟，求得发展，出版业对专业化的管理人才的需求越来越急迫。但现实的情况是，这方面的人才还是比较匮乏，需要大力引进和培养能够应对市场的出版方面的管理人才。

出版业本是一个典型的文化产业。从事出版业的人应当具备较高的文化素质和管理水平。但现实情况却不尽然。在当前的出版界，很多人的文化素质是不高的，不少领导干部又片面追求经济效益，对出版业的文化属性弃之不顾。再者，现阶段，出版业的制度建设还不完善，对出版业的各种束缚还大量存在，使得出版业难以有较大的作为。业内人士认为，出版的本义是文化传承。但在市场经济条件下，出版业正被迫转向以经济效益为主。这对出版业的文化属性是极大的伤害，同样不利于出版业的健康发展。

从读者的角度看，当前出版物的质量越来越差，价格却越来越高。所谓质量，不仅是指出版物的内容，也指出版物的外部形态，如印刷质量、纸张、校对、装帧等方面。就图书而言，现在大多数出版社出版的多数图书在纸张、印刷、校对、装帧等诸多方面是粗制滥造的，不管内容好的还是不好的出版物，都是这样。出版界这样做的出发点是为了降低出版成本，降低出版物的定价，以迎合广大读者的心理预期和消费能力。但这样做并不是明智的。低价固然令读者满意，但低质量又引起读者更大的不满。归根结底，读者对出版物的评价取决于内容，而不是价格的高低。越来越多低质量的出版物只会逐步破坏读者的消费意愿，降低读者的阅读水平，最终使得读者丧失对出版单位的信心。这对出版者而言是得不偿失的。所以，出版者不应当一味迎合读者的口味，不要一味打价格战，而是要积极引导和提高读者的阅读范围和阅读能力，这样的话，既能不断开发读者的消费潜力，又能真正成为文化的传承者，从而在出版、文化传承和读者的相互关系中形成良性循环。

传统出版业面临着数字化浪潮的冲击和挑战，生存困境越来越大。在国外，数字出版方兴未艾，不断地冲击着传统出版业的生存，其发展势头完全盖过了传统出版业，正在重新塑造出版业的格局。在中国，数字出版却刚刚起步，与之相关的管理体制、市场秩序还没有完全建立起来，数字出版还处于无序状态之中。现阶段，我国的数字出版仍然处于低位徘徊，有关电子书的分成方案、定价机制、电子阅读器与实体内容的无缝对接、便捷的下载与支付体系等方面都有待进一步完善。时至今日，数字出版产业链仍不平衡，渠道供应商与技术提供商过于强势，作者与内容生产商一直处于弱势地位，缺少相应的话语权与主导权。内容资源被廉价使用，利润分成不尽合理，第三方监管缺失，强势环节挤压弱势环节的情况屡屡发生。与西方出版集团相比，国内出版集团对内容的掌控能力远远不够。内容资源不够多、不够强，内容资源管理不规范，这些也都成为出版业数字化转型的制约因素。有关专家认为，如果传统出版业不能应时而变，无法及时跟上时代的步伐，就很可能会沦为夕阳产业。

在出版与发行的供销关系上也存在很大问题。一方面，地区行政壁垒森严，人为地将出版市场进行分割，山头思想严重，地方保护主义盛行，严重阻碍了出版物的发行渠道。所以，出版界应当打破这种人为的壁垒，建立起公平、合理、开放的市场秩序，为读者提供更多更好的出版物，促进出版业

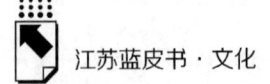

的健康发展。另一方面，作为发行方的书店也存在问题，其过长的账期，贷款的拖欠和占用，频繁的退货，恶意的破坏，这些都不利于出版业，需要各方面下大力气加以解决。

从行政管理部门看，随着出版业市场化、产业化的巨大转变，行政主管部门也需要转变职能和管理方式，从而更好地适应新形势。政府职能转变的目标是从传统的命令型政府变为现代的服务型政府。在市场经济条件下，政府的职能必须限定在提供公共产品，建立健全市场交易规则，维护市场秩序，实施宏观经济调控，加强知识产权的保护等方面。在这个方面，我们应当向西方发达国家学习。

出版业属于知识密集型产业。长期以来，盗版现象猖獗，这是一个人人皆知的顽疾。尤其是在市场经济条件下，很多公司为了追求暴利，对畅销的出版物进行疯狂的盗印、复制，令人防不胜防，无可奈何。盗版行为使被盗者损失惨重，也令消费者上当受骗。据统计，正规出版社出版的音像电子制品所占的市场份额不足10%，这是令人震惊的。对盗版盗印现象，读者、出版者、行政主管部门应当联合起来加以抵制。但遗憾的是，这三方面对盗版行为的抵制都是远远不够的，行政主管部门有责任下大力气制止盗版行为。

需要指出的是，上述问题并不仅限于江苏出版业，全国出版业均存在类似问题。要解决这些问题，必须加强顶层设计，在全国范围内进行改革和创新。

三 对策与建议

由于受到国际经济的影响，最近几年中国经济的增速有所放缓，引起了大家的担忧。为了继续保持较高的经济增速，中国政府深化改革，鼓励创新，进一步解放社会生产力。新闻出版单位的企业化改制正是党和政府为发展文化产业而进行的改革，符合人民群众的根本利益，也取得了一定的成效。

但出版业以及整个文化产业有一定的特殊性，不可与一般产业等量齐观。出版物既有商品属性，同时也有文化属性，是精神文明的物质载体，所以不能完全以市场价值来衡量出版物，因为很多出版物的价值无法以金钱来衡量，或者说它们是无价的。因此，一味以经济指标来考核出版单位是不合理的，甚至是有害的。那些没有市场但对国家和社会确实有益的出版物，比如人文类的出版物，传统文化类的出版物，政府应当加以保护和支持。所以，对古籍出版社一类的出版单位政府应当加以扶植和保护，对学术性的出版物也应当大力支持。

知识创新关系到国家和民族的生存和发展。为了鼓励创新，政府应当加大对知识产权的保护力度，进一步加大对盗版行为的打击力度。长期以来，出版市场上低水平重复的问题十分突出，盗版行为猖獗。这些问题严重阻碍了文化创新，不利于文化产业的发展。因为出版单位通过互相模仿、互相窃取就可以轻松赚钱，那么大家就不需要投入很多资金、时间和劳动力去开发新产品。这样做的结果就是整个国家和社会的创新能力受到遏制。

与发达国家相比，中国的出版业在规模上明显偏小，与中国的人口规模也不匹配，无法满足人民群众日益增长的文化需求。目前，全国的出版社不足一千家，而发达国家往往有数万家。所以，中国不仅要提高出版业的质量，还应当扩大出版单位的数量。现在的出版单位是国有的，以后可以学习外国的经验，允许私人投资出版业，注册成立出版社。民国时期就有过不少知名的私立出版社，如开明出版社，它们出版的优秀出版物至今还在流通。

在行政体制上，要进一步理顺党委、新闻出版广电局与作为市场主体的出版单位之间的关系，进一步解放思想，为出版业创造一个公平、合理、自由、宽松的环境。对行政主管部门来说，要尽量减少对出版单位的干涉与束缚，将宪法赋予公民的出版自由落到实处。因为对知识创新来说，自由、宽松的环境是极其重要的必要条件，没有这种环境，创新就无从谈起。在选题、书号管理上要赋予出版单位更多的经营自主权，尽快改变平均分配的老办法。

适度的竞争是利大于弊的。所以，应当尽快开放出版业市场，拆除国内

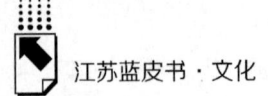

人为造成的壁垒，消除地方保护主义；既要允许国内出版商互相竞争，也要允许国外出版商进入中国。在与国外出版商同台竞争的过程中，中国的出版商必将更加成熟和壮大。而消极的保护反而不利于中国出版业的成长和壮大。

对行政主管部门和出版单位而言，要切实重视和提高图书的质量。对读者而言，中国的出版物在价格上固然是比较便宜，但相应地，图书质量也普遍不高。内容上互相抄袭、雷同，纸张、校勘、印刷、装帧等方面都难以令人满意，这是读者对国内出版物的普遍印象。要彻底改变人们的这种不良现象，需要出版单位下大力气。

加强市场监管，健全出版市场的各种制度，创造公平、合理的外部环境。当前出版市场上，不仅盗版现象突出，而且市场竞争极其混乱，非法的出版物层出不穷，大量的低劣出版物充斥市场。行政主管部门应当认真加以治理。

B.23
江苏博物馆发展现状报告

倪惠颖*

摘　要： 近几年，江苏省在稳步扩大博物馆发展规模的基础上，更加注重博物馆质量建设。通过推动免费开放、提升博物馆展陈质量、加强博物馆文物保护和保存环境建设、优化博物馆体系等，增强了博物馆的社会公共服务职能，改善了博物馆的质量。目前，江苏省博物馆仍然存在发展不均衡、社会教育功能薄弱等问题，亟待决策层转变理念，在提升现有博物馆效能上下功夫，真正以人为本，特别是以青少年儿童为中心，最大限度发挥博物馆的现代教育功能。

关键词： 江苏　博物馆　教育功能

博物馆作为陈列、展示、宣传人类历史文化和自然遗存的重要场所，是国家文化事业的重要组成部分，是公共文化服务体系及国家教育体系的重要内容。改革开放前，全国博物馆不到350家。据统计，至2014年年底，全国已有4510家博物馆，其中免费开放的博物馆达到3717家。近十年，我国文物博物馆事业进入快速增长的时期，全国每年平均增加200多家博物馆。2015年，我国超额完成国家文物局制定的《国家文物博物馆事业发展"十二五"规划》，博物馆作为国民公共文化系统的重要基地，办馆水平和服务

---

* 倪惠颖，女，辽宁庄河人，江苏省社会科学院文学研究所，副研究员；研究方向为中国古典文章学、中国古代小说、明清文学。

质量都有不同程度的提升，全国博物馆年均举办陈列展览总数达到 2.6 万个，年均接待观众总数增至 7.2 亿人，基本形成以国有博物馆为主体，民办博物馆为补充的现代博物馆体系。

江苏是历史文化大省，在中国的博物馆事业中，一直走在前列。早在 1905 年，清末状元张謇在家乡南通创办了中国第一个公共博物馆——南通博物苑；1933 年，"国立中央"博物馆筹备处在南京建立，大量收藏国有文物，此为南京博物院的前身。新中国成立后，江苏博物馆事业在深厚的历史文化基础上蓬勃发展，各市县的地方历史博物馆以及反映江苏经济文化特点的专门性博物馆相继建立，反映江苏历史文化名人活动的一批纪念馆也陆续建成。进入 20 世纪以来，江苏的博物馆已逐步形成以省级馆为中心，市级馆为骨干，行业馆为特色，以公办馆为主体，民办馆为补充的现代博物馆体系。

一 江苏博物馆发展从数量增长向质量提升转变

近年来，江苏省博物馆规模稳步增长，每年以约 10 家、20 家的数量递增，博物馆从业人员每年以几百人的数量增加，博物馆类别丰富，涵盖历史文艺和自然科技，以历史文艺类博物馆为主，详见表1。

表1 2012~2015 年江苏博物馆与从业人员统计

	机构数（家）				从业人数（人）			
	2012	2013	2014	2015	2012	2013	2014	2015
博物馆	266	292	301	312	4966	5665	5948	6181
综合	73	75	75	78	1964	2324	2355	2749
历史	121	133	140	143	2217	2447	2661	2478
艺术	53	56	61	61	591	666	707	701
自然科技	8	8	8	8	63	63	59	59
其他	11	20	17	22	131	165	166	194

资料来源：江苏省统计局、国家统计局江苏调查总队编《江苏统计年鉴2014》，中国统计出版社，2014，第471页；江苏省统计局、国家统计局江苏调查总队编《江苏统计年鉴2016》，中国统计出版社，2016，第539页。

近几年，江苏省博物馆数量和从业人员在稳步增长的基础上趋于稳定，博物馆数、从业人员数均居全国第1位。为充分实现博物馆的教育、娱乐以及研究等功能，真正做到服务民众，如何提升博物馆质量和服务显得尤为重要。2010~2015年，江苏省启动并顺利完成"十二五"文物事业发展规划，在提高博物馆质量和服务水平方面取得新的进展。有关"十二五"文物事业发展规划完成基本情况，详见表2。

表2 江苏省"十二五"期间文物事业发展指标完成情况统计

指标性质	项目	规划指标	实际完成情况
约束性指标	1~6批全国重点文物保护单位的重大文物险情排除率	100%	100%
	地市级以上中心城市拥有功能健全的博物馆	1座	完成
	地市级以上中心城市功能健全的博物馆达标率	100%	100%
	国有博物馆一级文物的建账建档率	100%	100%
	一级风险单位中的国有文物收藏单位防火、防盗设施达标率	100%	未完成（属国家文物局审批权限）
	"县县有博物馆"目标达标率	100%	完成
	第七批全国重点文物保护单位的重大险情排除率	100%	完成
预期性指标	第三次文物普查成果数据库的建档率	100%	100%
	世界文化遗产、列入国家100处大遗址保护项目库的2处大遗址、国家一级博物馆的监测预警平台建成率	100%	100%
	省级以上文物保护单位的完好率	90%	100%
	二级以上馆藏文物的建档备案率	100%	完成
	二级风险博物馆安防达标率	80%	100%
	博物馆、纪念馆每年举办专题展览	800场以上	完成
	博物馆、纪念馆年均接待参观者的数量	5000万人次以上	完成
	江苏数字博物馆建设	完成	完成
	地市级文物行政执法机构建成率	80%	100%
	县区级文物行政执法机构建成率	60%	97%
	建成省级文物安全示范区（示范单位）	3个	5个
	建成重点省级文物保护科研基地	2~3个	国家级2个
	扶持重点文物保护科技项目	1~2个	2个

资料来源：《江苏省"十三五"文物事业发展规划》，江苏省文化厅官方网站：http://www.jscnt.gov.cn/whzx/tzgg/201609/t20160907_42754.html。

五年来，江苏在博物馆事业发展上取得了以下几个方面的成绩。

第一，博物馆体系得到优化。南京博物院是全国三大博物馆之一，作为江苏省唯一的省级博物馆，过去五年，在原有的基础上完成"一馆六院"格局的改造。扩建后的南京博物馆包括特展馆、江苏古代文明馆、艺术馆、非遗馆、民国馆和数字馆六个展馆，共有展厅30个，面积超过84000平方米，展出文物总数也将由原来的5000件增加到4万件左右。南京博物院扩建工程是江苏文化强省建设的又一标志性成果，对全省博物馆发展起到引领与示范作用。全省基本实现"县县有博物馆"。同时，加强了博物馆基础设施、安全防范设施、保管装备、保存环境控制设施、陈列展示设施的建设。截至2014年年底，全省共有博物馆、纪念馆282个，其中文物行政部门所属博物馆135家，非文物行政部门所属的行业性国有博物馆89家，民办博物馆58家，国家一级馆5家。馆藏文物90余万件（套），其中一级珍贵文物2565件（套）。南京六朝博物馆、江宁织造博物馆等一批新馆建成并投入使用。基本形成以省级馆为中心、市级馆为骨干，行业馆为特色、民办馆为补充的多元化博物馆体系。

第二，博物馆免费开放全国第一。江苏省博物馆免费开放工作经历一个不断深入、细化的过程。2008年年初，江苏省在全国率先实行省级公益性文化设施（南京博物院、南京图书馆、江苏省美术馆）免费开放。2011年，江苏在全国率先开展博物馆免费开放绩效考评工作，制定并出台了《江苏省公共博物馆、纪念馆和爱国主义教育基地免费开放专项资金管理办法》，为免费开放提供制度和资金保证。至2012年，全省文化文物系统符合免费开放条件的博物馆免费开放率已达90%以上，2013年，江苏省文物局组织开展博物馆免费开放绩效评估试点，上报《江苏省2012年度博物馆免费开放绩效考评报告》《江苏省博物馆免费开放绩效评估试点工作报告》，博物馆免费开放工作不断深化，至2015年年底，全省免费开放的博物馆、纪念馆达225家，居全国第一位，占总数的72%。作为人类历史文明成果的展示媒介，博物馆的免费开放消除了参观者的一道门槛，体现了管理者对公众文化权益的高度重视。免费开放使博物馆的认知度明显提高，参观人员数量大增。2008年是江苏省试水博物馆免费开放的第一年,与之前的2007年比较,参观人数增加了一倍多,博物馆的受众层面迅速扩大,此后每年都以几百万人的规模递增。其中2014年未成年人参观人次接近2000万,较未免费开放前的2007年多了3倍多,详见表3。

表3 2007～2014年江苏各类博物馆展览场次与参观人数统计

年份	举办展览(场)	参观人数(万人次)	其中未成年人参观人数(万人次)
2007	752	1585.2	454.3
2008	984	3219.8	838.4
2009	926	3928.1	1269.8
2010	1063	4556.8	1255.7
2011	1110	5211.7	1216.97
2012	1212	5500.36	1331.85
2013	960	6122.405	1464.452
2014	1101	7044.374	1884.675

资料来源:江苏省文化厅编《江苏文化年鉴2015》,广陵书社,2016,第287页;江苏省文化厅编《江苏文化年鉴2014》,广陵书社,2015,第309页;江苏省文化厅编《江苏文化年鉴2013》,广陵书社,2014,第343页;江苏省文化厅编《江苏文化年鉴2012》,广陵书社,2013,第337页;江苏省文化厅编《江苏文化年鉴2011》,广陵书社,2012,第364页;江苏省文化厅编《江苏文化年鉴2010》,广陵书社,2011,第344页;江苏省文化厅编《江苏文化年鉴2009》,中国摄影出版社,2010,第354页;江苏省文化厅编《江苏文化年鉴2008》,中国摄影出版社,2008,第472页。

免费开放使博物馆资源得到充分利用,博物馆的公共文化服务功能得到最大程度的实现。公众对博物馆的参观热情持续高涨,从一个侧面反映出博物馆正在走近大众,拉近与公众的距离。随着社会服务职能的不断强化,江苏省博物馆正在以一流的资源优势和潜移默化的方式,提升江苏民众的文化素质,满足广大群众的精神生活。免费开放使博物馆的文物资源"活"起来,使博物馆真正迎来了黄金时代,功莫大焉。

第三,博物馆展陈质量提升。一方面,江苏对重要博物馆有重点、有针对性地进行展列提升。南京博物院扩建后"一院六馆"格局改善了整个博物馆的陈列展览水平。2011年,柳亚子纪念馆等10家博物馆、纪念馆被列为2011年度全省县级博物馆展览展示和服务水平提升工程项目实施单位。2012年，开展全省县级博物馆展览展示与服务水平提升工程，确定常熟古琴艺术馆、宜兴市尹瘦石艺术馆、无锡乡镇企业博物馆、新四军四县抗敌总会纪念馆、沛县博物馆、新四军黄桥战役纪念馆等6家博物馆、纪念馆为2012年提升工程项目。2013年，江苏省选取苏州戏曲博物馆等十三家单位实施博物馆展览陈列提升工程项目。这些博物馆提升项目具有很好的示范性，特别是对中小博物馆和行业博物馆展览陈列质量的重视，为今后"十三五"期间整体提高博物馆的陈展水平提供了宝贵的经验。

另一方面，跨越博物馆馆际间的隔离，组织开展一系列巡回专题展览。全省各级博物馆发展不平衡，馆藏文物分布不均，大多集中在南京博物院等几个国家一级博物馆。大部分县级博物馆没有足够的藏品展出，展览单调并且常年不更新，陈列水平和所展藏品很难吸引观众，而藏品丰富的博物馆许多藏品又常年"睡"在库房，文物资源不能得到很好的利用，影响了博物馆功能的发挥。针对这一状况，"十二五"期间，江苏省整合优化省内的馆藏资源，加强馆际之间的交流，策划了一系列巡回专题展览。以藏品丰富的南京博物院为例，新馆扩建后基础力量更加雄厚。2014年，南京博物院全年推出25个大型专题展览，接待国内外观众250万人次，其中由南京博物院组织的"多彩的生活——南京博物院藏木刻年画展"等10个项目被纳入全省馆藏文物巡回展，在省内不同地区巡回展览，全年共巡展60余场次，吸引各地观众120余万人次，同时，带动了各市县博物馆抓住地方特色，提升本地区文物展览水平。

2011年，省文物局制定《江苏省博物馆陈列展览设计和施工资质管理办法》，规范博物馆陈列展览设计和施工资质管理，在设计和施工的管理层面为博物馆陈展水平的提升保驾护航。

第四，推动博物馆文物保护和保存环境建设。江苏博物馆积极落实文物保护的"四有工作"，即"有保护范围、有保护标志、有记录档案、有保管机构"，积极推进全省文物保护工程，开展历史文化名城保护、大运河沿线重点文物抢救保护、名人故居古民居抢救保护等重大文物保护工程，完善全省文物保护工程资质单位的年检工作。按照国务院统一部署，从2012年开始江苏省启动第一次全国可移动文物普查工作，对可移动文物普查进行档案整理和总结，并以可移动文物普查平台为助力，持续开展可移动文物的登录工作，逐步建立江苏省可移动文物信息管理系统及数据共享平台，推进智慧博物馆建设，加强对文物安全的管理和建设。至2015年年底，省级以上文物保护单位的完好率、第三次文物普查成果数据库的建档率、国有博物馆一级文物的建账建档率、二级以上馆藏文物的建档备案率，都是100%。1~6批全国重点文物保护单位的重大文物险情排除率为100%，一级风险单位中的国有文物收藏单位防火、防盗设施达标率100%，二级风险博物馆安防达标率100%，世界文化遗产、列入国家100处大遗址保护项目库的2处大遗址、国家一级博物馆的监测预警平台建成率达到100%。[1]

对博物馆现有馆藏的保护和维修，是博物馆文物保护的重中之重。近年来，江苏积极推进馆藏文物的修复、预防性保护工作。据统计，2011年，江苏省博物馆馆藏保护经费支出834.3万元，总支出73442.7万元[2]，占比约1.14%；2012年馆藏保护经费支出1369.7万元，总支出100728万元[3]，占比1.36%；2013年馆藏保护经费支出2083.4万元，总支出131823.3万元[4]，占比1.58%；2014年度馆藏保护经费支出1602.2万元，总支出118409.4万元[5]，占比1.35%。博物馆馆藏保护经费来源和支出比较稳定，基本上每年呈稳步增长的态势，为博物馆文物保护以及文物修复人才的引进提供了有力的资金保障。2014年，南京博物院、苏州博物馆等3家单位被列为国家文物预防性保护工程试点项目，南京市江宁区、仪征市等4个区县博物馆开展预防性保护试点工作基本完成。

---

[1] 详见"江苏省'十二五'期间文物事业发展指标完成情况统计表"。
[2] 江苏省文化厅编《江苏文化年鉴2012》，广陵书社，2013，第338页。
[3] 江苏省文化厅编《江苏文化年鉴2013》，广陵书社，2014，第344页。
[4] 江苏省文化厅编《江苏文化年鉴2014》，广陵书社，2015，第311页。
[5] 江苏省文化厅编《江苏文化年鉴2015》，广陵书社，2016，第289页。

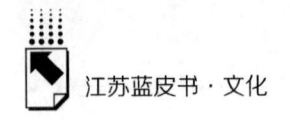

二 江苏博物馆发展中存在的问题及对策

江苏博物馆事业一直在发展中不断前进，但仍然存在不少问题，特别是在发挥博物馆社会公共效能上仍有许多不足之处，有待进一步解决。其问题主要集中在以下两个方面。

第一，博物馆发展不均衡。南京市博物院等国家级以及省级重要博物馆馆藏丰富，基本实现现代博物馆的管理模式，以县级博物馆为代表的中小型博物馆馆藏资源有限，管理模式单一，展览设计陈旧，很难吸引观众参观。近些年，采取博物馆巡回展览的方式加强了大博物馆和中小博物馆之间的联系，一定程度上提升了中小博物馆的展览陈列品质。后期，应有重点地培植一批有特色的中小博物馆。一方面，在有条件的地区实行博物馆群建设，实现中小博物馆在本地区的联动和互补，形成博物馆规模化、集中化和互补化的良好效应，增加吸引力。另一方面，通过人才培养、展览制作、活动策划等环节，加强省内国家级博物馆以及省级重点博物馆对中小博物馆提供技术支持和智力支持，提高中小博物馆的陈展水平和服务品质，更好地服务当地居民，使现代博物馆文化在县区扎根。

第二，博物馆的社会教育功能远远不能满足现代教育的需求。国际博物馆协会在2007年对博物馆定义进行了修订："博物馆是一个为社会及其发展服务的、向公众开放的非营利性常设机构，为教育、研究、欣赏的目的征集、保护、传播并展出人类及人类环境的物质及非物质遗产。"[1] 此举标志着现代博物馆在进入20世纪之后的巨大变化，即博物馆传统的收藏、展示、研究功能退居其次，博物馆的教育功能被推到首位，事实上，美国以及欧洲的博物馆早已经以承担社会公众教育以及青少年教育为己任，博物馆教育成为社会公众终身教育、专业教育以及青少年儿童教育的重要组成部分。当代欧洲和美国的博物馆，在开展青少年教育方面取得了相当的经验，走在了世

---

[1] 严建强：《拓展式教育：博物馆文化的新内涵》，《中国博物馆》2013年第1期。

界博物馆的前列，在很大程度上代表了当今博物馆发展的趋势。以美国为例，88%的美国博物馆有"K－12"（即"从幼儿到少年"）的教育项目，每年共为各个年龄段的学生提供量身定做的教育服务。美国的博物馆和学校之间建立了紧密的联系，从小学生到研究生，各种层次的学生都有相当一部分正式课程是在博物馆的展厅、教室、库房和图书馆等地进行的。[1] 在欧洲，特别是在美国，各大中城市都有儿童博物馆，除了以儿童为中心的儿童博物馆之外，各种类型的博物馆无不将儿童视为重要的服务对象，争相推出各种适合少年儿童的有特色的活动。从历史、地理到科学、数学和技术，孩子们将学校的课程内容带到生活中来，改变了少年儿童特别依赖传统课堂的学习模式，开拓了孩子的视野，启发了他们的灵感。

　　与欧美发达国家相比，我国对博物馆社会教育功能的开发还非常薄弱，江苏省作为博物馆大省，通过免费开放吸引了更多大众参观博物馆，其中包括广大青少年。2014年，完成国家文物局在江苏开展的"完善博物馆青少年教育功能"试点工作。作为江苏省最大博物馆，南京博物院屡次成为国家文物局深化试点单位，承担了"江苏省博物馆青少年教育项目库"。在首届"中国博物馆教育项目示范案例"评选中，南京博物院、苏州博物馆、常州博物馆等4个教育项目入选。初步尝试开展以青少年儿童为中心的博物馆教育工作，在扩大和深化博物馆教育功能方面走出了可贵的一步。目前，博物馆面向少年儿童的教育工作亟须整体展开。从近年来博物馆的参观人数来看，青少年儿童所占的比重还有待进一步提高，更重要的是，要转变思路和理念，需要在提升已有博物馆效能上下功夫，将博物馆的社会教育功能视为博物馆最重要的功能之一，真正以青少年儿童为中心，深入策划和开展博物馆的一些教育活动。

---

[1] 段勇：《当代美国博物馆》，科学出版社，2003，第99页。

B.24
江苏区县博物馆创新发展对策研究

余日昌*

摘　要： 为贯彻落实江苏省委省政府《关于推动文化建设迈上新台阶的意见》精神，根据2015年底国务院新颁《博物馆条例》要求，区县博物馆应当将保存文物的单一功能进一步拓展为开放、陈列展览、教育科研和创收，使其成为增强文化自信与弘扬社会主义核心价值观的重要窗口、江苏文化"三强两高"建设的主要载体，成为基层文化单位深化体制改革的实践主体。针对目前区县博物馆宣教服务功能不强、体系化程度不高、现代化进度不快等差距，建议通过深化文化体制改革，加强推进区县博物馆制度创新；通过标准化品牌化建设，完善区县现代化博物馆体系；通过引导鼓励社会参与，实现区县博物馆之间的跨地区多元融合；通过加强现代化建设，拓展区县博物馆公共服务效能，力争"十三五"期间江苏区县博物馆建设迈上新台阶。

关键词： 江苏　文博　现代服务

区县博物馆比市属博物馆拥有更大的服务半径及人群，在新型城镇化、美丽乡村、特色小镇、全域旅游等社会建设中拥有更多可发掘资源。区县博物馆主要是一些行业馆或专业馆，拥有丰富的红色文化、绿色文化、民俗文

---

* 余日昌，江苏省社会科学院哲学与文化研究所副所长，研究员。

化及行业文化等特色文化内涵和城市符号，形成了当地居民文化自信的根基，容易成为本地区主要标志。如今，政府已面临如何立足供给侧改革，进一步创新发展区县博物馆，提升现代公共文化服务效能的新要求。

一 区县博物馆的现状与不足

目前，江苏区县博物馆发展基础良好。全省登记注册博物馆285家（国有馆223家，非国有馆62家），其中区县所属博物馆约占70%。2014年，苏州市全市、南通市崇川区"环濠河博物馆群"建设分别建成第一批国家公共文化服务体系示范区与示范项目，2015年南京市江宁区成功申报第三批国家公共文化服务体系示范区创建资格，都离不开当地丰富博物馆资源等良好条件。但就全省而言，江苏区县博物馆还是普遍存在社会服务功能与社会基本需求不相适应、现代化建设水平与《博物馆条例》的新要求有差距等不足。

（一）宣教服务功能不强。与省市直属博物馆相比，区县博物馆普遍面临"如何以弘扬社会主义优秀文化主旋律为主线去贯通文物收藏、科研教育和传播展览三大办馆主旨"的共性问题，在自然馆、专题馆与科技馆及各类非国有馆中反映突出。每年，区县博物馆公开展览普遍不足40场次，平均每馆举办2场次（以南京市江宁区为例），包括外地游客在内的参观人数仅占全区常住人口的1/3。因此，在提供地区特色的专题文博展览与宣教服务方面，区县博物馆公共产品的供给服务尚有较大提升空间。

一是尚需深度挖掘馆藏资源内涵。由于经费和规划不到位，无法投入更多专家力量进行深度挖掘、凝练并盘活馆藏文物资源，无法策划更多主题鲜明、内容丰富的展览项目和社会教育活动。区县博物馆与当地大中小学共建爱国主义宣传基地的活动不多，定期巡展、宣讲、讲座、学术研讨会、座谈会等形式尚未充分利用，需要进一步加大宣传教育力度以增强中华民族的凝聚力和向心力。二是尚需进一步整合利用外部资源。目前，区县博物馆建设与发展依赖于公共文化服务体系建设，缺少相对独立的全区县整体发展规划布局安排及整体联动服务机制，大部分博物馆尚未与所在街道及乡村的优质文化旅游资源有机结合，全区县范围跨行业文化资源的有效对接及整合利用亟需顶层设计。

（二）体系化程度不高。我国博物馆体系虽然包括国有馆与非国有馆，但是前者为财政全额拨款事业单位，后者办馆主体往往是企业、非政府组织或个人，其运行经费完全依靠自筹，两类博物馆的生存发展存在着地位、待遇和境遇等方面的较大差距，导致现实中两类博物馆如何进一步融合成为一个有机体系，成为目前面临的突出难题和瓶颈。

从全省博物馆登记注册情况来看，相当数量条件较好的区县民办博物馆，即使基本场馆与藏品达标也往往不愿登记注册，其主要原因是办馆主体担心登记注册之后将成为"非营利组织"及"公共信托"，公共博物馆的"公益性"规定会影响它们原先自主进行的藏品流通交易、创收分配、物件财产属性等传统做法，进而削弱"以馆藏养馆"的生存基础。因此，区县博物馆对藏品的保护和管理，存在着国有博物馆相对确定与规范、民办博物馆相对不确定与不规范的明显区别。一些登记注册的非国有博物馆，其绝大多数藏品实为本行业、企业或个人拥有的待售商品，不少"镇馆之宝"最终还是进入了流通销售。因此，大多数区县可以登记注册的民办博物馆，却因长期游离于国家博物馆体系之外，既得不到政府评估定级、人才配置等规范管理，也得不到政府税费减免、经费补贴等资金扶持。

（三）现代化进度不快。国际上博物馆的现代化建设突飞猛进，对藏品保管展陈呈数字化、数据化和全息化趋势，其场馆管理运行呈体系化和社会化趋势，其宣传教研服务功能呈现出互动性和仿真性。相比之下，因为观念陈旧、专门人才和经费不足，区县文化部门对本地区博物馆藏品的登记管理基本停留在向上级简单填报水平，缺少最新科技手段对本地区文博资源做细致的分类统计整理。文化主管部门缺少本地区现代化博物馆体系或博物馆群的建设规划，缺少全区博物馆联动及藏品联展互动宣教的经常性安排，缺少文博系列文创产品的创新研发。在体制改革与制度创新方面，区县博物馆的现行管理依然沿用行政化或企业化的传统管理方式，尚未探索国际流行的博物馆理事会等现代化管理方式。

二 对策建议

推动全省区县博物馆创新发展，需要在总体思路、制度机制及社会参与等方面立足现代化建设，依托现代公共文化服务体系，努力形成"国有与民办馆际互助，文博文创与城镇建设互补，公共性服务与生产性保护互利"的新局面。

（一）通过深化文化体制改革，推进区县博物馆制度创新

适时建立博物馆法人治理结构，建立健全相关组织管理制度，实现政事分开、管办分离、转变现有传统管理体制。省市主管部门加强分类指导，选择区县条件较好的国有博物馆和民办博物馆进行试点，结合省市级博物馆（或一、二级博物馆）体制改经验，形成区县博物馆理事会决策机构、执行机构和章程准则三个部分的改革创新实施意见，出台并实施《江苏省博物馆理事会管理办法》，争取"十三五"实现全省区县级博物馆的理事会管理。

在上述基础上，以现代化要求改善或创新区县博物馆的藏品收藏机制、研究教育机制、宣传服务机制和文创增收机制。按照国家《博物馆条例》要求，在条件成熟时成立由国家、社会和个人等参与的多元化的全省或各市的区县博物馆发展专项基金。争取在现行江苏艺术基金第三类"艺术品收藏"扶持项目中，增设针对区县博物馆创新发展的分类目录以实现精准扶持。

（二）通过标准化品牌化建设，完善区县现代化博物馆体系

组织各市开展全市博物馆现代化体系的规划建设，其主要内容包括全区县博物馆群建设的科学布局方案、分类指导方案和科学评估办法。将全省公

共文化服务体系建设与创建博物馆城（比如南京）、全域旅游、美丽乡村等城市建设发展规划有机对接。适时编制《江苏省博物馆发展总体规划》，提出具体建设任务及其相关原则、规范、定级与评估要求。进一步探索建立民办博物馆扶持机制，针对民办博物馆开展标准化设计改造与现代化提档升级，由区县政府提供专项资金，扶持其免费开放服务，积极引导民办博物馆通过登记注册方式加入国家博物馆体系。

全省区县博物馆建立"以质量求生存，以特色求发展"的办馆理念，将特色建设与品牌建设作为区县博物馆创新发展的主要抓手，努力打造一定数量的区县国字号博物馆高端品牌。科学选址，在交通便利、配套服务环境优良的区县旅游景区中建设"博物馆分馆"，选择场馆条件较好的区县探索"省、市博物馆总分馆制"的建设模式，为国家现代公共文化服务体系的创新发展提供宝贵经验示范。以市级博物馆为龙头，联动各区县专题馆，不断聚集并交流一批具有江苏地方特色的优质文博品牌资源，积极打造本地区开放、合作、互补、共赢的现代化博物馆体系。

（三）通过引导鼓励社会参与，实现区县博物馆多元融合

建立博物馆联盟已成为国际博物馆发展的主要趋势之一。建议着手建立或完善以省市馆为龙头，区县馆为主体，政府部门、国有馆、民办馆（包括尚未登记的）、企事业单位、民间机构和个人收藏者参加的全省博物馆协会、全省博物馆志愿者协会等社团机构，建立健全博物馆慈善捐赠的激励机制，积极探索并形成社会多元化办馆的江苏模式，形成指导落实博物馆理事会管理制度及推进馆际联动机制，形成"国有—民办"馆际互助机制的主要运行机构，成为博物馆建设与教学、科技、金融、文创相融合的有效媒介或咨询机构。

政府主管部门应出台相关政策鼓励和奖励社会积极参与区县博物馆建设。从"四个结合"方面入手，引导区县博物馆实现跨地区多元化融合：一是"馆学研结合"，鼓励多方互动，促进人才培养、资源共享和基地共建；二是"馆际结合"，鼓励国有博物馆对民办博物馆开展精准的专业指

导；三是"企校结合",鼓励民办馆的办馆主体开设专门人才学校,针对馆藏物品的制作、收集、保管及循环文创开展知识培训;四是"村馆结合",鼓励有条件的旅游乡镇村社区建立博物馆分馆或新建专题馆,增加美丽乡村的文化内涵,提升旅游产品的文博内容。

(四)通过加强现代化建设,拓展区县博物馆公共服务效能

"以体验为中心、以观众服务建设为主旨"是博物馆现代化建设基本理念。建议从科普、教育、旅游、环保、遗产保护、对外交流这"六个向度",着手安排全省区县博物馆的现代化建设,出台相应激励政策并加大制度、政策人才和经费等方面保障。江苏具有全国领先的数字化高科技研发基础优势和成熟基地,应当成为推进全省区县博物馆现代化建设的强大助力。建议借助盐城国家大数据基地优势,大力推动博物馆现代化建设,支持全省数字博物馆的规划、研发和推广。充分利用新媒体技术,大力推进全省数字化博物馆与数字图书馆、数字文化馆、数字美术馆、数字档案馆等公共服务机构互动联动的全省文化场馆综合服务平台。力争"十三五"期间大幅度推进全省区县博物馆在信息化、数字化、专门化、大众化方面迈上新台阶。

在信息化方面,应将有利于各类博物馆的基本信息及时向社会公开公布及宣传教育。尝试建立全省统一规范的区县一级电视台博物馆频道,交流转播全省区县博物馆专题内容,定期组织博物馆讲座论坛并通过博物馆频道向社会播放,定期发布博物馆藏品及文创产品的专题介绍等。

在数字化方面,应让博物馆现代化技术应用水平跟上时代步伐,适应"互联网+文博"的国际化发展趋势,可积极探索开发建设区县文博门户网站,建设地区性的移动数字博物馆,将全区县与博物馆相关联的文化资源叠加,迅速扩大本地区向外的文化影响力和社会知名度。为有效推进上述工作,可适时成立区县级博物馆信息化与数字化服务中心来承办具体工作。

在专门化方面,应强化区县博物馆的现代化专门人才队伍建设。着重从综合性管理人才和业务专门人才两方面入手,积极培养文物保管、文物保护、档案管理和科学研究等专门人才。采用定向委培方式轮训在岗人员,克

服区（县）博物馆编制不足问题。民办博物馆可进一步总结（南京市）中国金箔艺术馆创办金箔学校培养专门人才的实践经验，总结南京海龙红木文化艺术馆与南京林业大学、浙江大学继续教育学院共建教学基地和培养专门人才的实践经验，有效利用本区高校教学师资力量，形成为区县博物馆培养专门人才队伍和开发专题研究的合作机制。

在大众化方面，应拓展区县博物馆物理空间外延，增加针对广大市民的服务内容。除完善现有展陈空间外，政府应当鼓励并适当资助区县博物馆去开辟影视、讲座、互动的学习空间，开辟观众休息、餐饮及购物的休闲空间，进一步体现现代博物馆的多功能性。

以上述"四化"为抓手开拓创新，将有利于加快江苏区县博物馆的现代化建设，大力推进全省文博事业迈上新台阶。

B.25
培育文交市场　引领社会风尚
——江苏区（县）书画艺术品市场创新发展对策研究

余日昌*

摘　要： 交流与收藏优秀书画艺术品是传播社会精神文明的有效方式之一。江苏县域经济发展走在全国前列，支撑书画艺术品市场日趋繁荣，相关活动接连不断，区域特色初见端倪。为进一步激励区（县）书画艺术品创作、规范市场交易、推进市场繁荣，为推进江苏文化发展迈上新台阶、建设"强富美高"的新江苏，本文以南京市江宁区为调查研究对象，根据江苏区（县）书画艺术品市场的大众化、快餐化、金融化、娱乐化和外向化特点，针对消费引导与产业集聚不足、科学评估与市场监管不足、主体体现与阵地利用不足等主要问题，提出完善制度保障、提升行业诚信，发展产业园区、建成行业平台、引导理性消费，提升行业服务等建议。

关键词： 江苏区（县）　书画艺术品市场　产业园区

一　江苏区（县）书画艺术品市场发展概况

江苏区（县）拥有优美的康居环境、现代化产业基地、自主型创新基

---

* 余日昌，江苏省社会科学院哲学与文化研究所副所长，研究员。

地或区域性交通枢纽，不少城市汇集有高等院校（如南京市江宁区有大学21所），形成一些书画艺术品交易集聚区，汇集书画名家名作，溯源艺术之根，弘扬传统文化。目前，江苏书画艺术品市场已跃出2014年全国性低谷，开始复苏，并呈现出大众化、快餐化、金融化、娱乐化和外向化等特点。

（一）大众化。政府大力推进现代公共文化服务体系建设，街道（社区）书画文化室创作交流活动迅速增加，书画艺术品收藏群体开始由"非富即贵"转向普通大众，民间书画创作与收藏爱好者人数明显增加。以南京市江宁区为例，目前该区正在创新中国成立家公共文化服务体系示范区，全区10个街道陆续建成基层综合文化中心，普遍拥有一定面积和稳定参加者的公益性书画活动室。全区128个社区居委会、72个社区村委会，都不同程度地组织了书画活动志愿者队伍；全区基层文化阵地书画爱好者已超过6万人，区文联下属书法家协会、美术家协会理事30多人，会员过千人。基层书画爱好者相互交换自己的作品并介绍购买名家书画，形成了区（县）书画艺术品市场重要的社会基础。

（二）快餐化。信息技术高速发展，使供需信息对称，市场交易透明，人为炒作价格泡沫破灭。经营书画艺术品的公司或个人可通过网站或微商微信群直接向社会公开发布，通过"特快专递+微信支付"方式成交。不少用作馈赠礼品的书画艺术品，可委托作者本人或供应商直接寄达受赠人。目前，这种快餐化的书画艺术品交易仅限于非收藏类或身价不高的作品。目前，江苏书画交易网站已近20家。中小网站主要以介绍美术培训考级为主，较大网站有江苏嘉恒文化投资公司的《艺术+家》APP线上拍卖平台、《艺江南微拍》平台、南京同曦艺术网（www.tongxiart.com）及其主办的中国美术聚焦网（www.artvf.cn）等。南京同曦集团采取线上线下两种方式，实现每天两场、全天候展拍，竞拍人可通过阅览电子图录进行自主随拍。当然，书画艺术品市场面对社会化、国际化、全球化发展的市场需求，尚需进一步与网络科技深度融合，尚需更多的专门人才和技术支撑。

（三）金融化。书画艺术品消费方式已明显由传统鉴赏转向保值增值。其投资性需求增加，投资型购买主体人数增加。以往的区县民间书画艺术品主要分布在一些装饰城，如南京市江宁区的金宝、新麒麟、金宝九竹、金发大市场、义乌小商品城、海乐达、龙豪、金宝湖熟商业广场等近10处大中型装饰城内，曾拥有近30处个体画廊专柜，以满足该地区消费型购买者的家庭装饰需求。随着书画艺术品的收藏保值或转让增值功能明显增加，人们纷纷转向书画艺术品投资，消费型书画产品的市场销售量锐减至原先的30%，上述专柜数量明显减少。目前江宁区仅存紫竹轩、吴斌、永平、鸿儒、水墨秦淮等不足10家个体画廊，除书画艺术品正常销售外，还需依靠字画装裱及销售陶瓷、茶具、木器等工艺品来维系日常经营。

另一方面，收藏书画艺术品已成为越来越多的机构和个人资产配置的重要选项，不少书画艺术品被打包成可典当质押或众筹销售的金融产品面世。至今，国内已有超过100支艺术品基金，30多款艺术品信托产品及艺术品投资组合产权和艺术品保险、融资典当、质押等产品面世，书画艺术品已开始发挥货币等价物功能。但是，由于缺乏书画艺术品价值评估、真伪鉴别和交易监管机制，上述行为只发生在民间金融机构。所以，区（县）书画艺术品市场如何应对金融变化，尚需加强政策引导与法规规范。

（四）娱乐化。目前，书画赏析活动已成为公共文化服务的基本内容。以江宁区为例，2013年区委宣传部联合江宁国资集团组建了东晋书画院，组织书画艺术品的创研与交流、培训与普及、展览与宣传等活动，资助群众性书画展览，培育书画爱好者群体，形成了区（县）公共文化服务平台，两年来举办了"笔情墨韵""东晋逸韵""瀚墨乡愁""薪火相承""翰墨乡情""美丽乡村""东晋墨韵""西域书风""方山艺术""新疆名家""齐鲁寻碑"等系列书画艺术品展览近20场，许多展品被参观者选购收藏。2013年，江宁区还成立了全国首个农民书画家协会——南京市农民书画家协会，邀请10多位书画名家担任协会顾问，发展农民会员100多人，组织4次全国农民书画大奖赛。同时，由企业家投资建设的尧缘盆景奇石馆，也被选为长期民间书画艺术品创作基地。借助书画艺术品的市场效应提升区（县）居民的社会精神文明程度，其开拓空间很大，同时亟须政府进一步加大资金和人才扶持力度。

（五）外向化。江苏不少区（县）书画艺术品场馆追求"高大上"，导致"两头在外"：一是大型文化企业雄心勃勃，将其书画艺术品交易体系及市场运作外移；二是草根书画创作者望而生畏，将创作与作品交易活动外移。以江宁区为例，一些较大型文化企业集团已着手高起点和高投入，扩大体量，转型升级，打造书画艺术品的国际市场体系，将书画艺术品市场发展推向了国际化和产业化。南京利源集团选择了"体系建设"的发展路径，投资5亿元建设百家湖国际艺术博物馆，并在北京、成都、广州三地建设分馆；分别在台湾、香港等地区及法国、新加坡、英国、美国等国家建成百家湖画廊。目前，该集团正在打造一个庞大的国际书画场馆体系，以推动艺术品创作界、收藏界及文化消费群体的全球化交流互动，形成高端学术批评与评价体系及全球共享的艺术品大数据平台，最终建立一个领衔南京、面向世界的书画艺术品生态产业链。

南京同曦集团则选择了"平台建设"发展路径，与南京国际展览中心、中国美术报社、中国国家画院等知名机构开展战略合作，积极打造高端平台载体，建设中国书画文化综合体。与上述机构不同的是，因本地缺少平民化、大众化、低成本的展陈——交易平台，江苏各地的画家往往不得不长期赴外省市参加各类笔会，以销售自己创作的书画作品。

二　江苏区（县）书画艺术品市场存在的问题

虽然国内书画艺术品市场取得了长足发展，但客观而言，书画艺术品市场仍存在以下问题。一是发展不平衡。身为二级市场的拍卖公司其发展呈上升趋势，拍卖成交额远远超过一级市场的画廊画店。但拍卖公司存在拍卖品自我炒作等不端行为，破坏了正常市场交易秩序。二是市场投机大于品玩鉴赏。如今投资商征战书画艺术品市场，非理性非专业的业余书画艺术品投机者占比已超过专业藏家，书画艺术品市场存在不稳定因素。从政府引导与管理角度看，仍存在以下不足。

（一）消费引导与产业集聚不足。区（县）普遍缺少政府主导的书画艺术品创作指导组织机构，如何引导与繁荣群众性书画艺术品创作展览、引导广大收藏爱好者保持正确的收藏消费观念与方式，尚缺少有效抓手。另外，区（县）普遍缺少政府主导或主办，具有一定书画艺术品创作生产和销售能力的专题文化园区，缺少书画艺术品创意产业发展引导机制，且地区性的民间书画艺术品市场聚集程度又较弱。

（二）科学评估与市场监管不足。区（县）普遍缺少书画艺术品市场的政府监管机制及公共服务平台，缺少政府主持的第三方书画艺术品真伪鉴定及藏品价值、交易价格评估机制。民间书画艺术品交易尚不规范，市场存在赝品和高仿书画产品，对消费者理性投资的信心和决心产生不少负面影响。

（三）主体体现与阵地利用不足。区（县）普遍缺少鼓励和引导文化企业投身书画艺术品市场的相关政策。面对区（县）缺乏具有代表性的经营书画艺术品老字号传统企业状况，我们仍未充分考虑如何以合理的方式积极引入品牌文化企业，创建书画艺术品市场的主体品牌。在主要的大中型书画艺术品交易活动中，区（县）机构人员的参与往往占比不高，主体体现仍显不足。书画艺术品品鉴收藏一类的惠民活动，尚未与公共文化服务体系中的图书馆、博物馆、美术馆、文化馆及基层文化阵地有机结合，尚未形成书画艺术品市场有效反哺公共文化惠民服务的正常对接方式与有效激励机制。

三 江苏区（县）书画艺术品市场创新发展的对策建议

进一步激活并繁荣江苏区（县）的书画艺术品市场，需要立足本地、立足大众、立足创新，依托行业发展，创建示范模式。

（一）完善制度保障，提升行业诚信

首先，应当加强制度规范建设。政府适时制定《江苏区（县）繁荣书画艺术品市场发展指导意见》，加强书画艺术品行业经营者的法治与规范意识，明确画家、画廊与收藏者之间的法律关系，制定本地区交易监管、评估打假等行业规范，规制职业道德，培育信用意识，维护消费者利益。可研究并试行南京利源集团所创立的艺术品交易"梅摩严艺术指数",对进入书画艺术品市场的原创作品,公开其市场方式、作品价格、交易过程、税收费用等,增加书画艺术品交易过程的透明度和诚信度。可针对画廊、拍卖行、艺术展会这三大书画艺术交易平台,充分发挥政府部门的组织功能,培养专业经营管理团队,建立有效协调机制,加强彼此对接的融合和和谐,形成区(县)书画艺术品行业的有效合作氛围。

第二,提高书画藏品保真程度。应当加大书画艺术品的权威鉴定力度,完善相关机制建设。可进一步推广利用南京利源集团所研发的脸谱和指纹印鉴软件技术,加快编辑书画艺术品的知识产权档案。可结合设置书画艺术品交易黑名单等征信记录方式,建立针对个人与企业机构的信用评估体系。以上述内容为基础,加快创建一两家全球信赖的永久保真交易网站。可将江苏嘉恒集团组建的江苏公共艺术品科技鉴定中心与南京同曦集团建立的艺术品价格评价标准体系有机结合,探索创新书画艺术品市场鉴定评估中的"江苏模式"。

(二)发展产业园区,建成行业平台

应当积极引导区(县)书画艺术品市场的有效聚集。为推进文化创新,激活并繁荣书画艺术品市场,需要着手建立政府部门、文化企业、艺术方家和社会机构共同参与,集创作生产与展拍交易、教研培训及文化传播、投资融资及资本运作为一体,能够高度集聚艺术资金、专门人才、优秀作品和各类活动的综合性书画艺术品文化产业园区,打造出地区性的书画艺术品产业大型孵化器。

有必要合理规划、引导并加强区(县)艺术品市场的交流交易平台建设。既鼓励文化企业做大做强走出去,也要兼顾基层群众,重心下移,多接地气,建好平民化、大众化的书画艺术品交易场馆平台,通过加强两方面有机结合,增强区(县)书画艺术品市场的集聚能力和承载能力,提高中产阶层的入市比重。

基于书画艺术品文化产业园区,融合本地区美丽乡村的丰富景观资源,

每年不定期组织举办各类相关活动，吸引大批国内外优秀画家、研究者、评论家常住画家村写生创作，美画、书写、评颂家乡，提升书画艺术品内涵，形成丰富的书画艺术品资源。将传统文化与时尚文化有机融合，依托辖区高校、科研院所集中的区位优势，努力开发书画艺术品动漫赏析研究，努力朝书画艺术品数字化文创产品方向拓展延伸。在党委政府支持下，争创省市级书画艺术品行业发展的名园、名店、名家、名牌和名气，推进区（县）书画艺术品市场的品牌化、多元化、产业化发展。

（三）引导理性消费，提升行业服务。

应当在新媒推介、大众赏析、专业定制等方面，积极探索创新书画艺术品的市场化服务方式。扩大江宁区《艺境》等拍卖界杂志的专业指导作用，积极引导书画艺术品收藏爱好者的理性消费。积极鼓励并组织推进区（县）书画艺术品市场与科技、金融、科研及公共文化服务进一步深度融合。组织本地区书画艺术品经营企业，借鉴、改进并推广江苏嘉恒文投公司的"书画艺术品收藏定制化服务模式"，在艺术品专项投资、产业园入园项目、文化会展拍卖、书画艺术金融产品、艺术媒体节目、艺术品电商等领域，形成国内专业化、综合化程度较高的书画艺术品行业服务机制，有效推进江苏区（县）一级的书画艺术品市场健康发展，力争"十三五"期间迈上新台阶。

B.26
江苏科普建设现状与思考

李 宁*

摘　要： 近年来，江苏高度重视提升全民科学素质，制定全民科学素质计划，对科普事业不断增加投入，新建或改建科普场馆等，初步形成了"大联合大协作"的科普格局。江苏公民科学素质达标率逐年提高，领先全国，但江苏科普建设仍然存在基础设施偏少且分布不均衡、科普资源利用率低、科普产业弱小、科普管理机制及保障机制不完善等问题。江苏科普事业的发展水平要与江苏经济大省、科教大省的地位相匹配，还需参照江苏文化体制改革经验，下放管理职能，建立与市场经济体制相适应的科普公共服务管理机制和运行机制；培育科普市场，放宽科普产业民间及海外资本准入制度，通过深化改革释放活力。

关键词： 江苏　科普建设　全民科学素质

科学技术普及活动有着悠久的历史，但有组织、有规划的全民科普建设，始于20世纪下半叶以美国为代表的发达国家。2002年，我国开始施行《中华人民共和国科学技术普及法》，提出"发展科普事业是国家的长期任务"。近年来，中央进一步强调"科技创新、科学普及是实现科技创新的两

---

* 李宁，江苏省社会科学院哲学与文化研究所副研究员。

翼，要把科学普及放在与科技创新同等重要的位置"①，把科普工作作为实施"科教兴国"战略、提高全民科技文化素质的关键措施。作为中国经济、社会、文化最发达的省份之一，江苏省委省政府对全民科学素质建设工作十分重视，通过不断增加科普投入、增强科普基础设施建设、优化科普工作环境、扩大科普覆盖面人群等有力举措，初步形成了"大联合大协作"的科普格局，科普成效显著。"十二五"以来，江苏省科普公共服务能力明显增强，公民科学素质有了显著提高，第九次全国公民科学素质抽样调查结果显示，2015年江苏省公民具备科学素质的比例达8.25%，高于全国平均水平2.05个百分点，居全国各省份第一。纵向来看，比"十一五"末的4.9%提高了近七成，尤其是自2013年以来的三年，这一比例连年递增：2013为6.2%，2014为7.1%，2015为8.25%，表明江苏公民科学素质达标率已经进入快速提高阶段。②

一 江苏科普建设现状

在科普基础设施建设方面，江苏硬件设施基础较好，科普场馆建设基建支出在全国居于前列，截至2015年底，全省建成综合性科普场馆17个，规划建设中的有5个；建成专业性科普场馆529个，累计接待2935万人次③。重点科普基础设施"江苏科学中心"正在规划筹建中，中心建成后将成为"以科学知识传播中心为主体，集省级学会科技创新服务、科普事业与产业产品研发、集成、物流、配送、科研学术交流和教育培训等多功能于一体的服务中心"④。从2013年开始，江苏筹划引领城区常住人口100万以上的城市全面建设综合性、现代化和有地方特色的科普场馆，以政府主导、省市县

---

① 《习近平在中国科学院第十七次院士大会、中国工程院第十二次院士大会上的讲话》，新华网2014年6月9日，http://cpc.people.com.cn/n20140609/c64094-25125270html。
② 《"十二五"公民科学素质建设成绩显著》，《新华日报》2015年9月30日第4版。
③ 胡玉梅：《科技工作者要勇立潮头争当"创客"》，《现代快报》2015年6月13日。
④ 欧阳平凯：《实施创新驱动战略 提高全民科学素养》，《新华日报》2013年5月20日。

联合的方式开发省级流动科技馆，确保苏北五市每个市都有省级流动科技馆。① 目前，苏北的地级市已经实现流动科技馆全覆盖，县级市流动科技馆全覆盖的项目正在实施中。

在科普传播与信息化建设方面，江苏重视发挥传统媒体在科普方面的重要作用，有《江苏科技报》《科学大众》等专业科普类报纸杂志，综合性报纸大多设有科普版面或栏目，各级电视台、电台都开设有科普类节目，江苏卫视"最强大脑"等科普节目在全国产生了重要影响。随着互联网和移动互联的迅猛发展，江苏紧跟传播技术发展潮流，打造"网上科协"，不仅省科协开通了"江苏省科协"微博和"江苏科普"微信，省科协在省内各地的成员单位也普遍开设了微博、微信等网络科普服务平台，以网络平台为依托，在线上和线下展开了丰富多彩的科普活动。② 江苏省科协创新运用PPP模式打造的"科普云"信息服务系统，是近年来江苏科普信息化建设的一大亮点，中国科普研究所在调研后认为这一系统"对基层科普工作起到很好的推动作用"。"科普云"信息服务系统于2016年4月28日正式开通，其建设目标是"采用跨域云和私有云相结合的先进技术，建立高效便捷、作用显著、覆盖全省、具有江苏特色的社区科普信息化服务体系。"③ 这一系统由科普云中心、网络平台、终端大屏三个部分组成，由省级信息平台提供科普资源"云端"服务，对苏北欠发达地区实行科普大屏等硬件配送，苏中苏南由本地进行自主配套，建成"集门户网站、手机APP、信息科普大屏和微信（微博）平台'四位一体'的科普资源省级加工、集成及服务中心"。④

在利用和整合科普资源方面，江苏是科教大省，全省有128家高等院

---

① 江苏省科协《用好社会科普资源构建江苏科普工作大格局》，《科协论坛》2013年第7期。
② 参见《江苏全民科学素质建设回眸》，《新华日报》2015年5月15日第8版。
③ 钟琦、王艳丽等《科普云信息服务系统的实践探索——江苏省科普信息化建设调研报告》，http：//www.crsp.org.cn/xueshuzhuanti/yanjiudongtai/11291n22016.html。
④ 钟琦、王艳丽等《科普云信息服务系统的实践探索——江苏省科普信息化建设调研报告》，http：//www.crsp.org.cn/xueshuzhuanti/yanjiudongtai/11291n22016.html。

校、47家科研院所、135个省级学会、330万名科技工作者,①科普资源丰富。江苏充分利用省内高校、科研院所众多的优势，鼓励、动员他们积极参与"科普周""科普日"活动。多个省级机构如住建厅、气象局、总工会等，将科普宣传工作纳入本单位绩效考核指标，省委宣传部、省科技厅、环保厅、农委、文化厅、卫计委、新闻出版广电局、旅游局、民防局、地震局等部门，经常开展全省科普服务联合行动，努力构建多层次科普工作格局。② 2012年，为整合全省科普资源、集成科普场馆的整体优势，江苏省科技类场馆工作人员和部分热爱科普的人士组织成立了江苏省科普场馆协会，此后，协会通过开展学术交流、合作研讨、咨询开发、教育培训等活动，在会员单位之间传递信息、分享科普工作经验。此外，江苏省还注重运用信息化、智能化手段推动优质科普资源整合共享，打造省级前沿高端科普资源服务中心、市级科普资源加工中心、县级民生科普资源加工分中心、社区应急科普资源发布平台等。③

在科普人才队伍建设方面，江苏积极探索科普专业人员培育和短期培训相结合的人才培养途径，2014年，江苏省科协与东南大学合作，在东南大学人文学院公共管理硕士的培养平台上，增加"科学传播"方向，首次招生培养"科学传播"专业硕士生。省科协、省教育厅、省社科联共同合作，完善科学教育师资建设和相关培训工作，④从2013年起，每年组织省内各市县科普部长、城镇社区科普员、中小学科技辅导员等对其进行专题培训；组织发动高层次科技人才参与科普事业，如2015年组建了118个"江苏省科技传播专家服务团"，聘任199名"江苏省首席科技传播专家"，组建131名"科普专家演讲团"，开展科普志愿者联合"三百行动"。⑤江苏还注重发挥大学生村官在农村科普工作中的重要作用，目前全省所有村镇均实现了

---

① 江苏省科协：《用好社会科普资源构建江苏科普工作大格局》，《科协论坛》2013年第7期。
② 参见江苏省科协《用好社会科普资源构建江苏科普工作大格局》，《科协论坛》2013年第7期。
③ 《江苏科普日："万众创新拥抱智慧生活"》，《新华日报》2015年9月18日，第8版。
④ 肖朋：《江苏全民科学素质跃上新台阶》，《江苏科技报》2014年3月17日，A03版。
⑤ 《"十二五"公民科学素质建设成绩显著》，《新华日报》2015年9月30日，第4版。

大学生村官科普员全覆盖。深入实施"万名科技专家兴农富民工程",建成国家级农村科普示范基地45个,科普带头人60名。[①]

在组织开展科普活动方面,以江苏省科协为主的有关单位和部门,创新活动载体和形式,针对不同的科普对象,广泛开展科普活动。如主办了第28届全国青少年科技创新大赛,并以此为契机,推动科普活动覆盖全省中小学;以科普宣传周、科普日等主题,以科普宣传活动为抓手,围绕雾霾等群众关心的热点问题,精心组织发动群众性科普活动;加大科普宣传力度,在充分利用主流媒体的同时,积极引导移动互联网等新媒体,开设科普宣传主题专栏;利用各种科技场馆、科普教育基地,举办内容丰富、各具特色、便于群众参与的科普展示教育活动;开展"基层科普行动计划",推广社区科普大学和科普惠民服务站等,努力推动科普工作网络向基层延伸。

在科普资金投入方面,十二五期间,江苏省级人均科普经费实现较大幅度增长,总量实现翻番,并且新增加了科普信息化、流动科技馆等财政专项资金。"十二五"期末,13个省辖市科普专项经费达4953万元,比"十一五"末增长31%。为改变科普经费主要靠政府财政投入的状况,江苏省近年来不断尝试拓展科普投入渠道,想方设法引入社会资金兴办科普事业,如无锡市在科普设施建设过程中,坚持社会联动,多元发展,充分开发和利用企事业、科研单位等社会各方面资源,形成了"科协推动、社会联动、示范带动、集群互动"的科普场馆建设"四动"运营模式。[②]

在科普产业方面,随着近年来公众对科普产品和科普服务的需求增长迅猛,江苏科普市场越来越繁荣,经营性科普产业开始扬帆起航,一些从事科普场馆、科普主题乐园整体策划设计,从事科普展品、科普教具、科普玩具研发生产的科普企业悄然崛起,部分企业已有一定发展基础、有自主知识产权的核心技术,志在打造中国科普产业"领军企业"。江苏省委省政府对经营性科普产业给予支持和引导,如积极开展省级科普产品研发基地,对成长

---

① 《江苏全民科学素质建设回眸》,《新华日报》2015年5月15日,第8版。
② 《"十二五"公民科学素质建设成绩显著》,《新华日报》2015年9月30日,第4版。

性好的科普企业进行重点培育,并创建了一些科普产业园。科普产业与文化产业、旅游业的融合也取得了一定成效,如苏州市对100多家县级以上科普教育基地进行整合,与旅游业相结合,打造特色科普旅游专线。常州市恐龙园、嬉戏谷等科普旅游项目,目前接待游客数量已超过千万人次。①

在科普组织领导机制和保障机制方面,江苏省委省政府以"全民科学素养提高"为目标,制定了《江苏省全民科学素质行动计划纲要实施方案(2016—2020年)》等中长期发展规划,并将"公民科学素质达标率"纳入"江苏基本实现现代化""苏南现代化建设示范区""创新型省份建设"指标体系。② 由于科普领域具有行业跨度大的特点,省政府为统筹协调科普建设,专门成立了"江苏省全民科学素质领导小组",成员单位现有31个,省科协还设有全民科学素质工作办公室,进一步增强科普工作的协调能力。为健全责任落实机制,江苏省政府与全省13个省辖市、各省辖市与所辖县(市、区)、96个县(市、区)与所辖乡镇(街道)签订了《加强公民科学素质建设目标责任书》,每年召开省全民素质工作推进会,分解落实全省各实施部门和地方政府的目标责任。③

二 当前江苏科普建设存在的问题与挑战

虽然江苏科普建设已取得一定成效,但与发达国家科普水平相比差距较大。当前江苏科普建设中存在的问题主要有以下几方面。

1. 科普基础设施建设有待加强

虽然近年来江苏各地兴起建设科普基础设施的热潮,但与北京、上海等地相比,江苏的科普基础设施仍然偏少,并且南北分布不均衡、城乡差距较

---

① 江苏省科协:《用好社会科普资源 构建江苏科普工作大格局》,《科协论坛》2013年第7期。
② 参见江苏省科协《江苏:补齐短板创新举措全力推进科学素质工作》,http://www.cast.org.cn/n35081/n35473/n35518/16686846.html。
③ 《"十二五"公民科学素质建设成绩显著》,《新华日报》2015年9月30日,第4版。

大。已有的科普场馆之间没有形成统筹协调的体系，很多科普场馆利用率不高，展品、展教手段普遍存在陈旧落后的现象，场馆管理不完善，服务意识不足、服务能力不强。虽然江苏鼓励高校、科研机构、工程中心（实验室）、科技社团向公众开放科技类设施，一些企业也尝试开放部分工业设施并开展工业科普，但实际操作过程中，在资金、管理、人才等方面障碍重重，使社会公众真正能接触、能利用的科普设施数量很少。

科普经费投入不足，资金来源渠道狭窄。江苏省投入科普领域的经费总量虽与"十一五"期末相比有较大的增长，但仍然难以满足近年来人民群众爆发式增长的科普需求，人均科普经费不高。一些市、县、区的科普经费还没有纳入财政预算，科普经费不能保证逐年增长。科普公共服务主要依靠政府财政投入，公众支持科普意识还不强，来自企业、社会组织和个人的捐赠较少。而由于门槛高、资金回流慢、风险大等因素的存在，社会资金难以进入科普领域。

科普产业小、散、弱。江苏的科普产业还没有形成完整独立的生产和服务体系，科普产业布局分散、集中度低、增长缓慢。国有科普企业存在经营管理方式落后等问题，难以适应市场要求；民营科普企业不仅数量少，而且普遍规模较小，缺乏有影响力的知名企业、龙头企业。一些科普产品生产企业对科普的理解停留在肤浅的层面，生产出的科普产品偏重娱乐性，知识性不足，[①]产品知名度普遍偏低。更重要的是，当前江苏科普产品生产企业不仅缺乏行业标准、地区标准，连企业标准都未能建立，制约了科普产业健康发展。此外，由于投资风险大，现行政策对民营科普企业还有诸多限制等因素，科普产业吸引资本的能力较弱，缺乏在资本市场上筹集投资资金的能力，严重制约了产业的发展壮大。总体来看，江苏的科普产业还属于"幼稚"产业。

科普人才数量少，质量有待提高。目前，江苏不仅普遍缺乏科技传播学、博物馆学等专业科普人员，跨领域的科普产业经营、管理人才，尤其是

---

① 杜颖梅：《江苏科普产业"热"启动》，《江苏经济报》2013年9月19日，A1版。

有经验的高水平人才更是严重缺乏。江苏众多高等院校还没有跟上科普建设发展速度，尚未建立起贴近科普公共服务业和科普产业所需的专业人才体系。相对于改革力度较大的江苏文化体制，江苏科普人才管理机制还比较落后，一些政府机构和事业单位的人事管理方式停留在计划经济时代，人才流动受到严重制约。在现有的科研评价体系和职称晋升体系中，科普仍然被认为是简单、重复、无创造性的劳动，在评价、激励机制上没有足够的保障，[1]科普人员缺乏职业荣誉感，科研工作者往往不屑于从事科普工作。

2. 科普资源分布不均衡，并且没有得到很好的开发和利用

江苏科普资源丰富，但地区差异、城乡差异明显，科普资源主要集中在城市和苏中、苏南发达地区，苏北欠发达地区尤其是农村地区，科普资源匮乏且分散，管理和利用的难度较大，资源利用率很低。由于经费缺乏、科普意识不强等原因，一些乡村和基层社区的科普场所长期没有开展活动，甚至被挪作他用，科普宣传栏也很久才更新一次。

3. 缺乏专门的科普法规政策

相对于近年来科普需求激增、科普事业蓬勃发展的现实形势，相关政策法规的出台滞后严重，而且有很多针对性不强、缺乏连贯性，如鼓励社会力量兴办和资助科普基础设施建设等相关优惠政策和法规缺失，或可操作性不强，导致科普设施建设、运作等主体单一，经费渠道狭窄。另外，缺乏完整的科普产业税收优惠政策体系，并且税收优惠政策的支持力度不足。对于科普基础设施建设等土地配置、规划等推进政策也不到位。

4. 科普组织机构、管理运行有待改进，科普思路及方法陈旧

当前江苏科普场馆的建设者、运营者以及绝大部分科普活动的组织者仍然是政府，造成主体单一，管理方式陈旧，各相关部门之间协调程度不够。此外，由于思路、体制、机制的滞后，目前采取的主要是自上而下的科学技术知识供给模式，科普工作思路没有转变到独立思考的科学精神、科学态度的培育上来。

---

[1] 陈超：《借鉴国外科普经验发展我国科普事业》，《科学对社会的影响》2006年第2期。

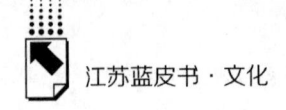

5. 偏重自然科学技术科普，忽视人文社会科学科普

由于"科普"与"文化"概念界定的模糊，当前对于科普的理解主要是自然科学技术的普及，历史、社会、法律等人文社会科学的普及没有得到足够重视。

三 对江苏科普建设的思考和建议

江苏是经济大省、文化大省、教育大省、科技大省，高校、科研院所众多，有着科普建设的良好基础条件，当前亟须参照文化体制改革经验，下放管理职能，建立起与市场经济体制相适应的科普管理机制和运行机制。具体来看，主要有以下几条建设思路。

第一，应统筹布局，对科普建设进行合理规划。江苏省区域发展不平衡现象比较突出，苏北、苏中、苏南经济社会发展水平不同，在政策、资金等层面应整体布局，统筹兼顾，对欠发达地区采取适度倾斜的措施，保障欠发达地区人民群众基本的科普权益。在经济基础较好、科普产品及服务需求较多的发达地区，科普建设应着力向市场化方向发展，通过健全市场机制为公众提供更多更好的科普公共服务、培育壮大科普产业。

第二，需要加大科普投入力度，拓展经费来源。政府专项科普经费投入应大幅提高，并逐年增长。在拓展科普经费渠道方面，应当参照国内外先进经验，鼓励各地进一步对科普共建机制进行大胆探索。尽快发起设立科普产业专项发展引导基金，制定和完善社会多元化投资科普产业的相关政策，鼓励、引导社会资本投入科普领域。加大金融政策支持力度，支持并鼓励金融机构和担保机构为中小科普企业提供贷款和担保[①]。

第三，还应着力培育科普市场，引导科普产业快速发展。当科普产业处于幼稚期时，政府需要发挥导向和激励作用，出台相关的政策，放宽民间和海外资金发展科普产业的准入限制，为发展科普产业提供更多机遇，培育良

---

① 莫扬：《促进科普产业发展政策措施研究》，《科普研究》2014年10月。

好的产业发展环境；牵头组织科普产品博览交易会等交易平台，规划建设若干个科普产业园，妥善解决科普产业的配套资金、配套服务，加快覆盖科普产业的研发、生产、销售、服务全产业链、人才集聚。在当前缺乏科普产品国家标准的情况下，应尽快制定地方标准或企业标准，引导江苏科普产业科学健康发展。[①]

第四，必须采取切实措施，壮大科普人才队伍。尽快制定培育各级各类科普人才、引进高层次科普人才的政策措施，依托江苏省众多的高校和科研院所，以专业教育和在职人员定期培训相结合的方式，壮大科普人才队伍、提升科普人才水平。重视科普志愿者的招募，改善科普专职人员待遇，探索建立独立的科普创新及评价体系，[②] 完善科普考核与奖励办法，切实提升科普人员荣誉感；改革科研评价体系，吸引更多高层次优秀人才投身到科普事业中来。

[①] 王硕：《科普产业如何做大？——标准化缺失成为科普产业发展瓶颈》，《人民政协报》2012年6月28日，第C03版。
[②] 陈超：《借鉴国外科普经验发展我国科普事业》，《科学对社会的影响》2006年第2期。

B.27
江苏文博创意产业发展思路与对策研究

李 昕*

摘 要： 发展文博创意产业是实现文化遗产保护、利用与创意产业发展双赢的有效途径，是跨界、融合思维在文化遗产保护和利用领域的具体实践，对于推动我国创意产业发展，弘扬中华传统文化，推进经济社会协调发展，具有极其重大的历史意义和现实意义。近年来我国文化创意产业发展取得了一些成绩，但同时也存在许多问题。江苏作为文化资源大省，要充分利用自身优势，努力探索文博创意产业发展的有效途径，为我国文博创意产业的发展贡献力量。

关键词： 江苏 文博创意产业 博物馆

随着社会的发展，以及文化遗产保护意识的不断提高，在政府的大力推动下，我国博物馆建设进入了井喷期。根据国家文物局的统计结果，截至2015年底，在国家文物局备案的博物馆全国已达4626家，比2014年增加116家，预计今后会继续保持高速增长的态势。2015年3月实施的《博物馆条例》提出大力支持博物馆与文化创意、旅游等产业的结合。2016年4月，李克强总理主持召开国务院常务会议，确定推动文化、文物单位文化创意产品开发的工作思路。2016年5月，国务院办公厅转发文化部、国家发展改革委、财政部、国家文物局等部门发布《关于推动文化文物单位文化创意

---

* 李昕，江苏省社会科学院哲学与文化研究所副研究员。

产品开发的若干意见》，对如何"依托文化文物单位馆藏文化资源，开发各类文化创意产品"等工作做出部署。2016年11月，国家文物局印发关于贯彻落实该意见的通知，在全国选出92家博物馆、纪念馆作为文化创意产品开发试点单位。江苏的南京博物院、南京市博物总馆名列其中。这一系列措施体现出国家发展文博创意产业的决心。江苏作为文化资源大省，在发展文博创意产业中具有得天独厚的优势。

一 江苏文博创意产业发展现状及存在问题

目前我国文博创意产业刚刚起步，很多方面正处于摸索阶段。《博物馆条例》实施以来，全国约有2500多家博物馆、美术馆、纪念馆正进行文创产品研发。以故宫博物院为例，到2015年底已开发出8683种文化产品，有3款APP入选苹果商店公布的"2015年度精选"，其中2013~2015年期间，故宫博物院研发的文化创意产品累计1273种。与此同时，故宫的文创产品销售额也从2013年的6亿元增长到2015年的近10亿元，2015年的利润近1亿元。[1]

近年来，江苏文博创意产业也在摸索前行。苏州博物馆从2008年就开始尝试发展文化创意产业，并开设了文化艺术品商店，目前已开发创意产品2000多种，每年销售额近500万元。2014年，苏州博物馆开发的秘色瓷莲花碗曲奇饼干、南京夫子庙秦淮礼物店开发的盐水鸭别针、南京六朝博物馆开发的六朝魔方被评为"2014年中国文化创意产业最具人气十大文创产品"。[2] 2015年，苏州博物馆、南京博物院获首批"全国博物馆文化产品示范单位"称号（共10家）。2016年，南京博物院、南京市博物总馆被确定为国家首批文化创意产品开发试点单位（共92家）。应当说，江苏文博创

---

[1] 《博物馆"变形计"：从文物宝库到创意试验场》，《南方日报》2016年3月17日，第A19版。
[2] 《2014中国文化创意产业最具人气十大文创产品》，中国文化创意产业网，http：//www.a.com.cn/info/domestic/2014/1223/279759.html（2014年12月23日）。

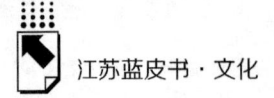

意产业经历了几年的发展，积累了一定的经验，也取得了一些成绩，但同时也要看到，江苏文博创意产业的规模与江苏博物馆在全国的地位极不相称，与国内外知名博物馆相比更是相距甚远。

尽管近年来文博创意产业蒸蒸日上，但实际盈利的还不到一成，而且普遍存在资金不足、资源配置错位、政策法规不健全、产权存疑等问题。解决这些问题需要长期的过程，需要各级政府进一步深化文化体制改革，在长期的工作中不断探索。与普遍的外部问题相比，当前更为突出的是文博创意产品开发过程中所反映出的创意匮乏、市场定位不准确、销售渠道单一等一系列问题，这些都严重制约着我国文博创意产业的发展。

第一，文博创意产品缺乏创意。目前我国文博创意产品的开发还停留在简单复制的阶段，普遍缺乏文化内涵。大部分地方博物馆的文创产品研发还停留在对少数"镇馆之宝"经典形象的浅层借鉴阶段，同质化现象严重，鲜有质量上乘、文化内涵丰富、与博物馆空间格局融为一体的文博创意精品。博物馆文创产品应当体现文化特色，以社会公众需求为导向，源于生活而又融入生活。文创产品如果只是书画、瓷器等的复制品则难以满足消费者的需求。只有将博物馆及文物的文化元素融入现代生活，将"文化"与"实用"有机融合才能出精品。

第二，文博创意产品市场定位不准确。市场是检验文博创意产品成功与否的重要标准。文化创意产品在有好的创意的前提下，畅销与否与市场定位有很大关系。我国普遍存在文博创意产品市场定位不准确的问题。如盲目追求高端，许多文创产品经营者在进行产品开发时过度重视高端消费人群，要求材质要珍稀、立意要高远、价格要昂贵。这种惯性思维用在市场细分的前提下无可厚非，但如果目标是整个消费群体就会显得过于高冷。如故宫开发的五福五代堂紫砂壶、《故宫博物院藏品大系》、《清明上河图》等高端文创产品的市场反应虽然良好，但这仅占故宫文创收入的一小部分。该院2015年10亿元的销售额大部分还是来自十几元或几十元的手机壳、充电器和朝珠耳机等。

第三，销售渠道单一。忽视销售渠道开拓是目前制约我国文博创意产业发展的一个重要因素。目前我国文创产品的销售渠道非常狭隘，仅限博物馆中的最后一个展厅。不可否认，为了便于保护知识产权和凸显文创产品的独特性和稀缺性，文博创意产品的销售渠道不可能像普通商品一样，但若不能妥善解决销售渠道问题，那么将严重影响文博创意产业的发展。因此，拓宽销售渠道对发展文博创意产业是至关重要的。北京故宫也在探索拓宽销售渠道的方式方法。2016 年 6 月，故宫与阿里达成战略合作，在阿里巴巴平台上开设官方旗舰店，销售包括门票、文创、出版等产品，阿里巴巴会员可以便捷地通过阿里旅行预订故宫博物院门票，购买故宫的文创产品。①

二 江苏发展文博创意产业的自身优势

江苏作为文化资源大省，在发展文博创意产业方面具有很大优势。文物资源丰富和博物馆体系完善，高校、科研院所云集，创意人才集聚，经济发展迅速，人民生活水平不断提高，文化消费潜力巨大，这些对江苏文博创意产业的发展都具有重要意义。

第一，江苏文化资源丰富，博物馆发展迅速。江苏一直以文化遗产资源丰富著称，依托地理优势和丰富的文化资源，江苏博物馆近年来发展迅速。全省现有各级各类博物馆 285 家，数量居全国第二，其中国家一级博物馆 5 家、二级馆 13 家、三级馆 19 家。江苏同样也是国内民办博物馆数量最多、影响最大的省份之一，仅经有关部门批准设立的民办博物馆就有 50 多家。此外，在省内有关部门登记及尚未注册登记的各类民办博物馆数量已达百余家。江苏城市（含城镇）实现平均每 20 万人拥有一座博物馆，高于全国每 62 万人拥有一座博物馆的平均水平。在南通，博物馆的数量已经达到发达国家水平，达到每 5 万人拥有一座博物馆。江苏博物馆各具特色，大型综合类和小型专题馆互为补充，形成了具有鲜明特色的博物馆体系。

第二，江苏高校、科研院所云集，人才引进政策完备。研究显示，个人

---

① 《故宫与阿里达成战略合作》，《京华时报》2016 年 7 月 6 日，第 C07 版。

发展前景、政策法规、城市公共服务、社会多元化程度是影响创意人才集聚的重要因素。江苏人文荟萃，拥有普通高校134所，居全国第一，而且根据2016中国大学排行榜，江苏有11所大学入选100强。①南京大学位列第8，荣膺2016中国六星级大学。江苏科研院所云集，除了高校中的研究机构，还有中科院研究分院、中国电科第十四研究所、中船重工第702研究所、江苏省建筑科学研究院有限公司、南京云锦研究所等一大批国内一流科研院所。此外，江苏拥有220多家世界500强企业的分支机构，这些著名院校、科研机构以及国际化的就业选择，为创新人才提供了很好的学习与交流平台。近年来，江苏始终注重人才引进，根据本省实际，积极创造"政策红利"，构筑人才新高地。江苏研究制定了激励事业单位科技人才创新创业的工资政策，出台了高校、科研院所科研人员和高层次人才薪酬制度改革意见，制定了高技能人才与工程技术人才职业发展贯通办法。这些都为人才引进创造了良好的外部环境。

开放务实的人才引进政策，多元化的就业前景和广阔的发展平台，以及丰厚的人文底蕴，多元、交融、互补的人文精神，都是江苏吸引创意人才的独特优势。

第三，江苏文化消费潜力巨大。创意产业的发展与文化消费密切相关，文化消费的增长和结构的优化，是推动文化创意产业发展的内在动力和主要因素。目前我国的文化消费总体来看并不尽如人意。《中国文化消费指数（2013）》的数据显示：我国文化消费潜在规模为4.7万亿元，占居民消费总支出的30%，而实际消费仅约为1.038万亿元，只占居民消费总支出的6.6%，存在约3.66万亿元的文化消费的缺口。②中国社科院2014年发布的一份报告显示，2012年，我国文化产值比上升至3.48%，而全国城乡居民文化消费率不升反降，为2.20%。有研究显示，发达国家教育、文化、娱

---

① 《"2016中国大学保研率排行榜"出炉 我省11所高校保研率跻身全国百强》，《南京日报》2015年10月12日，第A5版。
② 《2013年中国文化消费指数发布：文化消费缺口巨大消费能力有待释放》，《中国文化报》2013年11月27日，第6版。

乐消费一般占居民总消费的 20%~30%，而我国 2014 年这一数据仅为 10.6%。在人均 GDP 同等水平下，我国的文化消费仅有发达国家的 1/3 左右。《中国文化消费指数（2016）》的数据显示，我国文化消费综合指数持续增长，由 2013 年的 73.7 增至 2015 年的 81.5，平均增长率为 3.4%。文化消费环境、消费意愿、消费能力和消费满意度均呈上升趋势，但是文化消费缺口依然巨大。① 因此，拉动文化消费，不仅要促增长，更要优化结构。

近年来，江苏的文化产业发展势头良好。最新发布的《中国省市文化产业发展指数（2016）》数据显示，江苏在各省市综合指数排名中仅次于北京、上海，位列第三。② 根据国际经验，人均 GDP 在 1000 美元以下，居民消费主要以物质消费为主；人均 GDP 在 3000 美元左右，进入物质消费和精神文化消费并重时期；人均 GDP 超过 5000 美元，居民的消费转向精神文化消费为主的时期。2015 年江苏人均 GDP 破 1.4 万美元，达上中等收入国家水平，文化消费正处于一个爆发期，潜力巨大。正是看到江苏巨大的文化消费潜力，2016 年 6 月，南京被列为第一批国家文化消费试点城市（共 26 个）。

三　江苏文博创意产业的发展思路与对策

《博物馆条例》实施以来，江苏致力于探索发展文博创意产业的方法和路径。2016 年 2 月，南京市文化广电新闻出版局、南京市财政局联合出台《关于促进博物馆文创产品发展的指导意见》，就发展文博创意产业提出五方面的任务。"一是依托博物馆丰富的藏品资源，开发文创产品；二是围绕博物馆自身及其文化产品独特性，创建文创品牌；三是建立与专业设计团队及高校交流合作机制，发挥各自优势，打造研发团队；四是搭建以馆内实体展示服务为中心，馆外网络销售为重要渠道，同时结合互联网电子商务平台，建立立体化推广模式；五是举办形式多样的教育活动，扩大博物馆文创

---

①②《2016 中国文化产业指数在京发布》，《中国文化报》2016 年 11 月 2 日，第 2 版。

产品社会影响。"正是基于江苏在发展文博创意产业方面的先期探索和大胆尝试，2016年11月，国家文物局下发《关于公布全国博物馆文化创意产品开发试点单位名单的通知》，批准南京博物院、南京市博物总馆为国家首批文化创意产品开发试点单位。该通知指出，试点的任务是省级文物行政部门要指导本省试点单位重点加强对以下三方面的探索：一是探索建立多元化的文化产品开发模式；二是探索建立既符合相关政策要求，又适应市场规律的收入分配制度；三是探索建立有效的激励机制。

发展文博创意产业，从国家的顶层设计到地方尝试，都需要在长期的摸索中不断总结经验和教训，进一步促进文化创意产业发展。除了上述各项工作外，还要加强以下四个方面的工作。

第一，进一步加强博物馆的教育与研究功能，促进传统博物馆向新型博物馆转化。教育与研究是博物馆的两项基本功能。博物馆研究对于准确把握文化资源的文化价值具有重要意义，而所有研究的宗旨均在于博物馆的教育功能。事实上，发展文博创意产业，除了可以为博物馆赢得经济利益以缓解文物保护的资金压力外，最终目的是让更多的人了解传统文化，热爱传统文化，构建文化自信，更有效地发挥博物馆的教育功能，从而为文博创意产业的发展提供良好的群众基础。

创意产业包括创意产品和创意服务，发挥博物馆的教育功能，需要博物馆转换经营理念，一切从公众需要出发，运用现代科学技术，打破博物馆的围墙，让更多的人，更便捷、更有效地接受博物馆的教育。

第二，定期举办创意大赛，营造创意氛围，开发文博创意精品。近年来，尽管各地的文博创意产业发展得如火如荼，但不可否认的是，文博创意精品并不多见。发展文博创意产业，必须注重精品建设。2016年，南京艺术学院人文学院携手南京博物院举办省级文化遗产保护创意设计大赛，这是国内外文化遗产保护工作理论与实践的双重检验，吸引了大批有志于文化遗产保护的青年学子参赛，其中不乏许多兼具创意性和实践性的优秀作品。这次大赛促进文化遗产保护与创意产业融合，促进公众参与文化遗产保护，对形成文博创意产业发展的创意氛围具有重要意义。像这种赛事应当定期举行，将其发展成为江苏的文化品牌。

第三，加强政策保障、平台建设，拓宽文博创意产品销售渠道。发展文博创意产业，政府的作用在于政策保护和平台建设。文创产品渠道不畅是文创产业的主要市场瓶颈，鉴于文博创意产品的特殊性及知识产权保护的需要，既要努力拓宽销售渠道，同时也要加强监督。这一点可以借鉴国外经验，如建立文创产品超市，设立专营店、连锁店、授权专柜销售、合作销售等。文创产品销售渠道不畅的问题在我国非常普遍，究其原因是国内尚未建成系统化的文创产品销售渠道，缺乏专门从事文创产品的连锁商业。这是我们在今后的工作中需要认真研究和努力探索的。

第四，加强知识产权保护，为文博创意产业发展营造良好的外部环境。文博创意产业实际上是博物馆的 IP 运营（Intellectual Property 即知识产权）。加强知识产权保护，营造创新发展良好环境，对文博创意产业发展具有重要的意义。信息化时代，博物馆的 IP 运营面临前所未有的机遇与挑战。根据 2007 年世界知识产权组织所发布的《博物馆知识产权管理指南》，"博物馆知识产权包括版权、商标权、专利权、网络域名和工业设计"。数字化时代，不仅博物馆中传统的馆藏文物的物质形态是博物馆的固有资源，博物馆运用数字化手段对馆藏文物进行存储、加工、研究而形成的数字影像资料和研究成果等也是博物馆资源重要的组成部分。博物馆版权管理的主要内容除包括以上述内容为主体的版权外，还包括在文创或与生产厂商合作开发过程中所产生的商标权、专利权、网络域名和工业设计等。目前博物馆在文创发展过程中采用的主要形式是授权，如图像等出版物授权、品牌授权等，另外还有合作开发等形式。

B.28
世界记忆遗产与南京大屠杀的历史记忆

王卫星*

摘　要： 1937年12月南京沦陷前后，日军制造了震惊中外的南京大屠杀，给南京人民带来了沉重的灾难。这一惨案在幸存者心灵深处留下了无法忘却的伤痛记忆。战后初期，随着对日军在南京暴行的调查和对日本战犯的审判，南京大屠杀事件广为人知，其集体记忆初步形成。20世纪50年代以来，南京大屠杀的历史记忆经历了城市记忆、民族记忆和人类记忆几个阶段，而各个阶段的历史记忆又呈现出不同的形式和特点，反映出人们对南京大屠杀历史认知的不断深化。作为记忆遗产，这种不断深化的历史认知和本质理解，顺应了时代潮流和国际社会对世界和平的美好愿景。

关键词： 南京大屠杀　历史记忆　国家公祭　世界记忆遗产

南京大屠杀迄今已80年，这一历史悲剧在中国人民尤其是南京人民的心灵深处留下了难以愈合的创伤和无法忘却的记忆。如何面对这一惨痛的历史悲剧，是延续仇恨还是从历史悲剧中汲取经验和教训，从中得到警示和启迪？这是摆在人们面前不容回避的问题。随着人们对南京大屠杀历史认知的不断深化和深刻反思，这一历史记忆已经被赋予了更为深刻的现实意义。

---

* 王卫星，江苏省社会科学院历史研究所研究员。

世界记忆遗产与南京大屠杀的历史记忆

一 纪念设施与城市记忆

1937年12月13日南京失陷前后,日军在南京制造了震惊中外的大屠杀,给南京人民带来了沉重的灾难,给幸存者造成了无法愈合的创伤,也在他们的心灵深处留下了无法忘却的伤痛记忆。随着战时中外媒体的报道,日军在南京的暴行已为世人所知。战后,中国有关机构对日军在南京的暴行进行了广泛调查,南京大屠杀受害者心灵深处的惨痛记忆被重新唤起,他们纷纷递交呈文或填写《敌人罪行调查表》等,控诉日军在南京的暴行。

战后,远东国际军事法庭和南京国防部审判战犯军事法庭对日本战犯进行了审判,南京大屠杀成为法庭审理日本战犯的主要罪行之一。这一时期,媒体对审判的广泛报道,南京大屠杀已不再是受害者的个人记忆,而是逐步转化为集体记忆。可以说,战后初期南京大屠杀的集体记忆已初步形成。

从20世纪50年代初至70年代末,冷战格局的形成,世界被划分为社会主义和资本主义两大阵营。美国为了抗衡苏联和中国等社会主义国家,不断强化美日同盟,企图将日本打造成一艘抗衡社会主义阵营的"不沉的航空母舰"。在这种形势下,中国为了分化美日同盟,采取了对日睦邻友好的方针。这一时期,中国政府宣布,放弃日本的战争赔偿。在这样的历史背景下,中国的官方媒体很少提及南京大屠杀,中国的教科书中也没有南京大屠杀的内容,南京大屠杀幸存者也几乎不再提及当年的惨痛经历。

20世纪60年代初,南京大学历史系教师高兴祖先生,出于历史教学的需要和个人的学术追求,组织青年学生走访南京大屠杀幸存者、查阅南京大屠杀的历史档案,开始从事南京大屠杀史的研究工作,并编印了南京大屠杀史的小册子作为教材使用。1979年,这个小册子的铅印本问世,名为《日本帝国主义在南京的大屠杀》,共7万多字,110页,并注明"内部资料,注意保存"。[1] 由此可见,当时南京大屠杀史研究的成果尚属于"内部资

---

[1] 参见南京大学历史系编著《日本帝国主义在南京的大屠杀》,1979。

料",不可能广泛传播。高兴祖先生的研究显然属于研究团队的"小范围"行为,其影响也仅限于南京大学历史系的师生,社会影响力十分有限,社会公众仍然很少有人了解这段惨痛的历史。因此,这一时期可以说是南京大屠杀历史记忆的"沉寂"期。

然而,就在中国奉行对日睦邻友好政策之时,日本右翼势力却不断挑起事端。20世纪六七十年代,日本经济快速发展,成为世界重要的经济大国。同时,日本一些极端民族主义者企图摆脱战后对日本的种种束缚,试图完成从经济大国迈向政治大国。1982年11月,日本首相中曾根康弘就提出"战后总决算"的口号,要以"正常国家"的身份参与国际事务,摆脱日本"经济巨人、政治侏儒"的形象,向政治大国迈进。这一时期,日本国内一些人极端民族主义情绪膨胀,出现了一股美化侵略战争、淡化战争罪行的思潮。

日本右翼势力不仅公开美化侵略战争,还企图将错误的历史观传递给青年一代。1982年,日本文部省审定通过了美化侵略战争、淡化日军暴行的教科书,对南京大屠杀等史实进行淡化和删减。这一事件激起了南京大屠杀幸存者及中国民众的愤慨,他们纷纷要求将"血写的历史铭刻在南京的土地上"。在这样的背景下,1983年12月,侵华日军南京大屠杀遇难同胞纪念馆开工建设,经过20个月的努力,1985年8月15日,侵华日军南京大屠杀遇难同胞纪念馆正式建成开馆。邓小平同志为纪念馆题写了馆名。

1994年12月13日,"南京各界人士悼念侵华日军南京大屠杀遇难同胞仪式"在侵华日军南京大屠杀遇难同胞纪念馆举行。南京市举行的首次公祭悼念仪式虽然简单朴实,但意义重大。从1949年至南京市举行首次公祭悼念仪式之前,全国还没有哪一座城市以公祭的形式悼念抗战期间遇难的同胞。1994年南京各界人士公祭悼念侵华日军南京大屠杀遇难同胞,开启了公祭悼念抗日战争牺牲者和遇难者的先河。①

---

① 参见朱成山、李慧《第21次是国家公祭》,江苏人民出版社,2015,第4页。

侵华日军南京大屠杀遇难同胞纪念馆建设后，广大干部职工及外国友人纷纷到纪念馆参观。纪念馆建成开馆仅一个月，前来参观的国内观众已达8万余人。[①] 同时，许多国际友人尤其是日本友好团体和友好人士也纷纷前来悼念。此后，每年的12月13日，许多南京市民前往纪念馆敬献花圈，悼念南京大屠杀遇难同胞。

在建立纪念馆的同时，一批专家学者开始调查走访南京大屠杀幸存者，并进行南京大屠杀史的研究工作，先后出版了《侵华日军南京大屠杀档案》、《侵华日军南京大屠杀史料》和《侵华日军南京大屠杀史稿》等一批学术研究成果。这一时期，南京大屠杀幸存者的惨痛个人记忆被重新唤起并得到强化。

1995年，正值中国人民抗日战争暨世界反法西斯战争胜利50周年。同年8月15日，江苏省主要领导同志率领中共江苏省委、省人大、省政府、省政协、省纪委主要负责同志，中共南京市委、市人大、市政府、市政协、市纪委主要负责同志，以及驻宁部队领导同志，在侵华日军南京大屠杀遇难同胞纪念馆隆重举办了纪念活动。同年12月13日，中共江苏省委主要负责同志再次带领上述领导同志在侵华日军南京大屠杀遇难同胞纪念馆举行"江苏省暨南京市社会各界人士悼念侵华日军南京大屠杀遇难同胞仪式"。从1995年到2013年，江苏省暨南京市社会各界每年的12月13日都在侵华日军大屠杀遇难同胞纪念馆举行公祭悼念仪式。

坐落于南京大屠杀遇难同胞江东门丛葬地的侵华日军南京大屠杀遇难同胞纪念馆，不仅向人们展示过去那段惨痛的历史，而且承载着南京这座"悲情城市"的历史记忆。侵华日军南京大屠杀遇难同胞纪念馆的建成，以及江苏省暨南京市各界人士的公祭悼念活动，标志着南京大屠杀集体记忆的形成，而这一集体历史记忆的基本特征就是南京的城市记忆。

---

① 朱成山主编《侵华日军南京大屠杀遇难同胞纪念馆馆史》（1985—2010），南京出版社，2010，第10页。

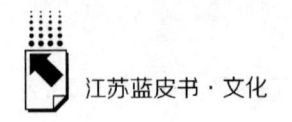

二 国家公祭与民族记忆

20世纪90年代，一些海外华人华侨和南京地区长期从事南京大屠杀史研究的专家学者纷纷提出建议，应当按照国际惯例，国家领导人也要参加南京大屠杀死难者公祭悼念活动。他们认为，仅仅停留在江苏省暨南京市地方性悼念南京大屠杀死难者活动的层面是不够的，应当将公祭悼念活动提升到国家级，以表示对死难者生命的尊重和对历史的责任。

第二次世界大战结束以来，许多国家纷纷采取各种不同的方式悼念二战中死难者，并且一直坚持至今。2005年11月，联合国教科文组织将1月27日定为"缅怀大屠杀受难者国际纪念日"。每当这一天，美国的纽约、法国的巴黎等城市，都会举行各种纪念活动。

为纪念珍珠港事件，美国总统奥巴马于2011年12月宣布，将12月7日定为"美国珍珠港事件纪念日"。为纪念广岛、长崎的原子弹爆炸遇难者，日本每年在8月6日和8月9日，都要在广岛和长崎分别举行"原子弹死难者慰灵暨和平祈念仪式"。显然，以国家的名义举行公祭和纪念活动已是国际惯例。

在2005年3月召开的第十届全国政协第三次会议上，全国政协委员向大会提交提案，建议将12月13日确定为国家公祭日，要"以法律或制度形式固定下来，使世界永不忘记，让国人永世铭记"。提案提交后，得到数十位全国政协委员的签名支持。此事被媒体报道后，获得了民意的广泛支持。

在此后的近十年间，全国政协委员和人大代表在全国"两会"上又多次提交相同提案或建议。时隔七年，在2012年第十一届全国政协五次会议上，全国政协常委再次提交南京大屠杀相关提案。提案者认为，南京大屠杀与另外两件二战惨案——奥斯维辛集中营、日本广岛原子弹事件相比，后两者的两座纪念馆不但是国家级，而且都已成功申报"世界文化遗产"，而中国最具有条件、最应该首先申报的就是南京大屠杀遇难同胞纪念馆。

在2012年3月召开的第十一届全国人大第五次会议上，全国人大代表也提出了"南京大屠杀遇难同胞祭日举行国家公祭"的建议案。此后,全国政协委员江苏省及南京市人大代表、政协委员又多次提交相同提案。

2014年2月27日,第十二届全国人大常委会第七次会议表决通过了《全国人民代表大会常务委员会关于设立南京大屠杀死难者国家公祭日的决定》。该决定指出:"为了悼念南京大屠杀死难者和所有在日本帝国主义侵华战争期间惨遭日本侵略者杀戮的死难者,揭露日本侵略者的战争罪行,牢记侵略战争给中国人民和世界人民造成的深重灾难,表明中国人民反对侵略战争、捍卫人类尊严、维护世界和平的坚定立场,决定将12月13日设立为南京大屠杀死难者国家公祭日。每年12月13日国家举行公祭活动,悼念南京大屠杀死难者和所有在日本帝国主义侵华战争期间惨遭日本侵略者杀戮的死难者。"[1]

2014年12月13日,首次国家公祭在侵华日军南京大屠杀遇难同胞纪念馆举行,习近平总书记出席公祭仪式并发表重要讲话。习近平总书记指出:"今天,我们在这里隆重举行南京大屠杀死难者国家公祭仪式,缅怀南京大屠杀的无辜死难者,缅怀所有惨遭日本侵略者杀戮的死难同胞,缅怀为中国人民抗日战争胜利献出生命的革命先烈和民族英雄,表达中国人民坚定不移走和平发展道路的崇高愿望,宣示中国人民牢记历史、不忘过去,珍爱和平、开创未来的坚定立场。""历史告诉我们,和平是需要争取的。和平是需要维护的。只有人人都珍爱和平、维护和平,只有人人都汲取战争的惨痛教训,和平才是有希望的。我们为南京大屠杀死难者举行公祭仪式,是要唤起每一个善良的人们对和平的向往和坚守,而不是要延续仇恨。中日两国人民应该世代友好下去,以史为鉴、面向未来,共同为人类和平作出贡献。""中国人民也要庄严昭告国际社会:今天的中国,是世界和平的坚决倡导者和有力捍卫者,中国人民将坚定不移维护人类和平与发展的崇高事业,愿同各国人民真诚团结起来,为建设一个持久和平、共同繁荣的世界而

---

[1] 《中国最高立法机关确定中国人民抗日战争胜利纪念日设立南京大屠杀死难者国家公祭日》,《人民日报》2014年2月28日,第01版。

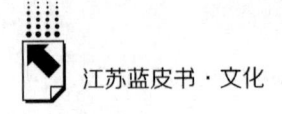

携手努力！"①

全国人大常委会的决定和首次国家公祭的举行，不仅是对大屠杀死难者的悼念，对后人的警示，更彰显了中国人民不忘惨痛历史，铭记深刻教训的民族意志。国家公祭日的设立，充分反映了全国各族人民的共同心声，具有广泛的民意基础，标志着南京大屠杀的历史记忆已从城市记忆提升为国家和民族记忆。

三 世界记忆遗产与人类记忆

所谓"世界遗产"，是指被联合国教科文组织和世界遗产委员会确认的人类罕见的、目前无法替代的财富，是全人类公认的具有突出意义和普遍价值的文物古迹及自然景观等。根据形态和性质，"世界遗产"又分为文化遗产、自然遗产、文化和自然双重遗产、记忆遗产、非物质文化遗产和文化景观遗产。

世界记忆遗产（Memory of the World）又称世界记忆工程或世界档案遗产，是联合国教科文组织于1992年启动的一个大型文献保护项目。世界记忆遗产是指符合世界意义，经联合国教科文组织世界记忆工程国际咨询委员会确认而纳入《世界记忆名录》的文献遗产项目。世界记忆文献遗产侧重于文献记录，包括博物馆、档案馆、图书馆、纪念馆等保存的任何介质的珍贵文件、手稿、口述历史记录以及古籍善本等。其目的在于对世界范围内正逐渐老化、损毁、消失的文献记录，通过国际合作，使用最佳技术手段进行抢救，从而使人类的记忆更加完整。

2009年4月，前联合国教科文"人类记忆"委员会亚太地区副主席、联合国教科文文化委员会主席、民间艺术国际组织主席卡门·帕迪拉女士一行在参观侵华日军南京大屠杀遇难同胞纪念馆后，建议纪念馆申报"世界

---

① 习近平：《在南京大屠杀死难者国家公祭仪式上的讲话》，《人民日报》2014年12月14日，第02版。

记忆工程"项目。[①] 这一建议得到了中国有关方面的高度重视。

2000年，国家档案局正式启动了"中国档案文献遗产工程"，其目的在于加强全社会的档案文献保护意识，有计划、有步骤地抢救和保护中国档案文献遗产，同时也是为中国档案文献申报世界记忆遗产做好前期准备工作。

中国第二历史档案馆、侵华日军南京大屠杀纪念馆和南京市档案馆都保存了有关南京大屠杀的历史档案和文献。中国第二历史档案馆所藏战后南京审判战犯的档案，以及记录南京大屠杀暴行的《程瑞芳日记》等，都是有关南京大屠杀的重要档案文献。侵华日军南京大屠杀遇难同胞纪念馆所藏的日军官兵日记、当年美国传教士约翰·马吉使用的拍摄日军暴行的摄影机及拍摄的胶片等也是南京大屠杀的重要档案和文物。南京市档案馆所藏的"市民呈文"等亦是有关南京大屠杀的重要档案文献。上述三家单位共同合作，挑选了一批原始档案文献申报"中国档案文献遗产"和世界记忆遗产。

2010年2月，"中国档案文献遗产工程"国家咨询委员会按照"档案文献遗产"的标准，对中国第二历史档案馆、侵华日军南京大屠杀遇难同胞纪念馆和南京市档案馆联合申报的南京大屠杀档案文献进行了认真评审，确定其入选"中国档案文献遗产"，这为申报世界记忆遗产奠定了坚实基础。

2014年3月，国家档案局以世界记忆工程中国国家委员会的名义，正式向联合国教科文组织世界记忆遗产秘书处递交了"南京大屠杀档案"提名表，所申报的南京大屠杀记忆遗产在上述三家单位所藏档案的基础上，又增加了中央档案馆、辽宁省档案馆、吉林省档案馆和上海市档案馆所藏的相关档案文献，其档案名录也由原先的5组扩充为11组。

2015年10月10日，总部设在巴黎的联合国教科文组织公布了2015年最新入选《世界记忆名录》的项目名单，中国申报的"南京大屠杀档案"榜上有名。这意味着南京大屠杀档案申报世界记忆遗产获得成功。

联合国教科文组织将南京大屠杀档案列入《世界记忆名录》的根本目的在于，让全世界每一个国家、每一个民族、每一个人都牢记人类历史上发

[①] 参见朱成山、李慧《第21次是国家公祭》，江苏人民出版社，2015。

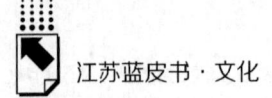

生的惨痛悲剧，从中汲取深刻的经验教训，避免历史悲剧的重演。

南京大屠杀档案被列入《世界记忆名录》，顺应了时代的潮流，标志着南京大屠杀已不仅是南京人民和中国人民的创伤，它已成为全世界人民的共同创伤；南京大屠杀的历史记忆已经超越了城市、国家和民族的范畴，成为全世界人民的共同记忆。珍爱和平，反对战争是全世界人民的共同意愿，建设一个没有战争的世界是全世界人民的美好愿景。二战后，局部战争时有发生，战争罪行仍未消除，一些国家的人民仍然在战争中饱受煎熬。历史的经验教训值得认真汲取，过去的战争暴行需要深刻反思。人们牢记历史、不忘悲剧，就是为了从中汲取历史的经验教训，避免历史悲剧再度重演。从这个角度说，南京大屠杀的历史记忆已经被赋予了更为深刻的时代意义。

B.29
促进公众参与江苏文化遗产保护的对策建议

李　昕[*]

摘　要： 引导和鼓励公众参与文化遗产保护，实现文化遗产保护主体的多元化是实现文化遗产传承与利用的必然选择和有效途径。我国文化遗产的保护和抢救工作任务繁重，以往仅以政府为主体的文化遗产保护模式的弊端日益凸显，在政府财力有限的情况下，迫切需要来自社会各个方面的支持和参与。目前，公众参与文化遗产保护的主要形式有兴办实体，组建文艺社团和文化类民办非企业单位，担任文化志愿者和进行社会捐赠、赞助等。尽管公众参与文化遗产保护的热情高涨，但依然存在许多问题，要进一步开拓工作思路，优化政策环境，创新运作方式，探索公众参与文化遗产保护及文化共享新路径。

关键词： 江苏　文化遗产保护　公众参与

文化遗产作为人类文化记忆的重要载体，是传统文化重要的表现形式。2016年，国家以"文化遗产融入大众生活"作为我国第十一个文化遗产日的主题。文化遗产融入大众生活，是一个永远在路上的话题。文化遗产融入大众生活，归根结底就是要提高文化遗产保护的社会参与度，增强文化认同

---

[*] 李昕，江苏省社会科学院哲学与文化研究所副研究员。

感。文化遗产，尤其是非物质文化遗产，作为一种文化记忆，首先是人的记忆，只有其成为人们日常生活中不可或缺的一部分，才能真正实现对文化遗产的有效保护，实现传统文化的世代传承。

一 公众参与是政府主导文化遗产保护模式的必要补充

文化遗产是传统文化的优秀成果，是全人类共享的文化形式。我国文化遗产保护和抢救工作任务繁重，在政府财力有限的情况下，迫切需要来自社会各个方面的支持和参与，这是对国家文化遗产保护工作必不可少的有益补充。

第一，以政府为主体的文化遗产保护模式在具体实践中越来越显得力不从心。长期以来，我国文化遗产保护工作都是以政府为主体，其他社会力量为补充，实行属地管理、分级负责的管理体制，保护经费主要来源于中央、地方政府的财政投入。江苏是文化资源大省，文化遗产资源丰富。面对如此繁重的文化遗产保护工作，需要大量人力物力投入，各级政府越来越感到力不从心。

从保护资金来看，文化遗产保护资金缺口巨大。江苏文化遗产保护资金一直沿用各级政府负责各级文化遗产保护支出的原则，即全国重点文物保护单位及省级和市、县级文物保护单位的经费分别由相应的中央财政、省级、市县级财政承担。从文物普查的情况看，经费最为短缺的市县级政府要负担大量非重点的不可移动文物的保护工作，工作量与地方财政状况反差巨大，甚至有些县本身就是贫困县，从而造成文化遗产保护经费落实困难，以致大批文物散落田间，情况令人担忧。

从专业人才来看，专业人员严重匮乏，研究力量薄弱，缺乏决策力。截至 2015 年底，全国文化遗产保护从业人员为 14.6 万余人，[1] 但从人员结构

---

[1] 《中华人民共和国文化部 2015 年文化发展统计公报》，中华人民共和国文化部官方网站，http：//zwgk.mcprc.gov.cn/auto255/201604/t20160425_30466.html（2016 年 4 月 15 日）。

看，人员大多集中在省市级文物部门、文保事业单位（古建院、保护中心、考古所等）和博物馆，而基层文管所、县博物馆的人员则很少，且结构不尽合理，专业人员比例很低。我国文物资源的结构呈正金字塔形，而文物管理技术队伍的结构则为倒金字塔形。专业人员的匮乏势必导致保护工作的盲目和无序，加上文化遗产保护缺乏第三方监管，种种"破坏性建设"和"过度开发"在各地文化遗产保护工作中屡见不鲜。

鉴于以政府为主体的文化遗产保护模式出现种种弊端和失灵现象，社会公众作为第三方力量参与文化遗产保护，成为政府主导模式的必要补充日益凸显。

从监督角度看，公众参与可以监督政府或遗产经营者的不当行为。有些地方政府和遗产经营者在城乡规划、旧城改造、工程建设、房屋征收、旅游开发等过程中往往过于看重经济利益，甚至为了争抢旅游资源，对考古发掘的结论争论不休，忽视了文化遗产保护的整体规划，从而导致对文化遗产的"建设性破坏"，这就需要社会力量的监督，及时叫停这些错误行为，督促政府或遗产经营者做出符合文化遗产保护目标的决策和行为。

从吸纳社会资源角度看，公众参与可以帮助吸收社会力量支持文化遗产保护。一些文化遗产，尤其是非物质文化遗产，往往分散、小众，如果政府集中保护，不仅难度大，而且也不合理，这就需要社会公众诸如遗产所有者或经营者、当地社区、民间文化遗产保护组织等其他利益相关者发挥自身力量参与到文化遗产保护中来，这在很大程度上弥补了政府主导型文保模式的不足。

第二，国际文化遗产保护的成功经验告诉我们文化遗产保护必须吸引公众参与。公众参与文化遗产保护也是国际上的成功经验。如英国最大的遗产保护慈善组织——英国国家信托推动了《国家信托法》的出台与修订，有力保证了英国大量古老庄园的保存和利用。德国政府为吸引社会资金保护文化遗产，采取"一欧元卖古堡"的方法，将一些年久失修的文化古迹向社会公开出售，由购买者承担保护费用及日常维护费用。意大利也采用了类似"领养人"的做法，政府将部分博物馆、古迹遗址等逐步租让给民间管理，但国家仍掌握其所有权和监督保护权。由于有了固定的维护人和较为稳定的资金支持，很多文化遗产得以更好地保存。国际经验表明，对文化遗产实施有效地保护，必须以培育全社会的文物保护意识为前提，最大限度地提高公众的参与度，这就需要培育能够整合公众力量，代表公众利益的公民组织，使他们成为遗产保护的重要力量。

二 公众参与文化遗产保护的主要形式及途径

自2005年以来，为了促进公众参与文化遗产保护，国务院制定了一系列法律、法规，从《国务院关于加强文化遗产保护的通知》（2005年）到之后的《世界文化遗产保护管理办法》（2006年）再到《中华人民共和国非物质文化遗产法》（2011年）、《历史文化名城名镇名村保护条例》（2015年）和《博物馆条例》（2015年），在充分肯定社会参与文化遗产保护的重要性的同时，对如何在文化遗产保护中调动社会一切力量广泛参与提出了明确现实指导意见。2010年，国家文物局下发《关于进一步发挥文化遗产保护志愿者作用的意见》指出，"文物部门要更多为志愿者搭建参与平台，提供发挥作用的机会。这些法律法规和文件都显示，政府大力支持和倡导社会力量参与文化遗产保护，这是进一步推进社会参与文保工作的最重要保证"[1]。为进一步促进社会力量参与文化遗产保护的制度化、法制化，2016年《国务院关于进一步加强文物工作的指导意见》中提出："对社会力量自愿投入资金保护修缮市县级文物保护单位和尚未核定公布为文物保护单位的不可移动文物的，可依法依规在不改变所有权的前提下，给予一定期限的使用权"[2]。对于私有不可移动文物，《国务院关于进一步加强文物工作的指导意见》提出："利用公益性基金等平台，采取社会募集等方式筹措资金，解

---

[1] 《关于进一步发挥文化遗产保护志愿者作用的意见》，国家文物局，http：//www.sach.gov.cn/art/2010/7/21/art_8_99767.html。
[2] 《国务院关于进一步加强文物工作的指导意见》，中华人民共和国中央人民政府网，http：//www.gov.cn/zhengce/content/2016 - 03/08/content_5050721.htm。

决产权属于私人的不可移动文物保护维修的资金补助问题,使文物所有者和使用者更好地履行保护义务"[1]。

从社会公众参与文保的路径看,目前社会公众参与文化遗产保护主要有以下几种形式和途径。

第一,兴办实体。兴办实体主要指企事业单位、社会团体和个人投资兴办各类公共文化服务设施。截至2015年底,江苏在国家文物局报备的博物馆共有284家,数量居全国第二。江苏是国内民办博物馆数量最多、影响最大的省份之一。截至2015年底,江苏仅在国家文物局报备的非国有博物馆就有60家,此外,在省有关部门登记的,以及尚未注册登记的各类民办博物馆数量达百余家。这些民办博物馆类型丰富、特色鲜明,涵盖了民族历史、文化艺术、自然科学等多种类别,如金陵竹刻艺术博物馆、圣旨博物馆(徐州)、蓝印花布博物馆(南通)、牟家村博物馆(常州)、江苏神牛红木集团建立的神牛红木博物馆、如皋戴氏家藏博物馆、南京民间抗日战争博物馆等。

第二,组建文艺社团和文化类民办非企业单位。组建文艺社团和文化类民办非企业单位是公众参与文化遗产保护的又一重要形式,1998年国务院颁布的《民办非企业单位登记管理暂行条例》将其定义为"企事业单位、社会团体和其他社会力量及个人利用非国有资产创办的,从事非营利性社会服务活动的社会组织"[2],这是具有中国特色的NGO(Non-Government Organization 非政府组织),或者说是NGO在中国的变体。为适应时代的要求,2016年民政部拟以"社会服务机构"取代以前的"民办非企业单位"的提法,将现行的1998年制定实施的《民办非企业单位登记管理暂行条例》名称改为《社会服务机构登记管理条例》,并就此在社会各界广泛征求意见。

中国对民办非企业单位采取的是"双重管理"模式,即一个组织首先要挂靠与其业务相关的政府部门作为业务主管单位,才能在民政部门登记注

---

[1] 《国务院关于进一步加强文物工作的指导意见》,中华人民共和国中央人民政府网,http://www.gov.cn/zhengce/content/2016-03/08/content_ 5050721.htm。

[2] 《民办非企业单位登记管理暂行条例》,《人民日报》,1998年11月9日,第3版。

册。而民办非企业单位最感困难的就是寻找业务主管单位。所以，在中国注册民办非企业单位并非易事。国际上 NGO 一直是文化遗产保护的重要力量，但是由于中国的 NGO 发展相对薄弱，所以 NGO 在我国文化遗产保护中的作用相当有限。目前，中国的社团组织在管理和注册方面有诸多限制，未来随着 NGO 在管理、申报、准入方面的逐渐放开，非营利组织在参与文化遗产保护方面将有更大的施展空间。

第三，文化志愿者。文化志愿者在我国已不陌生，2008 年的北京奥运会、2010 年的上海世博会都能见到志愿者的身影，其在公共文化领域中的作用日益凸显，逐渐成为一支不容忽视的社会力量。近年来，各级政府为促进文化遗产保护，纷纷招募志愿者。如江苏省文化馆成立老年文化志愿团，江苏省美术馆组织的"文化使者·青春行动"青年志愿者活动获得首届中国青年志愿者服务项目大赛银奖。截至 2015 年底，"仅南京文物保护志愿服务时间约为 17000 小时，提交文物保护巡查表近 1600 份，发现并报告文物安全隐患以及文物案件线索 120 多件，为文物管理和执法做出了巨大贡献"[①]。文化遗产保护离不开公众的支持和参与，文化志愿者在文化遗产保护中的作用不容低估。

第四，社会捐赠和赞助。自 2008 年以来，江苏各类公益文化活动积极探索社会力量参与的有效途径，加强了与各类企事业单位、社会团体的联系和沟通。尤其是在近年的文化广场标准化建设中，江苏努力探索，大胆尝试，在政府主导的前提下，以市场为导向，积极引导社会力量参与文化遗产保护相关的各项活动，形成以政府为主导、多元社会力量广泛参与的多元投入机制，为文化遗产保护注入了新的生机和活力。

三 进一步促进公众参与文化遗产保护的对策建议

"国际经验表明，当人均 GDP 超过 3000 美元时，社会进入快速发展期，

---

① 《文物保护志愿服务行动》（2016 年 7 月 27 日），江苏文明网：http://wm.jschina.com.cn/18852/zjh/society/201607/t2932963.shtml。

传统文化进入严重破坏期；人均GDP超过5000美元时，开始重视文化遗产保护，但仍然偶有破坏；人均GDP超过8000美元时，则进入文化遗产全面保护阶段"[1]。据统计显示，"江苏省人均GDP在2015年突破1.4万美元，达到上中等收入国家水平"[2]。在经济发展的强劲势头下，江苏无论是在文化遗产保护意识上还是经费投入上均有大幅提高，公众参与文化遗产保护的热情也日趋高涨，但是不可否认，江苏的文化遗产保护工作与国内一些先进省市相比，还存在一定差距，存在一些问题。

首先是社会动员不足。目前被动员和激发的社会力量还不多，形式还很有限，渠道也不畅通。其次是参与形式有待进一步规范。社会力量参与文化遗产保护是一个系统性工程，涉及现行文化管理体制的改革创新，涉及部门文化资源的整合，涉及政府对民间组织的管理以及鼓励社会力量参与文化遗产保护的激励政策等方方面面，就目前运行情况看，还有进一步规范的必要。再次是民营文化机构与国有文化机构在政策上的不平等待遇成为制约民营文化机构发展的重要原因。如国有文化机构往往在资金和用地上享有国家补贴和政策扶持，而民营文化机构则完全自负盈亏，许多民营博物馆由于资金匮乏，往往难以为继。面对这一些问题，如何进一步促进社会力量参与公共文化产品和服务的有效供给，已成一个亟待解决的问题。

为进一步促进公众参与文化遗产保护，应当从以下几个方面入手。

一是拓宽工作思路，广泛动员社会力量参与文化遗产保护。2016年，文化部、科技部、国家文物局联合发布《国家"十三五"文化遗产保护与公共文化服务科技创新规划》，该规划将文化遗产保护纳入公共文化服务体系，是国家在文化遗产保护与公共文化服务领域的专项规划，是我国"十

---

[1] 宋炯、盛志伟：《江苏文化遗产解读工程的探索与思考》，中国文物信息网，http：//www.zjwh.gov.cn/dtxx/2013-04-11/143998.htm。
[2] 朱晓颖：《江苏人均GDP破1.4万美元 达上中等收入国家及地区水平》，人民网，http：//finance.people.com.cn/n1/2016/0124/c1004-28079737.html。

三五"时期加强文化遗产保护与传承，提升公共文化服务能力的行动指南[①]。我们要为促进社会各种力量参与公共文化服务创造条件，动员更多社会力量参与文化遗产保护和公共文化建设，在全社会形成重视和鼓励社会力量参与的良好环境和氛围。

二是优化政策环境，扎实推进社会力量参与文化遗产保护。在坚持以政府为主导的前提下扶持社会力量兴办实体，参与文化遗产保护，同时创新参与模式，在政策允许的范围内，鼓励社会力量参与文化体制改革，兴建相关的公共文化基础设施等。政府要充分尊重并保障文化遗产保护中社会力量的合法权益，并通过制度建设和法律、法规建设解决目前普遍存在的歧视、不平等竞争等问题。同时，政府要为民营文化机构的发展创造宽松、有利的发展环境，将其纳入公共文化服务范畴，使其在资金、人员配备等方面获得政府的政策支持，并利用政策杠杆，建立社会力量参与文化遗产保护的长效激励机制。

三是创新运作方式，探索社会力量参与文化遗产保护及文化共享新路径。社会力量参与文化遗产保护必须秉承互惠互利、共同发展的原则，我们要在充分尊重双方合法利益的前提下积极探索合作保护的新途径，更广泛地吸引社会各种力量参与公共文化服务，参与文化遗产保护，使企业通过公益行为提升企业形象，实现社会效益和经济效益的最大化，并逐步形成社会力量广泛、深入参与的文化遗产保护模式。

总之，保护主体的多元化是实现文化遗产有效保护的重要保障。促进公众参与文化遗产保护，充分调动他们的积极性和创造性，引导和鼓励公众参与文化遗产保护，关系到文化遗产保护事业的未来和希望，需要我们在今后的工作中努力探索，大胆尝试。

[①]《科技部、文化部、国家文物局关于印发〈国家"十三五"文化遗产保护与公共文化服务科技创新规划〉的通知》，中华人民共和国科学技术部官方网站，http://www.most.gov.cn/fggw/zfwj/zfwj2016/201612/t20161221_129721.htm。

B.30 江苏文化园区目前困境及化解之策

陈清华*

摘　要： 文化园区是文化产业集聚发展的重要依托和载体。笔者近期在南京等市有代表性的文化园区实地调研时发现，近10年来，江苏省各地纷纷依据自身资源优势和产业特点，如"雨后春笋"般建设各类文化园区。但客观地讲，目前文化园区发展暴露出"重有形园区、轻无形服务"、"有文化企业、缺产业链条"和亏损严重甚至濒临"关门"等亟须解决的问题。笔者通过深入剖析，找到了文化园区"同质化恶性竞争，'集聚效应'不明显；盈利模式单一，亏损现象严重；专业人才缺乏，创新能力不强；借文化之名，行房地产之实"等困境重重甚至破产的原因，提出了通过深化供给侧结构性改革，以解决供需错配为"出发点"、以市场及时出清为"着力点"、以增加有效市场要素供给为"落脚点"、以优化制度供给为"支撑点"，"创新考核，提升规划供给水平；创新机制，提升盈利供给水平；创新思维，提升融合供给水平"等，使文化园区走出困境。

关键词： 江苏　文化园区　供给侧结构性

文化园区是文化产业集聚发展的重要依托和载体。笔者近期在南京、苏

---

* 陈清华，江苏省社会科学院图书馆长、研究员、博导。

州、无锡、南通、盐城和徐州等市调研时发现，近10年来，我省各地纷纷依据自身资源优势和产业特点，如"雨后春笋"般建设各类文化园区，但客观地讲，我省文化园区发展目前暴露出了"重有形园区、轻无形服务""有文化企业、缺产业链条"和亏损严重甚至"关门"等亟须解决的问题。因此，有必要对文化园区做深入剖析，并总结得失，从而为今后文化园区进一步健康快速发展提出对策性建议。

一　文化园区发展喜忧参半

据江苏省统计局不完全统计，截止到2015年底，在江苏省范围内国家相关部门授牌的文化园区有10多个，省级相关部门授牌的文化园区有120多个，全省各类文化园区有410多个。如南京市代表性文化园区有"创意东8区"、"南京1865"、南京石城现代艺术创意园和南京高新动漫园等。其中，"创意东8区"多次荣获国家创意产业最佳园区奖。江苏省文化园区2015年营业收入为3100多亿元，同比增长29%以上。

南京大学学者研究指出，"目前，我省文化园区发展模式从形成原动力及功能来看，主要分为政策导向型、艺术家主导型、开发商主导型、资源依赖型、成本导向型和环境导向型6种。"

"我省文化园区的总体特点是发展速度很快、数量很多、投资主体多元化、入驻企业以中小型企业或民营企业为主等。"南京晨光1865创意产业园党支部书记对笔者如此说。

如皋文化创意产业园负责人表示，江苏省文化园区的蓬勃兴起既"链接"了信息、创意、科技、金融、人才和市场需求等文化产业发展要素，又"集聚"了文化企业、研发机构、大众传媒、大师工作室、艺术家沙龙、物业管理和教育培训机构等文化产业发展"模块"，还降低了各方面运行成本，将各种力量"拎"在一起，形成了"五指并拢合力"，对文化产业发展可谓是"功不可没"。

南京文化创意产业协会秘书长认为，经过10多年的发展，江苏省部分优秀文化园区已经进入"第二代"发展阶段，呈现更加"泛在化"和"虚拟化"等特点，还出现了众筹文化园区等。

南京师范大学学者认为："我省以文化园区建设为抓手，引导文化产业特色化、差异化、集群化发展，有效推动了文化产业与经济转型升级、城市功能优化调整和经济社会全面协调发展，并形成了一批具有广泛知名度和国际影响力的文化地标。"

南京航空航天大学学者在近期举行的学术论坛上说，"我省部分文化园区集聚了不少主题明确、定位准确、效益不错的文化企业，形成了'1+1>2'产业集聚效应"。

但是客观地讲，江苏省综合实力很强但有较大知名度的文化园区还不多。国务院发展研究中心东方文化与城市发展研究所及《支点》杂志社于2015年12月3日共同发布的"中国文化发展指数"显示，"2015中国文化园区前10强"中，我省仅"南京秦淮特色文化产业园"入围（列第4名）。"2015中国文化园区前100强"中，我省仅5家入围。其中，苏州苏绣文化产业群、江苏周庄文化创意产业投资发展有限公司、"扬州智谷"和常州中华恐龙园分别名列第13、27、28和29名。

有学者认为，把文化园区纳入干部考核范畴，一方面，能提高地方官员对文化产业的重视程度，加大对文化产业投入；另一方面，也需警惕"大干快上"、"遍地开花"、"有园无企"、片面追求硬件设施而忽略创意和管理等"软件"的倾向。

笔者调研发现，我省多数文化园区没有产业规模，没有真正有实力的文化企业入驻；不少园区已经变成了商业办公中心、休闲娱乐中心、文化展示中心或"赤裸裸"的房地产项目；有些园区特色不鲜明、规划不合理，收入微薄甚至正濒临"关门"；有些园区"文化+"产业融合不够、政策转化接"地气"不够、文化资源利用效率不高；有些园区存在文化企业基本型文化消费品供给数量过剩且质量不高，而满足消费者较高层次精神追求和情感体验的发展型文化消费品供给数量不足、质量不高等问题。

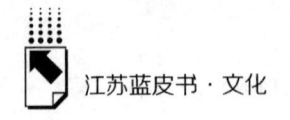

二 多因素导致文化园区困境重重

在出现"全省热"的同时,笔者在调研中发现,江苏省文化园区仍处于"摸着石头过河"阶段,还存在诸多亟须解决的问题。这些问题相互交织,已经将文化园区"逼"到了困境重重甚至濒临倒闭的边缘。那么产生这些问题的原因是什么?

1. 同质化恶性竞争,"集聚效应"不明显

目前,江苏省不少文化园区遵循"政府导向"模式,没做深入的可行性调研,不进行合理规划,盲目跟风,重复建设,同质化现象严重。同类型文化企业在价格上恶性"砍杀",品牌上相互倾轧,资金上互相挤压和人才上互挖"墙角"等,"劣币驱逐良币效应"致使不少文化产业领域"狼烟四起""哀鸿遍野"。以动漫游戏业为例,无锡国家动画产业基地负责人说,"我省几乎每个省辖市和不少重点县(市、区)都有一个或几个动漫游戏产业基地(园区)。这种'一哄而上'的结果不仅是造成了不必要的人才等资源浪费,而且还出现了产品卖出价格远低于生产成本等咄咄怪事。"盐城市国际软件园和服务外包基地负责人讲,不少"开发商主导型"文化园区囿于地理空间集聚,而非产业集聚,迫于招商引资和盈利压力,"拣到篮子里都是菜",自降入园门槛。结果是"领军型"文化企业不愿意进文化园区,而进园区的文化创意类企业数量不多、规模不大、质量不高,文化企业间关联度较低,"产业链"短促且上下游配套不健全,园区不但没有"孵化效应"、"集聚效应"、"品牌效应"和个性化特色,而且有的甚至连"文化味"都没有。

2. 盈利模式单一,亏损现象严重

一个成熟的文化园区运营公司正常的盈利模式应是自身创意创新收入占70%以上,租金差价和配套服务收入仅占20%~30%。而笔者到20多个有代表性的文化园区进行深入调研后发现,大多数文化园区运营公司盈利模式单一,仅做"二房东",通过赚取租金差价和做一些简单的园区配套服务等

维持生计。据不完全统计，全省文化园区运营公司目前有 65% 以上处于亏损甚至严重亏损状态，真正盈利的不超过 15%。这些亏损的文化园区运营公司即使暂时有政府财政补贴和其他多重利好政策扶持，但也是难以长期维持的。昆山国家影视网络动漫实验园负责人讲，江苏省不少文化园区亏损严重，甚至濒临"关门"，最主要的原因是园区运营公司没有真正把园区定位为文化产业集聚区，没有做好文化园区的可行性调研和发展规划，只是利用各级政府文化利好政策盲目地发展。再加上这些园区运营公司自身创新和研发能力不强，内容创意创新收入偏低甚至为零，到头来稀里糊涂地竟将文化园区办成了普通物业，甚至是艺术家沙龙的"大杂烩"。

3. 专业人才缺乏，创新能力不强

南京软件园（南京国家动画产业基地）人才局负责人说，由于缺乏国际视野和现代管理理念，再加上文化人才引进、培养、使用和激励机制的"先天性"缺失，尽管江苏省是人才大省，但文化园区内非常缺乏理论功底深厚、专业能力精湛的高层次领军人才，相当缺乏能够整合产业资本、金融资本和文化资源的文化经营管理人才，尤其缺乏敢担风险、勇于开拓、奋力争先的创新型人才，特别缺乏具有全球视野、战略思维，谙熟国际文化产业发展规律，擅长文化策划、管理、经营、交流、制作和经纪的复合型运营人才。演艺、广告和出版发行等传统文化产业领域人才过剩，文化创意、文化博览、动漫游戏和数字传输等新兴文化产业以及文化旅游、工艺美术等特色文化产业领域人才十分缺乏。这都严重制约了江苏省文化创新能力的提升和文化园区的健康快速发展。

4. 借文化之名，行房地产之实

目前，许多文化园区是"挂羊头卖狗肉"，打着文化"幌子"，做的实际上是房地产买卖。这背后有许多深层次原因。对官员来说，这是"政绩工程""面子工程"。各级政府已经将文化产业当作重点发展的目标和大力扶持的对象，并把文化改革发展"列入各级政府效能和领导干部政绩考核体系"。这就使不少地方官员整天忙的是找资金、圈地盘、建园区和招企业等。可是做文化园区出经济效益慢，甚至压根就出不了经济效益。那圈那么

大一块地，甚至是"黄金宝地"怎么办？做房地产最来钱，来钱又最快。这样GDP上去了，考核时有"政绩"了；上级领导来视察时，有地、有园、有企、有人、有税收和地方财政收入，有"面子"了。对房地产开发商来说，在国家调控房地产的大背景下，文化是"金字路条"和"华美外衣"。"文化"不仅是房地产开发商大举批到开发用地的"金字路条"和减免税收的最佳"借口"，而且房地产一旦披上文化这件"华美外衣"，就可价格猛增，并让百姓心理上感到这个房地产有"品味"，更容易接受高房价，从而谋取更多的商业暴利。

三　深化供给侧结构性改革

据有关专业机构测算，我国2015年底文化消费潜在规模为5.3万亿元，而实际规模才1.4万亿元，还存在近4万亿元的文化消费缺口。深化供给侧结构性改革，增加文化园区和文化企业的有效供给，能够加速释放居民文化消费需求，扩大文化消费规模，满足人民群众日益增长的精神文化需求。我们应深化供给侧结构性改革，推动文化园区和文化企业以解决供需错配为"出发点"、以市场及时出清为"着力点"、以增加有效市场要素供给为"落脚点"、以优化制度供给为"支撑点"，由注重规模向注重质量、由粗放式发展向集约化发展转变。

1. 创新考核，提升规划供给水平

文化园区是否成功的首要标志是园区是否是精心规划设计的结果。园区等硬件固然重要，但文化的核心是人，是创意，是作品。考核的"指挥棒"应该指人、创意和作品这3个要素，不仅要考核园区设施和设备等硬件，更要考核人才、创意、作品和营销等软件，还要考核园区和企业的文化产品与服务对农村和基层群众正能量引导的"精准效果"。考核文化园区，首先要看园区规划是否合理，要看园区规划供给是否真正推动了园区资源从低效率领域转移到高效率领域，是否已经从过剩的领域转移到更有需求的领域。加强文化园区长期规划的核心是转变规划观念和规划实施思路，由注重眼前的

短期规划逐渐向"寓短于长、以长促短"的设计规划转变。政府在城市规划中应立足长远,依据本地独特的资源优势和产业基础,选择相对于其他地区难以竞争的优势,对相关行业进行分类筛选,确定资源配置方向和策略,再进行文化园区规划设计。文化园区的长期规划设计不仅需要政府主管部门、文化专家参与,还应邀请景观设计、城市规划、建筑学、地理学、生态学、环境科学和艺术等学科背景的人士参与。一般情况下,文化园区专业化程度越高,文化企业聚集规模越大、越快,越容易形成上下游齐备的"产业链",越容易形成"集聚效应"、"市场效应"和"品牌效应"。徐州动漫创意产业园负责人讲,文化园区规划定位最忌讳的是"大杂烩"和重复建设,要坚持专业化、差异化、特色化和品牌化,避免同质化恶性竞争。还要将"工匠精神"融入文化园区的规划、选址、融资、建设、招商和运营等每一个环节,并努力做到文化园区规划和管理精益求精。

2. 创新机制,提升盈利供给水平

文化园区是否成功的次要标志是园区是否具有持续的创新"造血"能力。要使文化园区做到有持续的创新"造血"能力,一是要构建合适的盈利模式,提升利润供给水平。文化园区运营公司要把社会效益放在首位,不断提升创意创新研发能力,为园区内文化企业提供创意设计、融资组合、人才培训、公共技术平台打造、品牌形象宣传、物流配套、后勤保障和物业管理等服务,以实现最大的社会效益和经济效益;要明确自身发展定位、主题和主导业务内容,对拟进园区企业设置门槛、精挑细选,避免同质化企业过多;要以市场为导向,以核心资源为依托,以利益为纽带,把园区内企业文化产品的创作、生产、加工和销售融为一体,形成有机结合的完整的"产业链"。二是要创新方式,提升人才供给水平。从类型上看,文化园区更加需要的是具有奇思妙想的"奇才"、能把奇思妙想变成"产品"的"帅才"和能把"产品"变成"商品"并推销出去的"将才"。这3种文化人才是文化园区发展壮大的核心要素,是文化园区的灵魂。政府、文化园区和文化企业要共同推进文化人才培养、引进、选用和激励工作,实现文化人才培养由"重数"向"重质"转变、引进由"刚性"向"柔性"转变、选用由"相马"向"赛马"转变、激励由"单一"向"多元"转变,形成"政、产、学、研、用"通力合作的文化人才机制;高校要完善课程设置,增加社会实践内容,多培养跨学科研究和应用性文化人才;特别要深化分配制度改革,探索建立以知识产权、无形资产和技术要素等参与分配的新路径。三是要创新机制,提升资本供给水平。无锡睿泰科技有限公司负责人对笔者讲,"文化园区内文化企业正面临着3大'瓶颈':无形资产评估难、银行创新产品不足和金融配套服务体系缺失等。"文化园区应为文化企业提供建立金融投资对接服务机制、建立金融投资信息平台、举办金融投资知识培训、互相担保或集合发债等服务。此外,还要鼓励私营企业、民营资本与政府进行合作,采用PPP模式(Public-Private-Partnership,即"公私合作模式"),参与文化园区建设。还要用"互联网+"思维实现文化企业金融服务升级,实现单个文化产品到文化产品集群升级等。

3. 创新思维,提升融合供给水平

文化园区是否成功的又一标志是园区是否具有系列产业融合机制。政府要推动文化园区和文化企业转换思维方式,实现由线性思维向辩证思维、条块思维向系统思维、策略思维向战略思维、人治思维向法治思维、粗略思维向精准思维转变,研究融合模式,搭建融合平台,拓展融合广度和深度,完善融合技术链、资金链、人才链、信息链、服务链和政策链,将文化与科技、文化与金融、文化与旅游、文化与体育、文化与商贸、文化与制造业、文化与农业等融合起来发展,增加文化产品和服务附加值,从而使文化园区成为市场主体、客体、交易设施、内在机制和市场规则等完备的"生态系统",造就适合文化企业发展壮大的"生态环境"。南通同洲电子有限责任公司负责人对笔者讲,要以文化园区和文化企业为主体,通过"互联网+",提升文化产品和服务的数字化、网络化水平,提升"文化+"的融合效率和集约化水平等。

此外,文化园区还应为文化企业提供紧密联系媒体、知识产权保护、公共技术支撑、完善商务交易市场和营造情趣生活空间等方面的服务。

B.31
江苏文学期刊现状与发展策略

李良[*]

摘　要： 当代江苏文学取得相对突出的成绩，在全国乃至世界文学舞台上都赢得一定的美誉。取得如此实绩，除了与创作主体即江苏作家的勤奋笔耕密不可分，也与其他各种文学生长环境因素息息相关，尤其是文学期刊功不可没。数十年来，江苏文学作品类期刊锐意前进，成就突出：兼顾传承与创新、地域排布合理，期刊类型区别度高、文学体裁题材兼备，把脉文学发展方向、栏目设置锐意创新，长时期沉淀积累、打造文学名刊效应。同时，江苏文学评论研究类期刊也实现跨越发展，文学学术性期刊稳中求进，综合性哲学社科期刊持续提升，交叉性学科学术期刊质量提高，新创评论研究类期刊跨越发展。新形势下，江苏文学期刊还应多方努力，面对纸媒期刊窘境，以新媒体手段积极应对；突破体制机制的制约，争取财政资金的支持；借助外来资源，开拓创新期刊版栏设置；思想性学术并重，彰显江苏集群期刊实力。

关键词： 江苏　文学期刊　新媒体

文学期刊承载着传播文学繁荣的历史使命，在文化传承与发展过程中具

---

[*] 李良，江苏省社会科学院文学研究所副研究员。

有举足轻重的地位。回眸现代中国，正是文学期刊的存在与不断壮大时期，在一定意义上造就了中国现代文学与思想的巨大成就。三卷本《中国现代文学期刊目录新编》，收录中国现代文学相关期刊657种，可见期刊之于现代文学的不可或缺。数十年来，江苏文学秉承地域文化传统并吸纳外来创作经验，以超乎寻常的坚忍与创新，在延续江苏文脉的同时，努力克服思想意识、市场经济、浮躁物欲等因素的影响，坚持走在先进文化生产的前沿。尤其是改革开放以来，在出版政策的不断调整与引领下，江苏文学期刊基本能够按照文学的自身规律健康发展，进而在繁荣江苏文学的同时，呈现出创新性、地域性、集群化等特点。江苏文学从作品创作到评论研究，从发行阅读到社会效应，都取得相对突出的成绩。取得如此实绩，除了与创作主体即江苏作家的勤奋笔耕密不可分，也与江苏评论家与学者等其他各种文学生长因素息息相关，尤其是文学期刊功不可没。

一 文学作品类期刊锐意进取

文学的发展首在创作，传统文学作品的面世大体有期刊印行与书籍版行两种途径，尤其是20世纪80年代后，期刊在文学创作与传播方面起到了重要作用，许多文学作品往往先在期刊上发表，产生相当影响后再以图书形式版行，在实现文学社会效应的同时，也给文学期刊带来良好的市场回报。文学作品以期刊发行得以传播繁盛的现象，一直持续到网络数字化时代的来临才逐渐衰弱。当电脑、手机等阅读工具普及后，文学作品的传播与阅读方式有了多元选择，文学期刊受到越来越大的生存冲击成为不争的事实。数十年的沿承与积累，江苏文学期刊秉承个性精神，在形成地域性期刊文学传统的同时，也为中国文学的发展、中国文学"走出去"及文学人才队伍的建设等做出了贡献。

第一，兼顾传承与创新，期刊地域分布合理。文学的发展既要重视创造，也要重视传播与接受。以地级市行政地域为观察出发点，大略可以感受江苏文学期刊发展的牢固基础。除了作为全省文学主管单位即江苏省作家协会主办的几种刊物之外，江苏 13 个地级市都有自己的代表性文学期刊，即南京的《青春》、苏州的《苏州杂志》、无锡的《太湖》、常州的《翠苑》、镇江的《金山》、南通的《三角洲》、扬州的《扬州文学》、泰州的《稻河》、徐州的《大风》、淮安的《短小说》、盐城的《湖海》、连云港的《连云港文学》、宿迁的《楚苑》。这些文学期刊在继承传统的基础上，努力创新，在提供文学阵地、培养文学新人、彰显地域文学特色等方面的作用不可小觑。特别要说明的是徐州《大风》，创刊于 1983 年，因种种原因停刊后，于 2009 年 7 月复刊，实为徐州文学生活的一件幸事。此外，江苏还有一些民办文学期刊，部分还相当活跃，在此不一一细述。

第二，期刊面貌辨识度高，文学体裁题材兼备。江苏文学期刊大多隶属于作协、文联、出版社或高校等单位，管理、主办部门性质不同以及办刊方针各有侧重，因而江苏文学期刊彼此之间面貌存异，在吸引不同读者群的同时，合力促进了江苏文学的发展。《扬子江诗刊》是长三角地区唯一的诗歌刊物，近年来锐意创新进取，从封面设计到诗歌内容皆精心设计组织，可以同著名刊物《诗刊》南北相望，比肩前进。创刊于 1957 年的《雨花》杂志，作为省作协主办的老牌期刊，遵循"写实传统，现代精神，文学文化，人本人文"的办刊宗旨和"短些短些再短些"的采稿理念，多刊发不超过 8000 字的小说，而所发的散文、随笔、杂文等也以丰富、活泼、率真、犀利为特色追求。1979 年创刊的大型外国文学杂志《译林》由江苏凤凰传媒集团有限公司主办，该刊一直坚持"打开窗口，了解世界"的办刊宗旨，在每期以一篇优秀长篇小说主打的同时，介绍与研究外国文坛最新动态、热点事件与人物、文学流派和名作、文坛现状综述等，备受外国文学研究界、文学创作界及广大读者的关注和喜爱。江苏省文化厅主管、主办的综合性艺术杂志《剧影月报》创刊于 1959 年 4 月，是全国办刊时间最长、影响最大的戏剧影视艺术类专业期刊之一，主要发表文艺类学术论文、艺术作品。上述四种期刊和省内其他兄弟文学期刊一起努力，互补互进，拱力提升了江苏文学期刊的整体形象。

第三，把脉文学发展方向，栏目设置锐意创新。一个时代有一个时代的文学，文学的潮头此起彼伏迭涌前进。近些年来，受到诸多社会风潮和审美风尚的影响，文学创作的热点焦点、内容范式等变化较快，如此情况下，文学期刊只有在栏目上不断创新调整积极应对，才能不落时代潮流并满足读者大众的需求。以《扬子江诗刊》为例，在传统"诗的长廊""扬子江诗潮""当代外国诗歌""百家荟萃"之外，推出"深水区""新诗十九首""重读经典"等新栏目。其中"深水区"以"去蔽"为主旨，推介成名诗人处于遮蔽状态的重要作品、沉潜安静的写作者的优秀文本以及未成名诗人有分量却没得到应有关注的新锐之作；"新诗十九首"组织诗人、诗评家、诗编辑推荐他们眼中的好诗；"重读经典"选择某些被误读的经典作品进行诗学过滤。此外，该刊还有"百家诗萃""古体新韵""外国诗歌译介""诗性随笔""诗人访谈""诗长廊"以及根据年度或诗坛大事件推出的即时性栏目。新旧栏目按需安排，得到业内的广泛认同，又深化提升了办刊理念，也扩大了刊物的影响力。

第四，长时期沉淀积累，打造文学名刊效应。文学期刊作为文化生产与普及文学的主要桥梁，其创设与发展是国家文化相关部门一直关心并着力扶植的。江苏省作家协会主办的大型综合类文学刊物《钟山》，自1978年创刊以来，秉承"兼容并蓄、惟文是举、鼓励探索、引领潮流，做最好的汉语文学杂志"之办刊宗旨赢得各界好评，已经成为引领汉语文学创作潮流的重要阵地和世界了解中国文学发展的重要窗口。《钟山》奉行好作品主义，力争将最新的优秀长篇小说、中篇小说、短篇小说、散文随笔、纪实文学和文学评论奉献给读者。30多年来，《钟山》首发的作品先后获得茅盾文学奖、鲁迅文学奖、国家图书奖、小说"百花奖"等近百项文学大奖，在文学界赢得相当的认可度，被誉为文学期刊界的"四大名刊"之一。近几年来，《钟山》在貌似杂志之"杂乱无章"中，于主打小说的传统之余不断开掘新栏目、推出新话题，进一步体现了《钟山》坚持知识分子写作的文学立场。坚持人本主义，对现实保持警醒与批判，不迎合不媚俗，从而呈现出一以贯之的厚重大气之风，《钟山》在努力守候文学诗意的同时，也日趋打造出国内外皆为关注的名流期刊。

二 文学评论研究类期刊跨越发展

文学评论与研究和文学创作与传播是文学事业的两翼，缺一不可。有人认为评论与研究属于书斋里的学问，通过书籍出版传承薪火或学校课堂讲读传播即可，其实不然，观察当代文学尤其是 20 世纪 90 年代以来中国文学的发展，此种看法越来越有失偏颇，甚至存有伤害乃至灭亡文学的祸患。无论文学书籍的出版发行，还是文学评论研究（包括学院派），已经和文学创作密不可分。且不说评论研究可以直接引导、影响乃至介入作者的写作，就是这些年遍布文学生活圈的作品发布会、读者见面会、作家/作品研讨会等活动，已经很少见不到评论家或学者的影子了。客观上不能不承认，文学评论与研究确实支持、促进并提升了写作者的成就与水平。

第一，文学专业性学术期刊稳中求进。20 世纪 80 年代开始，基于提高民众的基本文化水平之需求以及外国文学文化影响中国的实际，文学学科教育与中外文学知识普及得以确认和实施，一批文学期刊也应运而生。就江苏省内而言，1980 年南京大学外国文学研究所主办的《当代外国文学》（后与译林出版社合办）、1985 年江苏省社会科学院文学所主办的《明清小说研究》、1986 年江苏古籍出版社（后改名凤凰出版社）主办的《古典文学知识》、1990 年江苏省社会科学院文学所主办的《世界华文文学论坛》、1999 年南京师范大学文学院主办的《南京师范大学文学院学报》，此五种期刊的评论研究广涉古今中外文学，可谓互补共进。经过数十年的积累，五种期刊皆形成自己的办刊特色，品牌声誉也越来越高。以同样隶属于江苏省社会科学院的两家期刊为例，《明清小说研究》与《世界华文文学论坛》用力对象相当分明——"明清小说"与"世界华文文学"，虽然学科等级划分相对小而低（往往分别视为分属于二级学科中国古代文学与中国现当代文学），但正是切口小而聚力强，成就了这两种文学期刊的学术研究深度和评论进步速度，使两种期刊在国内取得相当认可度的同时，在境外尤其是海外具有一定的接受度，且这一接受实际甚至扩大到文学之外，具有传播中华文化、团结

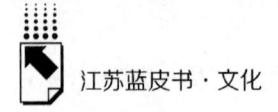

海外华侨华人的功能，而这一点是评论研究类文学刊物往往难以做到的。

第二，综合性哲学社会科学期刊水平提升。长期以来，江苏在经济、社会、文化等诸方面一直走在全国前列，哲学社会科学研究亦然，这里既有地缘因素的影响，也和重视继承发扬文化传统息息相关。江苏省社会科学院主办的《江海学刊》、江苏省社会科学联合会主办的《江苏社会科学》、南京市社会科学院主办的《南京社会科学》，三家综合性社会科学作为江苏省人文社科期刊的代表，办刊质量持续提升，在全国同类期刊阵营中越来越处于领先位置。此三种期刊都设有文学栏目或板块，所刊发的文学评论研究性学术文章，往往都是业内名家宏文或国家级、省部级社科规划课题成果，前沿意识和问题意识相对突出，一定程度上代表了一段时间内相关研究的高水平。以《江海学刊》为例，该刊尊重学术传统，弘扬文学精神，每期固定有文学栏目，坚持采稿范围从宽、用稿标准严苛的理念，于评论研究群体形成积极性投稿记忆与欲求，刊物与作者良性互动，稿源数量与质量都能得到保证。几十年下来，《江海学刊》在整个文学评论研究界极富口碑。

第三，交叉性学科学术期刊质量提高。改革开放之初，百废待兴，文学成为其时普及现代知识与提高人文素质的最具功能性的文化途径。一段时间以后，各种文艺形式日趋健全发展，文学的社会影响力慢慢下降，尤其是市场经济的运行和民众的接受能力相对提升之后，整个社会的文化着眼点和知识兴奋点越来越繁杂多样，文学日益被边缘化。然而一如文学成为新时期以来中国影视创作发展的根本性支撑，诸种文艺样式往往都具有文学的基本性质和审美元素。因此，文学评论与研究隐现或交叉于其他相关艺术的评论研究之中则可以理解了。江苏省文化厅主办的《艺术百家》创刊31年来，立足江苏本省，面向海内外，提倡在自由平等交流的基础上的文化融合，着重刊发艺术性、思想性、学术性、理论性的艺术学科综合性学术研究成果，栏目内容设置涵盖一级学科艺术学下属的二级学科艺术学、音乐学、美术学、设计艺术学、戏剧戏曲学、电影学、广播电视艺术学、舞蹈学8个学科研究方向，兼顾哲学、美学、建筑学、考古学与博物馆学、经济学、管理学等学术领域中与文化有关的部分。由是观之,《艺术百家》涉及文学评论研究也是自然,只是比例相对小一些而已。类似期刊还有《剧影月报》《译林》《文教资料》《少年文艺》《七彩语文》,只不过其中的文学评论研究是靠近、隐现、并存于影视剧批评、文学翻译和中小学文学教育研究当中而已。

第四,新创评论研究类期刊跨越发展。新世纪以来,面对日益边缘化的社会现实处境,文学没有举手投降而是努力坚持,争取在最大可能的时空里发出声音,可以乐观地说,文学没有灭亡,也不会死亡。基于教育学习、职业生存和素质修养提升的需要,文学评论与研究从业者也众多,专业性期刊的新创提上日程。十余年来,江苏有三种新创文学评论研究类期刊:江苏省作家协会2006年创办的《扬子江评论》,常熟理工学院2010年创办的《东吴学术》,《雨花》杂志和江苏师范大学2015年联合创办的《雨花·长篇小说研究》。此三种期刊各有自己的学术侧重与办刊理念,内外兼修,相当程度上得到学界青睐。拿目前最有影响的《扬子江评论》来看,该刊搭设了江苏文学创作与评论、省内与省外的平台,进而集中文学评论界学者教授为中国文学发展一起努力。正如执行主编丁帆所说:"文学的动荡、思想的多元,以及价值观的撕裂,都为我们提供了更多的思考空间,同时也为本刊的定位带来了思想的空间,促使我们独立个性的生成。唯有此,我们才能在历史的缝隙与现实的陆离中寻觅到重生的机会,才能在新世纪的文学评论界有所小小的建树。"[1]

另外,以《南京大学学报》《东南大学学报》《南京师大学报》等为代表的江苏境内各大学院校学报的哲学社会科学版,往往也设有文学评论研究相关栏目,刊发文学评论与研究类学术文章,他们和以上四类文学评论研究类期刊一道促进了江苏文学的发展。至于这些学报文学版栏之结构与特色等方面的具体探讨需要另文详细展开,这里就不再赘述。

---

[1] 丁帆在"《扬子江评论》创刊十周年研讨会"上的发言,江苏作家网:http://www.jszjw.com/news/topnews/201612/t20161226_16179862.shtml。

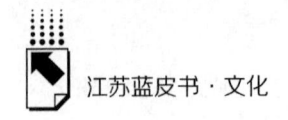

三 江苏文学期刊发展策略

从发表作品到评论研究，江苏文学期刊几十年来苦心经营，为文学事业坚持不懈，可谓功莫大焉。然而，时代的变化、生活的转向、审美的更迭等因素深刻影响并指导着文学期刊，甚至某些非客观因素都会决定期刊的生死存亡。不能否认，江苏文学期刊在取得上述一些成就和形成自己特色的同时，也存在着巨大的危机。尚不论市场经济下文学期刊因为独特的人文属性难以获得经济回报从而导致自身存在的必要性受到部分人的怀疑，姑且不说文学期刊不能成为文学业内自己人小圈子的依凭物而自拉自唱自娱自乐，就是当下江苏文学期刊阵营发展水平之参差不齐，部分刊物存在稿源不足、用稿质量不高、社会影响度不显，评论研究类期刊受国内不完善非合理的学术期刊评价系统的影响而焦虑不安等问题，都亟待解决。

第一，面对纸媒期刊窘境，以新媒体手段积极应对。20世纪70年代末至80年代中期是新中国文学期刊最辉煌的时期，《人民文学》曾在20世纪80年代初创下了发行量147万的辉煌纪录，省级文学刊物的发行量一般也达到了十几万份。然而，市场经济迅速推进，给原有的经营体制极大的冲击，尤其是数字网络技术下移动阅读普及以后，纸质文学期刊陷入大困境。"中国文学期刊的危机是社会环境变迁、媒介格局重组、受众阅读习惯重塑和数字媒体冲击等因素综合作用的结果。但随着中国媒介产业市场化改革的深入和国家文化产业战略的实施，中国文学期刊在存在生存危机的同时，也存在发展机遇。善用数字媒体技术手段，把握网络传播规律、树立定位营销理念就成为中国文学期刊实现再发展的重要策略。"[①] 只要人类还有精神与心灵的追求和倾诉，文学则成为必需，文学期刊也不会轻易消亡。数字化新媒体也不是洪水猛兽，困境也是机遇，顺应时代挑战，跨越障碍和阻隔，是文学期刊的分内自觉。当下来看，民众广泛使用的微信公众平台就是一种可

---

① 宋战利：《中国文学期刊的危机与发展机遇探讨》，《中国出版》2010年5月下旬版。

资使用的新兴媒体,因为其特殊用户群、交互式运作和宣传传播黏性等特点为文学期刊突破边缘化、断层化提供了发展的新契机,而两大传统文学作品类期刊《收获》《小说月报》已然成功实践,这正说明新数字平台保持并提升了文学期刊的精品化、品牌化建设水平。他山之石,是江苏文学期刊学习、借鉴与竞争的参照物。另外,超星、万方、中国知网等数字技术平台不断更新提供新式传播途径,它们都是江苏文学期刊可资利用以寻找突破、提升自我的新媒体选择。

第二,面对体制机制制约,尽力争取财政资金支持。"从'十七年'一直到80年代初期,文学期刊尤其是由各级作家协会和文联主办的纯文学刊物,依靠政府拨款维持运转","作为'计划期刊',文学期刊被划分成国家级、省市级、地市级等级别,各级文学期刊构筑成了一座金字塔,不同刊物有相应的行政级别和管辖范围。在高度一体化的文学体制中,文学的潮涌方向明确,在迫切的责任感与忧患意识的驱使下,文学主体在价值趋向和审美选择方面,惊人的一致,被缺乏个性的共识所束缚,当时的省市级、地市级的文学刊物都是封闭式的,这不仅是约定俗成的惯例,还是一种行规,试图打破地域限制就是僭越"[①]。虽然生存环境变化巨大,外在诸多因素或制约或逼迫或督促文学期刊发生改变,但也毋庸置疑,作为人文思想的创生、传播以及意识形态宣传、引导的阵地之一,体制内生存依然是文学期刊不能更改的根本底色,其运行机制天然地受其制约。众所周知,1998年可谓文学期刊的"灾难年":《昆仑》《峨嵋》《漓江》《小说》等著名文学期刊相继停刊。1999年,政府给《人民文学》下拨最后的十万元经费后,便彻底"断奶",导致期刊总量不断下降,期刊印数锐减。在这样的形势下,大量文学期刊不得不"改投门庭"或"关门大吉"。就江苏文学作品类期刊《三角洲》这一个案而言,其创刊于1972年1月的南通,在20世纪90年代受市场经济冲击走入困境;2000年,改版为校园文学,填补了江苏省校园文学期刊的空白;2007年再次调整,定位为南通作者服务;2011年,在文化

---

① 黄发有:《90年代以来的文学期刊改制》,《南方文坛》2007年第5期。

体制改革的大背景下，应主管单位、主办单位的要求，纯文学《三角洲》停刊；2012年1月5日，改版后的第一期《三角洲》正式出刊，为综合性的城市文化月刊，但是在出版6期后，由于亏损厉害，《三角洲》被逼更换主编、更改版式和内容。《三角洲》的转型教训，提醒文学期刊时下生存之艰难和慎重改变之必要。至于评论研究类文学期刊，则更是难以适应市场规则，以学术研究的名义、以收版面费的方式、以生意场的（潜）伎俩运行刊物，期刊还是学术的神圣园地吗？重"术"而轻"学"，连一丝的高尚也没有！如此看来，政府和相关主管部门在引导监督的同时，财政资金上也应该加大对文学期刊（尤其是评论研究类期刊）的投入。

第三，借助外来资源支持，开拓创新期刊版栏设置。直言不讳，外来资源首先通俗地表现在办刊综合条件的支持上。近些年，常州市文联与中天钢铁集团有限公司协办《翠苑》，算是比较成功的案例。有了基础条件，编辑部进一步于刊物内部努力开拓创新，名家构筑、新实力派、本土文本、才情江南、原生写作、毗陵艺谭、朝花夕拾等栏目大大抬升了《翠苑》的办刊质量。当然，外来资源更要从文学自身出发，争取按照文学规律来寻找，利用外在支持。"新世纪我们进入了一个视觉化、影像化的社会。为了寻求新的出路，文学期刊进行了视觉化转型，并且随着影视的深度渗透而表现出强烈的影视趣味。这些新变化反映在编辑策略上主要表现为视觉元素的包装、视觉艺术栏目的设置、文学期刊与影视互动以及对长篇小说的重新发掘，等等。"[1] 此论确实点出了文学期刊借力发展的一种途径可能。综合看文学期刊改版实践，"一是向'杂'过渡"，"二是办成特色鲜明的专刊或曰'特'刊"，"三是促进功能分化，走一刊多版的路子，拓展刊物的生存与发展空间，在保留纯文学基地的前提下，开辟一块新的试验田，摸索新的编辑风格与经营理念"，"四是另觅出路，改版为远离文学的文化类、娱乐类、综合类期刊"[2]。四种改版方向从文学发展实践来看可谓得失并存，个别地方甚

---

[1] 周根红：《从新世纪文学期刊视觉化转型看编辑策略的调整》，《中国编辑》2011年第1期。
[2] 黄发有：《文学期刊改版的经验与误区》，《中国出版》2009年第7期。

至滞缓、伤害了文学的发展。反观之,江苏就有成功的例子。《扬子江评论》创刊历史虽不长,却秉持"前沿、深度、活力"的理念,以新思维、新视野审视中国当代文学的发生与发展。其"名家三棱镜""文学史与文学制度""思潮与现象""名刊观察""新诗研究"等栏目,实现了作家与学者、作家与编辑家、文坛与学院、批评与创作的健康沟通和有效融合。"殊不知,在整个办刊过程中,我们遇到的困难是鲜为人知的。首先遇到的是稿荒问题,但在我们坚守办刊宗旨的信念中,许多问题都迎刃而解了,从中我们获得的启迪就是:什么样的办刊理念就决定了你有什么样的稿件,也决定了你的稿源质量与办刊的高度,以及触及文学的深度。"① 如此看来,期刊版栏的千改万变,都不可离开文学的根本精神,文学期刊必须围绕文学做文章。

第四,思想性学术性并重,彰显江苏集群期刊力量。文学创作与文学评论研究皆是创造思想新知、探索学术真理的活动,由是,文学期刊只有做到思想性学术性并重,才能承载起创新发展文学的责任。单从文学评论来看,没有江苏文学评论工作者与作家之间的亲密团结切磋交流、彼此了解相互支持,江苏文学也不可能取得如此重大的成就。近年来,丁帆关于乡土文学以及"民国文学"的新论,王尧关于20世纪80年代文学"过渡状态"说,一定程度上对于重新认识把握20世纪中国文学具有启迪意义。客观地讲,无论从历史遗留、资金支持、编辑队伍以及影响覆盖面来看,省内地方文学期刊已经难以和国家级同类期刊相比,但是不能忘了竞赛的技巧之一:在尽力保证单打好成绩的同时,不能忘了努力取得团体好成绩。20世纪90年代以来,江苏"许多地方文学期刊在办刊危机中走出文学的舞台,但是这个社会或者说体制仍需要文学的慰藉和占有文学话语权,于是地方文学期刊换了一种样式再次复生","截至2011年初,基于良好的经济基础和深厚的文学底蕴而于20世纪七八十年代蓬勃兴起的、有正式刊号的13家市级文学期

---

① 丁帆在"《扬子江评论》创刊十周年研讨会"上的发言,江苏作家网:http://www.jszjw.com/news/topnews/201612/t20161226_16179862.shtml。

刊，只剩下南京的《青春》、苏州的《苏州杂志》、无锡的《太湖》、常州的《翠苑》、镇江的《金山》、淮安的《短小说》、连云港的《连云港文学》、宿迁的《楚苑》8家纯文学期刊在艰难地坚守着纯文学立场"，"各市级文联又以内刊的形式纷纷创办文学期刊，如2011年泰州《稻河》复刊、2009年徐州的《大风》复刊、2010年盐城《湖海》复刊，淮安于2012年出版了纯文学期刊《淮安文学》。此外，一些县级市也在纷纷创办文学期刊，如南通启东文联的《沙地》、海门文联的《东洲》、无锡江阴文联的《雪浪湖》、苏州昆山文联的《文笔》……这些文学杂志宗旨是为会员提供文学阵地、培养文学新人、彰显地域文学特色"，"这也许就是文学期刊危机后的转机，置之死地而后生"。[1] 2013年，里下河文学流派得以梳理、研究、定位，形成"'水'、'土'交融的文化品格""'南'、'北'交会的文化形态""'雅'、'俗'共生的本土生活哲学""丰富多彩的民族叙事艺术"[2] 等审美属性。与之共振的现象是，泰州地区近几年涌现大量的文学创作人士，如果能够加以培育引导并予以扶持帮助，相信一定会形成有相当影响力的江苏文学集群效应，而区域性文学期刊及时练好内功辅之长之，则显及时且重要。泰州市文联、泰州报业传媒集团主办的文学双月刊《稻河》，意在打造泰州本土作家作品的平台，凸显泰州元素。为加强阵地建设，《稻河》按时出刊，全市第一本由民间办刊的《纯小说》在兴化创刊。目前全市已拥有《稻河》《花丛》《孤山》《楚风》《楚风月报》《纯小说》《银杏树》《溱湖》《罗塘》《诗歌报》计10种本土文学报刊，集群期刊力量优势日趋彰显，这实在是江苏文学期刊的一大幸事。

---

[1] 陈霞：《置之死地而后生——从〈三角洲〉的改版看文学期刊的改革》，《新闻与出版》2012年10月下旬版。
[2] 周卫彬、俞秋言：《"里下河文学流派"初探》，《文艺报》2013年10月18日，第7版。

B.32
南京民国期刊整理及保护利用

赵 伟[*]

摘 要： 民国期刊记录着民国社会的多元面相。南京曾为民国首都，文化事业繁荣一时，其中，期刊之出版发行在不同时段各具景观。时代前进，南京现存的民国期刊之种类、数量在国内仍名列前茅。面对这些珍贵的民国文献，影印出版、数字化均不失为保存、利用民国文献的有效手段。依靠技术进步，民国期刊必将以多种形态走进读者，而那段尚未远去的历史亦随之生动再现。

关键词： 民国期刊 南京 数字化

一 南京民国期刊举隅

中华民国的客观存在使"民国文献"[①]这一概念成为可能，而民国时期在中国国内出版的各种期刊、杂志是民国文献的重要组成部分。时至今日，民国期刊价值何在，或曰为何需要对其进行整理？简言之，民国期刊是后人走近、探索民国社会纷繁画卷的重要通道。重史乃中华文化传统，而历史往往不止一面，民国同样具有多元面相，其时出版的期刊正记录了国内外政

---

[*] 赵伟，江苏省社会科学院文学研究所副研究员。
[①] 民国文献这一概念多指1911~1949年出版的文献，其种类颇多，例如民国档案、图书、期刊、报纸、手稿、地图、告示、票据、拓片等。

治、经济、军事、文化、教育等方方面面的活动。借助对民国期刊的解读、研判，国内外整体社会环境、氛围及发展趋势得以体现，民国风貌及时代特征亦蕴含其中，纵览各刊，历史面影略见一斑。

民国期刊种类繁多内容丰富，南京一地即出版过不少杂志，而受国内外环境影响，各时段之刊物亦有不同的代表或特征，现拾取一二以为个案，或失之全面，但管中窥豹也自有其所见。

1919~1927年，这一时期国共合作，国民革命运动持续展开。为鼓动青年加入反帝反封建的行列，1924年4月，国共人士于南京联手创办《南京评论》。当时，革命话语渐成潮流，在此氛围中，该刊的出现在石头城激起波澜。时人评价道："南京是反动思想的领域，一般男女青年，都被陈腐的制度，享乐的空气，麻醉住了，不复过问一切身外的事，哪知也还竟有这种——《南京评论》——的激进刊物；这是我们值得欢迎的。"[①] 高涨的革命形势下，《南京评论》言辞激切态度高调颇受青年群体青睐。此后，更多学生投身反帝活动，直至五卅惨案发生。为谴责列强暴行，鼓舞爱国青年，1926年1月，国共共同创办的《五卅青年》于南京面世，革命宣传阵营再添新丁。救国不止一途，《南京评论》《五卅青年》等关注民族民主革命，亦有刊物针对文化事业发言立意。1922年1月，为应对新文化运动全盘西化之倾向，东南大学教授梅光迪、吴宓等创办《学衡》，主张"昌明国粹，融化新知"。以该刊为舞台，一批观点相近的文化人士次第亮相，声势日渐壮大，"学衡"一派在文坛崭露头角。同一时期，《少年世界》《南京学生联合会日刊》《南京高师日刊》《科学月刊》等也相继出现。激荡的年代，多元的思潮，或探讨政治或学文论艺，书报杂志渐成国民各抒己见挥斥方遒之载体，经此潮流熏染，南京的期刊出版铺展开来。

1928~1937年，这一时期国民政府定鼎南京，金陵的出版业随之异军突起，新刊物亦纷纷出现，"据国民政府内政部的调查统计，1931年南京新出杂志期刊为24种，1934年南京的杂志社为106家，当年全国杂志社830

---

① 楚女：《新刊批评》，《中国青年周刊》1924年第2卷第32期。

家，南京一市即占八分之一强。"① 杂志社如雨后春笋，各种刊物因之层出。"这些期刊杂志，内容侧重各有不同，涉及领域异常广泛，包括教育文化、政治经济、民族建设、军事及交通、外交及国际研究、法律、警政、农工商、边疆及边省、文艺、社会科学、自然科学、史地、医学、时事评论等各方面。其中仅报道边情、研究边疆问题的刊物杂志即有《西北周刊》《西北刍议》《边事研究》等20多家。"② 强邻步步紧逼，中华边地堪忧，西北、西南的去留、归属问题引起国内关注。金瓯遭列强觊觎，如何应对国内外复杂局势，知识界积极建言献策，一批关于时政、外交的刊物纷纷面世，其中《独立评论》《时代公论》《外交评论》等影响力较大。19世纪30年代，振兴民族精神，抵御外来侵略已成时代共识，在这样的舆论氛围下，文艺界的民族话语也日渐响亮。《文艺月刊》《开展》《流露》《橄榄》《长风》《呢喃》《寒松》《幼稚周刊》《青春》《创作于批评》等一批提倡、响应民族主义文艺的刊物在石头城汇聚成流。

  作为国都，南京的文化事业具备一定实力，杂志数量、种类之繁多就是表征。当然，期刊可以是文化园地亦能充当政教平台，作为首都，仅南京市各政府机关就编印了大量刊物。例如，早在1928年南京特别市市政府秘书处即着手编纂《首都市政公报》，该刊半月一出，栏目包括言论如《建设首都的责任问题》、研究如《住屋的建筑和改革问题》、特载如《南京特别市市政府土地局土地行政计划书》、纪事如《空前之全市户籍大调查》、公牍如《统一财政案》等③，内容林林总总涉及市政之方方面面。此类机关刊物还有不少，如南京特别市市政府于1928年推出的《财政月刊》、南京特别市市政府教育局于1929年创办的《首都教育》月刊等。这些由政府部门编印的专门刊物记录了南京市各领域之法规、政策及工作进展，一座城市的日常运作次第呈现，而南京期刊出版之发达由此也可见一二。

  1937～1945年，这一时期南京沦陷，为日伪统治时期。1937年7月抗

---

① 张宪文、穆纬铭主编《江苏民国时期出版史》，江苏人民出版社，1993，第217页。
② 张宪文、穆纬铭主编《江苏民国时期出版史》，江苏人民出版社，1993，第217页。
③ 《首都市政公报》1928年第21期10月15日。

战全面爆发,南京不久即告沦陷。战火中,期刊编纂等文化事业遭到严重破坏。其后,汪伪政权盘踞于此,杂志的出版和发行遂受其影响、控制,而时至今日,这些刊物也都成为研究该时期南京社会风貌的重要资料。"据1941年伪宣传报告统计,当时沦陷区杂志出版的总数是119种,其中江苏有65种","在这65种杂志中,南京出版的又有55种。"这些刊物按出版周期大致分为周刊、旬刊、半月刊、月刊、季刊和不定期等几种形式,名录大致如下。

周刊:《中央导报》《中大周刊》《侨务周刊》《首都警察》《小主人》《三民周刊》。

旬刊:《平议》《民宪》《首都旬刊》《旬报》《旬刊》《中华法令旬刊》。

半月刊:《现代公论》《公议》《小学教师》《宣传半月刊》《法言》。

月刊:《译丛》《中日文化》《大亚洲主义》《新命月刊》《国艺》《新东方》《县政研究》《教育建设》《中国经济评论》《文化汇刊》《同声月刊》《中华青年》《作家》《儿童画刊》《市声》《新女性》《新警察》《新生译丛》《新生》《和平》《政警》《政治月刊》《侨声》《实业月刊》《华侨》《妇女世界》《中国》《青年》《东联月刊》《东亚联盟》《时代文选》《民意》《兴亚》《慈俭妇女》《劳动月刊》《士兵画报》。

季刊:《教光季刊》。

不定期刊:《时事文萃》。①

汪伪政权受制于人,文化事业亦不例外,期刊用纸主要从日本进口,随着太平洋战争的爆发,纸张供应大幅减少,报纸杂志纷纷缩水,沦陷区之报刊出版业濒于破产。日伪不得人心,爱国人士悄然渗透,在他们的努力下,不少刊物暗藏玄机。"在南京地区受我党影响或领导的公开出版物主要有":《作家》、《学生》月刊、《女青年》、《"干"字月刊》、《青年旬刊》等②。

---

① 参见张宪文、穆纬铭主编《江苏民国时期出版史》,江苏人民出版社,1993,第317页。
② 参见张宪文、穆纬铭主编《江苏民国时期出版史》,江苏人民出版社,1993,第288~289页。

这些刊物或由中共地下党控制或经常发表他们的文章，通过曲折、隐蔽的方式，打击日伪并宣传进步思想。

1945～1949年，这是战后国民政府还都和国内战争时期。抗战胜利后，国民政府还都南京，战前的部分期刊陆续恢复，同时亦有一批新刊问世。基于此，南京期刊数量迅速增长，"1946年，江苏地区计有期刊142家"，"到1947年底便增加到330家左右"，"其中南京市有293家"①。这一时期国内百业待兴，一切似有可为，无论国共抑或中间势力都在发表自己的声音。然而，不久之后，国内矛盾再度激化，国共兵戎相见，炮火裹挟中，期刊事业再次经历淘洗。

从上述各时段的梳理大致可看出，南京的期刊出版自新文化运动后逐渐蓬勃，1928～1937年迎来大发展；其间，1934年甚至号称"杂志年"，民国期刊之繁盛可以想见。抗战全面爆发后，平津沪宁等地大部分文化事业付之一炬，日伪操控下，南京暂存几十种刊物以为点缀，而这其中亦有进步力量潜滋暗长。抗战胜利后，人心为之一振，随政府还都，南京的期刊界呈现复苏景象，不过往昔情形难以再现，历史已然出现转折，南京之期刊事业即将揭开新的篇章。

二　南京民国期刊保存、整理之现状与问题

作为近代较早对外开放的城市及国民政府首都，南京文化事业相对发达，当时在此出版的民国期刊为数不少。中华人民共和国成立后，经过相关人士、机构的不懈努力，现在仍有相当数量的民国期刊存留于南京。根据调查，南京博物院收藏的民国期刊"数量众多、门类齐全，且多为创刊号、纪念号、特刊号、专刊号、改刊号、复刊号、终刊号"。其中，"有卡片式目录索引的达一千二百余种（册）"②。除南京博物院（简称南博）之外，

---

① 张宪文、穆纬铭主编《江苏民国时期出版史》，江苏人民出版社，1993，第398页。
② 奚可桢：《南京博物院藏民国文献述略》，《东南文化》2010年第2期。

南京图书馆（简称南图）更是民国期刊的收藏大户，该馆目前保存民国期刊一万余种，比肩北京大学图书馆。而从收藏数量上来看，目前排在首位的是上海图书馆，"其收录民国期刊达18000余种；其次为国家图书馆，收录民国期刊15000余种；再次为广东省立图书馆，收录民国期刊12000余种"①。相较于此，南京图书馆馆藏的民国期刊也名列前茅。

南京民国期刊存量丰富，其整理工作是否到位，其中是否仍有改进空间？就南博而言，其藏刊数量不少，但"期刊连续性不强"，"资料不够完整、系统，有不少缺期现象"。由此或也反映出其"文献资料比较散乱，有待整理。"② 对藏品现存状况之调查和梳理是文献保护、修复工作的基础，在这方面，南博尚有进步之余地。相比之下，南图同样采取了以"收"为主的处理方式。据学者考察，针对这些珍贵的民国文献，南图基本上坚持"以藏为主，轻易不动"③ 之原则。不同于南图的做法，北京大学图书馆、复旦大学图书馆等则"将民国期刊进行梳理，将刊名信息数字化，便于读者检索期刊信息"；而国家图书馆、上海图书馆、重庆图书馆等民国期刊收藏重点单位更是"将全部期刊或精选出部分期刊进行整本数字化，最大限度地方便读者查阅"④。

基于民国期刊重要的史料价值，南图以审慎的态度妥善收藏，此举起到了保护文献的作用。但问题是，如此一来，普通读者对民国期刊的查阅、研究必然受到极大限制，其作为文献的意义由此大打折扣。另外，以"窖藏"的方式保存民国期刊，是否就能够使这些珍贵的资料"万寿无疆"？以抗日战争时期的民国杂志为例，战前及战争初期，期刊用纸尚可依赖进口，随战争进行，纸张进口减少，大后方只能自力更生，印刷界出现了国产的机制纸及手工纸。经现代科技手段检测，"机制纸期刊酸度高，纸张变色，少有虫蛀"，但也因其酸度高，"会导致纤维素的长链易断为短链，再过几十年，

---

① 杨敏：《民国期刊数字资源建设现状研究》，《图书馆学研究》2013年第12期。
② 奚可桢：《南京博物院藏民国文献述略》，《东南文化》2010年第2期。
③ 杨敏：《民国期刊数字资源建设现状研究》，《图书馆学研究》2013年第12期。
④ 杨敏：《民国期刊数字资源建设现状研究》，《图书馆学研究》2013年第12期。

这批机制纸期刊有可能一触即碎"①；手工纸期刊酸碱度接近中度，没有变色之虞，却由此造成其"虫蛀严重"，而防虫灭虫工作很难保证万无一失，倘如此，手工纸期刊难免会面临被虫吃光的问题。面对上述困境，各图书馆除将民国文献妥善收藏严加保护之外，是否还有其他途径使民国期刊即可最大限度地体现其科研价值又能较为完好地传之后世？

三　民国期刊保护利用之对策

作为一种历史文献，民国期刊的原刊无疑具有收藏、保存之价值，而随着时间的推移，其保护、开发工作也变得愈发重要与迫切。部分图书馆施行"以藏为主，基本不动"的策略，延缓了民国期刊损毁之速度，成本相对较低，但从长远处着眼，还有以下保护措施可以考虑。

1. 纸张脱酸与文献修复

前文提到，民国的机制纸期刊纸张酸度较高，时间一长容易出现"一触即碎"的问题，针对这种现象，脱酸技术值得一试。该项技术的研究，国内进展相对缓慢，在发达国家则较为成熟。然而，"先进的脱酸技术和设备，需要高昂的经济成本，每处理1公斤书需20美元或每页0.3元人民币"。② 由此，无论购买设备或请人处理，国内图书馆恐均难单独负担此项开支。各自为战不如合作共赢，"民国文献保护是一个地区乃至全国性的整体系统的规划工程"，可由政府牵头，"联合多方力量，共同推进民国文献脱酸工作。如2006年，上海图书馆联合上海其他几家图书馆、档案馆共同向市政府提议，全市成立一个抢救中心，引进一套纸张脱酸设备，供全市所有文化单位共享"。③

另外，针对虫蛀及其他损毁情况，文献修复工作极为重要。近年来，国

---

① 陈福蓉：《抗战时期手工纸与机制纸期刊破损比较研究》，《大学图书馆学报》2015年第3期。
② 陈桂香：《近10年国内民国文献保护研究综述》，《图书馆学刊》2015年第3期。
③ 陈桂香：《近10年国内民国文献保护研究综述》，《图书馆学刊》2015年第3期。

内民国文献修复技术还处于探索阶段，因为"民国文献修复完全不同于古籍修复，是一个全新的课题"。环顾国内外，"加拿大国家图书馆有'叶铸'工艺修复方法，中国中央档案馆有'引力桌'技术，而目前国内民国文献可行的修复方法有裱书页法、聚酯胶片保存法、纸浆补书机与边缘局部裱相结合法"① 等。破损的期刊不利于阅读更不方便保存，谨慎而巧妙的修补势在必行，积极学习新工艺并结合现有方法，民国文献修复任重道远。

2. 影印出版

随着学界对民国文献重视程度的提高，越来越多的民国期刊被影印出版。19世纪80年代后，一些出版机构着手整理并推出一批影印版的民国刊物。例如，上海书店相继整理出版了《新小说》《莽原》《考古》《文献》等一批文艺类、学术类的杂志。之后，"中华书局的《中国近代期刊汇刊》、岳麓书社的《中国近代期刊影印刊》等陆续推出"，成体系的大型期刊汇编与世人见面。② 2000年以后，民国期刊的影印出版呈现繁荣景象。近年，国家图书馆推出了《民国佛教期刊文献集成》《民国文物考古期刊汇编》《中国早期农学期刊汇编》等，对一大批民国珍稀期刊进行抢救性保护。上述做法无疑具有示范意义，以之为契机，类似的民国文献保护工作逐步被推广开来。中国书店、东方出版社、天津古籍出版社、浙江人民美术出版社、福建教育出版社、九州出版社、上海科技文献出版社等一批出版机构投身民国文献的整理和影印工作，不少民国期刊得以重见天日。这就使更多的读者得见期刊原貌，相关的阅读、研究也因此更加便利。更重要的是，年深日久，即便原刊出现自然损毁，由于影印版的留存，这些珍贵的民国资料也不至于完全绝迹。

影印出版益处颇多，继续发展的同时，也有需要注意的地方。首先，相对数量庞大的民国期刊，目前影印出版的只是一小部分，"还有诸如文化、语言、哲学、自然科学各学科等方面的文献，尚未进行大规模的开发

---

① 陈桂香：《近10年国内民国文献保护研究综述》，《图书馆学刊》2015年第3期。
② 段晓林：《民国文献影印出版的历史脉络与现状述评》，《出版发行研究》2015年第11期。

和整理",也就是说,"选题有待进一步扩展"①。其次,民国期刊的影印工作须注意深层次开发,即"围绕某一学科主题,对蕴藏在大量文献中的具有一定学术价值或信息含量的资源,进行研究性深入细化的整理,开展析出式开发"。再次,大型民国期刊的影印工作须重视索引之编制,否则"要从庞大的出版物中查找资料,可谓大海捞针,不仅极其费时费力,而且大大降低文献的使用效率"。②影印诚然是民国期刊保存、使用的有效途径,不过,在互联网时代,期刊数字化或许更能代表一种面向未来的发展趋势。

3. 数字化

现代社会,计算机、扫描、数据库等技术日趋成熟,民国期刊的保护、开发也搭上了信息化的快车。从现实出发,期刊数字化具有十分积极的意义。对图书馆来说,"可以降低原件丢失和损坏的风险"③。除此,"馆藏民国文献数字化还可以对已经受损的原始文献起一定的修复和补偿作用,还可以解决纸张脆化或变质文献的保护问题"。而站在读者角度,数字化使文献的检索、阅读乃至复制不再局限于一时一地,从而也"提高了馆藏资源的利用率"。并且,在提倡文化交流、展示的今天,数字化及数据库的建设,"有利于实现民国文献资源共享",基于此,跨地区乃至跨国的研究、合作成为可能。

目前,国内涉及民国期刊的数据库主要有:上海图书馆《全国报刊索引》数据库之《民国时期期刊全文数据库》,"计划收录民国时期出版的期刊两万余种,文献近1000万篇";CADAL即大学数字图书馆国际合作计划,"目前已完成6578种民国期刊的全文数字化";《大成老旧期刊全文数据库》"包括清末到1949年间中国出版的近7000种期刊,130余万篇文章";"国家图书馆馆藏民国期刊13000余种,目前已完成4000余期刊的全文数字化

---

① 段晓林:《民国文献影印出版的历史脉络与现状述评》,《出版发行研究》2015年第11期。
② 段晓林:《民国文献影印出版的历史脉络与现状述评》,《出版发行研究》2015年第11期。
③ 王玲丽:《民国期刊数字化工作实践与探讨》,《数字与缩微影像》2014年第1期。

工作"①。这些数据库让民国期刊焕发生机，功莫大焉，不过，在数字化过程中也出现了一些值得注意的问题。一是国内各高校或公共图书馆之间缺乏有效沟通，数据库所收期刊出现重复，不仅浪费人力、物力，也加重了原刊的耗损。二是各单位数字化手段不同，或直接扫描或由缩微胶卷转换，由此导致数字文件格式、清晰度各有不同。除此，"检索界面也由各单位自由开发，形态各异，浏览方式也各有迥异，纷繁复杂，缺乏整体规划和统一标准。"②另外，版权问题也应引起重视。民国期刊数字化工作时日尚短，难免出现一些问题，其解决之道亦由探索中来。例如，针对重复建设，各图书馆可资源共享排除重复之刊后联合共建，或者引入专业公司统一运作规划，避免重复性劳动。面对可能出现的版权纠纷，可参考国际惯例，成立版权委员会专门应对相关问题。③

中华民国已成历史，民国期刊依然有迹可循，翻阅这些记录大事小情的书刊杂志，民国社会的多元面相生动再现。南京曾为民国首都，文化事业繁荣一时，其中，期刊之出版、发行在不同时段呈现各色景观。时代前进，而今南京存留的民国期刊之种类、数量仍旧名列前茅。面对这些珍贵的民国文献，文化机构该如何处理？藏而不动未若妥善保护合理开发，而影印出版、数字化均不失为保存、利用民国文献的有效手段。依靠技术进步，民国期刊将以多种形态走进读者，那段尚未远去的篇章随之再度唱响。

---

① 杨敏：《民国期刊数字资源建设现状研究》，《图书馆学研究》2013年第12期。文中数据统计于两年前，截至今日，各数据库收录民国期刊应更加丰富。
② 杨敏：《民国期刊数字资源建设现状研究》，《图书馆学研究》2013年第12期。
③ 杨敏：《民国期刊数字资源建设现状研究》，《图书馆学研究》2013年第12期。

文化史研究篇

Cultural History

B.33
江苏明清文学名人遗迹发掘对弘扬中国传统文化的意义

徐永斌[*]

摘　要： 江苏明清文学名人遗迹众多，分布于全省各地。从文体上来看，这些文学名家主要集中于诗文、戏曲、小说等方面。江苏及其他省市对江苏文学名家遗迹发掘都比较重视，主要集中在文学名家文献整理、故居和遗址保存、文化资源的旅游开发等方面，并取得了比较好的成效。明清文学名人是江苏重要的文化资源，也是中国传统文化的有机组成部分，对这些文学名人遗迹的发掘无疑对中国传统文化的继承和发扬有重要的现实意义，有助于我们弘扬中国优秀的传统文化，增

---

[*] 徐永斌，男，汉族，1968年11月，山东日照五莲县人；文学博士，江苏省社会科学院文学研究所研究员、副所长（主持工作），《明清小说研究》主编，研究方向为明清文学、明清文化史。

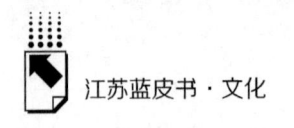

强国人的民族自豪感和凝聚力,提升中国文化软实力。

关键词: 江苏 明清文学名人遗迹 传统文化

明清时期的江苏是我国文学繁荣的重镇,许多作家作品如雨后春笋般地涌现,在中国文学史上可谓是群星灿烂,这是江苏人的自豪,也是中国文学史和文化史上的盛举。对江苏明清文学名人①遗迹的发掘,也是江苏文化强省战略的一个重要内容,它有助于我们弘扬中国优秀的传统文化,增强江苏人的自豪感和爱国热情,也有助于对江苏旅游文化资源的开发。

1. 江苏明清文学名人的分布概况

江苏的古代文学家众多,其中名闻遐迩的明清文学家亦有不少②,这些明清文学名人在相关市县分布密度虽有不同,但他们都是江苏重要的文化资源,也是江苏旅游资源的重要组成部分。

表1 江苏明清文学名人分布情况

地区	关联的文学名家
南京	袁枚、曹雪芹
苏州	沈璟、魏良辅、归有光、冯梦龙、顾炎武、柳如是、梁辰鱼、李玉、曾朴
镇江	刘鹗
常州	李伯元
无锡	徐霞客

---

① 这里所说的江苏明清文学名人,是指在中国文学史和文化史具有重要地位、学术界公认的并被世人广泛认知的文学家。一些文化名人如明清思想家顾炎武、明清旅行家徐霞客等,他们的文学成就比较高,并在文学史上具有重要影响,而流寓于江苏太仓对江苏昆曲贡献颇大魏良辅,也一并归入江苏明清文学名人行列。

② 周顺生、李绍成的《江苏历代文化名人录(文学卷)》一书中,收录了2449位江苏文学家,内中包括部分迁居、侨居或长时间居留江苏的文学家以及从事过文学活动的学者、经学家、理学家、史学家,此书介绍了他们在文学上的贡献,其中就包括了不少明清文学家。

江苏明清文学名人遗迹发掘对弘扬中国传统文化的意义

续表

地区	关联的文学名家
连云港	李汝珍
兴化	施耐庵
盐城	柳敬亭
淮安	吴承恩

从表1可以看出，与明清文学名人关联最密切的地区主要集中在苏州，其他则分散于南京、镇江、常州、无锡、连云港、兴化、盐城、淮安等地。这与明清时期苏州是江苏最发达的经济重镇有一定的关系，苏州地处太湖流域，在明清时期，东、西、南、北分别与富庶的松江府、常州府、嘉兴府、扬州府毗邻，是全国主要的财赋重地，素有"苏湖熟，天下足"和"苏常熟，天下足"之称。清钱泳曾形容苏州和它所处的江南在全国所占的经济地位："以苏、松、常、镇、杭、嘉、湖、太仓推之，约其土地无有一省之多，而计其赋税，实当天下之半，是以七郡一州之赋税为国家之根本也。"[1]清金之俊的《封大中大夫大参佟继亭先生墓志铭》又云："虑江南财赋甲天下，而右藩所辖江镇，苏、松、常尤甲江南。"[2]苏州不仅经济发达，而且还是当时的文化重镇，名门望族荟萃之地，科甲冠天下。清杨朝麟《紫阳书院碑记》称："本朝科第莫盛于江左，而平江一路尤为鼎甲萃薮，冠裳文物，竞丽增华，海内称最。"[3]"平江"即苏州之旧称。南京大学历史系范金民教授曾对包括苏州在内的江南进士数量、地域分布及其特色做出详尽的分析[4]。

从文体上来看，这些文学名家主要集中于诗文、戏曲、小说等方面。诗文名家，如归有光、顾炎武、柳如是、袁枚等；戏曲名家，如沈璟、魏良

---

[1] （清）钱泳：《履园丛话》卷4"水学·水利"，中华书局，1979，第95页。
[2] （清）金之俊：《金文通公集》卷15，中国科学院图书馆藏清康熙刻本，已收入《四库全书存目丛书补编》第56册，齐鲁书社，第284页。
[3] （清）杨朝麟：《紫阳书院碑记》，转引自江庆柏《明清苏南望族文化研究》，江苏教育出版社，1995。
[4] 参见范金民《明清江南进士数量、地域分布及其特色分析》，《南京大学学报》1997年第2期。

辅、李玉、梁辰鱼等；小说名家，如施耐庵、吴承恩、冯梦龙、曹雪芹、李汝珍、曾朴、李伯元等；还有一些文学名家是两种文体创作巨擘，如戏曲小说名家冯梦龙、诗文小说名家刘鹗等；除此以外，还有游记名家徐霞客，评书家柳敬亭等。这些文学名家都是蜚声明清文坛的耆宿，是至今名闻海内外的文学巨擘，是江苏明清文学成就的杰出代表，也是中国优秀传统文化成果的代表人物。

二　江苏明清文学名人遗迹的发掘实况

中华人民共和国成立以来，国家和各省市对江苏文学名家遗迹发掘比较重视，主要集中在对这些文学名家文献整理、故居和遗址保存、文化资源的旅游开发等方面，并取得了比较好的成效。

文献整理方面。一些省外著名出版社整理出版了一些文学名家的诗文集、戏曲小说作品，影响比较大的主要全集有归有光《震川先生集》（全2册）[①]、《顾炎武全集》（全22册，上海古籍出版社，2011年）、《柳如是集》（中国美术学院出版社，2002年）等；戏曲集有《沈璟集》（上海古籍出版社，1991年）、《冯梦龙全集》（上海古籍出版社，1993年）、《梁辰鱼集》（上海古籍出版社，2010年）、《李玉戏曲集》（全3册，上海古籍出版社，2004年）等；小说作品，如"三言""二拍"、《水浒传》、《西游记》、《红楼梦》、《官场现形记》、《孽海花》等，像人民出版社、人民文学出版社及蜚声古籍整理出版界的上海古籍出版社等多对此有整理出版，成为高校科研机构重要的研究资料，许多省市的出版社也多次出版，数量非常多，在此不再一一赘述。

改革开放以来，江苏明清文学名人的文献整理，虽多有国家级出版社或外省市整理出版，但江苏省自政府至高校科研机构对江苏明清文学名人的文献整理比较重视，也为此付出了不少努力和心血。尤其是20世纪90年代以

[①] 上海古籍出版社先后于1981年、2007年出版了归有光著、周本淳校点的《震川先生集》。

来，随着国内各省市对区域文化研究工作和文化资源的开发日益重视，江苏省不断加大对明清文学名人的研究和开发力度，知难而上并不遗余力地整理出版更加完备的版本，取得了不少令人瞩目的成绩。尤为突出的如诗文集有王英志主编的《袁枚全集》（全8册，江苏古籍出版社，1993年），收录了袁枚自著、编著的著作及伪托袁枚撰写的部分著作共21部，附录清代、近代关于袁枚年谱、传记、评论、轶事的资料；魏同贤主编的《冯梦龙全集》（全18册，江苏古籍出版社，1993年），首次将冯梦龙撰述、改编、辑纂的全部作品编印出版，后于2007年由凤凰出版社据1993年版影印；薛正兴主编的《李伯元全集》（全5册，江苏古籍出版社，1997年），收录了作者的诗文集、笔记、小说等，并附有李伯元的年谱、研究资料；刘世德主编的《中国话本大系》，由江苏古籍出版社于1990～1994年陆续出版，收录话本小说38种，收录的这些话本小说多由国内明清小说研究名家校勘，在海内外影响巨大；江苏凤凰出版集团还出版了不少江苏文学名人诗文集、戏曲、小说的单行本。目前江苏省已启动投资巨大、耗时久长的"江苏文脉工程"，其中也包括了江苏明清文学名人的文献整理，这无疑是泽被后世的非常重要的文化工程。

名人故居和遗址保存也是江苏省对江苏文学名人遗迹发掘的重要方面，在江苏省内尽力修缮和保护文学名人故居和遗址，建造了不少纪念馆。保存和修缮得比较好的，如淮安的吴承恩故居，坐落在淮安市淮安区楚州河下镇的打铜巷巷尾，原毁于抗战时期，1982年淮安市人民政府在吴宅旧址复建了吴承恩故居；占地15000平方米，建筑面积3800平方米，具有明代风格的古典园林建筑群，故居主体分为故居本体、吴承恩生平陈列厅、玄奘纪念堂、美猴王世家艺术馆、六小龄童工作室五大部分，是国内唯一综合展示西游记文化和纪念吴承恩的场所。淮安还保留了吴承恩墓，墓地位于淮安城东南的马甸乡二堡村。1974年12月，吴承恩及其父吴锐之墓被盗。1981年8月，淮安市人民政府组织重建吴承恩墓园，墓园占地面积约2000平方米，并在吴承恩墓东北3米处，修复了吴锐墓。1987年9月与其故居一道被淮阴市人民政府公布为文物保护单位。昆山市的顾炎武纪念馆，位于千灯镇，

"文革"期间，顾炎武故居、顾炎武墓曾遭到破坏。1984年、1987年、2000年昆山市分别拨款进行重建和修葺。扩建前故居占地仅6亩，扩建后的占地面积60亩，主要分为顾炎武起居生活区、顾炎武祠堂、顾炎武墓和顾园几个部分。1956年顾炎武墓及祠堂被列为"江苏省文物保护单位"，2005年被中宣部命名为全国爱国主义教育示范基地。连云港李汝珍纪念馆，位于海州区板浦镇，建成于1992年，占地1500平方米。纪念馆采用仿古建筑形式，由新建的门厅、主展厅和修葺一新的故居组成，纪念馆于1993年、2004年分别被列为连云港市文物保护单位、江苏省爱国主义教育示范基地。南京的吴敬梓故居，位于南京清溪河与秦淮河交界处，占地800平方米，分古桃叶渡遗址、吴敬梓故居建筑群南北两部分。2015年4月22日，迁于南京内秦淮河东关头的新吴敬梓纪念馆落成开放，新址最为接近历史上吴敬梓住宅"秦淮水亭"的位置，成为凭吊和研究吴敬梓的一个阵地。兴化施耐庵纪念馆，坐落在大丰市白驹镇（曾隶属兴化）西郊花家垛上，传为施耐庵当年著书之所。始建于乾隆四十三年（1778），数度修葺，其后屡遭兵燹。1992年，经国家文物局下拨专款抢救修复而使原貌得以再现。馆内占地面积5亩，建筑面积600平方米，格局是仿清代"施氏宗祠"原样，展馆共五个展览厅，以展出文物史料为主要内容；现已成为江苏省爱国主义教育示范基地、江苏省学校德育基地、非物质文化遗产保护单位，也是施耐庵和《水浒》研究的重要基地。江阴的徐霞客故居，位于江阴马镇南岐村（为纪念伟人，马镇已改名为"徐霞客镇"），明末遭兵燹，虽经历代重建和修葺，至1984年，仅存面阔七间二进瓦房。1985年，政府拨款大修，依明式建筑风格，故居主体由故居、胜水桥、晴山堂石刻、徐霞客墓和仰圣园等几部分组成。徐霞客故居及晴山堂石刻现为全国重点文物保护单位，并被列为江苏省爱国主义教育示范基地、江苏省德育教育基地。这些文学名人故居和纪念馆影响比较大，另外还有苏州的冯梦龙故居、常州的李伯元故居，虽然建筑规模无法和上述故居、纪念馆相媲美，但亦有不少专家学者、游客前来参观。其中冯梦龙故居开放于2015年9月25日，它地处苏州相城区黄埭镇冯梦龙村，按照修旧如旧的原则，面积近1000平方米的老宅得以恢复原貌。2015冯梦龙文化旅游节的举行和2016年冯梦龙专题座谈会、学术研讨会等在国内诸多省市的举办，冯梦龙故居逐渐成为日益重要的爱国教育示范基地和游客出游地。

在文学名人文化资源的旅游开发方面，江苏省对此也十分重视，除了修缮和保存上述文学名人的故居，修建相关的纪念馆外，还充分利用文学名人及其作品的效应，大力开发相关的旅游资源。如连云港的花果山风景区，充分利用吴承恩的《西游记》开发出国家重点风景名胜区、国家AAAA级旅游区，景区内孙大圣的诞生地娲遗石、猴王府水帘洞、古怪神异的七十二洞、惟妙惟肖的唐僧崖、憨态可掬的八戒石等景观引人入胜，历经唐、宋、元、明、清的古寺庙三元宫建筑群和国家级文物保护单位阿育王塔更是闻名中外。无锡看似与《三国》《水浒》没有太大的关联，但建成的三国水浒影视城，却已成为拍摄影视的重要基地，也成了游客乐而忘返的旅游胜地，与山东泰安市东平县的水浒影视城一道成为南北水浒影视文化的明珠。江苏对这些文学名人的故居和纪念馆也如其他省市，将之纳入旅游文化的整体框架之中，成为当地旅游热线中的一个重要节点，从旅游导游词的设计和旅游线路的安排等方面，用力尤深。如根据南京的"红楼"文化打造相关的"红楼"饮食文化、江南织造，还有秦淮河旁的吴敬梓故居，已成为秦淮旅游资源的一个重要组成部分；顾炎武故居中的顾炎武墓地和顾园相连，形成墓、祠、厅一体的园林布局，已成为千灯诸景之首，与古镇风光一道对外展现古镇的风采。吴承恩故居不仅是全球首部立体电视剧《吴承恩与西游记》的拍摄基地，而且也是淮安的重要旅游景点，每年有成千上万的游客慕名而来。其他文学名人故居、纪念馆也日益成为当地旅游文化资源的有机组成部分，相信随着以后的开发力度的加大，会体现出它们应有的文化价值和魅力。

从上可以看出，江苏明清文学名人遗迹的发掘，不仅在江苏本省，而且在全国也是深受重视的，它们也和其他省市一样，是中国传统文化的载体和记忆符号。对江苏明清文学名人遗迹的发掘，主要体现在对这些文学名家文献整理、故居和遗址保存、文化资源的旅游开发等方面，在这些方面所取得的成

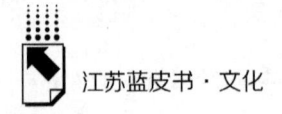

就不仅有助于提升当地的旅游经济,更重要的是有益于留存中国的传统文化成果和弘扬中国的优秀传统文化精神,增强文化软实力,增强国人的自豪感。

三 遗迹发掘对弘扬中国传统文化的意义

明清文学名人是江苏重要的文化资源,也是中国传统文化的有机组成部分,对这些文学名人遗迹的发掘无疑对中国传统文化的继承和发扬有重要的现实意义。

江苏文化名人众多,这与江苏这块沃土有着不可分割的关系[①],明清时期的江苏文学名人更是其中的杰出代表,他们的文学作品被后人传颂,并不断感染和激励着世人,向往真善美,文学的魅力不断绽放,起到了传统说教难以起到的潜移默化的作用。晚明文学家冯梦龙在收集前人旧作并改编成脍炙人口的"三言"时,有一定的目的性,即用通俗白话小说辅以教化,如在其《醒世恒言》序中言:"明者,取其可以导愚也。通者,取其可以适俗也。恒则习之不厌,传之而可久。"正如《警世通言识语》所言的那样,"非警世劝俗之语,不敢滥入"。在劝诫世人时,冯梦龙意识到宗教可以辅以教化,"于是乎村夫稚子,里妇估儿,以甲是乙非为喜怒,以前因后果为劝惩,以道听途说为学问,而通俗演义一种,遂足以佐经书史传之穷";又言:"大抵如僧家因果说法度世之语,譬如村醪市脯,所济者众。"[②] 同样是晚明文学家的浙江湖州人凌濛初深受冯梦龙的影响,创作了拟话本小说"二拍",继承了冯梦龙《三言》"颇存雅道,时著良规,一破今时陋习"的传统,"因取古今来杂碎事可新听睹、佐谈谐者,演而畅之"[③],受到世人的欢迎和喜爱。

文学名人遗迹是历史记忆的符号,也是中国传统文化的载体之一,通过对文学名人遗迹的发掘和利用,才能有效地使中国传统文化以具体成果的形

[①] 具体论述请参见姜建《江苏为何名人辈出》,《群众》2016年第2期。
[②] 冯梦龙:《警世通言》叙,人民文学出版社,1956。
[③] 凌濛初:《拍案惊奇·自序》(影印本),上海古籍出版社,1985。

式展现在世人的面前，使人们不再产生距离感和虚幻性，使之更能根植于人们的心中。将文学名人遗迹融入当地的旅游文化资源开发之中，更能使人们有效地认知中国传统文化成果，起到潜移默化的积极作用。通过电视、报纸杂志、网络、影视等各种媒介手段的宣扬，使人们在娱乐消遣之时，了解和认知中国优秀传统文化，增强人文素养，这也是一种弘扬中国优秀传统文化的有效方式。

文学名人遗迹的发掘，有利于保存和继承中国传统文化，不致因时间久远而被世界所遗忘，也不至因世人的"无知"而遭到原不应发生的人为毁坏，还能为后人留下丰厚的文化遗产，激励着国人继承前贤，不断奋进，为树立社会主义核心价值观起到积极作用。如顾炎武的"天下兴亡，匹夫有责""拯斯人于涂炭，为万世开太平，此吾辈之任也。仁以为己任，死而后已"等名句，激励着一代又一代的仁人志士为之抛头颅，洒热血。对文学名人遗迹的发掘和保存，也有助于增强国人的民族自豪感和凝聚力，这些文化遗产也是体现中国文化软实力的有效载体，它们也是增进中外交流和合作的桥梁。

总而言之，江苏明清文学名人遗迹的发掘对弘扬中国传统文化具有十分重要的意义，它对新时期树立正确的思想观和道德观也有着积极作用，它们是继承和发扬中国传统文化的根基，对我们建设社会主义强国和提升文化软实力、增强民族自豪感和凝聚力有着现实意义。

B.34 近60年来柳亚子研究综述

叶扬兵*

摘 要： 本文将柳亚子研究走过的近60年历程划分为滥觞期、发展期、拓展期、深入期，并概述每一时期研究的总体状况及其特点；随后从史料的搜集整理和考订、柳亚子与南社、文学成就、政治活动、学术文化活动、交游以及柳毛交往和柳诗中的"牢骚"问题七个方面全面综述了柳亚子研究的主要成果；最后，指出柳亚子研究长期存在的"六多六少"问题，并提出今后进一步推进柳亚子研究的四条具体建议。

关键词： 柳亚子 南社 国共合作

一 近六十年柳亚子研究的总体回顾

纵观柳亚子研究走过的近60年历程，可以分为以下几个时期。

（一）滥觞期（1958～1978）

1958年柳亚子逝世后，柳亚子研究即开始起步。当年6月28日《光明日报》刊登王昆仑《爱国诗人柳亚子先生的热情诗词》。翌年6月，《人民

---

* 叶扬兵，江苏省社会科学院历史研究所副所长、研究员。

日报》《光明日报》《团结日报》刊登何香凝、杨之华、李世璋等人的纪念文章。① 同年12月，柳无非、柳无垢选辑的《柳亚子诗词选》，由人民文学出版社出版。1961～1963年，范烟桥等人先后在报刊上撰文介绍柳亚子。② 与此同时，国内相关文学史著作都肯定南社的积极作用，并将柳亚子作为南社代表人物予以重点评介。

遗憾的是，"文革"爆发后，柳亚子研究遂告完全中断。在滥觞期，柳亚子研究才刚刚起步，发表的文章数量屈指可数，且多为纪念性或介绍性文章。文学史著作虽然提及柳亚子，但评介分量非常有限。

（二）发展期（1979～1989）

随着1976年"文革"彻底结束和党实行拨乱反正，到20世纪80年代，柳亚子研究迎来了迅猛发展的新时期。

在这一时期，柳亚子的纪念活动非常频繁，并留下三本纪念文集：《柳亚子先生诞辰100周年纪念专辑》（1987年印行）、《纪念南社成立80周年专辑》（1989年印行）以及《柳亚子纪念文集》（1987年出版）。1987年5月28日～31日，民革中央、中国作协等在苏州联合举行的纪念柳亚子100周年诞辰和南社发起成立80周年的学术研讨会，更把这一时期柳亚子研究推向一个高峰。

在这一时期，柳亚子研究不仅在史料整理上取得很大进展，而且相关研究著作及较多涉及柳亚子的南社研究著作也日渐增多。这一时期柳亚子研究大体上有三个特点：第一，在研究队伍上，大多为柳亚子的亲朋故旧；第二，专业研究人员也占有一定比例；第三，纪念性或回忆性文章多，研究性论文少。

---

① 何香凝：《纪念柳亚子先生》，载《人民日报》1959年6月21日和《团结报》6月25日；杨之华：《怀念革命诗人柳亚子——为纪念柳亚子先生逝世周年而作》，《光明日报》1959年6月21日；李世璋：《亚老的〈抗美援朝之歌〉》，《团结报》1959年6月25日。
② 范烟桥：《辛亥革命前的吴江三诗人——金天翮、陈去病、柳亚子》，《江海学刊》1961年第9期；陆曼炎：《柳亚子》，《雨花》1961年第10期；鹿咨：《柳亚子佚诗》，《新民晚报》1963年11月14日。

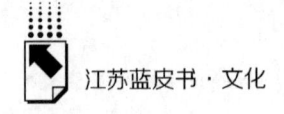

（三）拓展期（1990~2002）

在柳无忌呼吁和领导下，柳亚子及南社研究便在20世纪90年代深入开展起来，呈现蓬勃发展之势。这一时期，柳亚子研究呈现出以下几个特点：(1) 研究组织化程度高，形成了浓厚的学术氛围；(2) 学术研究的平稳拓展；(3) 在研究队伍上也出现了新变化。

（四）深入期（2003~现在）

进入21世纪后，孙之梅、卢文芸、林香伶等博士在她们博士论文基础上，先后推出《南社研究》《中国近代文化变革与南社》《南社文学综论》等力著，使在柳无忌、殷安如去世后有关柳亚子及南社研究的低迷消沉氛围一扫而空，标志着柳亚子及南社研究进入深入发展时期。这一时期，柳亚子研究呈现出深刻、细致、公允、多元等特点：第一，在南社整体研究中对柳亚子进行深刻而独到的分析；第二，在资料整理和史实考订中使研究日趋细致；第三，摆脱意识形态束缚和情感迷障，进行客观而公允的评判；第四，观点多元，争鸣空气浓厚。

二 柳亚子研究主要成果综述

（一）柳亚子史料的发掘、整理和考订

自1983年起，篇幅浩繁的《柳亚子文集》由上海人民出版社逐卷出版。历经十余春秋，7种9册、300余万字的《柳亚子文集》于1994年全部出版。王晶垚、王学庄、孙彩霞编的《柳亚子选集》（上下），杨天石、王学庄的《南社史长编》，上海图书馆近代文献部编辑的《柳亚子家书》，郭长海、金菊贞编的《柳亚子文集补编》以及张明观、黄振业编的《柳亚子集外诗文辑存》等也先后出版。

在20世纪80年代，香港大学杨玉峰教授在香港大学冯平山图书馆

中1940年12月到1942年1月的《国民日报》《星岛晚报》《光明报》《华商报》等报刊上找到了柳亚子发表的大量诗作。因此，他为柳亚子在香港诗集《图南集》补充了大量遗漏的诗作，并纠正了诗作编排上的错误。[1]

张明观用了两个10年时间分别在上海图书馆和苏州博物馆发掘、搜寻柳亚子史料，并在此基础上写作、出版了《柳亚子史料札记》和《柳亚子史料札记二集》，深入考订柳亚子研究中的诸多细节，对前人著述中错谬、自相矛盾之处及含混不清地方都进行纠正或厘清，其中给人印象最深刻的是他考证出与柳亚子恋爱的L女士就是陆灵素。[2] 柳光辽介绍了柳亚子《八年回忆》手稿重现的经过，并将手稿与现刊印流传的《八年回忆》做了比较和校订，列举两者59处不同。[3] 周永珍不仅也考证出L女士就是陆灵素，而且还揭秘出柳亚子一度暗恋和追求林北丽的隐情。[4]

（二）柳亚子与南社

1. 柳亚子在南社中的地位和作用

众多学者都高度肯定柳亚子在南社中的地位和作用，但是，不同学者有不同的概括。大体上，比较流行的有三种概括：（1）白坚的南社代表人物说，（2）任访秋的南社灵魂说，（3）孙之梅的南社柱石说。

陈去病、高旭、柳亚子三位是南社发起人，并在南社发展中发挥重要作用。但是，对于陈、高、柳三人在南社创立和发展中谁的作用更大，学界看

---

[1] 杨玉峰：《柳亚子佚著〈图南集〉及其他》，《辽宁师范大学学报》（社会科学版）1987年第2期；杨玉峰：《〈磨剑室诗词集·图南集·补正〉》，《辽宁师范大学学报》（社会科学版）1987年第2期。因杨文刊发之前，《柳亚子文集·磨剑室诗词集》已经出版，故遗漏的诗作后在《柳亚子文集·磨剑室文录》（下）"补遗"中刊出。

[2] 张明观：《柳亚子史料札记》，上海人民出版社，2008；张明观：《柳亚子史料札记二集》，上海人民出版社，2014。

[3] 柳光辽：《柳亚子的〈八年回忆〉校订》，《南京理工大学学报》（社会科学版）2000年第1期。

[4] 周永珍：《柳亚子情事》，《名人传记》2013年第12期。

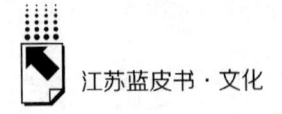

法不同，并围绕谁是南社第一人而展开争鸣。①

2. 柳亚子在南社中地位的形成过程及影响

孙之梅分析柳亚子与南社历史上的"三次革命"的关系及影响：南社历史上的"三次革命"，都与柳亚子对南社的态度有直接的关系。"南社由柳亚子领导主持，就生气勃勃，有声有色；没有柳亚子的主持，就一盘散沙，停顿不前。"②柳亚子是南社史三次变革的核心，这从正反两方面证明柳亚子是南社的擎天柱石、是核心。③

林香伶具体考察了柳亚子如何成为南社创作群核心的过程：柳亚子在三个发起人中最年轻，他能够取代前辈陈、高二人，大致是依循由外缘而核心的方向进行扩张的。林香伶还分析柳亚子大权独揽对南社发展带来的复杂影响。她认为，柳亚子"以独裁方式经营南社，对南社而言，究竟是幸或不幸，其实很难有定论……柳亚子个性虽然刚烈，对社团之事始终念兹在兹，既出钱也出力，而他有计划的以独揽大权方式，确实也巩固了南社的基础。只是南社太过于依赖柳亚子，没有柳亚子，南社运作几乎就得停摆，这是南社长期操控于柳亚子手中不可避免的后果"。④

3. 关于柳亚子与南社的分化和解体

在 20 世纪八九十年代，由于受到长期以来阶级分析的影响，学者们往往把南社的分化和解体的过程看成是进步力量与保守势力之间的斗争，因而总是旗帜鲜明地肯定柳亚子，而否定南社中的"宋诗派"。如张明观认为，柳亚子对同光体的斗争，"表面上是诗派之争，实质上却是新旧文化的较量和前进与倒退的政治斗争"⑤。孙之梅从多方面分析了促成南社解体的因素：

---

① 曾景忠：《谁是南社第一人——论陈去病与南社的创立和发展》，《南京理工大学学报》（社会科学版）2015 年第 1 期；李海珉：《柳亚子才是名至实归的"南社第一人"》，《南京理工大学学报》（社会科学版）2015 年第 2 期；曾景忠：《再论陈去病在南社史上的地位和作用》，《南京理工大学学报》（社会科学版）2015 年第 3 期；张杰：《论南社第一人争议的若干问题》，《南京理工大学学报》（社会科学版）2016 年第 3 期。
② 孙之梅：《南社研究》，人民文学出版社，2003，第 99～100 页。
③ 孙之梅：《南社研究》，人民文学出版社，2003，第 110 页。
④ 林香伶：《南社文学综论》，里仁书局，2009，第 314 页。
⑤ 张明观：《柳亚子传》，社科文献出版社，1997，第 222 页。

在民国前，民族主义和复社、几社的文化精神是南社的精神支柱；民国后，反袁、反复辟又继之成为凝聚南社的灵魂。而 1916 年之后，南社过去的目标已经实现，凝聚社员的文化精神不复存在。而此时，在内，南社发生了唐宋诗之争，主盟者以一元论的思维方式对待争端；在外，南社受到新文化运动的冲击。[1]

（三）柳亚子的文学成就

在 20 世纪 50 年代，各种文学史著作对柳亚子的诗文创作都进行简单评述。1979 年，茅盾对柳亚子诗词给予极高评价："我以为柳亚子是前清末年到解放后这一长时期内在旧体诗词方面最卓越的革命诗人，柳亚子的诗词反映了前清末年直到新中国成立后这一长时期的历史——从旧民主主义革命到社会主义革命的历史，如果称它为史诗，我以为是名副其实的。"[2]

在 20 世纪 80 年代，学术界主要着力研究柳诗的思想内容和艺术风格。管林全面论述和高度评价了柳亚子的生平思想和诗歌创作。[3] 谢飘云则对柳亚子和秋瑾的诗词创作进行比较研究，详细论述了两者之间的异同。[4]

在 20 世纪 90 年代，赵德明、邵迎武、庄严、陈东林等分别撰文深入分析了柳亚子诗歌的风格和特征。[5] 其中，陈东林高度评价柳亚子在文学史上的地位："如果说郭沫若的新体诗开创了革命浪漫主义的一代新风，那么，柳亚子则以旧体诗的形式开创了革命现实主义的一代新风，郭柳二人可谓中

---

[1] 孙之梅：《南社研究》，人民文学出版社，2003，第 360~371 页。
[2] 茅盾：《解放思想，发扬文艺民主——在中国文学艺术工作者第四次代表大会及中国作家协会第三次会员代表大会上的讲话》，《人民文学》1979 年第 11 期。
[3] 管林：《亚子先生今不朽，诗文湖海同长久——论柳亚子在中国文学史上的贡献》，《华南师大学报》1987 年 3 期。
[4] 谢飘云：《柳亚子与秋瑾诗词创作比较》，《华南师大学报》1987 年 3 期。
[5] 赵德明：《谈谈柳亚子的前期诗歌》（一），《东吴教学》1990 年第 21 期；赵德明：《谈谈柳亚子的前期诗歌》（二），《苏州教育学院学报》1991 年第 2 期；邵迎武：《柳亚子创作风格论》，《徐州师范学院学报》1994 年第 4 期；庄严：《历史与时代的交响——柳亚子诗词浅窥及其他》，《南京理工大学学报》（社会科学版）1996 年第 4 期；陈东林：《拭去历史的尘封——还柳亚子在文学史上应有的地位》，《南京理工大学学报》（社会科学版）1996 年第 1 期。

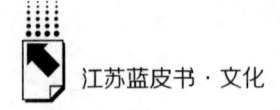

国现代诗歌史上的双子星座。"①

1993年，郭延礼的《中国近代文学发展史》（第三卷）用了四节来评述柳亚子的文学活动、文学思想、诗歌特色和散文，更全面地反映了20世纪80年代以来柳亚子文学研究的新成果。如它阐述了柳诗的三大艺术特色，分析了柳文的三大主题。② 1997年，张炯等主编的《中华文学通史》系统地论述了柳亚子的思想和诗歌发展，揭示柳诗演变的脉络，并全面阐述了柳诗风格。③

值得注意的是，进入21世纪后，一些学者矫枉过正，有意无意全面贬低柳亚子的文学成就。

（四）柳亚子的政治活动

1981年，在纪念辛亥革命70周年之际，徐文烈撰文论述了柳亚子一生的政治活动，并予以高度评价。④ 2011年，王飈撰文勾勒柳亚子的生平事迹与言论，系统论述了其对于辛亥革命"民主主义的理想和精神"的坚守。⑤ 杨天石、崔闽分别阐述柳亚子在国共合作中的表现和贡献。⑥ 孙彩霞论述了第一次国内革命战争时期的柳亚子。⑦

1945年12月24日，柳亚子针对客人23日晚来访时所讲一系列言论而写下全面反驳的长文《答客难》，展现了其坚定的国民党左派的立场，引起学界关注。但是，长期以来，学界却不知或讳言客人是谁。叶扬兵从六个方面考证了客人就是邵力子，对邵柳二人的责难与答辩进行全面

---

① 陈东林：《拭去历史的尘封——还柳亚子在文学史上应有的地位》，《南京理工大学学报》（社会科学版）1996年第1期。
② 郭延礼：《中国近代文学发展史》（第三卷），山东教育出版社，1993，第1780~1813页。
③ 张炯等主编《中华文学通史》（第五卷），华艺出版社，1997，第373页。
④ 徐文烈：《从辛亥革命到第一次国共合作时期的柳亚子》，中国人民政治协商会议广东省广州市委员会文史资料研究委员会：《纪念辛亥革命七十周年史料专辑》（下），广东人民出版社，1981，第84~103页。
⑤ 王飈：《辛亥革命理想的坚定守望者——柳亚子》，《南京理工大学学报》（社会科学版）2011年第6期。
⑥ 杨天石：《柳亚子与国共合作》，《复旦学报》（哲学社会科学版）1984年1期；崔闽：《柳亚子与国共合作》，《近代史研究》1987年第6期。
⑦ 孙彩霞：《第一次国内革命战争时期的柳亚子》，《历史档案》1988年第2期。

解析。① 1950年11月12日，因某兄在公开发言中指责柳亚子"只知文学而不懂政治"，引起柳亚子大怒，次日，他便写下《与某兄书》。叶扬兵从五个方面考证了某兄就是邵力子，再现了1950年11月间柳亚子与邵力子之间一场鲜为人知的尖锐冲突，分析发生冲突的三方面原因，并叙述两人的和解过程。②

（五）柳亚子的学术文化活动

柳无忌在《柳亚子与苏曼殊——永远的友谊》中追叙了柳亚子从事苏曼殊作品搜集和曼殊身世考证的漫长研究历程，并断言苏柳之间的友谊亦将昭垂史册。③

柳亚子在1932~1937年担任上海通志馆馆长期间，不仅在志鉴编撰上取得了累累硕果，而且还为上海地方史研究和培养上海地方史志人才做出重大贡献。对此，熊月之在《20世纪上海史研究》中对其给予了极高评价。上海通志馆编辑胡道静曾对通志馆的情况留下了不少重要的回忆。④ 陈友乔简述柳亚子在担任上海通志馆馆长期间获得的累累硕果，指出其既对当今的史志工作具有引领作用，又对开展上海地方史研究具有里程碑的意义，还给当今史志工作者以诸多有益的启示。⑤

柳亚子在南明史研究上用力颇多，并取得很大成绩。谢国桢、柳义南、王国平、史全生、刘松林等对柳亚子南明史研究进行多角度的阐释。⑥

---

① 叶扬兵：《〈答客难〉的考证和解析》，《学海》2014年第6期。
② 叶扬兵：《〈与某兄书〉的考证和解析》，《吴江文史资料》第28辑（《新南社九十周年纪念》），2013。
③ 柳无忌：《柳亚子与苏曼殊——永恒的友谊》，《团结报》1983年6月25日。
④ 胡道静：《柳亚子在上海通志馆》，《中国老年》1984年第2期；胡道静：《柳亚子与上海市通志馆》，载吴汉民主编《20世纪上海文史资料文库》（第6辑），上海书店出版社，1999；胡道静口述、袁燮铭整理注释《关于上海通志馆的回忆》，《史林》2001年第4期。
⑤ 陈友乔：《柳亚子志鉴编撰实践的意义及启示——以上海通志馆为中心的考察》，《中国地方志》2014年第5期；
⑥ 谢国桢：《爱国诗人柳亚子与南明史乘》，《历史教学问题》1981年第1期；柳义南：《亚老对南明史的研究和著述》，《吴江文史资料》第16辑；王国平：《柳亚子与南明史》，《苏州大学学报》1989年第1期；史全生：《关于柳亚子对南明史的研究》，《民国档案》1994年第4期；刘松林：《柳亚子一生钟情南明史研究》，《世纪》2002年第4期。

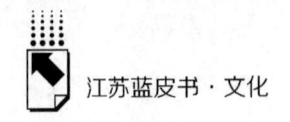

（六）柳亚子的交游

1. 与南社社友交游

2003年，孙之梅在《南社研究》中系统地梳理了柳亚子与南社社友之间交往的情况。[1] 同时，郑逸梅的《南社丛谈》、栾梅健的《民间的文人雅集——南社研究》、林香伶的《南社文学综论》都对柳亚子与陈去病关系、柳亚子与高旭关系有较多论述。此外，徐国昌撰文论及柳亚子与高天梅之间交往，李茂高则对柳亚子和陈去病的政治道路进行比较，[2] 田建民考察了柳亚子与冯春航和陆子美的交游。[3]

管继平根据1950年6月13日姚鹓雏致柳亚子函，钩沉了姚鹓雏与柳亚子的一段交往，读来兴味盎然。[4] 虞云国则在此基础上进一步挖掘和补充柳姚二人多次信函诗文往返应酬情况，不仅揭示了沪上文坛故实，而且反映了鼎革之际新政权对旧文人的统战。[5]

李坚考察了柳亚子与广东南社社友之间的交往。[6] 柳亚子1941年1月6日的一首诗引出了蔡哲夫晚年失节的说法。这一说法被不少学者采信，却遭到李坚[7]、刘颖白[8]、孙之梅[9]的否定，他们大都认为柳亚子对蔡哲夫抱有成见，所言并不确切。吴海丰则利用2007年出版的《陈方恪年谱》等资料，有力地论证了蔡哲夫确曾失节，从而使双方在这个问题上的争论得到有力澄清。[10] 李海珉、

---

[1] 孙之梅：《南社研究》，人民文学出版社，2003，第149~218页。
[2] 徐国昌：《柳亚子与高天梅》，《团结报》1987年5月23日；李茂高：《柳亚子与陈去病政治道路比较》，《上海师范大学学报》（哲学社会科学版）1994年第1期。
[3] 田建民：《柳亚子与冯春航、陆子美交游述评》，《兰台世界》2012年第10期。
[4] 管继平：《卅载文字因缘在——姚鹓雏致函柳亚子之后》，《档案春秋》2015年第10期。
[5] 虞云国：《1950年姚鹓雏与柳亚子的交往》，《东方早报》2015年11月8日。
[6] 李坚：《柳亚子与南社广东社友》，《岭南文史》1994年第2期。
[7] 李坚：《柳亚子与南社广东社友》，《岭南文史》1994年第2期。
[8] 刘颖白：《蔡哲夫与汪精卫》，载马以君主编《南社研究》第7辑。
[9] 孙之梅：《南社研究》，人民文学出版社，2003，第70页。
[10] 吴海丰：《蔡哲夫失节考辨》，《岭南文史》2010年第2期。

汪梦川、王仕琪、吴旭江探讨了柳亚子与汪精卫的交往情况。①

季鹏、李海珉分别考察柳亚子与陈其美、陈布雷的交谊。② 叶舟、李海珉探讨柳亚子与李叔同的交往。③ 何开粹则梳理柳亚子和马君武之间的交谊。④

2. 与进步文化人士的交谊

尹瘦石、陈迩冬、谢冰莹、金绍先、冯和法、林北丽、范志超、张泰朗等都留下与柳亚子交往的回忆文章。此外，还有不少文章论及柳亚子与进步文化人士的交往。

胡希明、熊融、姚锡佩、李海珉、峥嵘等探讨了柳亚子与鲁迅之间的交往情况。⑤ 肖斌如、孙继林、魏奕雄和周晓晴等探讨了柳亚子与郭沫若的交谊。⑥ 葛城、黄清华、曹革成等叙述了柳亚子与萧红和端木蕻良的忘年之交。⑦ 吴礽六、萧璇、何开粹、谢荣滚则分别论述柳亚子与阿英、曹美成、尹瘦石、

---

① 李海珉：《柳亚子与汪精卫》，《炎黄春秋》2006年第9期；汪梦川：《柳亚子与汪精卫的诗交》，《博览群书》2010年第9期；王仕琪：《柳亚子对汪精卫认识的转变》，《党史纵横》2012年第2期；李海珉、吴旭江：《由爱至憎为哪般：柳亚子与汪精卫》，《档案春秋》2013年第12期。

② 季鹏：《柳亚子陈英士关系论》，《徐州师范大学学报》2002年第4期；李海珉：《柳亚子与陈布雷》，《档案春秋》2012年第8期。

③ 叶舟：《柳亚子与弘一法师》，《杭州师范大学学报》（社会科学版）1990年第4期；李海珉：《柳亚子与李叔同的交往》，《钟山风雨》2002年第3期；李海珉：《柳亚子与弘一法师的交谊》，《世纪》2007年第3期。

④ 何开粹：《柳亚子与马君武》，《中共桂林市委党校学报》2002年第1期。

⑤ 胡希明：《柳亚子和鲁迅》，《新文学史料》1978年第1期；熊融：《柳亚子为鲁迅所作的赠诗、悼诗及其他——〈柳亚子与鲁迅〉补述和辨正》，《湖南师范大学学报》（社会科学版），1979年第3期；姚锡佩：《柳亚子和鲁迅——纪念柳亚子诞辰百周年兼谈南社与越社》，《鲁迅研究月刊》1987年第5期；李海珉：《柳亚子和鲁迅的深情厚谊》，《文史天地》2007年第6期；李海珉：《柳亚子火车内立遗嘱——兼谈柳亚子与鲁迅的交谊》，《档案与建设》2002年第12期；峥嵘：《柳亚子和鲁迅》，《红广角》2010年第8期。

⑥ 肖斌如、孙继林：《郭沫若与柳亚子交谊琐记》，《郭沫若学刊》1987年第1期；魏奕雄：《柳亚子与郭沫若的诗交》，《文史杂志》1994年第3期；周晓晴：《郭沫若、柳亚子关于〈屈原〉的唱和》，《郭沫若学刊》2011年第3期。

⑦ 葛城：《天涯孤女有人怜——柳亚子与萧红的忘年交》，《北方论坛》1986年第3期；黄清华：《温馨更爱女郎花——柳亚子与萧红病榻订交的故事》，《西湖》1988年第10、11期；曹革成：《同洒热泪哭萧红——记柳亚子和端木蕻良的交谊》，《文史春秋》1996年第2期。

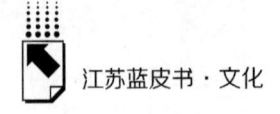

陈君葆之间的交谊。①

3. 与廖仲恺、宋庆龄、周恩来等政治人物的交往

求慧撰文谈及柳亚子两次面见孙中山的情形。② 周永珍、柳光辽通过对1939~1940年柳无垢致柳亚子33封信的解读，揭示了保卫中国同盟早期活动中的一些鲜为人知的史实，并就家信中叙述宋庆龄平时待人接物的事例阐释她的高尚品格。③ 经遵义、钱听涛、曾景忠撰文论及柳亚子与廖仲恺、经颐渊两家的深情厚谊。④

（七）毛柳交往与柳诗中"牢骚"问题

柳亚子和毛泽东有着密切交往，尤其是他们之间的诗词唱和更是传为佳话。在20世纪80年代，关于柳毛诗交的文章仅寥寥数篇。到20世纪90年代，随着毛泽东热逐渐兴起，相关文章日益增多，蔚为大观。进入21世纪后，仍时有所见。

在毛柳二人交往中，尤以柳亚子诗中的"牢骚"之谜最令人费解，也最能吸引人们持续不断地对其进行解读。

最早谈及柳亚子"牢骚"的是臧克家。他说，"牢骚的内容，我们不得而知。由此可以推测柳亚子先生对许多问题的看法，可能不免从个人的立脚点出发，心胸显得狭窄些。"⑤ 此后，不少学者较普遍地认为，柳亚子的"牢骚"是由于个人要求和物质待遇得不到满足所引起的，只是各人对"牢

---

① 吴礽六：《阿英与柳亚子》，《艺术天地》1985年第10期；萧璇：《柳亚子与曹美成》，《春秋》1987年第2期；何开粹：《柳亚子与尹瘦石的诗画情谊》，《文史春秋》2004年第6期；谢荣滚：《柳亚子与陈君葆的情谊》，《广东党史》2010年第3期。
② 求慧：《瞻韩才两度，传钵定千秋——柳亚子从游孙中山先生始末》，《团结报》1986年11月8日。
③ 周永珍、柳光辽：《解读〈柳亚子家书〉里有关宋庆龄的史料》，《南京理工大学学报》（社会科学版）2012年第2期。
④ 经遵义：《柳亚子与经亨颐的友谊》，《人民政协报》1987年11月27日；钱听涛：《柳亚子与廖仲恺、经颐渊两家的革命挚情》，《红广角》1997年第6期；曾景忠：《析廖仲恺与南社柳亚子的情缘》，《广东社会科学》1999年第1期。
⑤ 臧克家：《读〈十六字令〉三首，〈和柳亚子先生〉二首》（该文原作于1957年3月30日，后于1980年修订），转引《臧克家全集》（第9卷），时代文艺出版社，2002，第374页。

骚"有着不同的解释。

进入20世纪80年代，应国靖为了拨乱反正，反驳"文革"中某些指责，对柳亚子的"牢骚"提出新解释。①但是，汪达遵和高进贤则表示对此不能赞成。②

20世纪90年代，一些学者就柳诗中的"牢骚"问题再次展开热烈争鸣。郭隽杰根据柳亚子的弟子陈迩冬生前所写的材料，认为是"柳先生到北京后想办的第一件事（成立北平文史探讨委员会）竟然受阻"，感情冲动之下写了这首"牢骚太盛"的诗，向毛泽东状告周恩来，这便是"告周说"。③曾彦修随后著文反驳，提出自己的"出处说"。据毛泽东秘书田家英当时向他转述，"牢骚"的核心问题是"柳的出处"——"柳曾提出在解放江南以后想回到江南某省任职"。④

柳亚子的姨甥徐文烈则对柳亚子"牢骚"另有解释，提出了"统战说"。他认为："柳亚子是一位富有正义感富有热情的爱国诗人，处在那十分复杂的党派之间，他自认为是不善于做党派工作。其时他大概深感及此，因而有'说项依刘我大难，夺席谈经非五鹿'的诗句。"而"毛十分理解当时柳亚子的心情，以诚挚关切友好的态度劝慰，要他不必为统战工作而烦恼，要注意保养身体"。⑤

1995年，冯锡刚认为，理解柳诗之"牢骚"的关键在第二句，即"说项依刘我大难"，意谓我柳亚子不会说人好话，也难以如当年王粲依附刘表而丧失独立人格。既然因自己的正道直行而受阻遭挫，那还不如去做一个隐

---

① 应国靖：《这也属不实之词——对柳亚子〈感事呈毛主席〉一诗解释的质疑》，《上海师院学报》1980年4期。
② 汪达尊：《应当实事求是——对柳亚子〈感事呈毛主席〉一诗的我见》，《光明日报》1981年8月19日；高进贤：《不要人为地闪光——评'这也属不实之词'，与应国靖同志商榷》，《上海师院学报》1981年第3期。
③ 郭隽杰：《关于柳亚子的"牢骚"》，《随笔》1994年3期。
④ 曾彦修：《我所知道的柳毛答诗中"牢骚"的问题的史实背景》，《中共党史研究》1994年6期。
⑤ 徐文烈：《为柳亚子的"牢骚"辩》，香港《明报月刊》1995年1月号。

士。其后，2005年，冯又以学术论文形式再次阐述了这一观点。①

1996年初，陈东来提出柳亚子"牢骚"是"反对国共和谈"的说法。②1997年，李海珉认为，柳亚子的所谓"牢骚"不外乎三个方面："无车"、"夺席"和"说项依刘"。③1999年，马以君罗列以前关于"牢骚"的十种不同说法，并逐一加以点评，进而提出"要房说"。④

2004年，孙有光在《炎黄春秋》上撰文指出，因中共方面让柳亚子从六国饭店移居颐和园，引起了柳亚子的牢骚，这便是"移住说"。在颐和园益寿堂生活期间，柳亚子对那些"土八路"看不顺眼，于是就发牢骚、打门卫、骂哨兵、打管理员，等等，发生了一系列的不愉快。1949年，4月22日，周恩来在听鹂馆请柳亚子吃饭时批评了柳亚子"牢骚太盛"，并提前离席而去。⑤

孙有光文章发表后，毛安澜、张明观先后在《团结报》和《文汇读书周报》上撰文反驳。⑥ 二文均指出，孙有光文章有一个事实性的错误，就是把时间记错了。柳亚子夫妇是在1949年4月25日移居颐和园的，而不是3月29日。那么，孙文所叙述发生在柳亚子移住颐和园之后的打门卫（4月5日）、骂哨兵（4月7日）、打管理员（4月12日）以及周恩来在听鹂馆批评柳亚子（4月22日）就无从说起了。柳光辽也撰文指出，孙有光文章多处与历史事实不符，而柳亚子"牢骚"的内容，主要是针对时政的，并非全是个人的非分要求。⑦

---

① 冯锡刚：《〈离骚〉屈子幽兰怨——对〈七律·和柳亚子先生〉中"牢骚"的史实背景之我见》，（《党史文汇》1995年第11期；冯锡刚：《〈七律·和柳亚子先生〉中的"牢骚"一解》，《党的文献》2005年第2期。
② 陈东林：《毛泽东和柳亚子诗中的"牢骚"指什么？》，《北京日报》1996年1月15日。
③ 李海珉：《从初稿到改稿析柳亚子的"牢骚"——阐释〈感事呈毛主席〉》，《人物》1997年第4期。
④ 马以君：《柳亚子、毛主席唱和诗实指试探》，《广播电视大学学报》1999年第4期。
⑤ 孙有光：《周恩来批评柳亚子牢骚太盛》，《炎黄春秋》2004年第6期。
⑥ 毛安澜：《质疑孙有光的〈周恩来为何批评柳亚子牢骚太盛〉》，《团结报》2004年10月12日；张明观：《严重失实的〈周恩来批评柳亚子牢骚太盛〉》，《文汇读书周报》2004年11月12日。
⑦ 柳光辽：《南京理工大学》（社会科学版）2004年第5期。

三 柳亚子研究的未来展望

如前所述，60年来柳亚子研究已经取得极为丰硕的成果，但是，毋庸讳言，纵观数十年来柳亚子研究，仍存在一些不尽如人意之处，主要表现在"六多六少"：（1）业余研究者多，专业研究者少；（2）文学研究者多，史学研究者少；（3）研究文学领域的多，研究学术文化和政治活动的少；（4）微观研究的多，宏观研究的少；（5）纪念性、回忆性、通俗性的文章多，学术性的论文少；（6）低水平重复的多，高水平创新的少。为了进一步深化柳亚子研究，笔者认为今后需要从以下几个方面着手。

第一，进一步加强柳亚子史料的挖掘和整理工作，着手编辑《柳亚子全集》。应该承认，在柳亚子史料整理和出版方面已经取得了极为丰硕成果，但是，在这方面仍有很大发展空间：一是柳亚子散见于当时报刊上的诗文而未被搜集仍有不少，需要花费很大时间和精力加以搜寻；二是柳亚子有大量书信未公开出版。据了解，仅被上海图书馆收藏的书信有1万封以上，目前已经整理出版的不过数百封而已，仅为九牛一毛；三是《柳亚子文集》出版后暴露了不少问题，需要加以补充和纠正。在《柳亚子文集》之后，先后出版了《柳亚子家书》《柳亚子文集补编》《柳亚子集外诗文辑存》，不仅让学者们使用起来很不方便，而且不熟悉这一领域的人还会摸不到门。鉴于前述情况，可以在系统搜集柳亚子相关史料的基础上，着手整理和编辑《柳亚子全集》，从而为柳亚子研究打下更为深厚的基础。

第二，加强宏观研究和综合研究，把柳亚子研究推向深入。目前，柳亚子研究在文学方面涉及较深，但对其在政治、学术文化等方面研究则相对不足，且往往将其政治活动分段加以论述，将其在苏曼殊研究、南明史研究、地方史志和文献目录等方面分别加以论述。有鉴于此，急需加强宏观研究和综合研究，把柳亚子研究推向深。譬如，把柳亚子一生政治活动串联起来，看看柳亚子在政治活动体现出哪些特点？又如，柳亚子作为一个学者，体现出怎样的风格和特点？再如，柳亚子自1927年后实际上患上躁郁症，这一

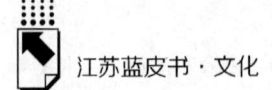

点对他的生活和创作乃至个性发生了哪些重要影响？此外，如何看待柳亚子极富争议的个性？这些问题都需要进行宏观研究和综合研究，把它们弄清楚了就可以把柳亚子研究大大向前推进一步。

第三，继续进行微观实证研究，把柳亚子研究进一步做细做实。柳亚子经历丰富，作品繁多，交游广泛，可是，已有记述却自相矛盾或模糊不清甚至存在错讹现象。尽管张明观在这方面做了大量卓有成效的工作，但仍有很多问题需要进一步澄清和纠正。譬如，柳亚子近十封书信的写作年份、毛泽东12月2日致柳亚子信的写作年份、被邹容剪掉辫子的姚文甫之确切身份、冯春航和陆子美加入南社时间、柳亚子的《招蓉礼桂龛缀语》发表报刊、谢冰莹的被捕时间等诸多问题都需要进行认真考订。

第四，广泛开展比较研究，进一步拓展柳亚子研究的广度。应该说，目前学界已经对柳亚子做过一些比较研究，如将柳亚子和秋瑾的诗歌进行比较，将柳亚子和陈去病的政治道路进行比较，这方面取得较好成绩，但还可以进行更广泛地比较研究，尤其是在柳亚子交游研究中把柳亚子与其交游对象进行比较。譬如，柳亚子与邵力子私交很好，两人早年共同投入反清革命，中年又一起参与国共合作，晚年在新中国一道在民革中共事，但是，两人之间还是先后在1912年、1945年、1950年发生三次争论。如此一来，不仅可以看出两人政治理念的差异，还可以看出两人之间的个性差异。柳亚子交游广泛，如能广泛进行比较研究，则无疑会大大拓展柳亚子研究的广度。

B.35
近十年来江苏环境史研究的回顾与展望[*]

张慧卿[**]

摘　要： 本文对近十年来江苏环境史的相关成果进行回顾与梳理后发现，现有研究成果既有宏观综合的考察，又有微观细致的分析，江苏环境史研究必将随着学科理论及研究方法的深化更加全面与深入。我们应当加大环境史研究的资助力度，进一步挖掘与整理相关史料，搭建多学科多部门合作平台，促进学科资源整合力度，并关注环境史研究的发展走向，拓宽环境史研究的视域范围，全面推动江苏环境史研究。

关键词： 江苏　环境史　人与环境互动

近十年来，江苏环境史研究围绕环境要素变迁、人与社会环境互动两大领域展开广泛探讨，研究成果既有宏观综合的考察，又有微观细致的分析，呈现出一番繁荣的景象。本文拟梳理十年来江苏环境史的相关成果，全面审视后对此项研究做前瞻性探索。[①]

---

[*] 本文为江苏省社科基金项目"城市功能视阈下民国时期南京水环境研究"（项目号16LSD003）的阶段性研究成果。
[**] 张慧卿，江苏省社会科学院历史研究所副研究员。
[①] 考虑到江苏省建置沿革以及自然环境地貌的关联性，某些研究成果会涉及安徽、浙江、上海、山东等相邻省份及地区。

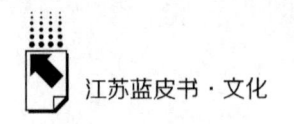

一 关于环境要素的历史变迁

近十年来，中国气象学、考古学、地理学、历史学等学科的学者从本学科的角度，进一步推动江苏省内气候、水文、土壤、动植物分布及自然灾害等环境要素历史变迁的研究。

（一）气候变迁

气候变迁的研究成果集中在自然科学领域。刘梅等探讨了江苏省近50年高温及雷暴的时空分布规律。[①] 郑景云、赵会霞重建了1736~1908年江苏六府逐季降水等级序列，发现1830年后受ElNino事件影响，极端旱、涝事件多发。[②] 严火其发现气候变化是影响稻麦复种制度的重要因素。[③] 陈超揭示历史气候变化对太湖地区农作物生长的影响机理及程度。[④] 刘炳涛、满志敏根据冬麦生育期的物候序列，反映明代长江下游地区的气候冷暖变化情况。[⑤] 黄爱军探讨了1960~2007年江淮地区农业气候资源的时空演变特征。[⑥]

（二）水环境变化

以太湖流域为主要考察对象，张修桂考察了太湖及其附近地区自晚更新

[①] 刘梅等《1961年至2007年江苏省高温气候特征分析》《资源科学》，2011年第10期；（《近57年江苏省雷暴变化趋势特征分析》，《热带气象学报》2010年第2期。

[②] 郑景云、赵会霞：《清代中后期江苏四季降水变化与极端降水异常事件》，《地理研究》2005年第5期。

[③] 严火其：《两晋以来气候变化对太湖流域稻麦两熟复种的影响》，《长江流域资源与环境》，2011年第11期；严火其、陈超：《历史时期气候变化对农业生产的影响研究——以稻麦两熟复种为例》，《中国农史》2012年第2期。

[④] 陈超：《气候变化对太湖地区粮食生产的影响研究（960-1911）》，人民出版社，2015。

[⑤] 刘炳涛、满志敏：《从冬麦生育期看明代长江下游地区气候冷暖变化》，《中国历史地理论丛》2013年第3期。

[⑥] 黄爱军：《江淮地区近50年农业气候资源时空变化及稻麦生产响应特征研究》，南京农业大学2011年未刊博士论文。

世末期以来的历史演变过程。① 孙景超认为从宋代至明代江南地区的水利环境发生了重大变化,潮汐灌溉的技术体系及应用地域范围随之发生巨大变化。② 周晴指出入宋以后,太湖南部横塘纵溇的水利结构,奠定了太湖南岸地区后期农田水利开发的基本格局。③ 谢湜认为唐宋时期太湖流域的开发出现从西部丘陵向太湖以东平原转移的趋势,并呈现不同的开发节奏。④ 潘清认为元代太湖水利治理达到新的高度,在兴修较大工程同时,认识到综合治理的重要性并进行圩田的治理。⑤

以淮河流域为主要考察对象,张文华详细考察了汉唐时期淮河流域自然与人文环境变迁过程,探讨了流域内诸地理要素之间的互动关系。⑥ 卢勇、王思明认为黄河南侵夺淮是淮河流域生态巨变的重要自然原因,明清时期人们盲目围湖造田、毁林垦荒以及政府大兴宫殿、保漕护陵等因素交相互织共同导致了本时期淮河流域生态环境的恶化。⑦ 赵筱侠认为宋、金以来黄河夺淮使淮河失去了入海出路,打乱了原有水系,促使洪泽湖、南四湖和骆马湖三大湖泊的形成。⑧ 彭安玉认为明清时期黄、淮洪水屡屡倾泻苏北里下河,导致里下河地区的河湖港汊日趋淤塞,射阳湖消失,加剧了水灾肆虐,里下河自然环境发生巨大变迁。⑨ 惠富平、黄富成认为两汉时期江淮地区的陂塘水利对农业进步及生态环境改善产生了良好作用,其产生的环境效益奠定了

---

① 张修桂:《太湖演变的历史过程》,《中国历史地理论丛》2009 年第 1 期。
② 孙景超:《潮汐灌溉与江南的水利生态(10 - 15 世纪)》,《中国历史地理论丛》2009 年第 2 期。
③ 周晴:《南宋时期太湖南岸平原区农田水利格局的形成》,《中国历史地理论丛》2010 年第 4 期。
④ 谢湜:《11 世纪太湖地区农田水利格局的形成》,《中山大学学报》(社会科学版)2010 年第 5 期。
⑤ 潘清:《元代太湖流域水利治理述论》,《中国农史》2010 年第 4 期。
⑥ 张文华:《汉唐时期淮河流域历史地理研究》,上海三联书店,2013 年。
⑦ 卢勇、王思明:《明清时期淮河南下入江与周边环境演变》,《中国农学通讯》2009 年第 23 期;《明清淮河流域生态变迁研究》,《云南师范大学学报》(自然科学版)2007 年第 6 期。
⑧ 赵筱侠:《黄河夺淮对苏北水环境的影响》,《南京林业大学学报》(人文社会科学版)2013 年第 3 期。
⑨ 彭安玉:《论明清时期苏北里下河自然环境的变迁》,《中国农史》2006 年第 1 期。

后世江淮流域农业发展的基础。[1]

海岸带环境变迁的研究是国际学术热点,鲍俊林重新梳理了明清淮盐经济兴衰过程、盐作与环境的关系,讨论了盐、垦、渔等人类活动与环境变化的相互关系,深化了海岸带区域人地关系变迁的研究。[2] 陈可锋研究了1855年黄河北归后海岸带陆海相互作用的过程,发现江苏海岸演变与潮波系统变化的对应关系,具有重要意义。[3] 张晓祥等以江苏海岸带为研究对象,揭示了海岸线时空变迁背后的驱动力。[4]

(三)土壤环境

土壤环境变迁的成果集中在自然科学领域,属江苏环境史研究的薄弱环节。赵彦锋等发现1984~2003年江苏沿江地区农业土壤资源缩减主要围绕重要城市,缩减面积大、区域分布相对平衡。[5] 许艳等分析江苏省1980年以来海岸带土地利用/覆被变化的时空动态特征、地域差异及梯度分异特征。[6] 于雪等分析了东台市1980~2010年土地利用结构及变化轨迹,分析其与环境因子之间的关系。[7] 李建国等分析了1977~2014年江苏中部滩涂湿地演化与围垦空间演变的规律,发现江苏滨海湿地生态关键区面积退化、盐生植被空间萎缩。[8]

---

[1] 惠富平、黄富成:《汉代江淮地区陂塘水利发展及其环境效益》,《中国农史》2007年第2期。
[2] 鲍俊林:《15-20世纪江苏沿海盐作地理与人地关系变迁》,复旦大学出版社,2016。
[3] 陈可锋:《黄河北归后江苏海岸带陆海相互作用过程研究》,南京水利科学研究院2008年未刊博士学位论文。
[4] 张晓祥等:《南宋以来江苏海岸带历史海岸线时空演变研究》,《地理科学》2014年第3期。
[5] 赵彦锋等:《江苏沿江地区20年来农业土壤资源缩减特征》,《长江流域资源与环境》2008年第6期。
[6] 许艳等:《近年来江苏省海岸带土地利用/覆被变化时空动态研究》,《长江流域资源与环境》2012年第5期。
[7] 于雪等:《1980~2010年江苏沿海城市土地利用变化及其与环境因子关系分析——以东台市为例》,《长江流域资源与环境》2016年第4期。
[8] 李建国等:《1977-2014年江苏中部滨海湿地演化与围垦空间演变趋势》,《地理学报》2015年第1期。

（四）动植物分布

王建革通过对对水环境有着敏感反应的芦苇群落、江南莼菜和葑田三种植物不同历史时期分布变化的考察，探究了江南生态环境变迁。[①] 邱振威通过濒临太湖北岸古胥湖自然沉积的孢粉和炭屑分析，发现稻作农业和考古学文化在动态环境体系中通过自我催化得以相互促进。[②] 张蕾讨论不同历史时期人与竹、人与自然之间的关系。[③] 惠富平、曹颖认为明清时期太湖地区菱角等水生作物生产的发展与当地的水环境变化和市镇经济繁荣有密切关系。[④] 江苏动物分布的相关研究成果不多。王建革考察松江鲈鱼与水文环境的关系，认为美味松江鲈鱼因吴淞江的感潮环境与河道环境变化而绝种。[⑤] 马俊亚认为虎的普遍存在是生态环境优越的表现，人类灭绝虎类不仅破坏自然界生物多样性，还摧毁自身的生存环境。[⑥] 李玉尚认为明清至土改时期地理环境是制约耕牛时空分布的主要原因。[⑦] 王加华从生态适应性的角度探讨环境、耕牛、人之间的关系。[⑧]

（五）自然灾害

以水灾、蝗灾和旱灾三大自然灾害为研究对象的成果十分丰富，主要代

[①] 王建革：《芦苇群落与古代江南湿地生态景观的变化》，《中国历史地理论丛》2016 年第 2 期；王建革：《水环境变化与江南莼菜群落的发展历史》，《古今农业》2014 年第 3 期；王建革：《江南早期的葑田》，《青海民族研究》2014 年第 3 期。

[②] 邱振威：《太湖流域史前稻作农业发展与环境变迁研究》，中国科学院大学 2015 年未刊博士论文。

[③] 张蕾：《宋代以来江南地区竹的生态史研究》，复旦大学 2013 年未刊博士论文。

[④] 惠富平、曹颖：《明清时期太湖地区菱的种植》，《中国农史》2015 年第 5 期。

[⑤] 王建革：《松江鲈鱼及其水文环境史研究》，《陕西师范大学学报》（哲学社会科学版）2011 年第 5 期。

[⑥] 马俊亚：《伙伴还是害敌？——从人虎关系看淮北江南生态环境变迁》，《淮阴师范学院学报》2012 年第四期。

[⑦] 李玉尚：《明清以来苏松太地区耕牛的时空分布》，《中国农史》2008 年第 4 期。

[⑧] 王加华：《环境、农事与耕牛——近代江南地区耕牛的饲育与役用》，《中国农史》2008 年第 1 期。

表成果有：黄红铸、张向萍等建立1644～1949年长江三角洲地区洪涝和台风灾害数据库，对研究洪涝灾害与气候变化的关系具有科学意义；①李伯重认为道光初年江南经济衰退现象与气候条件密切相关；②张旸、陈沈良、谷国传等揭示历史时期苏北平原潮灾的时空分布格局特征；③张文华研究汉唐时期淮河流域蝗灾发生的时空分布特征，认为蝗灾发生具有很强的阶段性和集中性，与旱灾正相关。④张崇旺探讨了明清时期江淮地区蝗灾的发展阶段及时空分布特征，认为该地区水旱灾害频发是多种复杂因素共同作用的结果；⑤李钢等探讨了蝗灾动态与河湖环境变迁及气候变化的关联，绘制出以蝗灾为主线的自然灾害与朝代更替示意图；⑥卢勇、李燕认为明清时期旱灾频发与苏北地区自然及社会环境发生剧变紧密相关；⑦张可辉认为两宋时期南京受气候变迁影响，气候性灾害频发，尤以旱灾与水灾发生频率为最高，对社会经济破坏巨大。⑧

二　人与环境互动关系的研究

近十年来，学者们更加注重人类活动对环境的影响，对人类经济活动、社会活动、政治措施与环境之间的互动关系进行了深入的探讨。

---

① 黄红铸等《江浙沪地区历史重大洪涝灾害情景下的人口和GDP物理暴露量分析》，长江流域资源与环境》2013年第6期。张向萍等《公元1644～1949年长江三角洲地区历史台风频次序列重建》，《古地理学报》2013年第2期。
② 李伯重：《十九世纪江南的经济萧条与气候变化》，http://www.360doc.com/content/131/0609/116/10853593_291753521.shtml；王利华主编《中国历史上的环境与社会》，生活·读书·新知三联书店出版社，2007，第117～125页。
③ 张旸、陈沈良、谷国传《历史时期苏北平原潮灾的时空分布格局》，《海洋通报》2016年第1期。
④ 张文华：《淮河流域汉唐时期蝗灾的时空分布特征——淮河流域历史农业灾害研究之二》，《安徽农业科学》2008年第10期。
⑤ 张崇旺：《明清时期江淮地区频发水旱灾害的原因探析》《安徽大学学报》（哲学社会科学版）2006年第6期。张崇旺：《明清时期江淮地区的蝗灾探析》，《古今农业》2007年第1期。
⑥ 李钢等《江苏千年蝗灾的时空特征与环境响应》，《自然灾害学报》2015年第5期，《苏皖地区历史蝗灾的时空演变、环境意义与社会影响》，中国地理学会2012年学术年会论文。
⑦ 卢勇、李燕：《环境变迁视野下的明清时期苏北旱灾研究》，《中国农史》2013年第1期。
⑧ 张可辉：《两宋时期南京自然灾害考论》，《中国农史》2010年第3期。

（一）区域经济与环境之关系

王建革系统描述宋代以来吴淞江流域的生态环境与人类活动的关系。[①]冯贤亮揭示了1368年至1912年间太湖平原环境与城乡变迁中人、环境、社会三者的互动关系。[②]梁志平分析近代以来太湖流域水质环境变迁的时空过程及原因。[③]赵荣研究明清时期太湖地区农业的生态模式，认为该地区租佃关系、人地关系及商品经济促进生态农业的形成。[④]岳钦韬发现近代铁路建设初步改变明清以来形成的流域水文环境。[⑤]吴春梅等勾勒出近代淮河流域经济开发的历史全貌。[⑥]李高金研究徐淮地区生态环境和社会经济对黄河南徙的响应及互动。[⑦]凌申强调海岸带自然环境变化对社会经济的主要影响。[⑧]张崇旺考察了江淮平原自然灾害与社会经济的关系，突出潮灾对海岸区域的影响。[⑨]鲍俊林认为明清时期苏北"海势东迁"引发盐作环境变化对两淮盐作活动产生深远影响，清末淮盐重心北移是社会经济状况变化的结果。[⑩]钱克金探究两宋时期苏南人地关系演变情况，认为人地关系与经济发展密切相

[①] 王建革：《水乡生态与江南社会（9~20世纪）》，北京大学出版社，2013；王建革：《江南环境史研究》，科学出版社，2016。
[②] 冯贤亮：《太湖平原的环境刻画与城乡变迁：1368－1912》，上海人民出版社，2008。
[③] 梁志平：《水乡之渴：江南水质环境变迁与饮水改良（1840－1980）》，上海交通大学出版社，2014。
[④] 赵荣：《明清时期太湖地区农业生态模式研究》，南京农业大学2008年未刊博士论文。
[⑤] 岳钦韬：《近代铁路建设对太湖流域水利的影响——以1920年代初沪杭甬铁路屠家村港"拆坝筑桥"事件为中心》，《中国历史地理论丛》2013年第1期。
[⑥] 吴春梅：《近代淮河流域经济开发史》，科学出版社，2010。
[⑦] 李高金：《黄河南徙对徐淮地区生态和社会经济环境影响研究》，中国矿业大学2010年未刊博士论文。
[⑧] 凌申：《黄河夺淮与江苏两淮盐业的兴衰》，《中国社会经济史研究》2011年第1期。
[⑨] 张崇旺：《明清时期江淮地区的自然灾害与社会经济》，福建人民出版社，2006。
[⑩] 鲍俊林：《明清两淮盐场"移亭就卤"与淮盐兴衰研究》《中国经济史研究》2016年第1期；鲍俊林：《试论明清苏北"海势东迁"与淮盐兴衰》，《清史研究》2016年第3期；鲍俊林：《略论盐作环境变迁之"变"与"不变"——以明清江苏淮南盐场为中心》，《盐业史研究》2014年第1期。

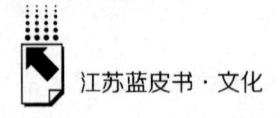

关。① 胡孔发揭示民国时期苏南工业近代化客观造成生活环境、工作环境和城市环境局部甚至严重的污染。②

(二)城市与环境之关系

姚亦锋以南京为例,分析地理环境对古都城市格局的重要作用,探讨南京城市自然景观变化。③ 陈刚从历史气候、地貌(河道演变为主)、城市形态结构等方面,多维度、多层次地重建六朝建康的历史地理图景。④ 罗晓翔认为明清时期南京内河水环境恶化与城市人口及经济发展密切相关。⑤ 赵良宇从地理环境、经济结构变迁、社会文化嬗变等方面考察近代徐州城市发展与社会变迁。⑥ 戴培超等阐述水环境与徐州城市兴衰的关系。⑦ 柴洋波以镇江与扬州为例,分析近代以前运河与城市形态的关系。⑧ 安介生认为明清时期北湖地区世族文化风尚与景观环境的良性互动,具有很高的借鉴价值及深远意义。⑨

(三)疾病与环境之关系

从疾病的角度探讨人与疾病、自然的互动关系及影响的研究成果不多,亟待学术界进行深入探讨与发掘。王晓伟、龚胜生发现清代江南地区疫灾与

---

① 钱克金:《宋代苏南地区人地矛盾及其引发的农业生态环境问题》,《中国农史》2008年第4期。
② 胡孔发:《民国时期苏南工业发展与生态环境变迁研究》,南京农业大学2010年未刊博士论文。
③ 姚亦锋:《南京城市地理变迁及现代景观》,南京大学出版社,2006。
④ 陈刚:《六朝建康历史地理及信息化研究》,南京大学出版社,2012。
⑤ 罗晓翔:《明清南京内河水环境及其治理》,《历史研究》2014年第4期。
⑥ 赵良宇:《环境·经济·社会近代徐州城市社会变迁研究(1882~1948)》,中国社会科学出版社,2015。
⑦ 戴培超、沈正平:《水环境变迁与徐州城市兴衰研究》《人文地理》2013年第6期;戴培超:《历史时期徐州水环境变迁与城市兴衰研究》,江苏师范大学2014年硕士未刊论文。
⑧ 柴洋波:《近代运河城市形态变迁——以镇江与扬州为例》,东南大学2012年未刊博士论文。
⑨ 安介生:《明清扬州世族与景观环境之营建——以北湖地区为核心的考察》,《中国历史地理论丛》2013年第4期。

城市大小、区位、人口及疫源地区正相关,水灾、战争、霍乱大流行是诱发疫灾的重要因子。①李玉尚考察了清中后期江南地区霍乱等传染病的频次和规模,认为江南城市水系及居民生活用水习惯构成霍乱流行的环境基础。②唐秋雅以公元450~451年太武帝南伐事件为个案,认为环境与疫病是影响北魏历史进程的重要因素之一。③

(四)政治与环境之关系

国家政治与区域环境变迁的互动关系的研究尚属起步阶段。马俊亚围绕"社会发展"与"社会冲突"两个主题,发现中央政府决策与行政权力对江南、淮北区域环境产生决定性影响,阐释政府行为和官僚意志对区域环境系统演变的影响。④胡惠芳考察了社会各级政府及民间团体改善淮河中下游地区恶劣的生存环境,以及环境保护的举措。⑤赵筱侠探讨了新中国成立后中共中央及地方政府治理淮河、沂沭泗水系的战略决策背景,论述"大跃进"对苏北地区水利建设的特殊影响及水利建设中的社会动员问题。⑥

三 江苏环境史研究的展望

综上所述,近十年来江苏环境史的研究在深度和广度上都得到拓展,取得了丰硕成果,具有如下几个特点。第一,学者们以环境史学为基础,与历史地理学、经济史、社会史、生态学等相结合,对江苏境内气候、水环境、

---

① 王晓伟、龚胜生:《清代江南地区疫灾地理研究》,《中国历史地理论丛》2015年第3期。
② 李玉尚:《清末以来江南城市的生活用水与霍乱》《社会科学》2010年第1期。
③ 唐秋雅:《北魏南伐江淮流域的环境与疫病问题初探——以公元450至451年太武帝南伐为例》,《社会科学研究》2009年第1期。
④ 马俊亚:《区域社会发展与社会冲突比较研究——以江南淮北为中心(1680-1949)》,南京大学出版社,2014;马俊亚:《被牺牲的"局部":淮北社会生态变迁研究(1680-1949)》,北京大学出版社,2011;马俊亚:《集团利益与国运衰变——明清漕粮河运及其社会生态后果》,《南京大学学报》(哲学.人文科学.社会科学版)2008年第2期。
⑤ 胡惠芳:《淮河中下游地区环境变动与社会控制(1912-1949)》,安徽人民出版社,2008。
⑥ 赵筱侠:《苏北地区重大水利建设研究(1949-1966)》,合肥工业大学出版社,2016。

动植物分布、自然灾害等自然要素的变迁，以及人类社会活动与环境之间的互动关系进行了长时段、多维度的探讨，对人与自然之间的关系给予了高度重视。第二，现有研究成果出现研究时段分布不均、地域分布不平衡、视角较为集中的特点。从研究时段看，成果集中于宋代和明清两个阶段，秦汉、唐、元时段的研究成果相对较少；从地域分布看，太湖流域、淮河流域等环境特征相对明显的地区成果较多，南京、苏州、无锡等长江下游沿岸城市的环境演变和人地关系的研究未及深入；从研究视角看，自然灾害等诸自然要素变迁的研究成果最多，区域经济与环境的研究成果相对丰硕，政治与环境、疫病分布传播与环境等问题的研究成果较为薄弱。此外，人类的良性开发活动与环境互动受到的关注不够。第三，从学者的分布和来源来看，学者主要集中在复旦大学、南京大学、中国科学院等高校学术科研机构，单个学者的系列成果较多，学术团队规模不大，不利于学术视野的多元化。第四，环境史作为一门新兴的学科，年轻学者在拓展新的研究领域方面贡献突出，如鲍俊林等对海岸带环境变迁的研究，张文华等对淮河流域环境变迁的研究均取得了空前的进步，拓展了环境史研究的新方向。

在现有的科研条件和框架下，我们可以从四个方面推动江苏环境史学科理论体系及研究方法的发展。第一，加大环境史研究的资助力度。近十年来，我国通过设置国家、教育部、省级乃至单位各类社科基金项目，加大了社会科学研究的资助力度，推动了哲学社会科学的繁荣发展，江苏环境史研究受益于此也得以快速发展。但从立项比例看，资助力度有待加强。第二，史料是环境史研究的基础，我们应大力挖掘新史料，并挖掘已有史料的新内容。由此，我们要重新挖掘档案、家谱、墓志、碑刻、地方文献等历史文献所蕴含的环境历史信息，还要结合古生物学、考古学、生态学、地理学、地质学、气象学、土壤学、水文学、建筑学等学科发掘新的史料内容。第三，环境问题的复杂性决定了环境史研究既需要社会科学的方法，还需要自然科学的手段，这要求我们加大学科资源整合力度，搭建多学科多部门合作平台，充分吸收和利用生态学、地理学、历史学、气候学、人类学、考古学等诸多学科的知识成果，全面揭示人类社会与环境之间的互动关系及演变规律。第四，关注环境史研究的发展走向，寻找新主题与切入点，拓宽环境史研究的视域范围。我们应该抓住时代的脉搏，结合全球环境史研究和发展的动向，重点探讨近现代环境史、城市化与环境、环境事件与职业病、环境恶化与环境保护、海洋环境与资源利用、工业发展与环境问题、战争对环境的影响，细化发掘新的研究课题，推动江苏环境史研究的深入，为人类的可持续性发展提供可资借鉴的参考。

B.36 抗战后江苏善后救济史研究的现状与展望

董为民[*]

摘　要： 抗战胜利后，江苏地区也面临善后救济的困局。联合国善后救济总署在中国投入了大量的资金、人力和物资，国民政府成立了行政院善后救济总署（简称行总）与之对接，江苏地区则成立了行总苏宁分署落实救济物资的发放、善后工程的开展等具体工作。相对于抗战后善后救济工作的重要意义，史料发掘的欠缺、研究方法的单一，使目前的研究相当不足。如能在挖掘口述史料、美英等国所藏外文文献，借鉴社会学、管理学、国际关系学等相关学科的研究方法上有所突破，抗战后江苏善后救济史的研究必定别开生面。同时，基础研究的进展，将为当前灾后善后救济工作的展开提供有益的镜鉴。

关键词： 善后救济　行政院善后救济总署　苏宁分署

2016年6月23日，盐城市部分区域发生的特大龙卷风灾害，给当地群众的人身安全和生产生活设施带来严重的损害。中央及地方政府为帮助受灾区域的民众维持生活，恢复生产，提供了大量人力、财力、物力支

---

[*] 董为民，江苏省社会科学院历史研究所助理研究员。

持。1949年以来，江苏已无战乱之虞，但省内发生重大的自然灾害，波及广大地区及大量民众，并不罕见。江苏地处长江下游，境内水网密布，相对于风灾，洪灾更为多发，其他灾害也时有发生。每当发生较大规模的灾害，各级政府均会积极投入灾区的善后救济工作。在实际的善后救济工作中，人员物资的大批投入并不必然带来良好的结果，问题和矛盾频现，影响当地生活秩序的恢复、生产的重新开展，甚至引起社会波动，成为社会稳定的隐患。研究历史上各种灾难后的善后救济工作，总结经验以供现实工作镜鉴，实属必要。

一 抗战后江苏善后救济史研究的意义所在

1945年8月15日，日本宣布向同盟国无条件投降，中国民众终于迎来了胜利的时刻。多年的战乱，百姓背井离乡，四处流浪。整个国家农业、工业等经济基础受到极大的冲击和损毁。大多数沦陷地区，曾经发生过激烈的战斗，又为敌伪所占据，使当地大量民众被迫内迁，工农业的生产遭到极大破坏。在胜利的短暂欢愉之后，流落四方的民众如何回到家乡，重新开始安定的生活，成为政府和民众面临的问题。一方面，流离失所的民众通过自身的努力，从事自救和恢复生计的工作；另一方面，安排难民返回家乡，帮助他们渡过艰险的回家路，维持刚回家最初几个月的生存，恢复生产，使沦陷地区的经济能够自持并为将来的经济发展打下基础，成为战后中国政府的重要工作。其时，中国民间组织的不发达，在善后救济中民间组织的身影较为淡远，政府机构在其中发挥着主导作用。

二战期间，在中国的抗日战争尚处于艰苦的相持阶段的时候，欧洲和非洲等战场已经取得一些战役的胜利，收复了部分被德意等国军队占领的土地。为帮助这些被收复地区的难民渡过难关，恢复生产，由美国、英国、加拿大、澳大利亚等国发起，相继有40多国参与的最早的联合国组织于1943年成立，这就是联合国善后救济总署（UNITED NATIONS

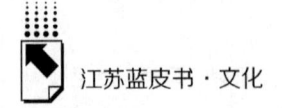

RELIEF AND REHABILITATION ADMINISTRATION，简称联总，英文缩写为UNRRA）。①

1945年1月，盟国的胜利指日可待，尚在重庆的国民政府成立了行政院善后救济总署，以便与联合国善后救济总署合作，完成中国被日伪占领地区的善后救济工作。只是行总拟议中的善后救济区域当时尚处于日伪的占领之下，除了拟订计划，实际工作无从展开。在中共控制区域，稍后也成立了相应的善后救济机构——中国解放区救济总会，董必武为负责人。②

战前的江苏处于民国政治的中心地位，经济相对发达，1937年大部分地区为日军占领。后来，更成为日军扶植的汪精卫政权统治的中心区域。江苏百姓原本安定祥和的生活，为战乱所打断。相当部分的民众在沦陷前随着国民政府西迁，机关、学校、企事业单位也是如此，本地的经济基础受到极大的损害。日伪占领时期，江苏本地的经济资源为日军大量征发以供作战需要，民众生活举步维艰。抗战胜利后，江苏作为国民政府的统治重心所在，也临近上海这一最重要的港口，交通相对便利，得到了大量的联合国救济物资，给江苏民众渡过饥荒，恢复生产提供了希望。国民政府行政院善后救济总署为落实沦陷各区域的善后救济工作，将全部沦陷区划分为15个区域，成立了相应分署。现属江苏省的市县在行政院善后救济总署苏宁分署的工作范围内。在江苏境内中共控制的解放区，也有解总的分支机构，联总中国总部特别设立了直辖的办事处负责与解放区接洽。

抗战胜利后进行的善后救济工作是近代以来规模最大的一次，有联合国的全方位介入，而其成败得失众说纷纭。与此前中国境内各地区历次灾害之

---

① 在联合国善后救济总署的名称中，蕴含着其主要的两项使命。其中Relief（救济），主要指向难民提供紧急的粮食、住宿、医疗等救济，以让难民渡过最初的几个月，免于饥馑；Rehabilitation（善后），则是指在难民生活趋于稳定的情况下，在受灾地区建立可持续发展的基础设施，主要是修筑房屋、道路、水利设施、工厂、学校、医院，建立车船队等能够让该地区经济上自持的设备设施。

② 1945年7月，中共解放区的救济组织正式成立时，称为"中国解放区临时救济委员会"，简称"解救"。1946年8月，"中国解放区临时救济委员会"改名为"中国解放区救济总会"，简称"解总"。

后的善后救济工作相比，联合国的全面参与和巨量援助，成为抗战后中国善后救济工作的最显著特征。在全球化的今天，一方有难，全球支援。如何在不失主权和安全利益的情况下，利用好国际社会的各种帮助，是需要思考的问题，深入细致的研究抗战后的善后救济史无疑会给当今的相关工作带来经验和启示。

二 抗战后江苏善后救济史的史料发掘及研究现状

荒政史研究一直是中国古代史研究的重要内容，如邓拓（邓云特）著的《中国救荒史》[①]论述了从传说时代到民国时期灾荒的发生及救荒方法。明清以来的慈善史研究，也是学界的热点，灾荒救济是慈善史研究中的重要部分。民国年间，战乱频仍，水旱疫情频发，受灾地区的善后救济工作繁重，若以救济的区域和人口论，抗战后的善后救济工作无疑是其中最大规模的。

史料是研究开展的基础。抗战后的善后救济工作，有国际层面的合作、中央政府的布置，全国性组织和地区性机构，大量人员参与其中，留下了大量文献资料。联合国善后救济总署和中国分署，均为官方机构，有完整的文书行政的流程，留存有大量文电函件。很多英文的工作报告在当时就流传甚广，如曾担任联总远东分署署长并兼任联总驻华办事处代理主任的富兰克林·雷1947年9月向太平洋关系学会提交了报告——《联总在中国》[②]。这份报告概述了联总在中国开展善后救济工作的整体情况，成为后来研究者了解联总业务数据的资料。行政院善后救济总署在民国时期即出版相当数量的图书报刊，各地分署均有月报等杂志刊出。这些史料相当部分被留存下来，并被研究者发现和利用。

目前国内最为全面的民国善后救济工作资料集为国家图书馆出版社出版

---

① 邓云特：《中国救荒史》，商务印书馆，1937。
② Ray, J. Franklin, JR., *UNRRA In China, A Case Study of the Interplay of Interests in a Program of International Aid to an Undeveloped Country.* New York, International Secretariat Institute of Pacific Relations, 1947.

的《民国善后救济史料汇编》（十四册）[1]，内容多为行政院善后救济总署的规章制度、工作规划、业务报告等，也有相当部分为行总各分署的资料。

随着电子资源的日益普及，大量民国时期的图书、报纸、杂志等都已经数字化。民国时期主要报纸对善后救济工作做了很多报道，《申报》《大公报》《中央日报》《新华日报》等报刊中的相关新闻已经非常便于检索和查询。与善后救济机构工作直接相关的报纸，如《行总周报》《行总农渔》《行总苏宁分署月报》以及联总的部分英文文献都可以在相关电子数据库中获得。

在获得上述史料的情况下，研究者就抗战后善后救济的相关问题进行了探讨。联合国善后救济总署是中国抗战后善后救济工作的资金、物资提供方，其在中国的活动，最为重要的研究成果为王德春在中山大学完成的博士学位论文《联合国善后救济总署在中国》。该论文修改后由人民出版社出版[2]。该书较为全面地讨论联合国善后救济总署在中国的工作。全书除绪论、结论外，共分五章，分别论述了联总与中国合作的开端，联总对中国提供的紧急救援，联总在中国农业、交通和工业等方面的善后安排，联总在中国推行的长期项目的善后安排，以及联总在工作中与行总和解总的业务交涉与冲突。王德春还在博士论文有关章节的基础上发表了系列论文：《联合国善后救济总署的诞生及其使命》[3]《浅析联总对我国的无偿援助及相关非议》[4]《联合国善后救济总署和解放区的救济事务》[5] 等，在某些问题上深化了原学位论文的研究。华东政法大学赵庆寺的论文《外援与重建：中国战后善后救济简评》[6]《合作与冲突：联合国善后救济总署对华物资禁运述评》[7] 等，也主要着力于联合国善后救济总署在华的活动与成效，以及与中国方面的冲突与妥协的

---

[1] 殷梦霞、李强选编《民国善后救济史料汇编》，国家图书馆出版社，2008。
[2] 王德春：《联合国善后救济总署在中国》，人民出版社，2004。
[3] 王德春：《联合国善后救济总署的诞生及其使命》，《世界历史》2004年第5期。
[4] 王德春：《浅析联总对我国的无偿援助及相关非议》，《广西社会科学》2005年第1期。
[5] 王德春：《联合国救济善后总署和解放区的救济事务》，《广西社会科学》2007年第10期。
[6] 赵庆寺：《外援与重建：中国战后善后救济简评》，《史林》2006年第5期。
[7] 赵庆寺：《合作与冲突：联合国善后救济总署对华物资禁运述评》，《安徽史学》2010年第2期。

宏观论述。

联合国善后救济总署在中国开展工作的对接机构是国民政府行政院善后救济总署。在通史性的著作中，由李新主编，汪朝光著的《中华民国史》第11卷有《经济重建及其困难》一目，以不多的篇幅叙述了行政院善后救济总署相关工作的总体情况。[①] 龚喜林的《战后行政院善后救济总署善后救济述论》[②]、赵刚印的《1945年－1947年行政院善后救济总署述论》[③]、周蕴蓉的《战后国民政府的善后救济》[④] 等几篇综述性的论文，都列举了大量的数据，总括了战后行总在前沦陷区开展的善后救济的大体情况。王启华的学位论文《善后救济在中国（1945－1947）——以行总在国统区的善后救济为中心的历史考察》[⑤] 也着眼于同样的主题，篇幅更长，论述更为详细。复旦大学王春龙的博士学位论文《蒋廷黻与善后救济》[⑥] 主要论述了首任行政院善后救济总署署长蒋廷黻参与联合国善后救济总署的筹建，讲述他的善后救济思想，以及他在中国善后救济总署的运作及善后救济工作中的贡献。在联总主导下，行总、解总配合开展了一些大型的工程项目，最为世人瞩目的无疑是黄河堵口复堤工程。山东大学鲍梦影的博士学位论文《黄河决、堵口问题研究——1938年6月－1947年9月》[⑦] 是在相关研究中较为全面的。

行总在中国各地的十多个分署，大都有论者涉及。如华东师范大学刘明

---

① 汪朝光著《中华民国史》（第十一卷），中华书局，2011。
② 龚喜林：《战后行政院善后救济总署善后救济述论》，华中师范大学历史文化学院2004年度硕士学位论文。
③ 赵刚印：《1945年－1947年行政院善后救济总署述论》，《党史研究与教学》1999年第3期。
④ 周蕴蓉：《战后国民政府的善后救济》，《江汉论坛》2004年第3期。
⑤ 王启华：《善后救济在中国（1945－1947）——以行总在国统区的善后救济为中心的历史考察》，复旦大学历史系2003年度硕士学位论文。
⑥ 王春龙：《蒋廷黻与善后救济》，复旦大学历史系2010年度博士学位论文。
⑦ 鲍梦影：《黄河决、堵口问题研究——1938年6月－1947年9月》，山东大学历史文化学院2013年度博士学位论文。

兴的《善后救济台湾分署研究（1945.10－1947.05）》①、安徽师范大学李超的《善后救济总署安徽分署研究（1945－1947）》②等分别着眼于行总的地区分署的善后救济工作。也有些地区的善后救济工作涉及解放区，情形更为复杂。在论述该地区善后救济时，需要兼及解放区的特殊情况，如山东师范大学张庆林的《山东抗战胜利后的善后救济研究（1945－1947）》③，主要论述行总在鲁青分署的工作外，兼顾山东解放区；华中师范大学吴芳的《战后湖北善后救济研究（1945－1947）》④也兼顾行总湖北分署和中原解放区的救济事业。

具体到抗战后江苏善后救济的情形，南京师范大学张一平的《自然灾害、政治斗争与苏北民生——以1946－1949年国共救荒为考察中心》⑤，作者考察了1946年6月国民党军向苏北解放区发动大规模进攻，至1949年4月渡江战役结束约三年时间，国共两党为争夺苏北这一战略区域，展开激烈的斗争。在战火纷飞的情况下，苏北连年灾荒。为巩固后方，国共双方都采取了相当多措施救济灾荒，并取得了相应的成效。行总、解总在各自区域内实施救济工作，国共双方为争夺联总物资展开政治角逐。

南京大学李彪的《战后江苏"占庙办学"现象研究（1945－1949）》⑥，讨论的是抗战后国民党统治区域内的"占庙办学"现象。在行总善后救济计划中，利用联总物资援助兴学办校也是其工作之一。在联总提供的兴学物资的支持下，行总苏宁分署在江苏多地择庙修缮，以为新校舍，推动了

---

① 刘明兴：《善后救济台湾分署研究（1945.10－1947.05）》，华东师范大学历史系2010硕士学位论文。
② 李超：《善后救济总署安徽分署研究（1945－1947）》，安徽师范大学历史学院2013硕士学位论文。
③ 张庆林：《山东抗战胜利后的善后救济研究（1945－1947）》，山东师范大学历史与社会发展学院2010硕士学位论文。
④ 吴芳：《战后湖北善后救济研究（1945－1947）》，华中师范大学历史文化学院2012硕士学位论文。
⑤ 张一平：《自然灾害、政治斗争与苏北民生——以1946－1949年国共救荒为考察中心》，南京师范大学社会发展学院2004硕士学位论文。
⑥ 李彪：《战后江苏"占庙办学"现象研究（1945－1949）》，南京大学历史学院2015学位论文。

"占庙办学"这一现象的发展。

南京师范大学燕振的学位论文《抗战胜利后苏宁地区的善后救济——以善后救济总署苏宁分署的活动为中心》[①] 集中关注的是行总苏宁分署的善后救济活动，介绍了抗战期间江苏地区的损失情况，联总、行总及苏宁分署的成立及机构设置等背景，论文的重点讲述了行总苏宁分署的善后救济活动，评析了苏宁分署的善后救济活动。在第三章中，作者论述苏宁分署的救济活动，包括施赈、难民的收容与遣送、辅助社会福利事业、医疗卫生救济、工赈等，以及善后活动，如辅助修建房屋、工矿善后、农业善后、水利善后、道路桥梁善后。第四章则对苏宁分署的工作成效进行了分析和评价，肯定了苏宁分署在帮助难民返乡、救济饥馑、恢复生产方面取得的成果；也指出了联总、行总及苏宁分署工作的失误，以及国共冲突给善后救济带来的困难。

三 相关研究存在的局限及展望

从上节的分析来看，联总、行总、解总的战后善后救济工作的研究还处于起步阶段。有关的论文处于基本史实的梳理和讲述阶段，大片的空白有待填补。研究的现状和学者的关注度，与联总在中国超过7亿美元的资金投入，将近250万吨物资的运入，惠及亿万中国民众的巨大规模不相适应。抗战后江苏善后救济史的研究，只是几位初学者的练习之作，描摹了轮廓，基本的史实还不清晰，深入细致的研究尚未展开。之所以如此，细究之下，首先是史料的发掘不足极大限制了研究的铺陈与深入。

《民国善后救济史料汇编》（十四册）是目前篇幅最大的相关史料集。其所收录的善后救济史料与江苏相关的苏宁分署史料，仅在其第十册收录一篇《善后救济总署苏宁分署业务报告：民国三十四年十一月起至三十五年

[①] 燕振：《抗战胜利后苏宁地区的善后救济——以善后救济总署苏宁分署的活动为中心》，南京师范大学社会发展学院2014硕士学位论文。

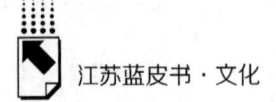

七月底止》。行总苏宁分署的月报，约18期，成为苏宁分署研究最主要的资料来源。

中国第二历史档案馆和江苏省档案馆，省内各市县，以及台湾地区的档案收藏机构，至今尚未发掘出较为完整的江苏善后救济资料。在已经公开的档案中，有关江苏善后救济的内容只有零星的只言片语，无法支撑起完整深入的研究。

国际国内政局的变化，极大影响着抗战后善后救济事业的进程。联合国善后救济总署提供资金、人员和物资帮助，主导着中国善后救济工作的进展。联总最大的出资国是美国，最大的管理人员来源国也是美国。美国政府对中国局势的判断，会反映在联总在中国的行动上，尤其是物资运入中国的进度和分配方案的执行。英文资料的极少使用也是目前相关研究最薄弱之处。

王德春的《联合国善后救济总署与中国》仅在其"长期项目的善后安排"一章中，使用了辗转通过宾夕法尼亚大学的一位访问学者得到的少量英文资料。有关江苏善后救济的论文中，除少量联总的英文章程、协定，几乎没有英文资料，这是重大的缺憾。联总在江苏设有分支机构与苏宁分署对接工作，在淮阴还设有与苏北解放区合作的直属办事处，如能得到这些机构形成的英文文书函电，无疑是对中国视角的极大补充。

口述史学的兴起，是近年来中国近代史学界发展的一大特征。在江苏善后救济问题上，口述史学的运用，必将推动研究的发展。已有的研究，多为利用民国文献进行的宏观研究，集中在善后救济机构的组织构成、人员组成、规章制度、物资来源及分配方式等方面，对于物资分配到每家每户的具体情况，对一定区域人群死亡率的影响，对具体项目的工作细节等并不清晰。联总的物资从苏宁分署运出后，就不知所踪，没有追索到这些物资如何在村镇被分配，被每家每户领取和使用的全过程。南京大屠杀事件过去近80年，目前尚能找到100多位幸存者。抗战后的善后救济至今约70年，且亲历者遍及全省各地，找到幸存者，取得口述资料应当并不困难。有了活的史料作为补充，将研究深入村庄，深入家庭，就有可能。另外，相对于行总苏宁分署的研究，苏北解放区的善后救济由于史料更为匮乏而无法着手。在文献史料被发掘之前，如果能在口述史料上有所收获，将能弥补研究上的空白。

史料局限之外，另一局限是研究方法和视角。已有研究处于就事论事的状况之下，结论来自对史料字面意义的直接解读。近年来，社会学、政治学、管理学、国际关系学等其他学科的新理论、新方法，未见有运用到研究当中去。

放眼看问题的国际视野，能使研究更开阔。如联总内部美、英、加拿大、澳大利亚等国之间，也有不同的理念和诉求，各国之间的冲突会导致联总在中国投入资金和运入物资的进度被拖延，进而影响到中国以致江苏境内某些善后项目的进程。中国国内政局的演变，也使善后救济染上政治斗争的色彩。有些研究者注意到国共冲突的背景，美国支持国民政府，使联总与行总的关系总体更加密切。在中共控制区域，按照联合国善后救济总署的宪章和各项规程，物资的分配应当不受地方政治势力的影响，实际上解总得到的物资比例要远少于行总。[①] 联总与行总之间也有冲突，甚至出现过国民党部队袭击联总船队的事件。在个别情况下，联总与解总取得一致，共同对行总施压。

总之，由于史料、方法及视野的局限，目前抗战后江苏善后救济史的研究，处于起步阶段，完整史实的轮廓还未清晰，细节的研究尚付之阙如。如能在中文的文献史料发掘，口述史料采集，英文文献的搜求方面取得突破，将会给研究的深入打下坚实基础。更为开阔的国际视野，多学科研究方法的引入，会使研究别开生面。抗战后善后救济史研究的进展，将给当前的善后救济事业发展提供有益的思路。

---

① 据解总至1947年2月的统计，联总十四个月内运往苏北解放区的救济物资仅占给苏宁分署物资的1.73%。参见张一平《自然灾害、政治斗争与苏北民生——以1946－1949年国共救荒为考察中心》，南京师范大学社会发展学院2004硕士学位论文，第20页。

B.37 以史为鉴加强近代丝绸之路研究

王 健[*]

摘 要： 当下的丝绸之路研究集中在两个时期，一是古代，二是当代。人们津津乐道古丝绸之路的辉煌，追逐并憧憬"一带一路"建设的梦想，而对近代（晚清民国）的中西交通、古丝绸之路在近代的变迁，关注较少，甚至很少有人提及近代"丝绸之路"。今天的"一带一路"建设与陆上丝绸之路、海上丝绸之路在近代的发展变迁有着紧密关联，从古代到当代，承先启后的应是近代，"丝绸之路"的命名、探险、考察、复原、研究，及中外交通道路的现代化建设等，都是近代开始的，不能忽略。我们呼吁社会重视并大力开展近代丝绸之路的研究。

关键词： 李希霍芬　丝绸之路　近代丝绸之路

一般认为，德国地质地理学家费迪南德·冯·李希霍芬（1833~1905）在1877年出版的多卷本《中国亲历旅行记》中最早提出"丝绸之路"这一命名，但具体在哪一卷中提出并论述、该卷的具体出版时间，目前所见学者的叙述多有含糊。根据吴凤鸣的研究，他认为是在1882年出版的《中国亲历旅行记》第二卷中提出，"把汉代张骞出使西域的古道称为'丝绸之路'"。李希霍芬"丝绸之路"思想和概念的提出对后世产生了极大的影响，学术意义深远持久。

---

[*] 王健，江苏省社会科学院历史研究所研究员。

丝绸之路是一个不断演变的学术概念

李希霍芬用此概念特指西汉张骞通使西域后而形成的以丝绸贸易为主的东西方交通线路，时段局限在两汉。丝绸之路概念自提出之后，国外就有过一些讨论。① 国内学者的讨论比较晚，甚至不采纳这一概念，仍然沿用"中西交通"等学术概念。②

李希霍芬首倡的，已经被后人加以严格限制了的"丝绸之路"概念，包括时间、空间、内容三个维度或义项。首先，时间是两汉时期，上限是西汉武帝元鼎三年（前114）张骞凿空西域，开通交通线路，下限是东汉顺帝永健二年（127），大约241年时间。其次，空间是沟通中国与河中、西亚或阿富汗、印度之间的交通线路。其三，内涵，丝绸之路上汉朝与中亚印度之间以丝绸贸易为主的贸易活动。实际上其他的商品也十分丰富，并非局限于丝绸。③

丝绸之路概念的发展。到了1910年，德国史学家赫尔曼从文献角度重新考虑丝绸之路的概念，并在他的《中国和叙利亚之间的丝绸古道》一书中提到，"我们应该把这个名称的涵义延伸到通往遥远的叙利亚的道路上"。"赫尔曼把丝绸之路的西端定在叙利亚，则是因为张骞通西域不久，中国丝绸就沿着丝绸之路运到了罗马帝国境内。因此，赫尔曼提出丝绸之路上的文化交流不限于中国与中亚和印度之间，而且还存在于中国与罗马。"④ 向西延伸至叙利亚，这是丝绸之路空间的进一步扩大，是人们认知进步的体现。后来的外国探险家如俄国的普尔热瓦尔斯基和科兹洛夫、瑞典的斯文·赫定、英国的斯坦因、德国的勒柯克、法国的伯希和、日本的大谷光瑞等，相

---

① 参见杨共乐《早期丝绸之路探微·序言》，北京师范大学，2011。
② 耿昇：《法国学者对丝绸之路的研究》，〔法〕F·-B. 于格 E. 于格：《海市蜃楼中的帝国：丝绸之路上的人神与神话》，耿昇译，中国藏学出版社，2013，第472页。该文介绍了争论的相关论点。
③ 沈福伟：《中西文化交流史》，上海人民出版社，1985，第二章。
④ 林梅村：《丝绸之路考古十五讲》，北京大学出版社，2006，第1~2页。

继在古丝绸之路上探险,发现文物古迹,不断证明、丰富、发展着李希霍芬、赫尔曼等的关于丝绸之路的概念。①

现在,从三大义项演变考察,学术界实际上将丝绸之路划分为狭义和广义两个概念。最狭义的丝绸之路,就是李希霍芬提出的两汉丝绸之路。广义的丝绸之路,从时代上看,应是上溯到上古先秦,下延至清代、近代(晚清民国),构成一个包括古代、近代和当代。这样才会产生出当代的"一带一路"的传承衔接。古代上可追溯到先秦,自西汉形成,经东汉发展,魏晋曲折,到唐朝兴盛,下及宋元,直到明代初期,此后衰落。从空间上看,丝绸之路又指陆路丝绸之路和海上丝绸之路。这是丝绸之路研究的主要对象,而不能仅仅局限在狭义的概念上。

应当重视近代丝绸之路的研究

丝绸之路(包括交通线路)的研究,主要是对广义丝绸之路的研究,主要集中在两个时期,一是古代,二是当代,大量的课题研究集中在这两个时期,成果也最为丰富,而对近代,主要是晚清民国时期的中西交通,特别是古丝绸之路在近代的变迁,关注较少,甚至很少有人采用"近代丝绸之路"这一概念。似乎不愿意将丝绸之路这样的概念用在这段以洋人为主、侵略中国的过往历史,早期用"帝国主义侵华史",后来改用"中外文化交流史"之名。全面系统研究近代丝绸之路交通线路的成果也不太多,将近代西方人在丝绸之路上的活动,都视为打着地理探险、考古发掘、旅行游历等旗号,进行地理调查、测量、寻宝、盗掘文物、刺探情报等殖民侵略活动,往往以批判为主,否定其正当性,或一带而过,也出版过一些有关探险家经历介绍的图书。近年来,这种认识有所改变,在批判其侵略殖民活动的同时,客观公正的研究成果相继出现,如对斯文赫定、

---

① 杨建新、马曼丽:《外国考察家在我国西北》,河南人民出版社,1983;杨共乐:《早期丝绸之路探微》,北京师范大学,2011。

克拉克等探险家的活动,对中瑞西北科学考察团的活动,对莫里循等西方记者在云南、西北的旅行报道活动等,都有深入的研究。边疆史地研究领域出版了大量个案成果,翻译了大量记载近代丝绸之路交通状况的外国人旅行记,也包括中国人的一些旅行考察报告、日记等。然而,尚未深入系统整理和研究,综合性的成果也很少,特别是大量鲜活的外国资料尚未翻译,翻译过来的著作也没有对其系统深入的研究,甚至难登大雅之堂,成为有待大力开垦的处女地。

近代丝绸之路研究值得重视。第一,"丝绸之路"的概念,源于近代,由近代德国地理学家李希霍芬首先提出。这样才有了后来得到世界公认的著名中西交通线路,之后又衍生出诸如西南丝绸之路(或南方丝绸之路)、草原丝绸之路及海上丝绸之路,没有近代的探险、认知和研究,就没有丝绸之路概念的提出和拓展,也没有今天的"一带一路"。这是学术研究的源流发展的客观过程。近代西方对丝绸之路所起的引导作用,命名、探险、考察、考古、整理、研究、复原、开发等,虽然这其中伴随着许多侵略、扩张、掠夺和偷盗行径,在研究古代丝绸之路的同时,实际上已经对当时的丝绸之路状况做了详细的记录,这是我们研究近代丝绸之路,特别是内地与边疆民族地区交往的第一手资料。近代中外学者在丝绸之路研究上大师辈出,成果卓著,奠定了今天的基础,也留下了学术空间。[①]

第二,从丝绸之路的历史看,近代无疑是以我为主局面的逆转,中国始终被动回应,处于被侵略欺负的时期,但并不能成为忽视近代的理由。近代仍然是丝绸之路发展的重要环节,不可或缺。因为,在古代,中原王朝也从来没有持续、不间断的控制西域,保持丝绸之路的畅通。时断时续是常态。在张骞凿空之前,西域似乎没有中原民族的踪迹。西汉控制西域,实际上是通过控制像楼兰这样的绿洲王国的点来控制整个交通线及周边的面。西域(南疆)原有三十六国,是世代生活在此的土著。西汉初,张骞出使西域

---

① 荣新江:《西域史研究的回顾与展望》,《历史研究》1998年第2期。按:该文仅对西域丝绸之路做了学术综述,而对西南、华北和东北陆上中外交通没有涉及。

时，西域已经为匈奴所控制，西汉通过军事、外交手段，控制了楼兰等国，后建立了西域都护府，控制了西域。西汉末东汉初，朝庭丢了西域。汉明帝派班超出使西域，又恢复了在西域的控制权，仍然是通过西域长使控制三十六国。魏晋时期，西域在匈奴、突厥等的控制之下。唐代又经营西域，建了安西都护府、北庭都护府，主要是在北疆，而南疆的古道已经衰落，楼兰灭亡了。后来吐蕃强大，控制了南疆。中原王朝在唐安史之乱后，基本上退出了西域。因为河西走廊被吐蕃占领，交通往来中断。北宋疆域西北远不及唐朝，西夏控制了西北，丝绸之路不通。直到蒙古帝国兴起，西征，控制了西域。明朝更是无力经营西域，疆域只到嘉峪关（最远到哈密）。清朝康熙平定准部蒙古叛乱，又与西域发生关系，在乾隆时期，将疆域扩展到整个新疆。近代俄国侵占了中亚，蚕食中国的土地，侵占了黑龙江以北、乌苏里江以东大片土地。新疆也受到威胁，中亚浩罕军官阿古柏在亡国之后，率军退到南疆，建立非法政权，进攻北疆。1874~1875年，清廷内部陷入了征讨阿古柏，收复新疆与放弃伊犁专务海防的两难选择，面对严重的边疆危机，以左宗棠为首的"塞防"派在与李鸿章为首的"海防"的争论中获胜。清朝命左宗棠为陕甘总督，率湘军镇压了西北回民起义后，排除内外干扰，进军新疆，采取"缓进急战"策略，平定阿古柏叛乱，重新夺回新疆。[①] 曾纪泽通过外交努力，艰难讨回伊犁及"特克斯河流域"部分失地，这样才重新稳定了西域局面，重新打通了丝绸之路东段（西段为沙俄控制，处于严格的管控状态）。清朝于1884年建立新疆行省，刘锦棠任首任巡抚。这些都是近代清朝利用英俄矛盾，抓住国际有利形势，乘胜追击，创造的军事及外交胜利，时人称是一个不可复制的"奇迹"。

第三，历史是连续的，交通线路更是如此，也是长期选择优化的结果，一旦形成，线路的大致方向很难改变，无论是内地或边疆，交通线路都延续至今，详细比较明清商人辑录的百余条商道可知，近代的公路、铁路，今天

[①] 董蔡时：《左宗棠评传》，中国社会科学出版社，1984；杨东梁：《左宗棠评传》，湖南人民出版社，1985。

的高速公路、高铁的选线,都与古代的交通线路有着密切关联。[①] 近代是承先启后阶段,不能人为割断、忽略。如同我们不能因为古代丝绸之路中断或失控而否定古代丝绸之路一样。近代全面开拓丝绸之路交通线路,陆路、海上、西南、草原各条线路都有很大的发展,远远超过了古代丝绸之路的空间范围,很大程度上奠定了今天"一带一路"体系的基础。例如,外国列强计划直接在中国修建铁路,后来又干涉中国近代铁路建设,沙皇俄国在东北修建了从满洲里到旅顺的中东铁路(中国东方铁路),法国修建了昆明至河内的滇越铁路,德国修建了青岛至济南的胶济铁路。中东铁路与西伯利亚铁路连接,连接彼得堡、莫斯科与海参崴,成为中欧交通的一条重要通道。俄国还将中亚铁路修到中俄边界,英国将缅甸铁路修到了腊戌,还准备勘探修建滇西铁路。这些都涉及西南、东北以及中原与西北边疆的交通联系,也包括中国与俄罗斯、今哈萨克斯坦、吉尔吉斯斯坦、塔吉克斯坦、乌兹别克斯坦、印度、巴基斯坦、阿富汗、缅甸、越南的交通联系。民国时期,丝绸之路因一些特殊情况,有了很大的发展,特别是抗日战争中,中国的国防后方向西南、西北转移,开通国家大通道、国际交通线路,建设大后方,交通建设有了很大的发展,内地与边疆民族地区的交通有了很大的发展,如呼和浩特至新疆的草原、沙漠公路的勘探与建设,[②] 西南的川滇、川康公路、昆明-畹町入缅甸的滇缅公路、后来的印度雷多至云南腾冲的中印公路(又称史迪威公路)、从昆明飞越喜马拉雅山脉前往印度的驼峰航线等,西北的西安-宝鸡-天水的公路、兰新公路等,新疆至成都的公路、南疆公路也在建设等,西南与西北间,在古蜀道基础上改建西安越秦岭至汉中、汉中越剑门关至广元的公路等。近代丝绸之路交通线路的广度、深度和现代化程度,都远远超过了古代,商贸亦然。这些在客观上也促进了中国内地与边疆的交

[①] (明)黄汴撰:《天下水陆路程》,杨正泰校注,山西人民出版社,1992。按:本书包括《天下水陆路程》、(清)李晋德撰《客商一览醒迷》、(清)憺漪子撰《天下路程图引》3部。黄汴为徽商,憺子漪为闽商。

[②] 〔瑞典〕斯文·赫定:《丝绸之路》,江红、李佩娟译,新疆人民出版社,1996;〔瑞典〕斯文·赫定、沃尔克贝格曼:《横渡戈壁沙漠》,李述礼、张鸣译,新疆人民出版社,2013。

通联系，加速了边疆民族地区的发展，一定程度上改变了区域发展严重的不平衡现象。

最后，从线形文化遗产或文物的特点看，丝绸之路作为文化廊道、通道这样一类跨区域、长距离的文化遗产，从其发展过程看和线路形态来看，本来就是模糊的、多变的、难以确认的，它并非像长城等线形遗产那样已经丧失了原来的防御功能，只是作为一种静态的文化遗产或文物而存在，而是以一种活着的，时刻在变化着的遗产或文物而存在。这与像大运河这样的线形文化遗产类似，还是活的遗产，有些道路，在近代甚至当今还在发挥作用。例如，抗战中修建的后方公路，许多都是在明清以来形成的交通道路上仓促建设起来的，如兰新线、包兰线、滇缅线、川滇线、川新线等，著名的蜀道就改建成了入川公路。这些公路反复扩建维修，面目全非，已经很难找到原来的模样。古代丝绸之路，已经很难找到，或者说清楚完整的、真正属于古代某个的遗产。海路，更是茫茫无踪迹可寻，所以，对待这种活的遗产，我们不能简单地按一般古迹那样考古探源，而应当将其作为一个完整的历史积累来看待，考察丝绸之路的盛衰以及新的发展。大运河申报世界文化遗产时，已经将大运河遗产的时代下限定在2004年，即国家文物局列入世界文化遗产预备名单的时间，这就是说，承认了1949年后，新运河的地位和价值，由此类推，我们对待丝绸之路，也不能只研究某一段古的，只承认某个限定时期以前的才是丝绸之路，而放弃限定的时代之后的丝绸之路。

总之，丝绸之路从来都是一个发展变化的概念，从古至今，既有汉唐以我为主的古代丝绸之路的辉煌，有明初郑和七下西洋的空前绝后盛举，也有近代闭关自守造成的落后，西方列强用炮舰打开中国大门，使中国遭受侵略，强加许多不平等条约，领土被割让、利益被瓜分，中国人备受欺凌压迫。但这些并不能成为我们否定或忽略近代丝绸之路研究的部分理由，其中的学术理论问题，亟待我们严肃对待，认真思考，对其展开踏踏实实的研究。

B.38 近年来国内关于"丝绸之路"研究的回顾与展望

王 妍[*]

摘 要: "丝绸之路"是古代中国与外部世界联络的重要交通网络。近年来随着"一带一路""共建丝绸之路经济带"的国家战略的提出,关于"丝绸之路"的研究逐步成为国内学界热点。"丝绸之路"从广义上分为陆上丝绸之路与海上丝绸之路,相比较而言,关于陆上丝绸之路的研究,起步更早、研究范围广、成果更为丰富,而关于海上丝绸之路的研究,受重视的程度也在提升。总而言之,近年来关于"丝绸之路"的研究在原始材料、研究方法、分析视角方面均有突破性发展。以史为鉴,对于"丝绸之路"的史学研究,十分有利于国家相关大政方针的落实。

关键词: 陆上丝绸之路 海上丝绸之路 一带一路

近些年随着"一带一路""共建丝绸之路经济带"国家战略的提出,关于"丝绸之路"的研究逐步成为国内学界热点,学者杨国桢、王鹏举认为这是"中华民族复兴和现代化进程倒逼出来的历史课题"[①]。

---

[*] 王妍,江苏省社会科学院历史研究所助理研究员。
① 杨国桢、王鹏举:《中国传统海洋文明与海上丝绸之路的内涵》,载于《厦门大学学报》(哲学社会科学版) 2015 年第 4 期。

"丝绸之路"是古代中国与外部世界联络的重要交通网络。"丝绸之路"在广义上既包括陆上丝绸之路，又包括海上丝绸之路。陆上丝绸之路，其主要路线从长安或洛阳出发，经过河西走廊、塔里木盆地，越过帕米尔高原，进入中亚、阿拉伯和地中海。海上丝绸之路包括两大方向的航线，其一，从中国南部沿海港口出发，前往东北亚的韩国、日本；其二，通过南海，出印度洋，到达东南亚各国。

"丝绸之路"一词最早由19世纪德国地质学家李希霍芬提出。"丝绸之路"一词的出现与西方殖民的大背景密不可分。19世纪随着殖民主义的兴起，欧洲殖民国家除了加强对殖民地的军事、经济侵入外，也开始注重对殖民地的文化研究，在西方学界兴起"东方学"，越来越多的西方学者来到亚洲进行考察，其中包括19世纪下半叶来华的李希霍芬。1868~1872年间李希霍芬七次来华考察，并根据亲身经历写作《中国》，其中提出了"丝绸之路"一词。目前国内外学界普遍认同"丝绸之路"一词的提出者为李希霍芬，但是关于"丝绸之路"一词具体地提出时间，依然存在争议。由于李希霍芬所著的《中国》有5卷本，出版时间从1877年跨至1912年，部分卷本由其后人整理出版，"丝绸之路"一词最早出现在哪个卷本中，国内学术界意见各异。李希霍芬的《中国》最初版本以德语写成，且卷本庞大，很长时间没有完整的中译本，国内学者或从词源学或从内容考证方面，提出其认为的最早出版时间，概括起来有1877年说、1882年说和早于1877年说。目前1877年说是最受认可的观点。此外，《李希霍芬男爵书信集》也是重要史料，郭双林、董习详细分析了其版本、内容等，并认为其较为全面地展示了19世纪70年代中国社会、经济状况[①]。李希霍芬对于中国近代地质学的建立功不可没，他在书信集中详细介绍了中国各地的水陆交通情况，虽然他的七次考察并未涉足新疆等西部边疆地区，但是他充分吸收了前人著述，因此他对"丝绸之路"的研究，还是受到学人的普遍认可。

---

① 郭双林、董习：《李希霍芬与〈李希霍芬男爵书信集〉》，载于《史学月刊》2009年第11期。

一 陆上丝绸之路

相较于海上丝绸之路的研究，国内学界对陆上丝绸之路关注更早，涉及范围更广，研究成果更为丰富。近年来关于丝绸之路的研究，在文献资料、研究方法、研究视角等方面均有突破。

刘迎胜的《丝绸之路》[1]是近年来国内丝路研究中的扛鼎之作，他曾三次代表中国参加联合国教科文组织发起的"海上丝绸之路""草原丝绸之路""游牧/阿勒泰丝绸之路"考察。全书分为上下两篇，草原丝绸之路与海上丝绸之路，分别考察丝路沿线各民族间的物质及文化交流，他认为"丝绸之路起源于各人类文明中心之间的互相吸引"。他在绪论中指出定居民族与游牧民族之间存在着相互依存与对立的关系，和平时的商贸交易、战争时的物质掠夺，定居民族的发展，不可避免受到游牧民族的影响。在上下两篇中，作者以时间为轴，讲述丝路的起源，包括技术及物质条件等方面的准备，继而分析各个时期丝路的发展，既包括各种技术的成熟，也包括丝路沿线各民族的交流与互动。在此过程中，民族大迁徙、宗教传播等影响广泛的大事件相继发生。

黄珊回顾了国内丝绸之路考古学的创建及发展，特别是北大学者在此方面的重要贡献[2]。1926年瑞典探险家斯文·赫定与清华师生组成的中瑞西北科学考察团，标志着丝绸之路考古的开端。在初创阶段，国内学者黄文弼、向达、宿白等均做出了大量奠基工作，不仅发现丝路沿线的古城遗址，同时运用中亚"死语言"解读丝路沿线碑文石刻，此外，丝绸之路考古学也得到了很好的传承，林梅村教授精通梵语、犍陀罗语等，并将其运用到丝路考古中，所取得的成就享誉世界。

---

[1] 刘迎胜：《丝绸之路》，江苏人民出版社，2014。
[2] 黄珊：《八千里路云和月——北京大学丝绸之路考古研究》，载《北京大学学报》（哲学社会科学版）2016年第1期。

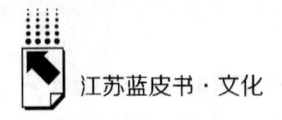

杨建华、邵会秋、潘玲编著的《欧亚草原东部的金属之路》[①] 通过考古学的方法考察不同地区的文化交往。文化传播分为传播者与接受者，传播方式包括人口迁徙和文化的次第传播，文化在次第传播中发生变异，同时文化交往使双方发生变化。作者在文中考察了丝绸之路的开通及路线的南移，对早期丝绸之路进行了研究。

《丝绸之路史前史》[②] 关注游牧经济的形成与发展，及其与丝绸之路起源的关系。该书试图从地理、地貌、气候等生态方面进行分析，研究马的驯服、马车的起源、骆驼的使用、轻型战车的出现，游牧经济各个阶段的特征等，地区涉及广泛，包括黑海-里海草原、欧亚草原、中亚地区。

荣新江的《丝绸之路与东西文化交流》[③] 是关于丝绸之路研究的论文集。他认为"丝绸之路是一条活的道路"，丝绸之路随着不同时代的政治、宗教、军事等变迁而有所变化。西域地区，即新疆塔里木盆地和吐鲁潘盆地的绿洲地区，是丝绸之路的重要干线。中转贸易是绿洲王国一项重要收入，因此绿洲王国十分积极地参与到丝绸之路的运转，并为丝路的商业贸易与文化交流提供方便，力图将丝路控制在自己的手中。除了西域的绿洲王国外，丝路上的其他国家如匈奴、柔然、突厥、回鹘等，也纷纷争夺丝路的控制权。此外，该论文集的文章涉及丝路带来的文化交流、汉文化西渐等，特别是关于宗教文化的传播，是丝路最为重要的影响之一。他在"出土文献所见丝绸之路概说"一文认为，丝绸之路研究的资料主要分为东西方的传世文献、丝路沿线发现的文书、各地出土的文物。他在文中主要分析了出土文书在丝路研究中的重要补充作用，有关丝绸之路的具体实况也因此更加鲜活。

许序雅的《唐代丝绸之路与中亚史地丛考》[④]，以《大唐西域记》《新

[①] 杨建华、邵会秋、潘玲：《欧亚草原东部的金属之路》，上海古籍出版社，2016。
[②] 〔俄〕叶莲娜·伊菲莫夫纳·库兹米娜：《丝绸之路史前史》，李春长译，科学出版社，2015。
[③] 荣新江：《丝绸之路与东西文化交流》，北京大学出版社，2015。
[④] 许序雅：《唐代丝绸之路与中亚史地丛考》，商务印书馆，2015。

唐书·地理志》《新唐书·西域传》《册府元龟》为主要文献,并与阿拉伯-伊斯兰舆地文献、中亚考古资料相对照,研究7~8世纪中亚诸胡的发展及其与唐朝的政治关系,探析唐人在中亚政治演变中的作用,特别指出唐人支持中亚诸胡对抗大食是其重要的对外策略。该文在中西文献的对比中,指出唐代文献中关于中亚记载的诸多失误,同时表明唐人对于中亚的理解存在偏差。

丝绸之路沿线有众多国家与民族,属于多边的国际网络,因此沿途地区对丝绸之路的影响,也值得深究。与以前学者关注于国内各民族对丝绸之路的影响不同,王子今关注草原民族对于丝绸之路交通的贡献。草原地区是陆上丝绸之路的必经地,草原民族不仅是以丝绸为代表的大宗物品的消费者,也是其传输者,他们对丝绸贸易的积极态度,十分有利于丝绸之路的通畅,极大地推动了丝路的繁荣。① 葛根高娃、李晓在文中分析了北方游牧民族参与草原丝绸的深层次原因,并借用"表象"与"本相""本体论"等理论方法,认为无论是商品贸易还是军事掠夺,均由游牧社会的结构性需求导致,北方游牧民族参与丝路贸易,获得了其无法自给自足的必需品,同时也可与中原王朝建立联络,加强其在游牧民族中的政治地位。北方民族通过丝路与中原王朝建立起经济、社会、政治等多层次联系。②

关于丝路研究的外文作品也很快出现中译本。斯文·赫定的《丝绸之路》③ 是其在20世纪30年代考察中国西北部丝绸故地的笔记。斯文·赫定是著名的瑞典探险家,在19世纪世界大发现的潮流下,多次来华考察,他是楼兰古城的发现者。他在书中生动鲜明地讲述历次考察的经历、见闻,"丝绸之路"这一名称也因这本书得到广泛流传。这本书在近年又再版,充分说明丝绸之路研究的重要性。

---

① 王子今:《草原民族对丝绸之路交通的贡献》,载于《山西大学学报》(哲学社会科学版)2016年第1期。
② 葛根高娃、李晓:《历史时期草原丝绸之路相关问题研究》,载于《中央民族大学学报》(哲学社会科学版)2016年第2期。
③ 〔瑞典〕斯文·赫定:《丝绸之路》,江红、李佩娟译,新疆人民出版社,2010。

英国学者彼得·弗兰科潘（Peter Frankopan）的《丝绸之路———部全新的世界史》[①]，尝试以丝绸之路为主线，重新书写世界史。弗兰科潘力图摆脱传统的西方中心论的历史观，将关注点更多放在中亚、中东、东亚等世界文明的发源地，考察商品流通、宗教传播、军事征服等，注重各地区的交流与互动，并展现世界权力中心的转换。弗兰科潘的作品一直延续到当代，体现出作者历史关照现实的理念，同时也反映出新丝绸之路的发展备受国外学者的关心，已上升为受到国际瞩目的发展战略。弗兰科潘的这部作品，存在一定的局限，由于所涉时间跨度大，所涉内容庞杂，书中对于某些问题仅限于表层的描述，并未深入，对于世界历史演进中的重大事件的看法，也未能逃脱传统的窠臼。

美国汉学家韩森的《丝绸之路新史》[②]，通过对丝路沿线的考古文物、传世文献等的研究与考察，将关注重点放在丝路沿线的各个点，如楼兰、龟兹、高昌、于阗等。他认为虽然丝路贸易确实存在，而且促进了沿路地区的经济、文化、宗教等交流，但是对于丝路贸易的繁荣盛况存有质疑，认为丝路沿线的贸易量十分有限，特别是涉及大宗物品的贸易量更少。同时他通过分析在中国发现了罗马及拜占庭金币，而罗马并没有出现中国的铜币，其认为古代中国与罗马并未有直接的贸易联系。针对韩森的观点，有学者认为他忽略了在古代中国丝绸还具有支付职能，可替代中国货币在丝绸之路上进行交换，因此韩森根据发现的货币量所提出的观点，需要进一步探究[③]。

《丝绸之路——神祇、军士与商贾》[④] 关注丝绸之路上最主要的三大群体：传教人、军人、商人。该书通过对他们的描述，来展现丝路上熙熙攘攘的场景。

---

① 〔英〕彼得·弗兰科潘：《丝绸之路———部全新的世界史》，邵旭东、孙芳译，浙江大学出版社，2016。
② 〔美〕芮乐伟·韩森：《丝绸之路新史》，张湛译，北京联合出版公司，2015。
③ 张经纬：《丝绸之路，有何新论?》，载于《南方都市报》2015年11月29日。
④ 〔法〕布尔努娃：《丝绸之路——神祇、军士与商贾》，耿升译，云南人民出版社，2015。

二 海上丝绸之路

近年来国内关于海上丝绸之路的研究，在研究范围与研究视角方面都有新发展。

张晓东以分析明清时期上海地区对海上丝绸之路贸易活动参与的阶段性特征为切入点，进而探讨此时期丝路贸易的衰退及殖民贸易的兴起，文中体现出鲜明的全球化视野，认为丝路贸易与殖民贸易存在交替关系。[1]

徐晓望在《论中国海上丝绸之路在中国东南的起源》[2] 一文中，追溯历史，上至石器时代，下至唐宋，分析各个时期东南地区在航线开辟、技术创新、海洋文化发展、经济力量提升、运输网络形成等方面的优势。

马建春分析了海上丝绸之路的历史贡献，主要集中于海上丝绸之路沿线国家的交流互动、商品运输、文化传播、技术创新方面的成就，旨在说明海上丝绸之路促成了亚非欧国家在物质文明、精神文明的双向互动。

全球合作基金会主席、欧洲委员会前主席、意大利前总理罗马诺·普罗迪在"共建新丝绸之路"的讲座中倡导加大中欧合作，以打破世界银行、国际货币基金组织等现有国际金融机构的既有原则，建立国际财政货币新秩序[3]。

在许多学者的著述中，关于海上丝绸之路的研究，往往会涉及郑和下西洋这一重大历史事件。1405~1433年郑和率船队七次出使西亚、非洲等国家，影响广泛。

此前学术界关于郑和下西洋的目的、性质等争议颇多，现在学界多倾向于认为郑和下西洋是官方出使，为了建立以明王朝为宗主的朝贡体系，统治异域，同时其行为带有经营贸易的特点。杨永康、张佳玮在其论文中将明朝

---

[1] 张晓东：《明清时期的上海地区与海上丝绸之路贸易活动》，载于《史林》2016年第2期。
[2] 徐晓望：《论中国海上丝绸之路在中国东南的起源》，载于《历史教学》2016年第6期。
[3] 罗马诺·普罗迪：《共建新丝绸之路》，载于《北京大学学报》（哲学社会科学版）2016年第1期。

初期的两大对外举措"郡县安南""郑和下西洋"相联系，认为这均是明朝统治者意图建立西洋朝贡体系的措施，并且这两种措施互相影响，作者在文中分析了这两种对外活动的发展历程及相互关联，并肯定了"郡县安南"对于"郑和下西洋"的积极而重要的影响①。张杰在文中分析了郑和下西洋未能持久的原因，特别是闭关锁国外交政策的深层原因，作者主要从社会经济层面入手，以数据分析为依据，认为海外贸易极低的财政贡献度决定了政府低落的海外贸易激励②。此外，关于郑和下西洋的航线及其历史反思也受到国内学者的关注。南炳文先生认为郑和下西洋的成功，从长时段来看，是中国人和欧洲人共同努力的结果，代表了全人类在征服自然中的相互交流和协作。他认为郑和下西洋是15~16世纪世界性大航海活动的组成部分。同时他对于大航海活动表现出的两种外交模式，中国人为了建立朝贡体系，欧洲人意图建立海外殖民地，从道德标准和实际效果进行评价，通过反思这两种外交关系的不对等、不可能持续发展等，提出以史为鉴，在现代国际关系交往中应互利互惠等③。

金国平、吴志良关注15世纪葡萄牙人对于郑和下西洋的研究，梳理了葡萄牙官方编年史家巴罗斯于1563年出版的《亚洲旬年史之三》内关于郑和下西洋的记述，并对其研究的整体状况进行评析。作者在文中结合其他国内史料，对于葡萄牙书中的记载进行解读及考证，进而较为全面地展现出葡萄牙史书中的郑和下西洋的历史图景。同时作者也呼吁国际学术界加强对郑和的研究，增进国内外学者的交流与互动，特别是要加大译著量，中译西、西译中的文章都要加强，而这也需要学者加强其外文功底。④

---

① 杨永康、张佳玮：《论永乐"郡县安南"对"郑和下西洋"之影响》，载于《文史哲》2014年第5期。
② 张杰：《"郑和谜题"：国家的贸易激励、选择权与制度冲突》，载于《社会科学战线》2008年第2期。
③ 南炳文：《关于15-16世纪世界性大航海的几点浅见——纪念郑和远航开始600周年》，载于2004年第6期。
④ 金国平、吴志良："500年前葡萄牙史书对郑和下西洋的记载"，载于《史学理论研究》2005年第3期。

《马可·波罗扬州丝绸之路》① 主要是 2015 年 9 月召开的"马可·波罗与丝绸之路国际学术研讨会"的论文集,其中收入 20 篇论文,论文多涉及马可·波罗与海上丝绸之路的联系,包括航海技术的传播等。

综上所述,近年来国内对于丝绸之路的研究,主要是受到国家对外战略的推动。国内学术界对于陆上丝绸之路与海上丝绸之路的研究,均有不断的突破,出现了众多优秀的研究成果,论文、著作、译著等在数量与质量方面均有提升,但在研究视野及史料的发掘方面,还有许多值得学人继续努力之处。对于历史经验的反思和借鉴,十分有助于现实政策的制定与实施,这也是丝路研究重要的推动力。

---

① 徐忠文、荣新江:《马可·波罗扬州丝绸之路》,北京大学出版社,2016。

B.39
江苏境内两汉王国历史资源的利用现状与展望

姚 乐[*]

摘 要： 两汉时期江苏境内设置过多个诸侯王国，它们留给江苏独特且丰厚的历史资源，既有以文献为载体的历史记忆，也有以陵墓、都城为代表的物质遗存。政府和民间对这些资源的开发利用，可以并已然带来可观的社会、经济效益。但现有的利用状况和模式也存在种种不足与弊端，如本土视角的历史普及和文艺加工之欠缺，遗址景区旅游开发理念的落后，等等。相关问题的解决，需要依靠思路的转换与投入的加大。在此过程中，发达国家的部分经验值得我们学习借鉴。

关键词： 两汉 王国 历史记忆 物质遗存

两汉是江苏历史文化演进的一个高峰期。论者常把江苏文化的内核概括为"吴风汉韵"，它反映了人们将汉代与江苏"绑定"在一起的意识：汉朝肇端于苏土，苏土扬名于汉世，这是不争的事实。

历史固非帝王将相的历史，但传统历史叙事却普遍以帝王将相为中心。汉代江苏的帝王将相群体，主要构成有三，一是汉初刘邦集团，二是汉末孙氏集团，其三便以两汉四百年间立国于此的诸侯王们为代表。吸取秦代教

---

[*] 姚乐，江苏省社会科学院历史研究所助理研究员。

训,汉朝在地方实施郡县、封建并行的统治政策,朝廷于自身统治力所不逮的地带树立诸侯王作为代理。就地自治的王国可减轻百姓徭役负担,从而稳定民心。另一方面,皇帝将同姓诸王视为维护刘氏江山的外援,借助他们压制异姓,但诸侯王作为帝位的潜在竞争者,也时时威胁着皇帝的统治。

江苏两汉的诸侯王国曾扮演地方开发者与权力角逐者的双重角色。它们带给当时苏土的不仅是物质上的繁荣,也把远离长安、洛阳的苏土多次拉到政治聚光灯下。它们留给今日江苏的,既有人间流传的历史记忆,也有地下埋藏的物质遗产。这些有形无形的资源,部分已转化为可观的社会经济效益,更多的还待进一步合理开发。在梳理相关资源的利用现状前,有必要对江苏境内的汉代诸侯王国及其遗产先作介绍。

一 江苏地域所置两汉王国及相关历史资源概览

汉高帝五年(前202),刘邦立韩信为楚王,都下邳(今江苏睢宁县古邳镇东),幅员涉苏、浙、鲁、豫、皖诸省,江苏全境几乎皆在其治下。次年韩信被废,部分领地收为汉郡,剩余国土一剖为二:淮西为楚国,淮东为荆国。此后江苏境内的诸侯王国,皆可分别归入荆、楚两大系统[①]。

(一)荆国系统

1. 荆国

汉高帝六年(前201)封刘贾,领东阳、故鄣、会稽3郡,都吴县(今苏州市区),地跨苏、皖、浙三省。十一年(前196)秋,刘贾被英布攻杀,国灭。

[①] 本部分内容主要参考周振鹤著《西汉政区地理》,人民出版社,1987;李晓杰著《东汉政区地理》,山东教育出版社,1999;胡阿祥、姚乐主编《江苏建置志》,江苏人民出版社,2013;周振鹤、李晓杰、张莉著《中国行政区划通史·秦汉卷》,复旦大学出版社,2016。

379

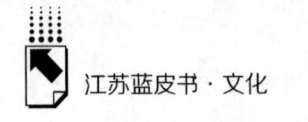

2. 吴国

高帝十二年（前195）平英布，立刘濞为吴王，领荆国故地，都广陵（今扬州市区）。景帝前三年（前154），刘濞联合同被削藩的楚、赵诸王发动叛乱，史称"七国之乱"。同年乱平，刘濞死，国除。

3. 江都国

平七国之乱同年，景帝封刘非为江都王，领东阳、故鄣2郡。刘非薨，子刘建即位。元狩二年（前121）刘建被告谋反，自杀，国除。

4. 广陵国

江都国除，东阳郡归汉，更名广陵郡。元狩六年（前117）刘胥立为广陵王，幅员初仅4、5县之谱，约当今扬州、高邮、宝应、金湖等市县。后广陵国两经废复，王莽时再度废为郡。东汉永平元年（58）刘荆封为广陵王，国境扩展至今仪征、盱眙、泰州、盐城等地，十年（67）刘荆自杀，国除。

（二）楚国系统

1. 楚国、彭城国

高帝六年，刘邦封刘交为楚王，领彭城、薛、东海3郡，都彭城县（今徐州市区），地跨今苏北、皖北、鲁西南。后楚王刘戊响应刘濞叛乱，兵败自杀。汉廷另立刘交之子刘礼为王，封地缩小，括今徐州市中部与安徽淮北市东部。

地节元年（前68）楚王刘延寿自杀，国除为彭城郡。黄龙元年（前49）复郡为楚国，封刘嚣为王，至王莽时除国。东汉建武十五年（39）封刘英为楚公，十七年升楚王。永平十三年（70），刘英反，国除为楚郡。章和二年（88）改楚郡为彭城国，封刘恭为王，延康元年（220）国除。

2. 泗水国

景帝前三年削楚国东海郡属汉，武帝元鼎四年（前113）分东海南部置泗水国，封刘商为王，都凌县（治今江苏泗阳县众兴镇凌城社区），领地仅包括今泗阳县境及周边部分乡镇。王莽时国除为郡。东汉建武二年（26）封刘歙为泗水王，十年（34）歙薨，十三年（37）泗水国废。

3. 下邳国

东汉永平十五年（72）分东海国下邳等4县建下邳国，封刘衍为王。建初四年（79）扩至17县，今睢宁、新沂、宿迁、淮安、盱眙、涟水、东海等市县区在其封内。建安十一年（206），因王位久绝，下邳国告废。

上述诸国流传至今的历史资源，主要有二，一是以传世文献为载体的历史记忆，二是沉埋地下及残留地表的物质遗存。尽管汉代王国应设有史官，但相关史籍多未留存。诸国史迹主要依托正史方为人知，《史记》《汉书》《后汉书》三种各有专述王国史事的篇章或段落。

1.《史记·汉兴以来诸侯王表》《汉书·诸侯王表》以表格形式展现各国受封传位历程；

2.《汉书·百官公卿表》《续汉书·礼仪志》[①]《续汉书·舆服志》涉及王国职官、礼仪制度；

3.《汉书·地理志》《续汉书·郡国志》载有西汉末和东汉后期王国的属县、户口信息；

4.《史记》的《淮阴侯列传》《楚元王世家》《荆燕世家》《吴王濞传》《五宗世家》《三王世家》，《汉书》的《韩信传》《荆王贾传》《吴王濞传》《楚元王交传》《景十三王传》《武五子传》，《后汉书》的《光武十王传》《孝明八王传》，载有诸王生平。

以上四项字数总数已过万，其他篇目中间接关于诸国的记载体量与之相当。除前三史外，《汉官仪》《通典》等汉唐传世文献中，也有专录汉代诸侯典章制度的内容。总数万言的一手或准一手资料，囊括苏境诸王国的方方面面，足以使人构筑起对诸国历史的整体印象。

与文献相比，考古所发现的物质遗存，更能使人对诸国面貌产生直观认识。新中国成立以来，江苏在两汉王国考古领域取得丰硕成果，其中两种成

---

① 今版《后汉书》所收诸志是辑自西晋司马彪《续汉书》。

果最为重要,一是诸侯王墓,二是诸侯王城。截至目前,已发掘确认或基本认定的诸侯王墓有如下 10 多处①。

1. 楚元王刘交墓:位于徐州市铜山区大彭镇楚王山北麓。

2. 徐州狮子山楚王墓:位于徐州市东郊狮子山南坡,墓主被认定为刘戊。

3. 徐州驮篮山楚王墓:位于徐州市东北郊驮篮山南麓,随葬品特征表明墓主为西汉前期某代楚王夫妇。

4. 徐州北洞山楚王墓:位于徐州市铜山区茅村镇洞山村,系汉代最具代表性的崖洞石室墓,墓主可能是楚文王刘礼。

5. 徐州卧牛山西段楚王墓:位于徐州市西郊卧牛山西段,文物与墓葬规制显示应系西汉前期楚王墓,墓主或为楚安王刘道。

6. 徐州龟山楚襄王墓:位于徐州市鼓楼区龟山西麓,亦属崖洞墓,墓中出土的"刘注"龟钮银印证明墓主人即楚襄王刘注。

7. 徐州南洞山楚王墓:位于徐州市云龙区段山村南洞山南麓,金代后期已被盗掘一空。

8. 徐州东洞山楚王墓:位于徐州市金山桥开发区东洞山西麓,墓主可能是刘延寿。

9. 徐州卧牛山楚王墓:位于徐州市卧牛山东北麓,出土的无字玉印和"大泉五十"钱表明墓主系被废为平民的西汉末代楚王刘纡。

10. 徐州土山彭城王墓:位于徐州市云龙山北麓。研究者据墓葬黄肠石上的铭文等线索,推测墓主是彭城靖王刘恭或考王刘道。

11. 泗阳大青墩泗水王墓:位于泗阳县三庄乡境内。墓中椁木上的"泗水王冢"字样显示墓主为泗水国王。后续清理中,发现一方阴刻"刘绥"二字的龟钮银印。据推测,刘绥即墓主之名,与泗水勤王刘煖为同一人。该墓南北分布着以另 4 座大墓为中心的墓葬群,这些大墓的主人应是其他几代

---

① 本部分内容主要参考邹厚本主编《江苏考古五十年》,南京出版社,2000;国家文物局主编《中国文物地图集·江苏分册》,中国地图出版社,2008。

泗水王。

12. 睢宁刘楼下邳王墓：位于睢宁县姚集镇花山脚下原刘楼小学附近，曾发掘附近墓葬的考古人员将其推断为某代下邳王的陵墓。

13. 盱眙大云山江都王墓：位于盱眙县马坝镇云山村大云山顶。出土器物铭文显示墓主是江都易王刘非夫妇。

14. 高邮神居山广陵王墓：位于高邮市天山镇神居山，为大型竖穴岩坑墓，器物及文字显示墓主为广陵王刘胥夫妇。

15. 扬州甘泉山广陵王墓：位于扬州市邗江区甘泉镇甘泉山北侧土山下，出土器物显示墓主是东汉广陵王刘荆。

以上仅列举诸侯王陵墓，王室其他成员及王国官属的陪葬墓也发掘了很多，并出土不少珍贵文物。仪征市张集街道庙山顶部的覆斗形封土堆也被推定为诸侯王陵的标志，只是墓主还待考证。

诸侯王都城遗址是诸侯王国的另一项特别遗产。前节所述都城中，下邳、彭城、吴、广陵4城在两汉以后仍长期担当政区治所，主体不断被新城打破、覆盖和吸收，加上自然破坏，各城初始范围与面目颇难辨析，现仅汉广陵城的考古稍为成熟。凌城于西晋荒废于战乱，此后未再设为县以上治所，其陈迹较易调查。今简述广陵、凌城遗址概况如下。

1. 汉广陵城遗址：位于扬州市区西北蜀岗。考古显示，汉广陵城是刘濞在春秋吴国邗城的基础上扩建而来①。出土建筑材料所揭示的空间范围，与正史"城周十四里半"②的记载相合，证明广陵城确是有着宏大规模的王都。

2. 汉凌城遗址：位于泗阳县城西北8公里的凌城社区，三庄汉墓群南。估测城址范围约15万平方米。泗水国始封领地仅3、4县，经济体量有限，不仅王陵俭约，都城也颇狭促。与凌城、广陵对比，展现了西汉一朝王国力量不断削弱的图景。

---

① 尤振尧：《扬州古城1978年调查发掘简报》，《文物》1979年第9期。
② 《后汉书》卷111《郡国三》。

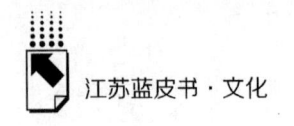

二 诸王国历史资源的利用现状

两汉诸侯王国留给江苏的历史资源略如上述，这些资源产生社会效益和经济效益的模式有：无形的历史记忆，可利用于历史普及和文艺创作；有形的物质遗存，可利用于展示纪念和旅游开发。现分述其利用状况如下。

（一）历史记忆资源的利用

1. 历史普及

历史普及是满足我国人民精神消费需求的重要手段之一，其社会效益不言而喻：一则充实大众心灵，提升社会的知识水平；二则在更广泛的受众面上发挥史学的资鉴教育意义，引导人们的价值观。其普及的手段主要有书籍、讲座、纪录片等形式。

江苏诸侯王国的历史细节，目前被普及最多的是韩信废立与七国之乱两段，它们分别附属于汉高帝与景帝朝的政治史而被推广。相关读物不胜枚举，吕思勉等史学家所纂诸部《中国通史》学术性较强，林汉达《前后汉故事新编》则有着通俗且精彩的文笔。在近年出版物中，网络作家"月望东山"的"那时汉朝"丛书拥有较大读者群。历史讲座方面，2011年王立群在百家讲坛主讲的"读史记"系列影响最广，其中"大风歌"与"文景之治"两栏目涉及了上述历史。

相比之下，其他时段的诸侯国历史因与天下大局关系较小，一般只有江苏本土作者方才给予较多记述：除各级政府主导编纂的方志和文史资料外，王健《江苏通史·秦汉卷》、朱福烓《扬州史述》、李银德《徐州史话》等地方史读物也对全省或一地的王国历史进行了梳理。

另外，结合热门考古遗址，探秘诸侯王陵的纪录片对部分诸侯国历史也有涉及，例如2015年央视科教频道"探索发现"栏目播出的《龙塘下的王陵》即关涉盱眙大云山汉墓背后的江都王事迹。不过，类似纪录片并未提供诸侯国历史的全景，专门以某一王国的存废为题的纪录片尚未面世。

2. 文艺创作

历史记忆也可进行演义式的文艺加工，在实现宣教价值的同时丰富人们的娱乐生活。两汉王国的人物、史事可供取材者甚多。就人物论，诸王中有卷起政治风暴的吴王刘濞，也有被动卷入时代洪流、在黄巾起义中弃国出走的下邳王刘意，有保境安民、修身养德之主，也有骄奢淫逸、昏庸荒暴之君。除诸侯王外，江都王刘建之女刘细君、楚王刘戊孙女刘解忧等女性王室成员，先后以汉公主身份远嫁乌孙，实现汉、乌和亲，削弱匈奴外援，她们或客死西域，或迟暮归朝，事迹可咏可泣；再如因谏阻刘濞起兵而显名天下的汉赋大家枚乘，其生平也足以支撑起精彩的传记。就事件论，有着众多宫闱秘史的诸侯王廷，于时下流行的"宫斗"作品而言，也不失为理想的舞台背景。

颇为遗憾的是，在当代小说、影视作品中，诸王国众人多以配角甚至反角的身份出现，以配合对汉武帝等主角的形象塑造。近年作品中，仅2016年央视电视剧频道上映的《解忧公主》一剧实现了主客转换。目前，该领域仍有巨大空间留待文艺工作者们开拓。

（二）物质遗存资源的利用

通过展出诸侯国留下的都城、陵墓遗址及各类文物，能增进观者对当地历史文化的认识。与此同时，这些文物收藏地、遗址纪念地，更是一种旅游景观，可为各地创造可观的经济效益。

拥有最多汉代王陵的徐州市，对汉墓资源的开发起步较早，相关事业发展在省内最为成熟。收藏展出汉墓文物的徐州市博物馆及其附近的土山彭城王墓遗址共同构成游览区，龟山汉墓景区以及以狮子山楚王陵为中心的徐州汉文化景区，现均为4A级景区，每年都能吸引省内外的大量游客前往参观。

1993年，徐州市政府在龟山汉墓遗址上建造陈列室，开始对外展出。此后，考古学家对遭破坏的墓室结构进行了还原，室内建起玻璃通道，以便游人观览。2003~2005年，按专家制定的景区规划方案，汉墓外部环境得到整修，建成了紧密贴合汉墓主题、仿汉代风格的墓前广场。因其距市中心较远，徐州市政府又安排了多趟途经景区的公交线路，相关基础设施不断完善。

为拓展含龟山汉墓在内的两汉主题景区的对外影响力，近十年来，徐州市斥资约10亿元人民币，继续深挖汉墓文化资源，包括投拍多部影视剧作，举办汉文化国际旅游节等。同时，徐州积极推动跨省市合作，不仅与山东泰安、曲阜联手推出"一山两汉三孔"的旅游线路，更于2007年与扬州、宿迁、西安、太原等省内外多个城市结成"中国汉文化旅游同盟"：同盟构建信息平台，互享旅游信息；加强市场互动，互送客源；彰显汉文化魅力，互通旅游节庆。这些办法经验值得省内拥有历史文化旅游资源的其他城市学习借鉴。

1992年建成的扬州汉广陵王墓博物馆也维持着良好的运营状态。该馆除借助扩大展陈规模、加大宣传力度等传统手段吸引游客外，又于2010年将场馆的对外营销承包给该市园林部门，实现了外部经营与内部管理的分离，提升了专业化水平，解决了人力、财力不足的问题[1]。

相比徐州、扬州，其余市县的同类开发起步较晚。泗阳的三庄汉墓群自2013年以来与凌城遗址相继被纳为省级文保单位。宿迁市政府同意划定保护范围、建设控制地带后，其开发规划方才提上日程，现墓群已开辟为收费景区。盱眙县大云山汉墓博物馆2016年开工，正处于建设阶段。其余各地的陵墓、城址，或因区位偏远、文物寡少、投入产出比不理想，或因发掘工作有待继续，有关建设仍属空白。

三 展望及对策

我们可以透过单方面的正史叙事，对两汉诸侯国的史实与人物进行多元化的解释、构建和评价。与此同时，考古工作者不断有新的发现，如徐州楚国宫殿区的位置，近年已有线索可循，在未来5至10年内，应有重要的考

---

[1] 李斌：《小型专题性博物馆发展思路之思考——以扬州汉广陵王墓博物馆为例》，收《江苏博物馆群体内部的交流与合作——江苏省博物馆学会2014学术年会论文集》，文物出版社，2015。

古成果公布。如是，不断丰富的历史资源使得多角度的历史普及成为可能，并为文学创作带来新的灵感，还为我们创造更多的旅游价值。现存的诸多不足将随资源的增长而消除。但是有的问题必须尽快解决或避免，这些问题主要集中在物质遗存资源的旅游开发方面。

例如游客反映，部分景区如狮子山楚王陵景区、龟山汉墓景区等，门票价格偏高；又有评论称上述景区外部环境不太理想，周围居民为逐利而骗客的现象至今缺乏有效整治，影响了游客情绪。诸如此类的问题都需要政府增加拨款和加大监管力度。此外博物馆、景区加强自身的人才队伍建设，延请专业团队负责馆、区的运营维护，也可解决部分问题。除上述普遍性问题外，还有两点问题是历史文化旅游所特有的。

一是资源分配现状带来的问题。我国《文物保护法》规定，考古出土文物大部分须上交省、市或国家级博物馆，只能留少量在遗址当地作为科研标本[1]。该法规的制定，是因考虑到县、乡级单位不具备有效保护文物的条件，出发点是正确的，但因此也造成了至少两方面的缺憾：一是遗址景区和当地的小型专题博物馆只能展出文物的复制品，受限于复制技术，其品相多较粗糙，难以满足观者的需求；二是大馆的展陈空间有限，导致大量文物积压在库房中，造成资源的巨大浪费，同时很多库房的条件也不利于文物保护。

欲解决这一问题，就需要由省文物管理部门推动和协调全省馆藏文物的巡回展出工作，在不改变文物所有权的情况下，将本省文博系统内各单位收藏的文物进行调配。如将南京博物院藏品分流至各地的汉墓景区短期展出，抽调徐州博物馆的汉墓文物不定期巡回至扬州、盱眙、泗阳展示，等等。如此，大馆可避免资源闲置，小馆也得到提携，游览者则收获了更有价值的体验。

需要整合的资源不仅是文物，也包括客源。一省一市之内，同类景点的

---

[1] 第十二届全国人大常委会第十四次会议《全国人民代表大会常务委员会关于修改〈中华人民共和国文物保护法〉的决定》。

客流量有时相差甚远，例如在狮子山汉墓、龟山汉墓景区光环的遮蔽下，徐州地区其他王陵和扬州、泗阳等处诸侯国相关景区难免遭受负面影响。为带动后者发展，有必要开辟跨区域的旅游线路，如"楚汉诸侯国巡礼"之类，将运河沿线的徐州、泗阳、淮安、高邮、扬州等市县的旅游业用同一主题连接起来，这是"中国汉文化旅游同盟"的应有之意。在高铁即将覆盖省境大部的将来，此种规划日益成为可能。

第二个值得关注的问题是部分景区存在急于攫取遗址旅游资源经济效益、轻视遗址保护和文化内涵弘扬的倾向。有论者以徐州龟山汉墓为例指出，过多的游人、过重的商业氛围，并不利于遗产地风貌的保护和可持续发展[1]。扬州广陵王汉墓博物馆的工作人员则强调，馆内展陈手法须围绕历史主题，放大专题的特色，不能一味追求高科技手法，过分吸引观众的注意力而淡化主题展品本身的魅力[2]。

历史景区所能提供给游客的最高体验是一种历史感，是激发和满足人们"思古之幽情"，至于提供参与感与娱乐感的手段只能是辅助，在社会整体欣赏水平提高的将来必须舍弃，或者另址开发主题公园以集中满足游客的娱乐需求。在这方面，我们应吸取欧美、日韩等发达国家的经验，尽可能保护、彰显遗址的历史风貌，屏蔽与其沧桑氛围不和谐的后天造物痕迹，小部复原、大部"留白"。复原是为给予游客启发，留白则是给予游客充分的想象空间——日本奈良平城宫遗址公园即是个中范例。

在国内多数同类景区依然满足于"自说自话"和取媚大众的今天，江苏作为全国领先的经济文化强省，有条件也有责任引领两汉王国遗址保护开发的新潮流。此外，各城市、景区应推出各具特色且能博取好感的官方吉祥物，从而提高旅游产品的辨识度，更好地树立城市形象。

最后需要补充的是，基于历史资源的文艺作品有利于旅游产业的发展。三国史迹之所以在我国广受关注，《三国演义》发挥的作用远比《三国志》

---

[1] 崔明：《江苏省大遗址保护规划与利用模式研究》，东南大学硕士学位论文，2006。
[2] 李斌：《小型专题性博物馆发展思路之思考——以扬州汉广陵王墓博物馆为例》江苏省博物馆学会学术年会，2014。

大得多。同样，据网评看来，近年参观汉墓遗址的游客，部分也是《盗墓笔记》《鬼吹灯》等小说的读者，这些当红的网络文学作品刺激了人们对古墓的好奇心。日本 NHK 协会自 1963 年来连续推出的历史演义系列"大河剧"因道具、剧情的考究而常年受到热捧，其各剧片尾或主题网页中附带有"纪行"栏目，用于公布日本各地与剧情相关的历史遗迹影像，在很大程度上助推了日本民间文化旅游的繁荣。如此，有关两汉诸侯王国的优秀小说、影剧，值得我们鼓励和期待。

B.40
江苏网络文学现象研究

王 韬*

摘　要： 江苏网络文学已成为中国网络文学的高地和重镇，省网络作家协会于本年度正式成立。萧潜、荆柯守的作品奠定了东方仙道题材的基石，并试图重构中华上古神话传说。江苏作家的题材多倾向本土文化，尤以"天使奥斯卡"与"还是定风波"的作品为代表，直接呈现出抵御西化的意志。中华文化传统复兴在即，江苏网络作家对传统学术理论、政治制度进行了相当有益的思考。

关键词： 本土神话　抵御西化　复兴汉统

"在江苏省委宣传部和中国作协的重视关心下，在社会各界的大力支持下，在江苏网络作家的发起和积极参与下，在江苏省作协的精心组织下，经过充分筹备，江苏省网络作家协会于2016年6月26日在南京正式成立。这是江苏网络文学作家的喜事，是江苏文学界的盛事，也是江苏文化建设和文学艺术繁荣发展的大事。江苏省网络作家协会第一次会员大会上选举陈彬（跳舞）为江苏省网络作家协会主席，副主席（以姓氏笔画为序）为丁凌滔（忘语）、马季、王辉（无罪）、卢菁（天下归元）、朱洪志（我吃西红柿）、刘晔（骁骑校）、刘华君（寂月皎皎）、杨晨（314）、吴正峻、徐震（天使奥斯卡）。陈彬在发言中讲道："全民化的写作，全民化的阅读，无门槛，

---

* 王韬，江苏省社会科学院文学研究所副研究员。

这个就是网络文学最大的魅力。对于喜欢写作的人来说,这是最好的时代,或者说最好的时代正在向我们打开大门。"

"经过20年的发展,江苏网络文学已成为中国网络文学的高地和重镇。据不完全统计,目前在全国各大文学网站注册的江苏籍网络写手多达2万余人,一线的重点签约网络作者有1000余人,其中顶级网络作家的数量更是在全国排在前列,仅阅文集团白金级作家就有7人,约占全国总数的五分之一,大神级作家有30余人,还有许多作家在百度文学纵横中文网、17K小说网、掌阅文学等文学网站处于领军地位。这主要是就小说而做的统计,江苏网络诗歌、散文亦成绩斐然,不负本省"文秀"之名。本文拟对以小说为主的江苏网络文学中一些值得称道的现象进行分析。

一 缔造本土神话

我国网络写手以本土神话传说来架设小说的主脉络,较早者当属燕垒生。在他的代表作《天行健》中,上古蛇人入侵人类世界的理由是其自认为是伏羲、女娲的嫡裔,全书的主旨是体现残酷现实中的人性光辉,其传统文学意蕴完全盖过了玄幻风格,波澜壮阔的人蛇之战亦成为背景色调。沧月的《镜》系列亦用本土传说设定情节,空桑帝血、冰族十巫、海族鲛人、不死鸟灵等东方神魔幻想构成了她的云荒世界,但沧月只是热爱古典美,尚无缔造本土神话的明确意识。王超(流浪的蛤蟆)将此意识确切体现,他深受武侠小说大家还珠楼主影响,所作网游小说《蜀山》尽以《蜀山剑侠传》为背景设定情节,意图复兴这部早期经典。还珠楼主乃传统仙道题材集大成者,确可视为缔造本土神话的鼻祖,仙道题材小说多受其影响。最为有志缔造本土神话者,当属江南(杨治)、今何在(曾雨)、唐缺(戴飞)、萧如瑟、斩鞍、潘海天等共同创作的"九州"系列小说。"九州"超越了仙道题材的个体、门派设定,架构起广阔瑰丽的东方神幻世界。这个世界分为殇、瀚、宁、中、澜、宛、越、云、雷九州,生活着人、羽、河洛、夸父、鲛、魅六族,他们信仰着墟、荒二主神,及太阳、明月、暗月、密罗、印池、岁正、亘白、谷玄、裂章、填盍、襄化、郁非十二星神。"九州"的创作者们热爱自己创造的世界,"字里行间,都是梦想燃烧时噼啪作响的声音"。他们文笔出众,写人性能入微,状风物可传神。可以说,"九州"系列有着纯文学的文字水准,更有让羁于现实的纯文学望洋兴叹的想象。

江苏网络作家早期以本土神话传说来设定小说情节者,当属甲子与萧潜。甲子的《斩风》以仙、人、冥、鬼为四界,驰骋想象,刻画主人公风映寒的坚忍卓绝。萧潜的《飘渺之旅》更是网络仙道题材的奠基之作,曾与蓝晶的魔幻题材小说《魔法学徒》一时瑜亮。《飘渺之旅》一书在西方魔幻一统的局面下,初步建构起东方仙道的格局。首先,此书的关注点在于个体的修真感悟,"神仙皆由凡人做,只是凡人心不坚",萧潜描绘了一条封神成仙的心路,在他的笔下,凡心与仙心满是"道是无晴却有晴"的关联;其次,《飘渺之旅》中炼丹、渡劫诸法门多来源于道藏典籍,非凭空杜撰,较之《蜀山剑侠传》同类情节亦更为详细;再次,此书并不以"修仙"为终极,主人公得传上古修神之法,打破了仙人独尊的仙道题材格局,把修行引向中华上古神话。如果说"修仙"代表了个体对超脱生死轮回的自由向往,"封神"则意味着建构天地秩序。

近年来,江苏网络小说中的仙道题材作品不胜枚举,我吃西红柿的《星辰变》、无罪的《罗浮》等作品皆有高点击率,但就缔造本土神话角度而言,荆柯守的作品颇值一观。荆柯守对修真感悟的冥想比萧潜有过之而无不及。他强调仙凡之别,视凡心为有碍"大道"而必当斩除的"三尸"。他又极重视因果律,认为天地间只有必然,而无偶然,得大道者皆为有缘。《青帝》主人公最终上天下地唯我独尊,并非同类小说主角光环逆天的路数,而是此君承载了中天北极紫微大帝的神祇烙印。从小说构架的角度而言,《青帝》绝不能算成功,紫微大帝回归,扫平天界与佛门的情节过于粗糙。但这故事并非一般的热闹打斗,实蕴含了作者对中华上古神话传说的探索。上古之时,三清与佛祖皆不存,五色天帝亦为第二代神明,而第一代神明即荆柯守笔下的星君主神紫微大帝,或称"北辰大一之神"。郑众疏曰:

"以昊天为天，上帝为玄天，盖以玄天即泰一，泰一即北辰"，而"五帝不得称上帝，则亦不得称天，此即王肃一天之说所本也"。后郑玄以"北辰天帝"为"五帝之一"。荆柯守显然明了此说，于是以奉紫微大帝为主神，力排佛老。"北辰天帝"何以会淡出视野，乃因古代王权日重，后权渐失之故。我国上古神职多由女性出任，近代国学大师刘师培所撰《周礼古注集疏·春官宗伯》篇有言："巫，祝也，女能事无形以舞降神者也"，此官"起源至古"，"在男曰觋，在女曰巫"，"古以巫为女巫专名"。但后权失落导致巫为觋所取代，对"北辰大一之神"的信仰也随之式微。

二 抵御西化

中国网络小说初期以"魔幻"题材为主，所谓"魔幻"题材，乃指以西方神话怪谈为背景设定情节。凡涉此领域的作者，皆不能摆脱西方神怪之窠臼，尤以欧洲中世纪传说为主流，《圣经》中三品九阶之天使、所罗门七十二柱魔神每见诸笔端，暗夜贵族吸血鬼的故事更是常见。十多年前，读书之人、李思远、蓝晶、明寐、WADE、西门吐血、半只青蛙等知名网络写手多走西方"魔幻"路线，此时钟情于东方文化者多为台湾网络作家，莫仁的魔幻小说多以东方武技术法为主导，罗森（廖孟彦）更能融东西方传说于一炉，在他的《风姿物语》中可最早看到东方仙道与西方魔法的较量，且仙道在力量和美感上胜过魔法不止一等。大陆网络写手中较早有自发意识抵御西方"魔幻"题材者当属流浪的蛤蟆。他的《天鹏纵横》以《西游记》中与齐天大圣结拜的鹏魔王岳鹏为主人公，岳鹏得紫府金章后神功大成，终横扫西方魔域。此书曾号称"起点"奠基之作，赚得粉丝无数，或因作者抵御西方"魔幻"的强烈意识与众多汉语读者产生共鸣。当东方"仙道"题材由模糊趋向清晰，网络写手们也渐渐不再钟情于西方"魔幻"。烟雨江南（邱晓华）创作了西方"魔幻"名篇《亵渎》之后，又写下东方"仙道"名篇《尘缘》。即便是深爱欧洲中世纪文化，创作了西方"魔幻"名篇《魔法学徒》的蓝晶（胡剑鸥），也写下了以东方道法为主流的《魔眼》。金寻者的《血盏花》则完全是一部抗击西方文化霸权的英雄传说。

江苏省走在改革开放的前列，吴中子弟率先对西方礼敬有加，亦同样率先对西方"怯魅"。刘师培在《攘书》中写道："秦汉之世，华夷之分在长城，魏晋以来，华夷之分在大河，女真以降，华夷之分在江淮。"汉族文化重心的转移由北至南，乃不争之史实。而每一次南移，皆因蛮夷入侵。北人与南人在文化风俗上的矛盾，民众性情仅为表象，夷化与汉统才是根源。中原因民众弃礼义而从夷俗，乃至文明消歇，江南则因冠带之民萃居，渐成华夏正统，故吴中子弟向有阻遏"以夷变夏"的使命感。就网络小说而言，江苏作家的题材呈东风压倒西风之势，尤以天使奥斯卡与冯小军（还是定风波）的作品直接呈现出抵御西化的意志。

天使奥斯卡在《宋时归》中屡屡借古讽今，嘲弄西方文化道："大宋这个时代的城市文明水平傲立于整个世界的巅峰，不仅有了完善的上下水系统，城中也多铺有石板道路，每隔数年，还会更换。……这个时候黑暗的欧洲中世纪那些充满了肮脏泥水、瘟疫、黑死病的城市，更是连大宋乞丐都不愿意待着的地方"，"公元1124年，大宋宣和六年，整个世界一片黑暗，在欧洲，人民辗转于瘟疫和盲信之间，意大利那些稍稍繁盛一些的城邦都被摧垮，仍然还有一点文明余韵的君士坦丁堡帝国奄奄一息，在小亚细亚，十字军和穆斯林进行着血腥而野蛮的厮杀，原来富庶的小亚细亚城邦都已经残破不堪。这个地球，唯有东亚在黑夜里还有光明，只有在大宋的土地上，才有不夜之城！""冬日汴梁，仍然不夜。这个时候在地球上大宋疆域之外，西方的贵族们正缩在阴冷潮湿的石头城堡里面，围着壁炉瑟瑟发抖，大批的斩杀牲畜用盐腌起来，贫民们在四面透风的木头、茅草、石头垒起的狗窝里面，将一切能遮在身上的东西都披挂上，唯一的娱乐就是一家聚在一起，说一些很阴暗的传说故事。西方奇幻中的那些古怪生物，多半就是在这样一个个寒冷的夜里，慢慢编织出来的。这种苦逼日子，自然就让人崇信上帝，唯一的期望就是死了之后能进天堂，摆脱这人间地狱，西方宗教情节浓厚，是因为这帮白鬼子在过去一千年实在没享过什么福。"

还是定风波（冯小军）在《学术史上十大口水战》中亦多褒扬国学而贬谪西学："两千年间，中国人停止了对宇宙本原的探索，是因为他们已经认识了宇宙的本原，认识了宇宙的最基本规律，而且这些规律不像神创论，会被怀疑，会被打破，也不像原子论，需要不停地去观察，去证伪以及证实，去和波动说大战数百年。中国人发现的这规律永无从证伪，也永远正确，那就是阴阳理论。中国人说，气分阴阳，阴尽成阳，阳尽成阴。这个理论一劳永逸地解决了中国人的宇宙观问题，而欧西需要到很多年之后，才由一个叫黑格尔的人提出类似的，但要简陋得多的理论，黑格尔称其理论为辩证法"，"费曼这些洋人又哪里知道阴阳理论的伟大，'世界是由原子构成的'的确很牛叉，但要证明这个理论，就要研究光学显微镜、电子显微镜、粒子对撞机，等等，而且还在不停地被证实或证伪，多累呀，哪象阴阳理论，不出户，知天下，而且永不会被证伪。洋鬼子为了得到一点点的成果，要把仪器放到无尘的实验室里，放到真空里，甚至放到太空里，连地球引力也不要有，多累呀，而且显然，这些方法是多么的片面多么的孤立多么的静止，哪象阴阳理论，把世界看成一个普遍联系和永恒发展的整体，虽然，阴阳理论只做解释不做研究"。

二人所言虽不免偏激，然征引史实，发掘中华往昔之光荣，另外阐发学理，昭示华夏文明之精粹。方今世界和平，但"以夷变夏"的威胁尤胜于前，西方文明的输入虽滋养我中华，却也令春秋大义式微。我吴中子弟的文字证明了"夷夏之防"依然存在，这道防线不在长城，不在黄河，亦不在长江，而在爱国爱种的人心。江南（杨治）的《九州飘渺录》中天驱武士每言"铁甲依然在"，观者常热血沸腾。"铁甲"者，夷夏之心防也。章太炎先生常言道："为甚提倡国粹？不是要人尊信孔教，只是要人爱惜我们汉种的历史。这个历史可以分为三项：一是语言文字，二是典章制度，三是人物事迹。近来有一种欧化主义的人，总说中国人比西洋人所差甚远，所以自甘暴弃，说中国必定灭亡，黄种必定剿绝。因为他不晓得中国的长处，见得别无可爱，就把爱国爱种的心，一日衰薄一日。若他晓得，我想就是全无心肝的人，那爱国爱种的心，必定风发泉涌，不可遏抑的。"

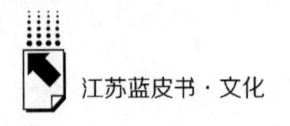

三 复兴汉统

天使奥斯卡在小说《篡清》的"南洋虐华"情节中引用了奥托·冯·俾斯麦的名言:"公理正义,只在大炮射程之内。"俾斯麦释此言道:"当代的重大问题不是通过演说与多数决议所能解决的——这正是1848年和1849年所犯的错误,而是要用铁与血来解决。"观《篡清》所书"南洋虐华"故事,凡有血性者无不怒发冲冠,目眦尽裂,恨不能以书中炮击印尼暴徒情节为史实,救我同胞,雪我国耻。天使奥斯卡之所以写下这段情节,并引用俾斯麦这句与西方"政治正确"绝缘的话,意在提示"勿忘一九九八那场屠杀"。这句"公理正义,只在大炮射程之内",也寄予了作者以国防建设为本位的看法,只有长缨在手,方可缚得苍龙。如此亦可知《篡清》中的"公理正义"并非源自西方的"普世价值",而是我中华文明本身所具有的"普世"性。天使奥斯卡在《篡清》中数度写到陈亮《水调歌头》中的一句:"尧之壤,舜之土,禹之封,于中应有,一个半个耻臣戎。"此言在当前或可引申为复兴汉统,让中华民族在精神上不再仰西洋鼻息。

复兴汉统当重新评估我国传统学术理论、政治制度的价值,江苏网络作家在他们的作品中进行了相当有益的思考。例如,还是定风波在《学术史上十大口水战》中褒扬阴阳五行理论道:"阴阳五行理论没有几个人能真正掌握,但这只能证明这个理论了不起……超玄理论,又有几个人真能理解呢。……不管这些数典忘祖的后人怎么去不遗余力地攻击,不管西洋人怎么在世界由上帝创造和世界由原子构成之间拉锯,也不管印度人在那里轮回呀梦幻呀泡影呀,色即是空空即是色呀,中国人在两千多年前就找到了一个永远正确的理论,这个理论足以解释世间万物……这种理论推动了道家向道教及玄学转化,以及推动了儒家的神秘主义学派诞生。"

又如无罪在《剑王朝》中塑造了一个承载"治道"的象征"巴山剑场",在一定层面上表现了承载"治道"的体制更凌驾于天赋王权的传统政治特性。我国历代思想者所论之道皆以现实"治道"为宗旨,使得"美政"成为国人最高之理想。我国人民无论何等阶层皆喜言政治,盖因于此。以"治道"为宗旨、以"美政"为理想的国人思维方式,与西方行政思路相比,实有本质差异。西方古代社会制度根植于宗教与世俗两者,政治斗争多表现为神权与封建制相互制衡;我国古代社会制度无涉宗教,自秦代易封建为郡县,政争多呈官员体制与王权相互羁縻局面。若王室、贵族尽灭,对于西方古代民族而言与亡国灭种无异,因为神权认可王室、贵胄作为国族法理世袭罔替之代表,即便推翻暴君,也是另立王族中人,绝不会毁其宗室;对于古代中国而言,王公贵戚不过是某个历史阶段内符合体制要求的代言人,"内圣外王"之语,即推崇"治道"、贬王权之义,若一家一姓长期行苛政,终为政体所黜,吊民伐罪,毁宗庙而灭九族,另立能行美政之新君。

我国自20世纪80年代以来,全力推进经济建设,已取得世界瞩目的成绩。"仓廪实而知礼节,衣食足而知荣辱",中华文化传统也复兴在即。自新中国建立,爱国主义教育虽再三被强调,但为破除宗法制因袭,众多有价值的传统文化、学说也往往被不加甄别地视为有碍社会进化的无用之物,这使得"爱国主义"阙失了必不可少的组成部分。爱国是由己及群,包含了对民族和民族中每一个个体之爱。对外而言,国民与国体皆不可受辱;对内而言,"复兴汉统"并将汉族文化、学术作为承载中华数千年文明的核心理念,作为学习西方文化的基础。这一基础,已被悬搁了太久。当前传统复兴,尚只停留在道学、民俗等粗浅阶段,导致许多已遭汰弃的恶俗竞相恢复,所谓"国学班"更多以营利为目的而不惮误人子弟。这些问题的出现一是未能以皖派、浙派、扬派所治"汉学"为国粹正传,例如"六经乃先王旧典,非孔门私书"等基本观念仍有待普及;二是宗法制余毒未净,传统学说尚需进一步扬弃,以澄清我国古代承载"治道"的体制更高于天赋王权的特性;三是不明"夷化"和"汉统"的差别,例如当前民间哭丧实多杂满俗,而汉族丧制素重阴阳相隔,以不扰为尚。

江苏省乃中华根基所在,民俗清美,诗教蔚然成风,当为复兴中华文化之表率。网络文学虽为新兴事物,但其传播便捷,影响广泛,尤对青少年价

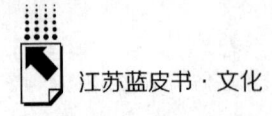

值观的形成具有不可轻视的意义。江苏省网络作家协会的正式成立，在一定意义上体现了对本省网络文学的重视，但这是迟来的重视，浙江省网络作家协会于2014年1月7日即告成立，比本省早了两年半时间。有关部门、媒体和当代文学评论者当进一步重视网络文学对复兴中华、抵御西化的积极意义，赋予"文化强省"一词更深刻的内涵。

分市报告

Regional Reports

B.41 2016~2017年泰州市文化发展分析、预测与展望

江苏省社会科学院泰州分院

摘　要： 2016年以来，泰州上下深入贯彻习近平总书记系列重要讲话精神特别是视察江苏重要讲话精神，把推动文化建设迈上新台阶作为战略任务来抓，文化建设取得明显成效。2017年，泰州将认真按照省第十三次党代会提出的"两聚一高"目标要求，坚持"敬畏历史、传承文化、造福百姓"，着力推动文化大发展大繁荣，打造和谐温馨的人文家园，让城市散发文化的温度，让文化成为城市的灵魂。

关键词： 泰州　文化传承　展望

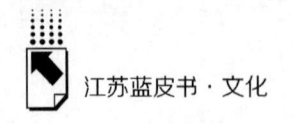

一　2016年文化发展状况分析

2016年是地级泰州市成立20周年。这一年来，泰州市委、市政府把文化名城与医药名城、生态名城、港口名城"四个名城"一起，作为城市的主体战略来推进，作为泰州的关键品牌来打造，文化建设取得显著成效。概括起来，主要体现为"五个更加"。

1. 核心价值引领更加有效。当今世界，不仅物质领域发生天翻地覆的变化，文化领域也发生了深刻的巨变。经济全球化竞争的背后是文化竞争，经济社会转型的背后是文化转型，文化的形态从来没有像今天这样日新月异，文化的内容从来没有像今天这样丰富多彩，文化的传播从来没有像今天这样迅速便捷。这种文化传播既对传统文化形成巨大冲击，又对现实生活产生巨大影响。在这样的大背景下，泰州上下深刻领会总书记做出的"做好各项工作，必须有强大的价值引导力、文化凝聚力、精神推动力的支撑"这一重大判断，从全局和战略的高度，充分认识文化建设的极端重要性，始终把学习贯彻总书记系列重要讲话精神作为首要政治任务，把践行社会主义核心价值观作为文化建设的主心骨，以"美德善行"系列活动为总抓手，推动社会主义核心价值观在泰州落地生根。泰州在基层设立"道德储蓄所"，导入银行运作理念，把道德量化存入道德储蓄所，让做好事的人在需要帮助的时候取出道德币，让更多人加入到做好事的行列中来，营造了积极参与、爱心接力的良好风尚，在全社会托举出共有精神家园。《光明日报》国家级主流媒体对此给予关注。

2. 科学理论武装更加深入。伴随着现代科技和互联网的突飞猛进，世界范围内的文化交流融合日益广泛而深刻，不同价值观念和制度模式的交锋碰撞更加激烈而外显，这是意识形态领域"一场没有硝烟的战争"。思想意识形态工作不是隐性的，而是显性的；意识形态斗争离我们并不遥远，有时就在我们眼前、就在我们身边。2016年以来，泰州加强意识形态阵地管理，完善哲学社会科学报告会、研讨会、讲座论坛、社科期刊等阵地管理办法，建立健全意识形态领域情况分析研判机制，健全和落实情况通报制度，针对错误思潮加强理论辨析，引导干部群众明辨理论是非、澄清模糊认识。泰州还举办专题座谈会学习习近平总书记在哲学社会科学工作者座谈会上的讲话、建党95周年讲话、纪念长征胜利80周年讲话等系列重要讲话精神，增强对中国特色社会主义的道路自信、理论自信、制度自信、文化自信，自觉把中国特色社会主义理论体系贯穿各项工作全过程，进一步增强政治意识、大局意识、核心意识、看齐意识。

3. 特色文化品牌更加响亮。2016年以来，泰州市以"思想再解放、项目大突破、城建新提升"三大主题工作为抓手，把三大主题工作中的文化建设内容落到实处，同时通过文化建设为三大主题工作的新突破提供新的动力。项目大突破，既包括制造业项目的突破，也包括现代文化产业在内的现代服务业项目的突破，既强调量的突破，也强调质的提升，核心是推动泰州经济的转型升级。城建新提升，关键是做出文化，做出泰州的城市特质。泰州与兄弟城市不是比高楼大厦，而是比秀气、比大气、比文气，做出精细精致精彩，做出特色内涵品位，努力建设使人民更加满意的幸福城市，成功创建"中国吉祥文化之乡"。"泰州太美、顺风顺水"成为享誉全国的城市名片，"百姓"系列文化品牌深受人民群众欢迎，"梅兰芳艺术节"、"里下河文学流派"、泰州微电影制作创作等在全国影响越来越大。

4. 公共文化服务更加完善。按照国际经验，人均GDP 1万美元，是社会生活多样化的一个分界点。超过1万美元，文化方面的支出大幅上升，文化消费进入快速增长期。2016年以来，泰州顺应人民群众多样化、多层次、多方面的文化需求，顺应文化消费的井喷趋势，把文化建设作为一项重要的民生工程，不断丰富城乡居民文化生活，切实增强人民群众对文化建设成果的获得感、满意度。修缮保护涵东、城中、渔行水村等历史文化街区，建成中国评书评话博物馆、美德善行展示馆等特色专题展馆，初步形成横向到边、纵向到底的城乡公共文化服务网络。2016年，每个市（区）先行试点建设3~5个美丽乡村，推动现代生态循环农业、休闲农业与乡村旅游、农家电商、"非遗"文创融合发展，使之成为"农民的幸福家园、市民的乡村公园、游客的度假乐园"。泰州推出"文化惠民券"，举办"泰州市群众文化艺术节"，积极组织系列文化赛事等文化惠民活动，使人民群众精神文化需求得到较好满足。

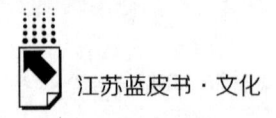

5. 文化产业发展更加迅速。2016年2月，泰州市委主要领导在泰州争创"中国吉祥文化之乡"汇报材料上做出批示，明确要求"形成文化、产业互动的良性格局。"为进一步找准市场定位，延伸吉祥文化外延，探索吉祥文化产业发展路径，加快形成文化、产业互动的良性格局。一年来，泰州就吉祥文化发展路径进行了全方位探索，努力让吉祥文化焕发出新的生机和活力。按照"合理布局、形成特色、错位发展"思路，推进构建"1133"的产业总体布局步伐，即支持10个重点园区和10个特色产业街区加快发展，扶持30个重点文创企业和30个文化产业项目发展和建设。一批优质文化产业项目被成功引进，一批文化产业集聚区取得较快成长，泰州文创园成为全省重点文化产业园区，凤灵集团获批国家级文化产业示范基地。

二 2017年文化发展预测

泰州站在建市20周年的新起点上展望未来，全市上下始终不忘初心、继续前进，围绕"三强两高"，以高度的文化自信和文化自觉，打造"康泰、富泰、祥泰"融为一体的文化名城。泰州要顺应文化建设的新形势新要求，跳出文化看文化，以"大文化"的理念来抓文化，不仅要用文化来立德树人，更要把文化与经济社会发展的各个方面有机结合起来，用文化来推动促进产业和城市的转型升级，提升产业和城乡的发展水平。

1. 坚持文化与经济的融合发展。现在，文化对经济发展的引领支撑作用越来越明显，文化与经济的融合发展越来越明显。在世界财富排行榜上，尽管公司的排名总是在变化，但一个不变的发展趋势则是以IT、互联网为标志的知识产业、文化产业、科技产业迅速发展壮大，位次不断前移。泰州是工业强市，制造业比较发达，但产业结构偏重，文化对经济发展的引领力、驱动力发挥得还不够充分。2017年，要不断强化文化力量，大力推进文化与经济、与产业的跨界融合，在全面对接中加快形成新的经济增长点，在深度融合中不断增强经济社会发展的爆发力。

2. 坚持市场与政府的共同发力。市场与政府不是"替代关系"，更不是

"对立关系",两者应该是"互补关系"。推动文化建设迈上新台阶,既不能用政府力量来削弱市场力量,也不能用市场力量来否定政府力量,而是要坚持"强市场"和"强政府"的一同发力、形成合力。"强市场",就是在文化建设中,要切实强化市场在文化资源配置中的决定性作用,能够交给市场做的,能够用市场化机制、市场化手段做的,政府都要放手,激活文化发展"一池春水";"强政府",就是要认识到,不管是公共文化服务,还是发展文化产业,政府都承担着重要职责。

3. 坚持改革与开放的双轮驱动。改革是发展的永恒动力,要把改革创新贯穿于文化建设始终,用整合的手段促发展,用融合的思维出活力,通过体制机制创新,盘活现有存量,整合社会力量,引导多元资本,撬动和带动更多的市场主体、社会主体支持文化、投资文化。开放的文化才最有生命力。泰州一些文化产品的竞争力并不差,但是"走出去"的步伐还不够快,在市场上的影响力还不够强。要坚持"引进来"和"走出去"齐步走,做到立足自身与借助外力相结合、人文交流与经贸合作相结合、政府力量与民间力量相结合,进一步集成政策、集聚资源、集合要素,为文化建设增添更多活力和动力。

4. 坚持服务与环境的同步推进。现在城乡居民群体多层多样,他们的文化需求个性多元,不能搞"一招鲜吃遍天",要注重文化服务的高品质,针对不同的文化需求,策划、设计和组织不同的文化服务活动,使城乡居民都享受到所需要的文化服务,使生活在这个城市中的每个人都有幸福感、自豪感、归属感。优美的人文环境不仅能够让老百姓安居乐业,而且能够吸引客商投资兴业。要着力培育亲商文化,营造敬商富商的浓厚氛围;着力培育诚信文化,打造诚实、自律、守信、互信的社会信用环境;着力培育创业文化,引导鼓励老百姓投身大众创业、万众创新的热潮。

三 2017年推进文化发展展望

当前,泰州文化建设任务更重、要求更高,应突出工作重点,狠抓关键环节,从严从实、聚焦聚力,奋力推动文化建设大发展、大突破。

1. 致力思想引领，践行核心价值。毛泽东同志说过，"思想和政治，是统帅，是灵魂"。要坚持不懈地强化理论武装，深化对党的十八大、十八届三中、四中、五中、六中全会精神和习近平总书记系列重要讲话精神的学习，深化对中国特色社会主义和中国梦的宣传教育，依托市、市（区）两级党委中心组以及"百姓大学堂""百姓名嘴"宣讲队等载体，提高泰州广大干群的思想觉悟与理论素养，使党的理论创新成果成为坚定理想信念的"压舱石"、解放思想的"定星盘"。要积极创新宣传引导方式，不仅要入眼入耳，更要入脑入心，让社会主义核心价值观真正成为泰州人的精神追求和行为准则。要以深化文明城市创建为载体，以更高水平组织"美德善行"系列活动，全面推进社会公德、职业道德、家庭美德、个人品德建设，营造践行社会主义核心价值观的良好环境。进一步深化"时代楷模""最美人物""身边好人"系列评选表彰活动，选树一批立得住、传得开、能教益、暖人心的"泰州典型"群像，引导全市人民弘扬美德、知行合一，努力形成良好社会道德风尚。

2. 致力文化惠民，提高服务效能。大力推进公共文化服务均等化，统筹规划布局城乡公共文化服务设施，建设面向各类人群、各个领域的新型综合文化服务平台，促进公共文化资源互联互通、共建共享。优先安排建设涉及群众切身利益的公共文化设施项目，全力打造城市"15分钟文化圈""10分钟体育健身圈"、农村"十里文化圈"。要坚持"建、管、用"并重，在"重内容、强服务、受欢迎"上下功夫，更加注重文化设施的使用和管理，优先安排群众喜欢的文化项目，实现公共文化设施从"有"到"好"的提升，文化服务从"我得看"到"我爱看"的提升。广泛开展各类文化活动，以"百姓大舞台"、千场文化惠民演出等为载体，积极开展"送文化下乡"活动。既要坚持文化惠民导向，让重大文化活动成为老百姓的欢乐盛会，也要发挥文化服务经济发展、服务项目建设的功能，让广大客商看到有文化的泰州、有文化的泰州人，增强泰州对客商的吸引力。在"送文化"的同时，更要注重"种文化"，积极为群众性文化艺术活动搭建平台、创造条件，留下一支带不走的群众文化队伍，提高基层文化的自我发展能力。

3. 致力做大做强，发展文化产业。国家发改委预测，"十三五"时期，我国七大新兴产业中，大健康产业发展潜力排第一，将达到14万亿~16万亿的产业规模，排第二的就是文化产业，将达到11万亿~16万亿的产业规模。当前泰州文化产业发展势头不错，但呈现"小、散、粗"现象，产业集聚度不高。去年泰州文化产业增加值占GDP比重为3.1%，低于全省平均水平。泰州经济转型升级，文化产业不仅是巨大潜力所在，也是重要增长点所在。文化产业不仅是朝阳产业，更是黄金产业。应把大力发展文化产业作为文化建设迈上新台阶的紧迫任务，按照"合理布局、形成特色、错位发展"的思路，支持重点园区和特色产业街区加快发展，扶持一批重点文创企业和文化产业项目发展和建设。要全力打造吉祥文化产业集群，科学规划泰州吉祥文化产业的发展定位，提炼吉祥文化内涵，汇聚最新创意成果，开发吉祥文化产品，打造吉祥文化品牌，促进大众创业、万众创新，培育形成具有泰州特色的吉祥文化产业集群。

4. 致力特色塑造，彰显独特魅力。文化发展，基础在传承，优势在特色。要抓住泰州文化中最有亮点、最具特色的内容，深入挖掘，精心打磨，努力提高泰州的文化品位，彰显泰州的城市魅力。要大力挖掘历史名人典故。泰州历史上的名人典故数不胜数，理学大儒胡瑗创办安定书院，"先天下之忧而忧"的范仲淹主持修筑范公堤，"百姓日用即道"的王艮创立泰州学派，施耐庵白驹场写水浒，郑板桥诗书画"三绝"，等等，这些人在中国文化史上都是很有影响力的。要不断提升佛教文化影响力。泰州的佛教文化资源不仅丰富而且独特，光孝寺的"最吉祥殿"全国唯一，南山寺的释迦牟尼真身舍利子世界罕见，溱湖的药师佛塔全球最高，都是很能吸引人眼球的。不是"唯一"或"第一"的东西，吸引不了游客，产生不了影响力。要下足功夫做足文章，让泰州佛教的"唯一"和特色，成为吸引信众和游客的核心吸引源，不断做大泰州佛教的对外影响力。要积极整合健康养生文化资源。着力打造以水城水乡国际旅游节为主要载体的水文化品牌，不断丰富大江文化、城河文化、里下河文化，构建全国著名的水乡文化集聚示范区。着力打造以健康养生为核心内涵的大健康文化品牌，以中国医药城为主体，整合溱湖、千垛花海、古银杏森林公园等生态资源，建设中医药养生文化园、中医药养生体验馆，形成全国健康养生文化高地。着力打造中国吉祥文化之乡品牌，提炼吉祥文化内涵，开发吉祥文化产品，促进吉祥文化融入城乡建设、产业转型和人民生活，培育具有泰州特色的吉祥文化产业集群。要紧紧围绕文化发展的主题主线，推进《江苏地方文化史（泰州卷）》编撰工作，接续历史文脉，注重文化熔铸，拓展文化内涵。

5. 营造良好氛围，壮大人才队伍。要深入推进文化体制改革。加快推进公益文化事业单位人事管理、收入分配、社会保障、养老保险等内部制度改革，创新基层公共文化管理机制，探索试点公共文化设施社会化运营模式。深入推进文艺院团改革，不断增强剧团自我"造血"功能。要加强文化人才队伍建设。文化的竞争本质上是文化人才的竞争。从泰州当前文化人才队伍现状看，重点要抓好两头：一是培养拔尖人才，二是壮大基层队伍。要深入实施"五个一批"等人才工程和相关人才培养引进计划，引进和培养一批高层次文化专业人才、文化创业人才、青年文化创业带头人，筑牢文化发展人才支撑体系。高度重视基层文化队伍建设，重点把乡镇、社区的文化工作人员配齐配强，加强业务指导和培训，从政治上、工作上、生活上多给予关心爱护，使他们扎根在基层、安心在基层、闪光在基层。

B.42
南通市推动文化软实力提升的实践和创新

江苏省社会科学院南通分院

摘　要： 当今时代，城市竞争不仅体现在物质财富的生产，更根本更深层的是体现在文化软实力的竞争，最终必然以文化论输赢。近年来，南通文化发展成绩斐然，文化体制改革深入推进，公共文化服务水平逐步提高，文化艺术繁荣发展，文化软实力得到一定提升。发展与问题并存，在推进转型发展，加快富民进程的关键时期，南通要在未来城市竞争中保持强劲的动力，必须继续深化文化体制改革，更加自觉地推进文化建设，把丰富的江海文化资源转化为城市发展资本，大力繁荣和发展先进文化，培育与塑造社会主义核心价值观，不断提升城市文化的创造力、凝聚力、辐射力和竞争力，建设一个具有开放性、包容性、先进性和创造性，包容会通，敢为人先，充满魅力和活力的"文化南通"。

关键词： 南通　文化软实力　共公文化　文化服务

一　2016年南通文化发展回顾

2016年，南通文化建设各领域深入贯彻落实党的十八大和十八届二中、三中、四中、五中全会、习近平总书记系列重要讲话特别是视察江苏重要讲

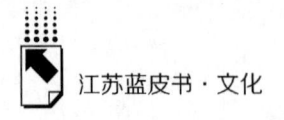

话精神，按照中央、省委和市委系列重大部署，积极推进文化体制改革创新，公共文化服务体系建设效能进一步提升，优秀文艺作品大量涌现。

（一）文化体制改革深入推进

2016 年，南通文化体制改革着力解决文化发展"活力"不足、主体不够丰富、运行管理体制不够完善等问题，进一步破除体制机制障碍，激发各个主体的文化创造活力，在重点领域和行业、文化管理体制、丰富文化主体等方面都取得了显著成绩。

在文化管理体制的完善方面。出台《南通市关于促进文化产业发展若干政策意见的实施细则》，市财政每年统筹安排专项资金不少于 5000 万元，加大对文化产业重点园区、基地、项目和人才扶持力度，鼓励文化产业集聚、集约发展。加快重点领域体制改革进程，组建市报业传媒集团、广电传媒集团，实行宣传与经营两分离改革，深化两大集团的管理体制和经营机制改革，形成符合现代企业制度和文化企业特点的经营机制。成立南通市文化产业发展基金，出台文化产业人才培养和引进扶持政策，加快高素质文化产业领军型人才的引进。

在文化产业项目的推进方面。实施重大项目带动战略，建立全市文化产业项目库，每年安排 100 个左右的文化产业重点项目建设。目前，全市已形成两个国家级文化产业示范基地，5 个省级文化产业示范园区（基地），37 个市级文化产业示范园区（基地）组成的文化产业园区（基地）群。1895 文创园和海安 523 文化产业园作为"国家文化产业示范基地"，发挥了重点园区、项目的示范引领作用。

在文化产业招商引资方面。坚持市场导向，围绕产业重点发展方向和重点行业，组织编制投资目录和招商手册，每年面向北上广深及港澳台地区开展文化产业专题招商推介活动，深圳华强、同洲电子、凤凰传媒、功夫动漫等一批知名文化企业进入我市文化产业领域，形成新的发展优势。同时，积极组织参加深圳文博会等著名会展活动，办好紫金文化创意设计大赛，促进成果产业对接与转化。

（二）公共文化服务效能进一步提升

2016年，南通的公共文化服务体系建设以创建江苏省公共文化服务体系示范区为抓手，以推进基层综合性文化服务中心建设为重点，推动公共文化服务社会化专业化发展，创新公共文化服务的供给方式，实现公共文化服务提供主体和提供方式的多元化，不断提高公共文化产品和服务的质量和效率。

在制度设计方面，以市两办名义出台《关于加快推进现代公共文化服务体系建设的实施意见》，提出完善公共文化服务基础设施，加强公共文化服务均等化建设，优化公共文化服务供给，推动公共文化服务创新发展，强化公共文化服务信息化建设的目标任务。

在项目建设方面，推进市图书馆第一台24小时街区自助图书馆顺利投放。整合各镇（街道）、村（社区）文化阵地资源，建设基层综合性文化服务中心。海门江苏省江海博物馆、通州湾示范区文化艺术中心、如东县文体中心、港闸区文体中心等区级文化设施建设按计划有序推进，崇川区文化馆、图书馆在选址规划中。

在活动引导方面，先后开展了一批群众广泛参与的文化活动，擦亮了濠滨夏夜、公共文化服务月、五月风文艺展示月等一批在全省乃至全国具有影响力的文化品牌。南通市美术作品大展、江海之声合唱艺术节、文艺志愿者江海大地行等活动已经形成了广泛影响力。一批全国、全省服务基层、服务群众先进集体脱颖而出。南通中广有线信息网络有限公司启东分公司吕四港广电站获评全国"双服务"先进集体。南通市海安县曲塘镇综合文化站等4家单位获评全省"双服务"先进集体。"濠滨夏夜"广场文化活动、"童声里的中国"系列活动、海安县退休职工艺术团等7家单位、崔世莹等20名基层文化工作者入选全省首批群众文化"百千万工程"。

在书香南通建设方面，组织开展第十三届南通韬奋读书节活动，命名首批全民阅读"十佳书香机关""十佳书香校园""十佳书香家庭""十佳书香社区"。举行"全民阅读"特种邮票首发式、"最美的书"设计艺术展，市图书馆24小时对外还书点和漂流书架启用。

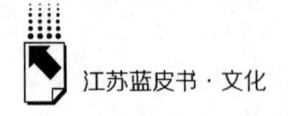

（三）文艺繁荣发展根基进一步夯实

2016年，南通的文艺发展以习近平在文艺工作座谈会上的讲话精神为指导，精益求精搞创作，力争把最好的精神食粮奉献给人民。江海大地文艺百花竞相开放、硕果累累，呈现出繁荣发展的生动景象。

以政策保障为基础，注重文艺的社会效益。以市委名义出台《南通市委关于推进社会主义文艺繁荣发展的实施意见》，提出文艺发展的八项工程，"地方戏曲振兴工程、文艺精品提升工程、群众文艺繁荣工程、江海文化传承工程、文艺阵地建设工程、网络文艺发展工程、美术品牌光大工程、文艺名家培育工程"，进一步明确了我市文艺创作生产的方向和任务。修订完善《南通市原创艺术精品生产成果奖励补助办法》，鼓励支持南通原创文艺作品创作。

以平台建设为抓手，注重文艺的环境效益。持续开展"深入生活、扎根人民"主题实践活动，创作推出一批人民群众喜闻乐见的优秀作品。举办中国微电影发展学术研讨会、南通小说与小说南通研讨会、静海讲坛、文联大讲坛、文艺家读书班等系列学术研讨活动，为我市文艺健康可持续发展提供了理论支撑。进一步发扬光大中国美术南通现象，江海艺境美术书法作品巡展、南通市美术作品大展、南通籍书画名家邀请展、南通籍青年艺术家邀请展等系列活动有序开展。大型多媒体歌舞秀《梦·江海》赴日演出多场，实现我市舞台艺术作品走出国门进行商业巡演的历史性突破。舞剧《牡丹亭》《一把酸枣》《朱鹮》《沙湾往事》等一批国内一流剧目纷纷来南通献演，拉近了一流艺术与普通观众间的距离，让南通这座城市的文化滋润和艺术涵养更加丰厚。

以艺术创作为根本，注重文艺的精品效益。结合抗日战争暨世界反法西斯战争胜利70周年等重要纪念活动和"我们的中国梦——讲述中国故事"作品征集、以"中国梦"为主题的文艺创作活动，策划组织文艺创作生产。多部作品入选国家、省级资助项目。越剧《仁医寸心》、话剧《张謇》入选"2016国家艺术基金"资助项目，刘剑波小说《逃》入选中国作家协会重点作品扶持项目，钱雪冰长篇小说《精神病院》入选省作协重点作品扶持项目，钱墨痕《青春救赎》入选江苏省第五批"壹丛书"项目。推出电影《那些女人》、电视剧《刑警队长》、越剧《仁医寸心》、话剧《长桥酒家》、儿童剧《田梦儿》、报告文学《闯荡南非洲》、小说《风乐桃花》《青春救赎》、电视纪录片《巡航钓鱼岛》、动画片《熊仔之菲熊不可》、歌曲《我家住在长江边》等一批精品力作。各地创作富有地域特色作品的积极性也不断高涨，从大型多媒体杂技剧《海星花》、通剧《瓦匠女人》到广播剧《花子街》，一大批"有筋骨、有道德、有温度的文艺作品"应运而生。

二　2016年南通文化发展中存在的几个问题

对照"建设强富美高新南通"的奋斗目标，按照南通经济社会发展的要求和市民不断增长的精神文化需求，我市文化建设还存在不少薄弱环节，有着很大的发展空间。

（一）公共文化服务体系建设发展相对缓慢

近年来，随着全国公共文化服务体系建设热潮的高涨，各地建设力度加大，发展加速，南通公共文化服务体系建设与其比较来看发展相对缓慢，主要表现为：未能建立必要的公共文化需求反馈机制，贴近基层、贴近百姓生活实际的文化节目还不够丰富，文化活动和文化服务的供需需进一步对接，未能充分利用绩效评估等管理工具提高公共文化服务效能等。公共文化示范区内外不平衡发展的问题依然存在。如何加快推动公共文化服务的均等化，仍然是我市公共文化服务建设需要长期考虑的问题。

（二）文化创意产业领域亟须政府管理创新

文化创意产业飞速发展，并向传统经济领域大面积扩展、渗透，行业融合为政府文化创意产业管理带来新挑战。目前，南通正处于经济发展转型升级的关键时期，文化创意产业在资本的强力推动下，呈现复杂态势。事实上，文化产业已经从分业发展走向融合发展，跨行业的融合正在普遍发生。

但是，我市文化创意产业管理仍沿用传统模式，政府文化产业管理部门面临任务繁重、人手不足、专业化程度难以提升等困难。如何根据文化创意产业融合发展趋势，创新政府管理体制与运行机制，提高管理效率和管理水平，值得进一步探索。

（三）文化事业建设遭遇瓶颈制约

南通公共文化服务体系建设、文化创意产业发展十余年来在政府和市场的双重强力推动下，获得了跨越式发展。但是，高雅艺术、学术文化发展参差不齐仍是我市软肋。由于文化机构缺乏和学术、文化人才集聚不足，我市在文化事业建设上缺少一流人才、一流作品，较少参与全国性的学术对话，这是我市需要面对的文化窘境。高雅艺术、学术文化是文化发展的核心内容，也是城市文化品位的重要标尺，更是文化能不能为城市发展提供足够的思想理念、智力支持、专业指导的关键。有鉴于此，我市在提高原创能力，推动高雅艺术、学术文化的发展方面，还要下功夫。

三 2017年南通文化发展的重点和突破口

"十三五"时期是南通市全面贯彻党的十八大和十八届二中、三中、四中、五中全会精神，深入贯彻落实习近平总书记系列重要讲话特别是视察江苏重要讲话精神的关键时期，是率先全面建成小康社会决胜阶段和积极探索开启基本实现现代化建设新征程的重要阶段。我们要在认清形势、把握趋势、明确目标的基础上，进一步聚焦文化发展重点领域。

（一）着眼文化民生，实现公共文化服务全民均等共享

1. 加大公共文化服务体系建设投入。建立公共文化投入与财政增长相适应的稳定联动机制，调整支出结构，切实增加财政文化投入，安排公共财政文化与传媒支出的增长幅度高于同级财政经常性收入的增长幅度。此外，充分发挥我市民间文化底蕴深厚的优势，引导和鼓励社会力量参与文化事业

建设，形成以国有公共文化为主体、民间公益文化为补充的发展格局，探索设立公共文化事业发展基金。

2. 丰富公共文化服务内容供给。在文化设施网络全面铺开的同时，更加关注场馆的利用率和运营状况，更加注重丰富文化产品和文化服务的供给，实现文化产品和服务的优质化、品牌化。如博物馆不仅要为市民提供各类展览和服务，而且要加强策划，针对不同年龄、不同文化阶层的市民，采取诸如讲座、视听、出版物等多种手段，提供立体、全方位的优质服务。图书馆要实现跨越式发展，就必须高瞻远瞩地进行规划，进一步健全网络，推动数字图书馆的全面铺开，将资源和服务更便捷地提供给公众。推进公共文化设施服务质量提升，除了实施标志性文化设施计划，更要争取各个主要大型文化设施都能打造出具有鲜明特色的公共文化服务品牌。

3. 完善市民公共文化需求表达。变单向传递信息为双向互动沟通，改变自上而下"派送"公共文化的方式。坚持真正深入基层、走群众路线，通过宣传、座谈会、调查等形式，倾听居民的文化利益诉求，准确地把握不同区域、不同经济发展阶段民众对公共文化服务的真正需求。深入实施群众文化生活满意度测评项目，可利用微博、微信等新媒体来拓宽测评的范围和覆盖面。提高民意收集、测算与相关决策机制的科学性。在收集、了解公众需求和矛盾的焦点后，通过适当的科学分析方法进行评估，作为决策参考，形成表达—接收—改进—评估高效运行的公共文化服务体系。

（二）优化发展环境，实现文化产业跨越式发展

1. 促进产业新业态发展，重点是推进文化与科技结合，促进高新技术进入文化产业，促进文化的科技化和科技的文化化。重点要关注大文化产业与互联网产业等战略性新兴产业的紧密结合而推动的文化产业新业态的发展。数字出版、数字视频、文化电子商务等产业都是依靠网络的支持，而且基于互联网、移动互联网等技术而崛起的云计算、大数据等，将为文化产品和服务的生产经营提供更广泛的市场空间。

2. 增强文化创意活力，重点要提高文化创意产业的创意价值和创意含

量，全面落实市委、市政府出台的促进创意设计、工业设计以及文化创意产业的系列政策措施，加强创意产业的知识产权保护。同时，尤其要关注和支持小微文化创意企业的发展，加强对创意人才创业的支持。

3. 优化园区建设关键是要提高文化产业园区建设质量，目前，全市有数十家文化创意产业园区，但总体效益不理想，有的创意含量较低，有的服务平台缺乏，有的甚至借文化之名开发文化地产。建议从政策上加强对文化产业园区开发建设的引导，尤其要控制创意含量低、依靠物业租金和政府补贴支撑的园区，鼓励发展文化创意集聚区、专业园区和产业链接整合园区，提高文化产业规模化、集约化和专业化水平。

4. 加快文化建设主体多元化发展。鼓励各类文化主体参与国有文化企业改制发展，发展混合所有制经济。推进竞争类、功能类国有文化企业的资本层面开放。推动传统媒体向网络新媒体转型，深化南通报业集团、广电传媒集团等国有文化集团转制改革，围绕管理改革、战略发展、资产管理和运营、监督考核、干部人事与基层党建等方面加快运营新模式的探索。

（三）把牢文艺方向，推出无愧于时代的优秀作品

1. 坚持正确文艺立场和创作方向。坚持以社会主义核心价值观引领文艺创作，坚持以人民为中心的创作导向，常态化、长效化开展"深入生活、扎根人民"主题实践活动。健全科学合理的文化产品评价标准和评价体系，坚持把人民群众满意作为最高评价标准，更加注重社会效益、价值导向、文化审美。加强和改进文艺评论工作，加快阵地和队伍建设，注重学术研究和理论创新，提升文艺批评的引导力和说服力。加强人文素质教育，引导公众提高文艺鉴赏水平，自觉抵制庸俗、低俗、媚俗之风。

2. 完善规划引导和扶持激励机制。围绕《南通市委关于推进社会主义文艺繁荣发展的实施意见》精神，制定出台文艺人才培养引进、扶持戏剧传承发展、美术事业发展、网络文艺发展、优秀剧本创作、江海文化奖章设立等系列政策意见和办法。提高文艺精品创作生产的组织化程度，巩固发展优势艺术门类，努力推动影视等弱势门类艺术创作实现突破，促进各艺术门

类创作普遍繁荣。加大对我市具有优势的舞台剧创作生产的扶持力度，积极促进地方戏曲发展，鼓励新创和原创。

3. 积极打造文艺精品。以"五个一工程"为龙头，深入实施重点文学作品创作、舞台艺术精品创作、影视剧精品创作、重大主题美术创作、优秀少儿作品创作等精品工程，着力打造一批文学、影视剧、舞台剧、纪录片精品。结合"一带一路"等国家发展倡议，规划推进一批重点题材作品创作生产。加强展示传播平台建设，办好重点节庆活动和文化品牌活动。积极营造尊重、包容、鼓励创新的环境氛围，大力扶持具有鲜明江海气派的精品创作，加强对原创作品的持续打磨、开发、推介和展示，构筑南通文艺新高峰。

B.43 2016~2017年连云港市文化发展分析、预测与展望

蒋红奇[*]

摘　要： 一座城市的发展水平是由经济建设的速度和质量决定的，而一座城市的气质养成，则离不开文化的滋养，最能代表一个城市品位和价值的就是城市文化。连云港市拥有山海、陆桥、神话、人类遗址、淮盐文化等文化资源，孕育了水晶、温泉、魔术、农业生态文化等一大批传统特色文化。

当前和今后一个时期，连云港市文化建设将紧紧围绕省委、省政府确立的"三强两高"目标，抓住用好"一带一路"重大发展机遇，更大力度推进文化强市建设，争取在思想理论引领、核心价值观培育践行、文化传承传播、文艺创作生产、文化惠民服务、文化产业发展和文化人才队伍建设上实现"七个新突破"，同时积极处理好文化的社会效益与经济效益关系、文化的传承与创新关系、政府引导与社会参与的关系，为推动文化事业和文化产业健康发展创造良好的环境，努力提升连云港文化发展的水平。

关键词： 连云港　文化发展　一带一路

---

[*] 蒋红奇，江苏省社会科学院连云港分院助理研究员。

一 "十二五"时期连云港市文化发展概况

"十二五"时期,连云港以积极抢抓"一带一路"倡议机遇,以科学把握推动文化建设迈上新台阶的目标要求,深入贯彻落实党的十八大和十八届三中、四中全会精神,全面贯彻落实习近平总书记系列重要讲话精神特别是视察江苏重要讲话精神,紧紧围绕"四个全面"战略布局,以培育和践行社会主义核心价值观为主线,以深化文化体制改革为动力,以深入实施文化建设工程为重点,以满足人民群众精神文化需求为落脚点,突出思想引领、全民参与、融合发展,全面提升文化建设质量和水平,为推动港城发展提供强大的价值引导力、文化凝聚力和精神推动力。

(一)公共文化服务体系建设稳步推进

"十二五"时期,连云港在全省率先启动省级公共文化服务标准化试点地区创建,万人拥有公共文化设施面积从2012年的900多平方米增加到2016年的近1400平方米,年均举办演出、展览、培训讲座、电影放映等文化活动2万余场,培育形成十大公共文化服务品牌,城乡文化丰富多彩。

(二)艺术创新能力持续提升

"十二五"时期,连云港在省级以上展赛中屡获大奖,其中国家级奖项近30个,省以上金奖(一等奖)近50个。连云港市演艺集团发展良好,女子民乐团被评为全国文化系统先进集体。连云港市艺术学校成功创建省三星级学校,民族音乐专业被评为"首批国家级民族文化传承与创新示范专业"。女子民乐团、艺术学校赴"一带一路"近10个国家和地区开展文化交流活动。

(三)文化产业发展态势向好

"十二五"时期,连云港市文化产业发展迅猛,通过招商引资、企事业单位改制、扶持民营企业等多种途径，逐步建立了包括新闻出版发行服务、广播电视电影服务、文化艺术服务、文化创意和设计服务、文化休闲娱乐服务、工艺美术品的生产、文化用品的生产等行业文化产业门类。编制实施了《连云港市文化产业发展规划》，培育形成东海水晶文化创意产业园、杰瑞科创园等市级重点文化园区。每年举办的连云港市文化产品博览会入围江苏省六大会展品牌。文化产业增加值的年均增长速度明显高于同期经济增长速度，在地区生产总值中的比重进一步提高，成为全市新兴支柱产业。全市初步形成较为齐全的文化产业体系，文化产业增加值年均增长30%左右。

（四）文化遗产保护成效显著

文化是民族的血脉，文化遗产保护是推进文化强国建设、提高民族凝聚力的重要组成部分。"十二五"时期，连云港推进文物综合保护利用，逐年实施一批重点文物保护工程。全市现有各级文保单位165处，其中国家级9处，省级28处，市级71处。海州五大宫调、淮海戏等5个项目入选国家级名录，36个项目入选省级名录，确立公布150多个市级"非遗"名录及相关传承人和传承基地。连云港山海文化生态保护实验区获批省文化生态保护实验区并编制实施保护规划。

（五）综合执法管理规范有序

"十二五"时期，连云港加强综合执法，保持"扫黄打非"高压态势，文化市场总体繁荣有序。办理一批典型案件，其中1起文物执法案件被评为全国文化市场重点案件，"李德勇团伙新闻敲诈案"入选全国"扫黄打非"十大案件。市文化行政综合执法支队获评全国"扫黄打非"工作先进集体。

（六）文化体制改革稳步推进

"十二五"时期，连云港组建成立市演艺集团，推进事业单位分类改革，加强公益性事业单位绩效管理，完成市图书馆理事会制度试点工作。

二 2016年连云港市文化发展情况

（一）发展现状

1. 公共文化服务再上新台阶

实施《连云港市公共文化设施系列服务标准》，市图书馆入选国家第三批公共服务综合标准化试点项目，全市新增文化场馆30个、农村固定放映点80个，面积达10万平方米。新建市图书馆分馆12个。灌南县被列为全省应急广播体系建设试点县并将完成创建任务。加大文化产品和服务供给力度，举办"港城一家亲"社区艺术节等惠民文化活动2万余场。启动书香连云港建设，成立市全民阅读促进会。制作发放5万张农家书屋家庭借阅证，试点推进40家农家书屋和文化大户融合发展，100家农家书屋与县级图书馆实现通借通还。

2. 艺术创演取得新成绩

创排大型现代淮海戏《辣妈犟爸》并将参加省文化艺术节，打造首部儿童剧《白雪公主与七个小矮人》，14个艺术项目获江苏艺术基金资助。举办西游记文化节、第二届戏剧节、第三节音乐舞蹈节，组织女子民乐团巡演、"名人名团港城行""华韵四季"民族音乐会等惠民艺术展演。女子民乐团赴摩尔多瓦参加第50届"迎春花"国际音乐艺术节，赴摩洛哥参加第二十二届菲斯心灵音乐节。市艺术学校赴埃及、苏丹开展文化交流。

3. 积极推进文化产业发展

继续扶持东海水晶创意产业园、杰瑞科创园等重点文化产业园区建设，8个项目获得省级文化产业发展专项资金扶持；组织本土文化企业参展苏州创博会、深圳文博会等展会，举办市第八届文化产品博览会，现场成交额达8500万，观展人数超过10万人，展会规模、质量及影响力显著提升；融入"一带一路"，成功承办全省"一带一路"文化产业发展研讨会。

4. 夯实文化遗产保护工作基础

加强文物综合保护，推进国保单位保护规划编制工作，将军崖岩画抢险加固工程设计方案报国家文物局审批，实施省级文物保护单位大雾崖石城的本体保护、石刻防风化和环境整治工程，完成第一次可移动文物普查工作。开展连云港历代防御工程资源调查、古泇水考古调查、民俗资源调查并取得初步成果。在全市范围内试运行文物行政执法监控平台，开展文物安全巡视40余次。加强文物立法，制定《连云港市文物管理保护办法》。灌云县、赣榆区博物馆入围省展览提升工程项目。

推进"非遗"保护传承。11个项目入选第四批省级保护名录，公布第六批市级保护名录30个。评比表彰市第五批非遗优秀传承人11人、全市优秀非遗保护工作者20余人、"非遗进校园"工作先进单位7家、先进个人12人。组织举办"美丽港城·精致非遗"市非物质文化遗产大型展示展演活动、"中国·海州五大宫调"研讨会，五大宫调登上央视舞台。

5. 文化管理执法取得新成效

推进全国文化市场技术监管与服务平台移动执法系统试点城市工作，建成"市文化市场网络技术监管服务中心"。全市出动文化执法人员29491人次，检查场所9157家次，办结文化行政案535件，艺术品案件查办在全省实现零的突破，市文化行政综合执法支队获评全省文化系统先进集体。加强广播影视管理，依托监控平台对播出情况进行全天候监听监看，完成监听监看通报、视听评议10期，得到市领导批示肯定。组织开展第三届广播电视新闻采访技能比赛和2015年度连云港市优秀广播电视节目奖评选。深入开展扫黄打非，查缴淫秽色情、侵权盗版等各类非法出版物20794件，处置各类互联网淫秽色情有害信息25694条，办结行政处罚案17起，刑事处罚案20起。

（二）存在问题

尽管连云港市文化发展取得了一定的成绩，也存在不少困难和问题。从总体上看，虽然各级政府对文化的投入呈现增长的趋势，但我市经济社会发展程度与苏南苏中有较大落差，财力及各方面保障支撑不够，在较大程度上制约了文化设施建设、公共文化服务、文物保护等各项工作的开展。公共文化供给服务能力与百姓的文化需求仍有较大差距，乡镇文化站、社区文化中心（农家书屋）等基层文化机构还存在管理人员不足、队伍不稳、人员经费难保障等问题，将使我市在未来的文化竞争中面临更大的压力。

三 2017年连云港市文化发展预测与展望

2017年，连云港市贯彻习近平总书记系列重要讲话精神，以五大发展理念推动连云港"十三五"发展，其中要把文化发展摆在更加突出的位置，对文化发展再认识、再谋划、再出发。连云港市将认真学习贯彻中央和省委关于文化改革发展的决策部署，按照连云港市十二次党代会的要求，坚持以人民为中心的工作导向，进一步补齐文化工作短板，提升文化工作整体效能，推进各项工作迈上新台阶。

（一）完善公共文化服务体系

加快发展惠及全民的公益性文化事业，完善公共文化服务网络，提高公共文化服务能力，发挥文化阵地作用，不断丰富群众文化生活。公共文化服务标准化、均等化建设取得明显成效，市图书馆创建国家标准委公共服务标准化示范项目，在建市图书馆城区分馆11家，总数达到30家；统筹推进综合文化服务中心建设，完成首批325个试点建设任务，推广建成与文化大户融合发展的农家书屋100家；推进书香连云港建设，加快阅读组织培育、阅读新空间建设，创建一批示范单位；强化精准惠民，培育一批群众文艺品牌，开展文化惠民活动过万场。

（二）繁荣艺术创作生产

把满足人民群众日益增长的精神文化需求作为出发点和落脚点，在推进文化大发展大繁荣中切实满足人民群众多层次、多方面、多样性的文化需求。精心组织文艺精品创作生产，坚持以人民为中心的创作导向，完善规划引导和扶持激励机制，抓好文艺精品的创作生产，努力打造更多人民群众喜闻乐见、更接地气的文艺作品。组织创作200件以上文艺作品，完成民族音乐会《苏韵流芳》、大型舞蹈诗《追梦3》的创排，继续组织好西游记文化节、连云港市农民艺术节、"名人名团港城行"等品牌艺术活动，开展文艺演出进校园、进社区、进农村公益巡演，完成市艺术学校新校区搬迁工程。

（三）促进文化产业发展

着力推动文化产业成为经济新增长点，培育壮大市场主体，推进文化产业融合发展，积极拓展文化消费领域，推动转型发展，提高城市综合竞争力。以现有文化产业集群为基础，集中力量建设布局合理、产业关联度大、产业集聚效应高、辐射带动能力强的文化产业基地和区域性特色文化产业群，健全文化产业链，重点打造一批产业园区。在继续发展壮大出版发行、影视制作、印刷、广告、演艺、娱乐、会展等传统文化产业的同时，加快发展文化创意、数字出版、移动多媒体、动漫游戏等新兴文化产业，跨国、跨地区、跨行业、跨所有制兼并重组将成为常态。推动杰瑞科创园、东海水晶创意产业园等园区项目建设，加强对至善坊水晶、蜂之谷、鸿奥科技等龙头企业的扶持培育。

（四）推进文化遗产保护传承

大力推进优秀文化传承创新，挖掘历史文化底蕴，展现红色文化魅力，体现时代精神风貌，使之成为涵养社会主义核心价值观的重要资源。完成藤花落遗址等5处国保单位保护规划编制文本的上报、审批及2处省保单位保护规划编制，实施一批市级以上文物保护单位两线图纸测绘工作，开展环锦屏山新石器时代至商周遗址考古调查、盐业文化遗迹考古调查、防御性遗迹资源考古调查，实施汉代古尸"凌惠平"的科学化保护及展陈提升工程。推进《连云港山海文化生态保护实验区总体规划》的实施，再建立一批传承基地，评选10个优秀非遗传承基地，实施优秀传承基地补助和传承人研培计划。制定《连云港市非物质文化遗产保护条例》，依法规范项目执行和传承人保护工作。

（五）加强文化对外交流合作

深化文化对外交流与合作，加强国际传播能力建设，深入开展对外交流，进一步拓展向东向西外宣空间，发出连云港"好声音"。争取"丝路回响"民乐巡演走进更多国家和城市，推动大型现代淮海戏《辣妈犟爸》、儿童剧《白雪公主与七个小矮人》在连云港及周边省市的巡演；继续推动展会转型升级，办好2017第九届中国·连云港文化产品博览会，打造我市及"一带一路"沿线文化产业集中展示交易平台；组织企业参加各类知名文化会展，扩大连云港文化产品知名度和影响力。

（六）完善体制机制支撑

站在全局和战略的高度，把握时代文化发展规律，切实形成推动文化建设迈上新台阶的整体合力。加强对文化工作组织领导，把文化建设摆在全局工作重要位置，形成党委统一领导、党政齐抓共管、宣传部门组织协调、有关部门分工负责、社会力量积极参与的文化工作新格局。深入推进文化体制改革，健全国有文化资产管理体制，深化公益性文化事业单位改革。落实文化建设支持政策，高度重视文化建设投入，建立多元投入机制，逐步形成政府投入与社会投入、企业投入相结合的新机制。加强文化干部人才队伍建设，选优配强宣传思想文化战线领导班子，建强文化领军人才队伍，加强县以下文化人才队伍建设，切实为推动文化建设迈上新台阶提供强有力的组织保障、发展动力和人才支撑。稳步推进全市文化行政综合执法改革，力争2017年年底基本完成改革任务。加强广播影视日常监管，确保准确舆论导向，保障安全优质播出。保持扫黄打非高压态势，实现基层乡镇"扫黄打非"工作机构全覆盖。

B.44
坚定文化自信　促进文化繁荣
——镇江市文化发展分析报告

于 伟*

摘　要： 习近平总书记在庆祝中国共产党成立95周年大会上明确提出：中国共产党人"坚持不忘初心、继续前进"，就要坚持"四个自信"，即"中国特色社会主义道路自信、理论自信、制度自信、文化自信"。他还强调指出，"文化自信，是更基础、更广泛、更深厚的自信"。

2016年，镇江市文化发展遵循历史脉络，以镇江市2016年文化发展为现实参照，从现代公共文化服务体系、文化惠民特色品牌、文艺精品创作、文化遗产保护、书香镇江建设以及文化产业发展六个方面总结了镇江坚定文化自信、促进文化繁荣取得的丰硕成果，彰显了习近平总书记关于文化自信一系列重要论述镇江实践的重要意义。

为了把总书记系列重要讲话精神更好地落到实处，文章深入阐述了坚定文化自信必须进一步增强文化繁荣的定力、激发文化繁荣的活力、壮大文化繁荣的实力、提升文化繁荣的能力，提出了下一阶段坚定文化自信、促进文化繁荣的总体要求、具体目标和实践路径，确保以强大的文化自信全力推进镇江文化建设迈上新台阶。

---

* 于伟，镇江市委宣传部副部长、镇江社科联副主席。

关键词： 文化自信 文化繁荣 文化事业 文化产业

近年来，镇江市深入学习贯彻习近平总书记系列重要讲话精神，以推动文化建设迈上新台阶为目标，以坚定文化自信、促进文化繁荣为要求，切实加强文化事业、文化产业发展，为建设"强富美高"新镇江提供了强大的精神动力和文化支撑。

一 2016年文化发展概况

1. 现代公共文化服务体系不断健全

全市万人拥有公共文化设施面积达1827平方米。全市所有文化馆、图书馆均达到国家一级馆标准，图书馆分馆达100家。全市所有村（社区）建成综合性文化服务中心，文化服务"1+X"模式得到中央改革办专项督察组的充分肯定。《村（社区）综合文化服务中心管理服务规范》入选2016年第一批省级地方标准项目制订计划。文化广场标准化建设及示范应用项目被评为国家文化创新工程项目，文化广场管理服务标准化项目被列为国家级、省级试点项目。全市建成覆盖城乡的各类文化广场570个，其中示范性文化广场30个、生态文化广场40个。

2. 文化惠民成为特色品牌

建设"文化镇江云"，开通"淘文化网"——镇江市公共文化产品和服务社会化运作平台。全年送戏下乡470场次，送图书下乡4.7万册，农村电影放映6457场次，观看人数达172.37万人次，举办"文心"系列公益文化活动118场、"节日展风采"广场主题文化活动23场等。镇江出台《关于加快推进全民艺术普及工作的意见》，全面实施全民艺术普及"八大计划"，开展全民艺术普及"六进活动"，举办讲座、展演、展示等艺术普及活动2000多场次，各类艺术培训600多个班次，惠及群众人数超过50万人次；成立镇江市公益艺术培训联盟，公益培训教学点覆盖所有辖市（区）。

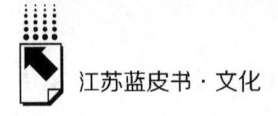

3. 文艺创作取得重大突破

镇江出台《中共镇江市委关于繁荣发展社会主义文艺的实施意见》，制定《镇江优秀文艺成果奖励实施办法》，成立市设计艺术家协会、市文艺评论家协会、江苏省戏曲现代戏研究会镇江创作基地。扬剧《花旦当家》获省"文华大奖"，被评为"中国戏曲现代戏突出贡献剧目"，并作为全国基层院团戏曲汇演开幕式首演剧目赴京演出，龚莉莉获第 26 届上海白玉兰戏剧表演艺术奖主角奖。扬剧《完节堂 1937》入选全国地方戏优秀中青年汇报演出剧目和 2016 年江苏省舞台艺术精品工程精品剧目，获第三届江苏文化艺术节优秀剧目奖。扬剧《红船》入选文化部剧本重点孵化计划。多媒体舞剧《春江花月夜·赛珍珠》参演第三届江苏文化艺术节闭幕式，获特别奖并在全球巡演。电影《军号密码》获"首届江苏电影奖"三等奖。52 集动画片《茅山小道士》、3 集纪录片《茅山》在央视播出。镇江举办"灵秀镇江·生态之美写生创作展"、第四届"百花争艳"——宁镇扬女书画家作品邀请展、镇江画派艺术普及系列展、建党 95 周年"巾帼风采"宁镇女书画家作品展、"信念永恒"——纪念红军长征胜利 80 周年画展、"丝路墨韵情满疆苏"第二届镇江·乌鲁木齐两地书法交流展等展览。

4. 文化遗产保护更加规范

全市现有国家、省和市（县）级文保单位 296 处，博物馆、纪念馆 13 家。镇江市文物安全综合管理实验区成功试点，建成镇江市文物安全综合管理信息平台，丹阳市实现所有文物保护单位视频监控全覆盖。镇江完成第一次全国可移动文物普查工作，成立文物保护协会，聘请业余文保员 200 多人，实现全市文物保护单位全覆盖。全市现有省、市、县（区）级非遗项目 298 个，国家、省、市级非遗传承人 85 人。"镇江非遗保护传承研修中心"落户江苏大学艺术学院，形成"民俗文化周""梅庵琴荟"等非遗展示品牌活动。镇江组织开展《镇江文库》编撰、建城史专家论证会、阅读遗存主题解读、寻访影响中国的镇江古迹、镇江历史文化特色论文征集、"名城掠影"摄影大赛暨展览、名城 30 周年考古成果展等活动；出版《影响中国的镇江人》《影响中国的镇江作品》《影响中国的镇江传说》《八窍珠》

等书籍。

5. 书香镇江建设深入推进

2015年,全市居民综合阅读率达89.5%。积极开展书香城市创建工作,镇江、句容入选省级首批书香城市创建名单。全市40%的农家书屋与县级图书馆实现资源共享和通借通还,实施图书馆总分馆制,建成镇江市行政中心"文心书吧"、镇江市图书馆北汽分馆、睿泰分馆、环卫工人书香驿站、金山文咖、林场书屋、北固山书香公园、城际高铁站等阅读点。组织开展"阅读早教包计划"、书香八进、诗文大家进镇江、镇江市传世名著评选、"家庭书架·邻里共读"、向读者推荐16本好书等阅读活动。镇江举办第四届文心阅读节,组织实施150个全民阅读项目,举办近3000场阅读活动;建成并开通"镇江市全民阅读网",提供图书在线阅读下载、网络图书漂流、线上读书会等服务;成立全民阅读媒体联盟,全市各类媒体共开设全民阅读专题专栏29个。全市5户家庭入选全国"书香之家",8户家庭入选江苏省"书香家庭"。镇江市成立全民阅读促进会,丹阳市成立全省首家县级全民阅读促进会。

6. 文化产业发展成效显著

2015年,全市文化产业占GDP比重达5.3%。全市现有文化单位数量近6000家,占全市企业的比重超过10%,含5家上市文化企业、6家省级文化科技企业、21家市级龙头文化企业。建立镇江市文化企业名录库,全市规模以上文化企业接近400家。文化产业集聚程度不断提高,全市拥有19个文化产业园区,包括1个国家级数字出版基地、2个省级文化科技产业园、3个省级文化产业示范基地、13个市级文化产业示范基地。创建江苏国家数字出版基地镇江园区,江苏睿泰数字产业园正式开园。推进文化与旅游、金融等相关产业融合发展,建立"镇文贷",制定出台《镇江市创新风险补偿资金贷款风险池基金使用管理办法》和《"镇文贷"操作细则》,首批贷款1100万元顺利发放;组织开展"B12星球"杯文化旅游创意产品设计大赛,积极扶持数字出版、电影、动漫游戏等新兴业态发展。

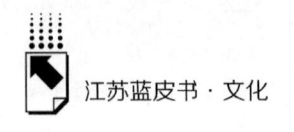

二　文化发展的现实启示

文化自信是更基础、更广泛、更深厚的自信。只有文化自信才能文化自觉，有了文化自觉才有可能实现文化发展和文化繁荣。镇江文化发展的今天是我们坚定文化自信的结果，镇江文化繁荣的明天也必然需要更持久更坚定的文化自信。

1. 坚定文化自信，需要进一步增强文化繁荣的定力

作为历史文化名城的镇江，深厚的历史底蕴、厚重的文化积淀既是镇江文化自信的强大基础，也是镇江文化发展的宝贵财富。这份文化自信让我们拥有了久久为功的实践定力，这种文化定力让镇江文化发展呈现出强劲势头。在新的形势下，镇江文化发展面临着诸多挑战：在产业转型上，以"文化+""互联网+"为主导的文化新业态还没有真正形成优势；在产品供给上，以个性化、多样化为趋向的文化特色商品还比较匮乏；在基础设施上，以"新四馆"为标志的文化项目建设推进还不是十分理想；在服务体系上，"打通公共文化服务最后一公里"还有许多工作要做；在深化改革上，推进文化领域供给侧改革任务依然十分繁重；等等。所有这些问题，都需要我们以更强的文化自信和文化定力，更大的工作力度、更快的推进速度去加以解决。

2. 坚定文化自信，需要进一步激发文化繁荣的活力

镇江文化发展的实践证明，创新来自坚定的文化自信，发展源自创新的巨大活力。因为有坚定的文化自信，我们才有敢闯敢试的勇气，才有先行先试的担当，才有文化广场标准化建设、基层文化服务"1+X"模式、图书馆法人治理结构改革等一系列全国有影响、全省有地位、群众有口碑的创新举措。新的形势下，我们坚定文化自信，需要进一步解放思想、改革创新，不断激发文化繁荣的体制机制活力。江苏省第十三次党代会提出要聚力创新、聚焦富民，镇江市第七次党代会提出未来五年要实现"五个明显提升"，其中一个重要内容就是创新活力明显提升。我们要按照省、市党代会的要求，以供给侧改革为重点，切实加大创新的力度，着力在文化体制机制改革上取得重大突破，切实解决影响文化事业文化产业发展的制度瓶颈，全面推进文化的大发展、大繁荣。

3. 坚定文化自信，需要进一步壮大文化繁荣的实力

就文化发展而言，我们既有提升文化软实力的要求，也有拓展文化硬实力的指标。近年来，我们坚持从"软""硬"两个方面入手，传承镇江悠久的历史文化，弘扬具有时代特色的现代文化，文化事业、文化产业发展取得了可喜的成绩。下一步，我们更要以高度的文化自信，加快文化基础设施建设，打造一批具有时代特点富有镇江元素的文化标志建筑；加快文化服务能力提升，打造一批全国有影响、百姓有口碑的文化服务品牌；加快文艺精品创作，打造一批有高度、有深度、有温度、有力度的文艺精品力作；加快文化产业发展，打造一批代表发展方向、具有竞争力的文化创意产业，为高水平全面建成小康社会打下坚实的基础。

4. 坚定文化自信，需要进一步提升文化繁荣的能力

实践证明，没有能力的自信是盲目的自信，缺乏自信的能力是空谈的能力。我们坚定文化自信，一定要不断提升促进文化繁荣的能力。一是管理的能力。要进一步完善高水平全面建成小康社会的文化发展规划，切实加强文化发展的宏观引领，切实加强基层文化队伍建设。二是服务的能力。重点引进一批高层次文化艺术专业人才，加快培养一批文化发展重点领域紧缺专门人才，不断提升文化服务的针对性和有效性，不断提升广大群众对文化工作的满意度。三是发展的能力。要按照文化发展的内在规律和市场运行的客观规律，加快培育驾驭和发展文化市场的能力，打造一支高素质的文化经营管理人才队伍。

三 2017年文化发展重点

2017年全市将按照《镇江市"十三五"文化广电新闻出版发展规划》要求，坚持以人民为中心的工作导向，以"项目推进年"为活动载体，突

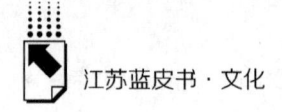

出重点、克服难点、打造亮点，不断满足人民群众日益增长的精神文化需求，以强大的文化自信全力推进文化建设迈上新台阶。

1. 加快构建现代公共文化服务体系

推进公共文化服务均等化。实现万人拥有公共文化设施面积达 1900 平方米，人均拥有公共图书馆藏书达 1.3 册；积极推进"文化新四馆"（图书馆新馆、文化馆新馆、美术馆新馆、非遗展示馆新馆）等文化基础设施建设；完善推进图书馆、文化馆总分馆制建设；实施乡镇（街道）、村（社区）综合文化服务中心提升工程，印发《镇江市基层综合性文化服务中心建设提升三年行动计划》，完成 170 个中心省级建设任务。推进公共文化服务标准化。完善文化广场管理服务标准化体系，通过文化广场标准化国家试点验收，建设 20 个生态文化广场；推进颁布《村（社区）综合文化服务中心管理服务规范》省级地方标准，推进公共文化服务社会化。继续实施《镇江市政府向社会力量购买公共文化服务实施办法》，通过"淘文化网"——镇江市公共文化产品和服务社会化运作平台——送演出到基层 50 场；推进镇江市图书馆做好省事业单位法人治理结构建设示范点工作，力争将其创成全省乃至全国样板。推进公共文化服务数字化。推进"文化镇江云"平台正式上线运行，推动博物馆、图书馆、文化馆、美术馆等馆藏资源的数字化。

2. 加大文化惠民和文艺创作力度

丰富文化惠民活动项目。创办镇江市首届"灯火"新诗会，举办第五届"金山"艺术展演月、第三届广场舞大赛、"节日展风采"广场主题文化活动等品牌文化惠民活动；组织送戏下乡 500 场、送书下乡 32000 册、送电影下乡 6700 场。提升全民艺术普及工作影响力。向社会公开征集全民艺术普及项目，充分发挥镇江市公益艺术培训联盟的作用，举办全民艺术知识普及公益讲座 300 场。继续开展全民艺术普及"六进"活动，评选表彰全民艺术普及优秀项目、示范基地、优秀社团和全民艺术普及明星，举办全民艺术普及成果展演活动。加强文化遗产的保护和利用。研究制定镇江市文物保护建筑利用办法，推进清真寺、鹤林寺大殿等一批文物保护工程和铁瓮城遗址、新河街一条街、大龙王巷历史文化街区等重点工程建设。建成"镇江非遗网",组织开展第三届民俗文化周活动、白蛇传新编故事大赛、"第三届梅庵琴荟"系列活动、"非遗三进"等活动。推动开发体现镇江特色的文化创意产品,探索文保单位的再利用、非遗的产业化。勇攀精品艺术生产高峰。组织开展镇江市第二届"五个一工程"评选工作,推送图书《中国价值:图说社会主义核心价值观的根与源》等一批精品力作,争取在第三届江苏省文华艺术奖和全国"五个一"工程奖、江苏省"五个一"工程奖评选中获得好成绩。制定出台扶持和振兴地方戏曲传承发展意见办法,继续打磨扬剧《完节堂1937》《红船》等艺术精品,组织扬剧精品进京展演。继续开展"灵秀镇江"系列写生创作活动,举办第五届"百花争艳"女书画家作品展等活动。推进网络文艺发展,推送中国微小说文字、音频原创作品,拍摄"中国微小说"系列第二季网络微电影,开展镇江市首批"文艺名家"评选工作。

3. 深入推进书香镇江建设

实现全市居民综合阅读率达90%以上,拓展阅读活动阵地。构建政府主导下的全市图书馆服务体系,继续推进图书馆总分馆建设,实现乡镇(街道)分馆设置率100%。实施农家书屋提升工程,实现60%的农家书屋与县级图书馆通借通还。推进阅读新空间建设,在商业网点、车站、医院、银行等阅读点提供图书期刊阅览或数字阅读资源免费下载服务。开通图书流通车服务专线,定时、定点、定线路开行图书流通车,为城郊接合部群众提供阅读服务。深化阅读活动品牌。举办第五届文心阅读节,组织开展书香八进、诗文朗读大赛、阅读早教包计划、镇江传世名著解读、换书大会、快速阅读大赛、第四届"书香镇江·少儿阅读季"等阅读活动。培育阅读推广力量。依托农家书屋在每个行政村建立阅读组织和阅读推广队伍,通过开展培训讲座、参观考察等方式,提升其阅读推广能力和水平。加强全民阅读志愿服务队伍建设,成立全民阅读志愿服务总队,在全市设立100个全民阅读志愿服务站点,推进各辖市区建立全民阅读促进会。强化阅读文化宣传。开展"那书与我"征文、走读镇江等"阅读+我"活动,继续推进《镇江文

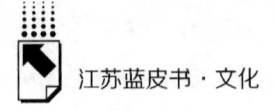

库》的编撰工作，编印《中小学课程教材——镇江历史文化读本》，组织全民阅读媒体联盟聚焦"文心阅读节"等重大活动，加强阅读文化宣传。

4. 推动文化产业转型升级

强化文化发展政策引导。在进一步加大文化投入的基础上，积极为全市文化产业项目争取省级以上文化产业发展扶持资金，指导文化单位申报文化部文化科技项目、动漫扶持计划等各类资质。完善文化产业招商机制。充分发挥商务、台办、外办、文创协会的桥梁纽带作用，为招投双方提供信息源。组建由市文广新局牵头、各辖市区参与的招商小分队，通过考察重点项目、"点对点"会见洽谈等"走出去"方式开展招商活动。鼓励企业将客商"请进来"，协助企业做好申报、审批、立项工作，推进合作项目落地生根。推动文化产业融合发展。推动文化与金融融合，发挥"镇文贷"平台作用，扶持一批小微文化企业；建立"镇文贷"项目储备库，适时向银行推荐有融资需求的文化企业，重点支持动漫、网络游戏、绿色印刷等新兴文化业态发展。推动文化与旅游融合，举办第三届文化旅游创意产品设计大赛，与市旅游委员会联合推出文化旅游口袋书和创意产品。培育实体经济。举办文化产业银企合作交流会，以全市21家龙头企业和符合融资条件的园区、项目为主推重点，鼓励各大银行和各类社会资本进入文化产业领域。加快文化企业上市准备，对接相关券商，遴选有上市意愿、符合条件的文化企业开展专项辅导，力争3家文企上市、2~3家进入排队序列。探索创意设计集聚区，以二、三产分离为突破口，尝试推动相关企业设立独立的创意设计公司，进而形成集聚板块，壮大新兴产业的实力和占比。鼓励文化对外交流合作。设立镇江文博展会。鼓励并支持文化企业参加深圳文博会、苏州文创会、无锡文博会、常州动漫展等各大知名博览会，加强对外交流与合作，推动镇江文化品牌"走出去"。

大事记
Events

B.45
2016年文化发展大事记

2016年1月

1月1日　美国的梵高全息影像展在南京新城市广场开幕。

1月3日　南京晨报创刊15周年暨晨报小记者艺术团举行首次汇报演出。

1月4日　深圳市中级人民法院裁定：江苏卫视停止使用《非诚勿扰》栏目名称。

常州市启动拍摄6集人物传记片《李公朴》。

江苏省戏剧学校第19届校园文化艺术节落幕。

1月5日　江苏省中山陵等12家单位被命名为首批"中国华侨国际文化交流基地"。

"城门挂春联，古都开门红"助力明城墙申遗活动启动，面向全球征集南京城墙春联。

1月6日　涟水县交通投资有限公司获评淮安市"书香企业"称号。

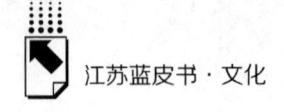

淮剧《小镇》在南京紫金大戏院上演。

1月8日　江苏省飞扬乐团在南京江南剧院举行"炫乐缤纷"新年音乐会。

情景朗诵剧《一代楷模》，在淮安人民大会堂首演。

"交汇点之夜·王珮瑜京剧清音会"在新华传媒集团艺术剧场上演。

1月10日　扬州第三家24小时"城市书房"建成开放，这是扬州经济技术开发区的第一家公共图书馆。

1月11日　内地首部昆曲题材电影在江苏省昆剧院开机。

扬州市公共文化服务体系建设协调小组第一次全体会议在市文化馆召开。

南京秦淮特色文化产业园在2015年"中国文化产业园区100强"中排名第4。

1月12日　2015年江苏省十大新闻评选结果正式揭晓。

江苏省文艺评论家协会在宁召开陈辽同志追思会。

江苏省兴化、东台市蒋庄良渚文化遗址项目入选2015年度"中国六大考古新发现"。

"苏风艺韵·江海艺境"——南通市美术书法作品展暨话剧《长桥酒家》演出在江苏省现代美术馆开幕。

"俄语暨俄罗斯文化中心"在南京揭牌。

1月13日　"启蒙观——萧和师生书画展"在新华全媒体艺术馆举行。

"文客网"正式上线。

江苏"群星"美术书法摄影作品提名展（美术类）开展。

镇江启动现代扬剧《红船》创编工作。

1月14日　由淮安市文广新局等联合举办的历史文化与文化产业发展座谈会召开。

1月15日　江苏省职业院校艺术设计联展在南京艺术学院美术馆举行。

1月17日　"爱在南京"第三届南京民俗（非遗）文化节在南京登场。

1月18日　首届"朵上·一首好诗"诗歌奖颁奖仪式暨朵上诗歌嘉年华在南京朵上文化餐厅举行。

首届盐城市图书馆理事会成立大会举行。

1月19日 江苏省新闻媒体"好记者讲好故事"交流研讨会在无锡召开。
苏州市优秀群文作品扶持项目（2015年动态类）展演在苏州市公共文化中心剧场举行。

1月20日 "苏风艺韵——徐州美术的历史与今天"暨"彭城画派"作品展，在江苏省现代美术馆开幕。
"中国抗日战争研究协同创新中心"成立。

1月22日 江苏省文化广电新闻出版工作会议在南京召开。
无锡市"周怀民藏画馆"展示周怀民捐赠的珍贵书画藏品。
"中华民博收藏精品"在南京向公众免费开放。
江苏艺术基金董事会成立座谈会在南京召开。
南京市出台《关于促进博物馆文创产品发展的指导意见》。

1月24日 大型廉政话剧《纤夫》在淮安人民大会堂公演。
江苏省文化馆举行"又是春天"名家名篇名段朗诵会。
2016赞比亚"欢乐春节"庙会盛大举行。

1月25日 在陶行知妻子吴树琴百年诞辰之际，她的儿女向南京陶行知纪念馆捐赠一批藏品，以此纪念和缅怀自己的母亲。

1月26日 2016第八届"海门之春"文化惠民月启动暨江海公园建成区开放活动在海门市江海公园开幕。

1月27日 2016年南京市宣传部长会议暨文化广电新闻出版工作会议召开。

1月28日 扬州市文化广电新闻出版工作会议在扬州市文化馆召开。
徐州市首届"我的中国梦——少儿艺术'新苗奖'颁奖暨徐州市迎新春少儿文艺晚会"在徐州人民舞台举行。

1月29日 国家知识产权局批准邳州经济开发区等14个园区为2015年国家知识产权试点园区。
2016"长江金山灯会"暨"第六届江苏·台湾灯会"亮灯仪式在镇江举行。
徐州市首届社会艺术考级优秀作品展演在徐州人民舞台上演。

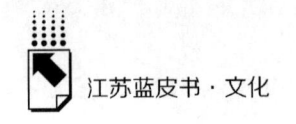

2016年2月

2月1日 "春和景明——江苏文艺迎春大展"在江苏省现代美术馆举行。

2月2日 江苏省文化厅开展文化系统内2015年度十件文化大事评选活动。

首批南京历史文化名人雕塑入围作品在金陵美术馆揭晓。

"灵秀镇江——生态之美"中国画写生创作作品展开幕式在镇江市美术馆举行。

2月3日 文化部专家组来南京图书馆督导国家级古籍修复中心工作。

2月4日 江苏省委宣传部共制作30万张年画送到农村群众家中。

第三十届秦淮灯会在南京大报恩寺遗址公园亮灯。

"江苏文脉整理与研究工程"在南京启动。

2月5日 盐城博物馆、水浒文化博物馆和盐都民俗博物馆开馆。

《苏州市非物质文化遗产生产性保护促进办法（试行）》《苏州市非物质文化遗产代表性项目评定与管理办法》《苏州市非物质文化遗产分类保护示范基地命名与管理办法》3个规范性文件正式施行。

2月12日 江苏省海外"欢乐春节"演出团启程，前往哥伦比亚、特立尼达和多巴哥，为海外观众献上12场"欢乐春节·精彩江苏"的演出。

2月14日 淮安市清江浦庙会开幕。

2月17日 苏州第二图书馆在苏州相城区破土动工。

董永传说传承人朱照网、古琴艺术（梅庵琴派）传承人刘善同等34位，被评为镇江市第三批市级非物质文化遗产代表性传承人。

2月19日 江南百工——首届长三角非物质文化遗产博览会在上海开幕，南通仿真绣受邀参展。

2月21日 南通举办梅庵派古琴艺术2016新春演奏会。

镇江举办韩国当代艺术品展览。

2月22日 江苏省政府参事、省文史研究馆馆员聘任仪式在南京举行，张建云等19位专家学者受聘为省政府参事，孙宅巍等20位同志受聘为省文史研究馆馆员。

江苏省哲学社会科学工作领导小组第五次会议在南京召开。

"群星"美术书法摄影作品提名展览（书法系列）在江苏艺术展览馆开展。

2月23日 镇江市首个游戏产业园——长江游戏谷在镇江市举行开工仪式。

2月24日 2015十大中国著作权人，江苏省设计师速泰熙因维护自己创作的"大耳朵图图"卡通形象荣获专家特别提名奖。

2月25日 扬州与阿根廷合作编创木偶剧《森林王子》。

2月26日 第九届江苏省园博会在主展园内打造出一个综合型非物质文化遗产展示馆，集中展示苏州各级"非遗精品"。

江苏广电制作中心暨仙林·荔枝广场文化综合体项目在南京签署投资合作协议。

第12届苏州婚庆文化产业博览会在苏州国际博览中心开幕。

金陵美术馆"美术馆里的美术课/画室搬进美术馆"获评2015全国美术馆优秀项目。

2月28日 "江苏省2015中华文化人物"颁授典礼在南京举行。

南京博物院考古发掘位于兴化、东台交界处的蒋庄遗址不仅突破了良渚文化北不过长江的传统学术观点，而且首次大量出土良渚时期先民骨骼，通过现代科学检测，那些隐藏在骨骼中的中华文化基因有望被破解。

2月29日 江苏省文联九届二次全委（扩大）会议在南京召开，会议嘉奖了江苏省2015年度全国性优秀文艺奖项获得者，并授予马宏峰、王伟林、王铁君、王咏梅、王醒等15位文艺工作者"第四届江苏省中青年德艺双馨文艺工作者"称号。

第六届"江苏台湾灯会"台湾灯区在台湾桃园亮灯，由镇江选送的大型灯组"满眼风光"正式亮相。

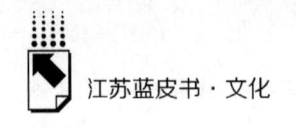

2016年3月

3月1日 江苏省推出15家优秀全民阅读新媒体平台。

"南京大屠杀史与国际和平研究院"在侵华日军南京大屠杀遇难同胞纪念馆成立。

施普林格·自然旗下的自然出版集团,分别与南京大学、南京工业大学签约,合作举办学术期刊。

《江苏省公共文化服务促进条例》实施。

现代化基层综合性公共文化服务中心在淮安市宋集乡甘姜村落成。

3月3日 盐城市射阳杂技团编演的《扇舞丹青》荣获第五届西班牙菲格拉斯国际杂技节"金象奖"。

3月4日 无锡市首届女书文化展在无锡市图书馆开幕。

3月5日 全国首个"民国旧体文学与文化"数据库在南师大揭牌成立。

纪念敬爱的周恩来总理诞辰118周年诗歌朗诵会在宁举行。

3月7日 "2015年江苏电视剧颁奖礼"在宁举行。

"梦幻香江——2016香港摄影艺术作品展"在金陵图书馆开幕。

3月9日 江苏省委省政府启动"江苏文脉整理与研究工程"。

江苏省文化市场管理工作会议暨文化综合执法体制改革试点工作现场会在常州举行,会上公布了2015年度文化行政十大优秀执法案例。

"绿野心韵——吴耀华中国画作品展"在江苏省国画院美术馆开幕。

3月10日 "江苏省美术馆2015年度收藏作品展"和"江苏省美术馆馆藏李剑晨先生捐赠水彩作品展"在江苏省美术馆开展。

3月11日 "默默倾听——中国诗词的巡礼"合唱音乐会在南京江南剧院举行。

苏州工业园区东沙湖廉洁文化教育基地正式落成。

3月13日 镇江市委宣传部、市文广新局举办"诗文大家进镇江"暨"镇江市传世名著评选"活动。诗坛"梦之队"到镇江创作采风。

3月14日 《汉堡之子·南京好人》图片展在德国汉堡移民博物馆展出。

3月15日 中国甲骨文书法艺术研究会副会长、中国甲骨文书法学术委员会委员、湖南省甲骨文学会会长谢兆岗的40幅甲骨文书法作品以及甲骨文字库等档案资料被捐赠给江苏省档案馆。江苏省档案馆已建立全国首家甲骨文档案资料库。

2016公益合唱音乐会在宁启动。

3月18日 第二届"未来之星"江苏省少儿才艺大赛在省内13个地市级分赛区全面开赛。

江苏省社科界第九届学术大会表彰了20家省级社科模范学术社团。

由江苏省文联主办的江苏省美术奖作品展览在江苏省现代美术馆举行。

侵华日军南京大屠杀遇难同胞纪念馆获赠甘肃艺术家刘平创作的《屠城血恨》玉雕系列作品5件。

3月19日 2016长三角婚庆文化嘉年华在南京国际博览中心浪漫启幕。

3月21日 30卷本《美国国家档案馆馆藏中国抗战历史影像全集》首发式在南京举行。

苏州吴中召开《吴中文库》丛书研讨会。

3月22日 文化部与苏州市签署布达佩斯中国文化中心合作共建协议。

南京大学举行纪念匡亚明校长诞生110周年座谈会。

江苏省新闻摄影学会第三次会员代表大会在南京举行。

宿迁市沭阳美术馆开馆。

3月23日 "紫金文创研究院"在南京艺术学院成立。

苏州科技学院更名为苏州科技大学。

3月24日 16卷本《孙中山全集》在南京首发。

3月25日　《南京市促进非国有博物馆发展实施办法》正式实施。
徐州医学院更名为徐州医科大学。

3月26日　纪念金派创始人金运贵110周年诞辰扬剧专场在紫金大戏院上演。
2016年江苏省全民阅读活动领导小组向社会推荐12本好书活动启动网络投票。
大型隶书长卷《栖霞山赋》在栖霞古寺举行揭碑仪式。

3月28日　江苏省书画院成立大会暨江苏省书画院作品展开幕式在江苏省文联举行。

3月29日　苏州市滑稽剧团的《探亲公寓》被列入大型舞台剧和国家艺术基金2016年度作品滚动资助的项目。江苏省还有纪松、李素芳、蒯连会3位青年艺术家的作品获得国家艺术基金滚动资助。

3月30日　江苏省政协在南京举行《江苏历史文化览胜》出版座谈会。

3月31日　中国首家垂钓书画院江苏垂钓书画艺术研究院在南京成立。
镇江启动"农村道德文化园"示范村建设。
《江苏政府治理创新蓝皮书（2016）》发布。
镇江市龚莉莉获得第26届白玉兰戏剧表演艺术奖主角奖，南京市李晓旭荣获第26届白玉兰戏剧表演艺术奖配角奖。

2016年4月

4月1日　苏州市集图书馆、文化馆等文体中心，承传文化中的"六艺"，即"礼、乐、射、御、书、数"。

4月2日　以"美泗阳行、欢乐乡村游"为主题的泗阳县乡村文化旅游节拉开帷幕。

4月3日　兴化地税局拍摄的廉政文化微电影《誓言》，被省纪委评为二等奖。

4月4日　镇江正式启动"农村道德文化园"示范村建设。

4月5日　被列为国家非物质文化遗产保护项目的兴化茅山会船节开幕。

4月6日　由南通市宣传文化部门发起的"乡村记忆——南通乡村映像志"文化工程启动。

4月7日　由南京艺术学院美术馆主办的韩磊"时差"&冯立"白夜"双个展在南京艺术学院美术馆举行。

4月8日　以"荷兰花海"为媒，大丰县举办大丰麋鹿文化旅游季暨荷兰花海第三届郁金香文化月活动。

4月9日　姜堰具有"世界最大的水上庙会"之称，被列入全国非物质文化遗产名录。

4月10日　江苏省侨办、民盟中央艺术团在南京紫金大戏院联合举办"侨梦情缘·中华之光"戏曲音乐会。

4月11日　江苏省"高雅艺术进校园"拓展项目在东南大学九龙湖校区拉开帷幕。

4月12日　首届国家重点花文化基地建设研讨会在江苏省扬州个园举行。

4月13日　以"江苏供给侧结构性改革研究"为主题的第十八期现代智库论坛在江苏省社科院举行。

4月14日　由江苏省人民政府新闻办公室和江苏凤凰出版传媒联合打造的《符号江苏》是综合性对外文化交流项目。

4月15日　金陵、镇江市、扬州市三家市级公共图书馆在南京金陵图书馆签署合作协议，标志着"宁镇扬公共图书馆区域合作联盟"正式成立。

4月16日　江苏省海峡两岸文化交流促进会在南京市成立。

4月17日　第四届两岸茶文化论坛在宜兴举行，来自海峡两岸嘉宾、茶业专家和茶业代表出席了本次论坛。

4月18日　江苏省全民阅读促进会第一次会员代表大会在南京召开。
第九届江苏省园艺博览会在苏州吴中太湖畔开幕。

4月19日　以"创意创造价值，设计改变生活"为主题的2016第三届"紫金奖"文化创意设计大赛在南京正式启动。

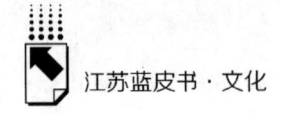

4月21日　以"网聚正能量引领新风尚"为主题的江苏网络社群大会在江苏省常州东方盐湖城举行。

4月22日　中国大众文化学会剪纸艺术委员会、剪纸科研与教育中心在南京大学正式成立。

以"跨界·再生"为主题的第五届"中国苏州文化创意产业交易博览会"在苏州国际博览中心拉开帷幕。

4月23日　南京首家"盲人剧场"在南京金陵图书馆落成并举行首场演出。
第21届南京读书节在江苏省南京市雨花台烈士陵园启动。

4月24日　由省大众文学学会主办的第三届"江苏大众文学奖"在泗阳县大禾庄园揭晓。

4月25日　"劳动者之歌——馆藏版画精品主题展"在江苏省美术馆展出。

4月26日　第四届朱自清散文奖颁奖典礼和"中华散文与中国精神"高峰论坛在扬州举行。

4月27日　"江苏科普云"信息服务系统启用仪式在淮安举行。

4月28日　以"传播素食文化，倡导绿色生活"为主题的2016中国宜兴国际素食文化博览会在宜兴大觉寺开幕。

4月29日　为守护"文明之根"，培育"泗洪文化"，泗洪举办"诚信文化"等传统文化活动。

4月30日　洪泽在全省县级率先出台《推动文化建设迈上新台阶实施意见》，把洪泽建成文化强县。

2016年5月

5月1日　海门市以全力推动文化产业转型升级，推进文化产业又好又快发展。

5月2日　我省举办"精彩江苏"进剑桥、"吴韵汉风"非遗展告示等文化交流活动等。

5月3日　泰州图书馆和泰州市爱国拥军促进会赴浙江省舟山市，走进军营建立泰州市图书馆泰州舰分馆，共同打造一方军营阅读新天地。

5月4日 台北故宫博物院典藏的62册《永乐大典》首度出版发行高仿真古籍本。盐城市文广新局开展水文化遗产调查工作，非物质类水文化遗产出现了手工艺技能等。

5月5日 由中国曲艺家协会与泰州市政府共同建设的中国评书评话博物馆在泰州开馆

5月6日 2016中国·江苏原创小剧场戏剧在扬州、南京两地举行公益展演。

5月7日 长三角城市非物质文化遗产传统技艺会在南通举行。

5月8日 建湖的杂技和淮剧为国家级非物质文化遗产，为此建湖创建了省级现代公共文化服务体系示范区，

5月9日 由陈书禄等教授主编的《江苏地域文化通论》，是建构江苏优秀文化传承体系中推出的一部雅俗共赏的论著。

5月10日 江苏省青年艺术家协会第一次代表大会在省文联举行。

5月11日 "世界青年汇——丝路青年"泰国、土耳其主场活动在南京师范大学举行，各国青年感受不同文化之间的碰撞，并促进彼此之间的交流。

淮安市与天津市滨海区联合开展2016国家公共文化服务体系示范项目区域合作，促进区域间优秀公共文化资源共建共享。

5月12日 江苏省民办博物馆协会和美国佛罗里达国际大学会签署了一批中美民间交流合作项目，相互赠送图书和画册。

以"践行五大理念，共谱汉风华章"为主题的第十二届深圳文博会，并举办了徐州市招商推介会。

5月13日 南通市在第十二届中国（深圳）国际文化产业博览交易会上举行专题恳谈会，宣传推介优质文化产业项目。

5月14日 由江苏省文化厅主办、连云港市文化馆等协办的2016"精彩江苏"文化民生基层文艺巡演连云港专场演出圆满举行。

5月15日 2016年博物馆馆藏文物巡回展暨"周恩来与文化名人展"开展

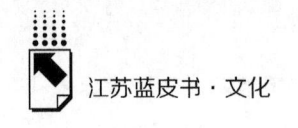

仪式在淮安周恩来纪念馆举行。

5月16日　以"阅读成就最美的自己"为主题的第六届江苏书展执委（扩大）会在南京召开。

5月17日　以"探寻大汉之源、共享文化之美"为主题的第十一届刘邦文化节在沛县开幕。

5月18日　我省在台湾举办"吴韵汉风·精彩江苏——非物质文化遗产精品展演月"活动。

以"文化景观与博物馆"为主题的"呼吸——中国传统文化的当代形塑"展于南京博物馆揭开帷幕。

5月19日　主题为"活力社团·激扬青春"的学生成长展示日活动在苏州大学文正学院举行。

5月20日　2016第二届"艺术南京"国际艺术博览会在南京开幕。

5月21日　江苏省首届"中江杯"茶艺技能竞赛开赛。

5月22日　以"非遗传承与创意智造"为主题非遗展示馆和2016世界绿色设计论坛在扬州举行并成为新亮点。

5月23日　以"深入生活、扎根人民"为主题的2016年全省基层文化工作座谈会在溧阳市举行。

5月24日　无锡市图书馆开原寺分馆开馆仪式在开原寺百年藏经楼前隆重举行。

5月25日　扬州漆器厂申报的"拓展海外市场营销项目"被列入今年国家文化出口重点项目

5月26日　以"智汇无锡，设计未来"为主题的2016第二届无锡市文化创意设计助推文化产业发展大赛正式启动。

5月27日　以"当代话语下的文化经济学"为主题的首届文化经济学紫金论坛在南京艺术学院开幕。

5月28日　"汤显祖与昆曲：晚明江南最美的遇见"展览在苏州昆曲博物馆开展。

5月29日　南京图书馆的古籍版江苏省82部珍贵古籍入选第五批国家珍贵

古籍名录。

5月30日 面向江浙沪等城市的大型非物质文化遗产展览——"长三角城市非遗传统技艺"在南通举行。

5月31日 以"创意创造价值,设计改变生活"为主题的"智创淮安"文化创意设计大赛在淮安举行。

由文化部和南通博物苑联合主办的"永恒的经典——毕加索＆达利艺术精品展"在南通博物苑开幕。

2016年6月

6月1日 中国南社"刘氏三杰"研究中心在张家港市金港镇揭牌。

6月2日 "第三届南京国际美术展"在南京举行新闻发布会。

6月3日 一幅由24名小学生历时一年剪出的长12米、宽60厘米的《清明上河图》剪纸画卷,在古城如皋新民小学惊艳亮相。

6月4日 无锡市首届"品质梁溪"文旅节是无锡梁溪区文商旅融合发展的第一次深度探索,30项非物质文化遗产至今熠熠生辉。

6月5日 在北京举行的中国生态文明奖表彰会上,张家港市被授予首届中国生态文明奖先进集体称号,也是我省唯一获此殊荣的城市。

6月6日 扬州市文广新局召开"江苏省非物质文化遗产传统美术、传统技艺展示展演"新闻发布会。

6月7日 江苏省美术馆推出馆藏历史题材绘画专题展"让红色绽放",这是省美术馆馆藏系列特别展。

6月8日 由省文联、省美术家协会主办的"江苏首届青年油画展"在省现代美术馆开幕。

《徐州市非物质文化遗产要览》《徐州非物质文化遗产传统美术和技艺作品集锦》出版发行座谈会在徐州市图书馆举行。

6月9日 由省人才创新创业促进会主办的"江苏省弘扬传统文化与企业文化建设研讨会"在东台举行。

6月10日	由省文化厅和扬州市人民政府主办的"江苏省非物质文化遗产传统美术、传统技艺展"在扬州拉开帷幕。
6月11日	由江苏省文化厅、扬州市人民政府主办的"精彩江苏精致非遗"传统技艺展示展演活动在扬州举行。
6月12日	苏州市文化产业发展组公布了2016年度苏州市文化产业重点55个项目上榜。
6月13日	韩国圆光大学校长金道宗教授一行访问南京工业大学并出席"韩国语课堂"揭牌仪式。
6月14日	"道法自然·傅二石八十艺术回顾展"在省美术馆新馆举行。扬州市领导专题调研非遗保护及文化产业发展，要延续"非遗"生命，"活化"遗产，使之发展成为扬州最具特色和规模的文化产业。
6月15日	教育部会同江苏省和苏州市共同建设的世界语言大会展示馆·语言文化研习体验馆在苏州开馆。
6月16日	2016年苏港澳三地体育集邮文化交流暨"体彩杯"体育集邮精品展览在南京举行。
6月17日	以"让文化遗产融入现代生活"为主题的连云港市举办2016年全市非物质文化遗产展示展演活动。
6月18日	南京大学—约翰斯·霍普金斯大学中美文化研究中心成立30周年庆典在南京大学举行。
6月19日	马相伯文化研究会在丹阳成立，同时马相伯史迹陈列馆也于当天揭幕。
6月20日	《撒马尔罕的金桃：唐代舶来品研究》为美国汉学家薛爱华先生写成的一部涵盖唐代众多舶来物品书籍，也是对当时社会文化进行深入探析的恢宏巨著。
6月21日	以"蜕变"和"再生"为主题的南京艺术学院承办的"中国非遗传承人群（手工印染类）研修班"开班。
6月22日	2016年第六届金陵礼佛文化月在南京牛首山举行。

6月23日　南京首家手工艺街区"耘集"开业以来，手工艺正在变成一个时尚的文化产业，创造体验，成为文化新潮流。

6月24日　由江苏省政府主办，葡萄牙里斯本大区政府等承办的江苏文化葡西行第一站活动在葡萄牙首都里斯本举行。

6月25日　由省文联主办、省雕塑家协会承办的"2016江苏雕塑月"在省现代美术馆开幕。

6月26日　省中华文化促进会海洋文化专业委员会成立大会在南京举行。

6月27日　作为第30届全国荷花展的主体活动之一的以非遗文化为主题的"童乐汇"在扬州瘦西湖体验活动。

6月28日　作为世界文化遗产日的系列活动，"琴派有别曲成双"古琴名家雅集在南京上元书房举行。

6月29日　"风展红旗——革命浪漫主义书画展"在南京博物院开幕。

6月30日　"永不褪色的光彩——纪念中国共产党成立95周年江苏红色文化遗产图片展"在南京中国近代史遗址博物馆开展。

2016年7月

7月1日　由江苏省文学艺术界联合会、南京艺术学院主办的"光辉的历程"摄影书法作品展在江苏省现代美术馆开幕。
江苏省流行音乐学会成立。来自全省各市百余名流行音乐代表齐聚南京艺术学院流行音乐剧场。江苏省流行音乐学会第一次会员代表大会通过民主程序，选举产生了第一届主席团。

7月4日　纪念金陵刻经处成立150周年系列活动之一、由南京市话剧团创作演出的话剧《金陵刻经》在南京文化艺术中心首演。

7月5日　金陵刻经处成立150周年纪念大会在大报恩寺遗址公园举行。
国家宗教事务局局长王作安、全国政协民族和宗教委员会主任朱维群、江苏省政协主席张连珍、南京市市长缪瑞林，中国佛教协会会长学诚法师、台湾佛光山开山宗长星云长老、中国佛教协会

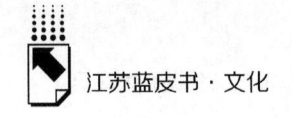

副会长觉醒法师、心澄法师、纯一法师等出席纪念会。

7月7日　侵华日军南京大屠杀遇难同胞纪念馆为纪念全民族抗战爆发79周年，举办首届抗战藏品交流会。

7月8日　由省政府主办，省委宣传部、省新闻出版广电局、扬州市政府、凤凰出版传媒集团共同承办的第六届江苏书展在扬州国展中心正式开展。

7月11日　由江苏广播电视总台与中共常州市委统战部联合摄制，南京电影制片厂和江苏亚细亚影视制作有限公司联合承制的电视纪录片《风雨同心李公朴》，在央视十套《探索·发现》首播。

7月12日　由江苏省委宣传部组织和指导，也是江苏省演艺集团2016年重点剧目之一的大型历史歌剧《郑和》进行了首度彩排。

7月15日　江苏省获奖科普剧巡演启动仪式在张家港市文化中心星海剧场举行。

7月19日　江苏双创艺术团成立仪式在南京举行，并进行第一次会员代表大会。

7月28日　经江苏省金融办等部门批准，南京新增一家全国性文化艺术品产权线上交易平台——华鼎文交中心。

2016年8月

8月5日　由省文联、省美术家协会主办的"江苏省第七届水彩（粉）画展"在省现代美术馆开幕。

8月8日　幸福蓝海影视文化集团股份有限公司创业板挂牌上市仪式在深圳证券交易所举行，成为深交所创业板第一家上市的国有控股影视全产业链经营的公司。这是我省文化体制改革和文化产业发展取得的又一重大成果。

8月8日　江苏省"全民健身日"活动启动仪式在南京市玄武湖公园举行，全省各市、县、区同时开展形式多样的全民健身活动。

8月9日　南京博物院"法老·王——古埃及文明和汉代文明的故事"特展举办开幕式。

8月13日　苏州博物馆与故宫博物院合作举办的"苏·宫——故宫博物院藏明清苏作文物展"开幕。

8月22日　"纪念建党95周年暨长征胜利80周年——红色经典影片进校园活动"首映式在赣榆县第一中学举行。

8月23日　江苏省锡剧团投拍的国内首部4K高清锡剧电影《珍珠塔》在南京首映。

8月26日　南京市全民阅读促进会第一次会员代表大会在金陵图书馆召开，同时南京市全民阅读促进会正式揭牌。

8月26日　南京图书馆与台湾汉学研究中心共同发起并连续举办的海峡两岸第三届玄览论坛在南京图书馆举行。

2016年9月

9月10日　文化部公示第十五届文华大奖初评结果，江苏省选送的3台剧目榜上有名，分别是淮剧《小镇》、滑稽戏《探亲公寓》和话剧《雨花台》。

9月20日　第三届江苏文化艺术节和首届紫金京昆艺术群英会组委会工作会议在南京召开。

中共中央文献编辑委员会编辑的《胡锦涛文选》第一卷、第二卷、第三卷由人民出版社出版并在全国发行。江苏人民出版社在南京举行《胡锦涛文选》江苏首发式，全省各市县主要新华书店集中展示并发行。

9月22日　纪念红军长征胜利80周年书画暨将帅肖像印巡回展在南京高新技术开发区慧港电商创业园首展。

9月23日　第四届中国期刊交易博览会在武汉举行。江苏省组织33家期刊出版单位参展，携300余种精品期刊现场展示推介。

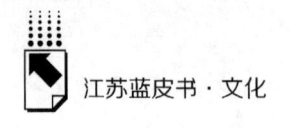

	江苏原创史诗京剧《镜海魂》在重庆上演。
9月24日	"江苏当代作家与中国当代文学"研讨会暨《江苏当代作家研究资料丛书》首发式在北京隆重举行。
9月26日	江苏省正式启动第一届全国和江苏省文明家庭推选工作。
9月27日	南京市鼓楼区实验中学举行"尊万世师表、做仁爱之人"纪念孔子诞辰2567周年活动。

2016年10月

10月1日	江苏省大丰金秋旅游季暨荷兰花海百合花文化月拉开帷幕。
10月2日	投资近百亿元的启东恒大海上威尼斯度假城开门迎客。
10月4日	江苏省演艺集团锡剧团携锡剧《清风亭》到泰州大剧院演出,拉开全国优秀经典剧目展演的帷幕。
	馆藏丰富、意蕴绵长的南通环濠河博物馆群,成为吸引八方游客的"眼球驿站"。
	百年南通博物苑作为中国第一家近代民办博物馆,展现南通深厚的文化底蕴。
10月6日	梅派传人、国家一级演员李亦洁演唱的京歌《梅兰芳》响彻泰州大剧院,拉开2016中国泰州梅兰芳艺术节的大幕。
	南京市博物总馆旗下六朝博物馆、太平天国历史博物馆、市民俗馆、江宁织造博物馆等7个分馆,国庆共接待游客10.5万人次。
	国外藏书票精品展在南通1895文化创意产业园开展。
10月7日	几百对来自全国各地的新人身穿婚纱礼服齐聚苏州虎丘婚纱城,举办一场声势浩大的集体婚礼派对,并以908位新娘的数字刷新吉尼斯世界纪录。
	由辛庄小学小评弹艺术团带来的评弹表演《欢迎您到常熟来》拉开了首届常熟少儿戏曲艺术节暨江浙沪少儿戏曲展演活动的

序幕。

10月8日 江苏省国庆黄金周期间各大景点持续火爆，乡村度假休闲文化游渐成风尚，来苏旅游人数持续攀升。

10月9日 央视和北京大好河山资产管理有限公司举办的《佳节又重阳戏曲晚会暨大好河山南京六周年庆典》在南京国际会展中心隆重举行。

作为世界上首台博物馆剧场的实景演出，《报恩盛典》在大报恩寺遗址博物馆亮相。

江苏省委宣传部、省文明办出品，常州市金坛华罗庚艺术团演出的现代音乐儿童剧《田梦儿》在兴化市中堡中心校演出。

10月10日 国内首个"诺贝尔奖科学与艺术小镇"签约落户南京市江宁区，专门吸纳诺贝尔奖获得者及团队来南京开展科技交流、研究和产业互动。

2016未来影像·亚洲国际青少年影像作品展映活动——第二届亚洲青年微电影展，在江苏省宿迁三台山衲田花海开幕。

第22届江苏省摄影艺术展览在南京开幕。

10月11日 2016南京国际青年体育文化活动周举行，活动是为2014年因西非埃博拉疫情未能参加南京青奥会的几内亚、利比里亚、尼日利亚和塞拉利昂青年运动员量身打造。

作为第十六届南京文化艺术节的演出剧目，由太原市晋剧艺术研究院创作演出的新编革命历史晋剧《续范亭》在南京上演。

周怀民藏画馆新馆在无锡运河公园落成开放，馆内集中展示了已故无锡籍著名画家、书画鉴赏家、收藏家周怀民捐赠给家乡的一批珍贵书画藏品。

10月12日 2016年全国大众创业万众创新活动周江苏分会场在南京等城市开展成果展示、会议论坛、文化传播、项目路演、群众竞赛、专业服务等活动。

南京图书馆正式开放"国学馆"古籍阅读区，向公众提供5万册古籍新印本、3万册新印民国文献、1万余种"新国学"类书籍。

"影载中华情，圆梦新丝路"国际影片展映与交流活动在南京大学举行。

10月13日　2016邳州国际半程马拉松新闻发布会暨冠名商签约仪式在邳州举行，这标志着江苏省又增加一项国际马拉松赛。

以"传承与创新"为主题的景德镇当代原创陶瓷艺术作品巡回展首次亮相苏州。

"艺术长存湖山生色——周怀民捐赠书画展开幕式"暨"周怀民书画艺术座谈会"在南京博物院隆重举行。

10月14日　2016"同乐江苏"国际爵士音乐节在南京文化艺术中心拉开帷幕。

"苏风艺韵醉美扬州·庆祝扬州荣获联合国人居奖十周年书画作品展"在江苏省现代美术馆拉开帷幕。

10月15日　江苏省出品的四集文献纪录片《薄复礼的长征》在央视十套《探索·发现》栏目播出。

第九届中国曲艺牡丹奖颁奖仪式在徐州举行。

江苏荣膺第九届中国曲艺牡丹奖3项大奖，其中中篇苏州弹词《牵手》和《徐悲鸿》获得节目奖，马伟获得表演奖。

江苏省全民阅读促进会第一届常务理事会第二次会议在南京召开。

10月16日　喻继高艺术馆在徐州市铜山区棠张镇开馆。

10月17日　苏州百年职业学院在苏州工业园区独墅湖科教创新区揭牌。

"江海相连"书画作品展在常州市西太湖美术馆开幕。

新华日报和中国日报在南京签署国际传播战略合作协议。

"磊蕾芳华"——胡磊蕾评弹艺术原创作品研讨会在苏州举行。

10月18日　第九届中国（川姜）家纺画稿交易会在南通家纺城成品展示中心开幕。

"永矢弗谖、祈愿和平——《南京不哭》主题油画捐赠活动"在侵华日军南京大屠杀遇难同胞纪念馆举行。

苏浙沪政协保护和扶持地方戏曲艺术第十次座谈会在南京召开。

中国旅游报社主办的首届休闲中国高峰论坛暨"中国休闲30人"盐都金秋行活动揭幕。

10月19日 江苏省东海石湖中学校园的科普文化长廊近期打造的"防震减灾科普文化长廊",为学子们精心烹制了一道关爱大餐、安全盛宴。

"江苏省中国画学会中琅展览创作中心揭牌暨名家作品展"在南京中琅艺术馆举行。

第六届中国(无锡)国际文化艺术产业博览交易会在无锡市开幕。

10月20日 江苏省演艺集团创排的大型歌剧《郑和》作为第三届江苏文化艺术节的开幕大戏正式亮相。

东部战区联合文化建设工作会议在宁举行。

原创歌剧《郑和》在南京保利大剧院首演。

"还人民一片净土——处理日本遗弃在华化学武器工作纪实展"在南京开幕。

10月21日 国际餐饮博览会在南京举行。

"纪念孙中山先生诞辰150周年学术研讨会"在南京中山陵举行。

"自逍遥——姚媛画展"作为第十六届南京文化艺术节重要活动亮相江苏省美术馆。

"彩笔丹青——江苏省优秀青年美术家作品展"在江苏省现代美术馆开幕。

10月22日 《共同见证:1937南京大屠杀》史实展在法国冈城和平纪念馆开展,这是侵华日军南京大屠杀遇难同胞纪念馆首次在法国举

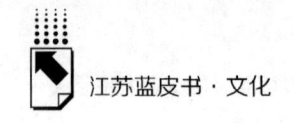

办大型展览。南京大屠杀主题画作《暴行》作者、法国著名画家克里斯蒂安·帕赫也在揭幕仪式上亮相。

"苏风艺品"澳门国际文化艺术品展览会在澳门举行。

梅兰芳诞生122周年，中国邮政在泰州发行《中华戏曲之京剧旦角国版邮资明信片》一套。

无锡悲鸿艺博园启动会暨"江南影视徐悲鸿艺术学院"签约仪式在江南影视艺术职业学院举行。

10月23日 徐州市第十届汉文化旅游节启动，并举行"互联网＋旅游目的地"共建共享峰会。

10月25日 纪念新华日报韩文"中国江苏"专版在韩国主流媒体《全北道民日报》设立10周年座谈会在南京举行。

江苏省基层综合性文化服务中心建设推进会在镇江召开。

"江苏省优秀美术家系列展"首批推出孙晓云、薛亮、梁元、时卫平、胡宁娜、刘红沛、喻慧、陆庆龙8位艺术家的展览项目签约仪式在南京举行。

探讨《奇域·探秘新丝路》"一带一路"主题纪录片的制作、营销和传播纪录片研讨会在苏州市举行。

10月26日 江苏省政府在镇江召开全省文物工作会议，"红色遗产"维修保护和展示提升工程，首批纳入盐城新四军重建军部旧址、泗洪雪枫陵园、高邮侵华日军投降处旧址、镇江茅山抗日核心区等12个项目。

2016瘦西湖虹桥修禊国际诗人交流会在扬州瘦西湖景区开幕。

"中国当代艺术年鉴展2015"江苏省现代美术馆开幕。

作为北京民生现代美术馆的学术品牌性展览，通过"一年之鉴"，系统地呈现中国当代艺术在2015年的总体状况，在展览上以实物和文献部分展出。

"求道金陵——崔伟书法习作汇报展"在省美术馆开展。

10月27日 第十五届全国文学院院长联席会议在南京召开。

大众书局两家新店同时入驻南京新开业的两家巨型商业综合体，全国大型商场里开书店已成为"标配"。

10月28日　第七届中国（泰州）国际医药博览会在泰州中国医药城拉开帷幕。

"吴承恩长篇小说奖"新闻发布会在北京中国现代文学馆举行。

第八届中国南京文化创意产业交易会暨二〇一六南京创意设计周在南京国际展览中心开幕。

新华报业传媒集团与镇江市丹徒区人民政府签订文化旅游产业战略合作协议，"丹徒文化旅游产业基金"总规模15亿元。

"实话实说——当代美术江苏论坛"在苏州阳山举行，并形成《"实话实说——当代美术江苏论坛"阳山宣言》。

10月29日　首届健康江苏全媒体大讲堂在南京正式开讲。诺奖得主詹姆斯·罗斯曼等专家与省内各大医院、高校和药企的负责人共同参加了首届大讲堂。

"墨韵昆山雅艺薪传"两岸书画名家交流美展在苏州市昆山侯北人美术馆开展。

10月30日　江苏省杂技团创排的《小桥流水人家》亮相上海国际艺术节。

10月31日　第十一届中国艺术节在西安落幕，第十五届"文华奖"同时揭晓。

江苏省文化厅和盐城市投资打造、省淮剧团演出的大型现代淮剧《小镇》夺得中国舞台艺术政府最高奖——"文华大奖"。

2016年11月

11月1日　2016南京创意设计周活动——洛客发布盛典南京站在南京创意设计中心举行。

南京人物画家姚江进以独具魅力的磨砂釉《江南丽人》文玩陶瓷系列作品在第19届中国古玩博览会上荣获最高奖金奖，并晋

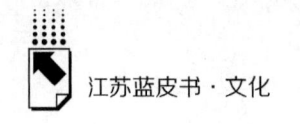

升为中国传统工艺大师。

凤凰出版传媒集团、南京大学与英国伯明翰大学合作签约仪式在南京举办。三方共建"莎士比亚（中国）中心"，并合作出版"前沿科普文丛"。

11月2日　第二届金图读者节《故乡的艾菜》美文美声音作品朗诵音乐会在金陵图书馆举行。

以"样子"为题的"鞠慧水墨艺术展"在省美术馆开幕，并举行"批评家对话鞠慧水墨艺术"座谈会。

11月3日　第六届全国残疾人邮展在南京特殊教育师范学院举行。

南通"党的创新理论宣讲团"荣获全国基层理论宣讲先进集体，是江苏省此次唯一获此殊荣的单位。

11月4日　新华报业传媒集团隆重举办"很江苏很未来很幸福"喜迎党代会成就展。

淮安市委宣传部与中国江苏网联手打造的淮安市对外宣传英文平台——"风韵淮安"正式上线。

11月5日　第五届韬奋出版人才高端论坛在南京举行。

全球首家刑侦科学类博物馆——李昌钰刑侦科学博物馆在江苏省如皋市开馆。

第三届南京夫子庙民间工艺技能竞赛在老门东历史街区举行。竞赛一等奖获得者将被授予"南京市五一创新能手""秦淮工匠"荣誉称号。

11月6日　江苏省锡剧团排演的大型原创锡剧《紫砂梦》在南京紫金大戏院上演。

第四届"江苏省中医药文化科普宣传周"在南京启动。

11月7日　江苏—东盟教育合作对话会在无锡举行。

庆祝中国共产党成立95周年——"生命的辉煌"红色艺术家赖少其作品与文献回顾展在南京美术馆开幕。

江苏广电首届主持人"金荔枝"奖揭晓，贺笑、荣继敏等23位广播电视主持人分获"金荔枝"奖、"银荔枝"奖和"最具网络人气"奖。

第四届亚洲微电影"金海棠奖"在云南临沧颁奖,南京微电影《面馆》荣获本届"金海棠奖"最佳作品一等奖。

11月8日　中国江苏网承办的"2016全国重点媒体江苏大型采风活动"在南京正式启动。

"金陵八痴"书画艺术展在南京图书馆开幕。

柴可夫斯基交响乐团在南艺音乐厅奏响柴可夫斯基最为著名的《悲怆交响曲》。

江苏省报送的女声表演《一条叫做"小康"的鱼》,在第十一届中国艺术节上获得音乐类作品群星奖。

第三届江苏文化艺术节暨苏州市纪念长征胜利80周年广场群众文艺展演活动在苏州工业园区中央公园广场举行。

句容市博物馆举办"中国著名艺术家周建广书法展"。

11月9日　在孙中山先生诞辰150周年之际,由南京电影制片厂摄制的文献纪录片《孙中山与南京》在央视十套《探索·发现》播出。

第十五届输出版引进版优秀图书评选揭晓,江苏作家丁捷的长篇小说《依偎》(英文版)获输出国际版权优秀图书奖。

南京市越剧团建团60周年文化惠民展演月暨越剧艺术传承工程启动仪式在老门东金陵戏坊举行。

江苏文化艺术节优秀展演剧目——舞剧《朱鹮》在南京文化艺术中心上演。

11月10日　"童真里的色彩"——首届中国·江苏儿童画创作大赛开幕。

江苏省暨南京市纪念孙中山先生诞辰150周年大会在宁隆重举行。

"纪念孙中山诞辰150周年民族音乐会《天下为公》——海峡两岸大型民族音乐会交流巡演"在南京保利大剧院上演。

11月11日　江苏省文化产业发展推进会在南京举行。

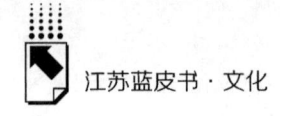

中国人民大学发布中国省市文化产业发展指数（2016）排名，江苏名列第三，仅次于北京、上海，居全国省份之首。

11月12日 第三届南京国际美术展在百家湖美术馆盛大开幕。

"约绘，约慧——聂跃华版画艺术品鉴展"在新华全媒体艺术馆开幕。

《孙中山诞生一百五十周年》纪念邮票及原地纪念封首发式在南京中国近代史遗址博物馆举行，"纪念孙中山诞生一百五十周年邮票展"同时开展。

"INTELLECTUAL：视觉·消费"艺术展和学术研讨会在南京百家湖艺术空间开幕。

11月13日 2016"同乐江苏"外国人歌唱才艺大赛决赛在江苏广电总台大剧场举行。

2016南通健康长寿博览会在南通举行。

"品味福地畅游水乡"第九届泰州市太仓双凤羊肉美食文化节开幕。

11月14日 《江苏省文化创意和设计服务发展报告》在南京通过专家评审。

南京市城墙保护管理部门宣布对提供散落明城墙砖线索的市民将给予现金奖励，最高奖励两千元。

中国大学生音乐节全国高校巡回演唱会南京站在中国传媒大学南广学院活动中心露天舞台开唱。

由南京电影制片厂、常州广播电视台等摄制的4集电视纪录片《青果巷印象》在央视10套《探索·发现》栏目播出。

"孙中山与振东侨乡"陈列馆在昆山周市镇东方村正式开馆。

11月15日 江苏省社会主义学院庆祝建院60周年座谈会在南京举行。

"中国精神·2016中国百家金陵画展"在江苏省美术馆开幕。

"天翼杯"最美江苏手机摄影大赛在南京启动。

"2015江苏散文排行榜"在南京揭晓。

11月16日 江苏高校美食文化节（南航展区）在南航江宁校区开幕。

2016 中国（张家港）长江文化艺术节暨第七届（张家港）长江流域戏剧艺术节落幕。

11月17日 首届江苏省民俗民间广场舞展演在江苏省科学历史文化中心举行。

11月18日 "同胞情·一家亲"2016年淮台文化经贸交流周开幕。

江苏省文化产业聚合服务平台苏州中心揭牌。

11月19日 南京六合"茉莉江苏"文化旅游周重装上阵，正式拉开序幕。

11月20日 中国（苏州）"启迪·苏艺杯"国际工艺美术精品博览会在苏州国际博览中心落下帷幕。

"城门挂春联，古都开门红"第二季全球征联正式启动，"更多的城墙、更深的文化基因、更新的玩法"将为南京打造一张更靓丽的国际文化名片。

11月21日 海牙中国文化中心揭牌运行新闻发布会在南京召开。

"翰墨情韵——江苏省优秀青年书法家作品展"在省现代美术馆开幕。

11月22日 镇江举行2016文化产业项目推介会，15个文化产业项目进行推介发布。

南京大屠杀史与国际和平研究院举行"还人民一片净土——侵华日军化学战研究中日学者报告会"。

南京广电集团2017年广告招商暨战略发布会举行。

11月24日 J. K. 罗琳首任编剧，有"哈利·波特"外传之称的3D魔法大片《神奇动物在哪里》登陆全国约340家IMAX影院。

11月25日 首届紫金影视文学版权主题嘉年华——版权交易会在南京1865文化创意园举行。江苏省文交所版权交易系统正式上线，意味着影视文学版权将公开竞拍。

第五届"长江杯"江苏文学评论奖暨第四届扬子江诗学奖颁奖仪式在张家港市举行。

中国设计师庞喜在苏州市姑苏69阁创意文化产业园设计的作

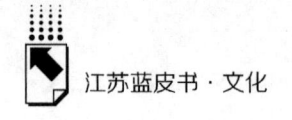

品获得了被誉为室内设计界"奥斯卡"的安德马丁奖。

11月26日　南京体育学院隆重举行建校60周年庆祝活动。国际奥委会主席托马斯·巴赫专程发来贺信，栾菊杰、仲满和陈若琳等11位奥运冠军也来到现场为母校庆生。

爱国主义教育题材故事片《军号密码》首映式在镇江成功举行。

11月27日　"翰逸神飞——孙克书法艺术展"在江苏省中国画学会中琅展览创作中心开幕。

首届紫金京昆艺术群英会开幕大戏——京剧《青衣》首次带妆联排在南京上演。

南大中国新文学研究中心、南师大江苏当代作家研究基地与《花城》杂志、花城出版社在南师大联合举办"先锋的转向——从80年代到新世纪：吕新《下弦月》、北村《安慰书》南京研讨会"。

"江苏省优秀美术家系列展"之"胡宁娜·协奏曲"和"时卫平·历史的颜色"在省美术馆开幕。

"江苏省优秀美术家系列展"是省文化厅推出重量级优秀人才，推动江苏文化艺术"高原出高峰"的重要举措。最终孙晓云、薛亮、梁元、时卫平、胡宁娜、刘红沛、喻慧、陆庆龙入选。

11月28日　"'两聚一高'在江苏——智库专家、媒体老总环省行"首站南京站报道，在新华日报、江苏卫视和交汇点、荔枝、ZAKER南京新闻客户端同时推出。

国务院批准将高邮市列为国家历史文化名城。

新疆克孜勒苏柯尔克孜自治州的12位绣娘在中国刺绣艺术之乡——苏州镇湖进行苏绣培训学习，

11月29日　扬州大学音乐学院将清曲、扬剧等本土文艺纳入了本科生的必修课，并规定了具体学分和修习要求。

杨丽萍来宁做客保利大讲堂，与观众分享新舞剧——《孔雀之冬》的创作经历。《孔雀之冬》在南京连演两场。

11月30日　首届紫金京昆艺术群英会在南京紫金大戏院开幕。

2016世界知名城市南京周交流分享会在南京举行。

著名书画家张继馨将他从事绘画艺术70多年来积累的1578件艺术作品无偿捐赠给苏州市相城区作永久收藏。

共青团南京市委员会、江苏省中国画学会、南京特殊教育师范学校主办的"'爱，温暖同行'融合公益画展"在省美术馆开幕。

2016年12月

12月1日　第四届南京市文化产业"金梧桐"奖评选活动正式启动。

第三届江苏留学生"丝路青年行"在南京中华门城堡启动。

备受期待的《剪刀手爱德华》导演蒂姆·波顿新作《佩小姐的奇幻城堡》在南京举行提前观影会。

12月2日　扬子晚报主办的2016江苏（南京）国际车展，在南京新庄国展中心盛大启幕。

12月3日　由韩童生、冯宪珍联袂主演的经典爱情喜剧《办公室的故事》在南京前线大剧院连演两场。

以"色韵紫金·味美南农"为主题的2016首届江苏省高校美食文化节在南京农业大学举行。

12月4日　"文明宜兴文化惠民"2016宜兴市文化服务新行动在该市文化中心完美收官。

江苏省第十六届中学生作文大赛（高中组）颁奖仪式在南京举行。

由国家京剧院带来的现代京剧《西安事变》亮相首届紫金京昆艺术群英会。

12月5日　2017南京国际和平海报双年展启动仪式在南京艺术学院举行。

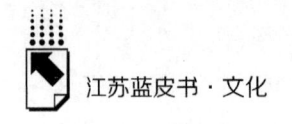

年近八旬的麻省理工学院教授、知名华裔物理学家郑洪先生携新作《南京不哭》来到南京与专家学者座谈。

首届紫金京昆艺术群英会书画摄影作品展在江苏省现代美术馆开幕。

12月6日　江苏省新闻出版广电局开展"书香江苏"形象标识（LOGO）和宣传语有奖征集活动。

12月7日　天津京剧院带来的经典大戏《白蛇传》在南京人民大会堂上演。

"江苏省优秀美术家系列展"之"陆庆龙作品展"和"山林·园林梁元中国画作品展"在省美术馆开幕。

11月8日　"法老·王——古埃及文明与中国汉代文明的故事"特展在南京博物院自8月10日开展以来，共接待观众19万人次，门票收入540万元，文创产品销售超过100万元，扣除办展成本，盈利超过200万元。

新华日报老记者嵇元的新作，五卷本、160余万字的《品读苏州》由作家出版社出版。

"一国四境，美好国度——厄瓜多尔自然摄影展"在省文化馆开幕。

"文化惠民再出发"标准化体系发布会暨鼓楼示范点揭牌仪式在南京鼓楼白云亭文化艺术中心举行。

12月9日　李亦洁主演的京剧《太真外传》在南京紫金大剧院上演。

2015年度江苏人大新闻奖颁奖座谈会在南京召开。

12月10日　江苏省戏剧学校在南京召开建校60周年庆祝大会。

爱润万家、收藏天下承办的"大师与传承——乌克兰中央美院大师精品油画展"亮相江苏电视台荔枝广场。

12月11日　《1937·德国汉堡友人与南京》图片史料展和《风雨如磐忆江南——陈范有与江南水泥厂》新书首发式在宁举行。

12月12日　作为"江苏廉洁艺术周"开幕演出，情景朗诵剧《一代楷模周恩来》在南京文化艺术中心连演两场。

12月13日　江苏省文学志愿服务总队在南京成立。

"江苏诗歌与百年新诗"研讨会在南京举行。

12月14日　无锡国家数字电影产业园集聚影视企业400余家，今年前三季度实现产值23.58亿元，税收3.3亿元，影视产业集群初步形成。

《江苏历代方志全书》首批125册出版发行暨赠送仪式在南京举行。

南京市话剧团创作并演出的大型话剧《沦陷》在南京大屠杀纪念馆集会广场演出，吸引众多前来参观的市民观看。

12月15日　2016第三届"紫金奖"文化创意设计大赛公益广告专项赛圆满成功。

"美的教育"南京市宁海中学美术教育三十周年艺术作品展在江苏省美术馆开幕。

12月16日　作为第一个也是唯一一个国家艺术基金资助的古筝类项目，《筝语诗画》正式结项。《筝语诗画》是古筝跨界情景诗，是一种艺术跨界形式的先锋探索。

12月17日　首届紫金京昆艺术群英会的闭幕大戏昆剧《醉心花》在南京上演。

11岁小学生历时近两年完成长篇奇幻小说《千年不冻河》集玄幻、悬疑、励志于一体，深受学生们的欢迎。

Abstract

The blue book of Analysis and Prospect of economic and social situation inJiangsu, as the annual development report, has been written by the Jiangsu Academy of Social Sciences since 1997. In order to deepen the study of economic, social and cultural issues of the new normal in Jiangsu, the blue book is expanded into three volumes in 2015. In 2016, the 3 volumes of the blue book of Analysis and Prospect of economic and social situation in Jiangsu were published.

Thebook of the analysis and prospect of the cultural development in Jiangsu is to analyze the cultural development of Jiangsu that year, forecast the focus and hot issues of cultural development in Jiangsu next year, and put forward the corresponding countermeasures, ideas and suggestions. In 2017, Jiangsu will focus on the "Cohesion, Innovation, Focusing on enriching the people and Building a well-off society in a high level", that were proposed at the Thirteenth CPC Jiangsu Provincial Party Congress. Many articles In this book highlight the subject.

The book is divided into 7 parts. The first part is the general report about researching onJiangsu cultural construction to a new level in 2016 , and it is specially about researching on cultural innovation, cultural communication and social civilization development; the second part is the analysis and research of the ideological highland construction in Jiangsu; the third part is the study of the construction of morality and morality in Jiangsu; the fourth part is the analysis and presentation of "The Project of Collection and Study of the Classics in Jiangsu Province"; the fifth part is the analysis and research of the development of Jiangsu's cultural undertakings; the sixth part is an introduction to the achievements of the study of the cultural history of Jiangsu; the seventh part is the city report. It is expected that these research reports will provide some reference for the relevant departments to formulate cultural development policies.

Keywords: Jiangsu; Cultural Engineering; Culturad Undertaking

Contents

Ⅰ General Report

B.1 Strengthen Cultural Support to Promote the Spirit of Power
—Jiangsu Cultural Construction to a New Level in 2016
Yu Richang / 001

Abstract: Back in 2016, the Jiangsu provincial Party committee proposed the development of "two assemble and a high" new goal, the full implementation of the "planning" in 13th Five-Year economic and social development, the province's "cultural innovation" and "enrich the people" to promote the implementation of synchronization and achieved remarkable results. Especially the context is: Jiangsu context engineering achievements upgrade, development and cultural service supply side reforms towards greater pace of transformation of the cultural industry, Jiangsu based culture docking "The Belt and the Road" national development strategy to get into a To further strengthen, the development of Jiangsu culture competitiveness improved significantly.

Keywords: Jiangsu Culture; Cultural Context Engineering; Cultural Industry; Cultural Undertakings

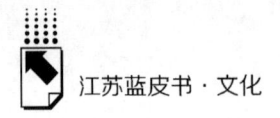

II Ideology and Culture

B.2 How to Implant the Social Civilization Thoughts on the Current Social Civilization Frontier Issues

Fan Heping, Jiang Jian, Yu Richang and Zhu Shan / 029

Abstract: The social civilization is the structure of strategic significance in the development of a civilized society. According to the survey lasted eight years in the country and Jiangsu, polarization and corrupt officials are the two major social issues of common concern of various social groups, the serious consequence of the wealth and power loss of ethical rationality, derivative ethics on the frontiers of polarization. China's current social civilization, is the economic ethics on the polarization of polarization Evolution. Government officials in the three surveys, performing arts and entertainment, cultural circles, businessmen entrepreneurs-the three major political, economic, the elite groups are three groups of ethics and morality, most are not satisfied, the doctor arranged fourth; and the farmers, workers, teachers and three grassroots groups are groups of ethical moral highest satisfaction the intellectual elite ranks the fourth. This information is a serious signal, the current China society has begun to appear on the ethics of the spirit of the two group, it is not a group of distrust of another group, but a group set distrust of another group, so it must be issued on the two poles of economic the social development division For the evolution of ethics on the polarization of the warning. It shows that the social civilization is a frontier topic for the current development of China social civilization, and social trust, precisely, the ethics of trust between social groups is the focus, but also a breakthrough to enhance social civilization. Therefore, the proposed implementation strategy of humanistic spirit- public policy "the integration of social civilization, by the humanistic spirit as the foundation of social civilization, through public policy, the humanistic spirit, which will be "civilized" into "social". Specifically, including one concept, three works. Put forward "learn together" concept and slogan, to enhance and improve the social setting Social cohesion and understanding between the various groups. The implementation of the "social understanding of engineering ethics, to promote trust; the implementation of the "ecological decision-making project", establish "culture-economy-Society-Politics" one of the four ecological decision-making consultation system, prevent the decision-making consultation system in an one-sided interpretation of one sidedness and decision making the humanities policy, establish evaluation mechanism of public policy; implementation of the "bottom line control project" of vulnerable groups in the material assistance and spiritual assistance, to prevent the "cancer-poor Dalit-mob", hold the bottom line of social civilization.

Keywords: Social Civilization; Social Ethics; Trust Public Policy; Humanistic Spirit

B. 3 The Thinking and Measures for Upholding and Developing Our Party's Glorious Traditions and Fine Style of Work
Cui Wei / 039

Abstract: to totally implement general secretary Xi Jinping's message about managing the party strictly, making the cadres and mass in Jiangsu province closely unite around the party committee with comrade Xi Jinping as the core and strengthening the party construction in jiangsu province, it is very important to upholding and developing our party's glorious traditions and fine style of work in the new era. This article analyses the advantages and existing problems on this side and brings out several advises, so as to be good to the great cause of improving the party members' party spirits, spreading the red culture, educating and leading the mass to write the Jiangsu charter of Chinese dream.

Keywords: Spreading the Red Culture; The Chinese Drean Writing the Jiangsu Charter of Chinese Dream

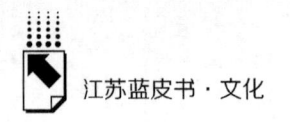

B. 4 New Connotation and New Thinking of Jiangsu's Cultural Modernization

Yang Minghui / 047

Abstract: Cultural modernization is an irresistible trend in the world. If we can grasp this trend, follow the general principles of cultural modernization, and enthusiastically implement the leapfrog strategy of cultural modernization, it is possible for us to catch up with and surpass the advanced world levels of cultural development; otherwise, the gap between our cultural development level and the advanced world levels will widen. Jiangsu has a long history, human and cultural resources. Since reform and opening-up, cultural construction of Jiangsu has always developed to the top of the country. Under the background that Jiangsu promotes the cultural construction to a new high, we have the responsibility and requirement to distill the new connotation and new thinking of cultural modernization, and to explore the new experience in catching up with and surpassing the advanced world levels of cultural development.

Keywords: Jiangsu; Cultural Modernization; New Connotation

B. 5 Analysis of Urban Cultural Construction in Jiangsu Under the Background of Urbanization

Li Ning / 054

Abstract: Recent years, Rapid urbanization and new-tape urbanization process has brought unprecedented opportunities to urban cultural construction in Jiangsu Province. With the advantages of scale and modern development brought about by Urbanization, The urban cultural construction in Jiangsu has made remarkable achievements in the promotion of public cultural services, the development of cultural industries and urban spiritual casting. But the negative effects of urbanization on urban cultural construction can not be ignored. As the city expanded too fast, The development of public cultural services often lags behind the cultural needs of the public. Under the background of new-tape urbanization, Jiangsu should Continue to push forward the reform of its cultural system, enhance modern cultural governance capability, make urban culture plays a key role in improving the quality of Urbanization.

Keywords: Urbanization; New-tape Urbanization; Urban Culture

B. 6 Policy and Measure Studies for Strengthening the Patriotic Education Taking the 80th of Anniversy of Naking Massacrre

Cui Wei / 063

Abstract: 2017 is the 80th anniversy of Nanking Massacre as well as the 80th anniversy of the outbreak of the Chinese people's overall anti-japan war. The propaganda departments at all levels of our party and government can take it as an oppourtunity to strengthen the relevant academic studies and education, adopting the flexible methods to get the goul. All relevant organs, especially universities, high and primary schools should also strengthen this wo ork, making 2017 as the real year of patriotic propaganda and education, so that we can strength our party's cohension.

Keywords: Nanking Massacre; Patriot; Eduation Policy and Measure Studies

B. 7 The Benevolence of Jiangsu Family Training

Hu Fagui / 071

Abstract: in the Chinese history and culture, the home is a kind of special spiritual community, contain blood, interests, and thefamily. Therefore,

469

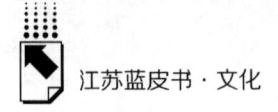

traditional Chinese especially heavy family education, and embody the education of family precepts house rules is a rich, it express the hope of parents, elicits home, show Dan, constitutes an important part of traditional culture, is also full of affection and the history of civilization \ "temperature \ ". Jiangsu profound historical culture, family precepts, its content is extremely rich, and YouFu Samaritan had poor sympathy, propagate the greatness of mind which cannot bear to see the sufferings of others, and common have a heart of worship.

Keywords: Jiangsu; Family Training; Benevolence

B.8　The Patriotic Feeling in Jiangsu Family Instructions

Lu Yuehong / 078

Summary: "Everyone is responsible for his country". In GuYanwu's view, the world is inseparable from the righteousness and benevolence, and the world is the world of benevolence and righteousness, while righteousness is the righteousness of the world. GuYanwu's feelings of the world, and the Gu family tradition, and loyal to the Ming Dynasty of adoptive mother'sTestament, closely interwoven. Hefirmly refused to Learned Ci Poems and refused to erudite compilation of "Ming Dynasty", in many letters and poems, his most important reason is adoptive mother's "don'twork for the new regime" testament. Similarly, in the tide of the times of a grim and grave situation in the world, Lu Xiangsheng and GuXianchengShow the feelings of the world deeply.

Keywords: Jiangsu; Family Training; The Patriotie Feeling

B.9　The Thought of "Making a Living" in Jiangsu
　　　Traditional Family Education

Sun Qinxiang / 087

Abstract: The traditional family education undoubtedly thinks highly of being human, but doing things are equally important. In Jiangsu traditional family training text about the "making a living" thought is numerous, and groundbreaking significance. Wuxian Suzhou in the Southern Song Dynasty Ye Mengde "*shilin* family education of making a living" opened "family making a living tradition". Making a living family education appeared in the later genealogy, Jingjiang Sheng's, YanchengCai's, Taizhou Wang's has discussed the family theme. "Making a living" as the main part of Jiangsu traditional family precepts, shows the traditional scholar cared for the family business plan of livelihood and approved positive affirmation. It can be said that the traditional family education not only advises how to behave, but also attach importance to how to do things.

Keywords: "Making a Living"; The Traditional Family Education; Respective Livelihood

B.10 Study on the Zhu Bailu Family Thought and Its Modern Significance

Lu Yuehong / 098

Abstract: The purpose of "Zhu Zi family instructions" is to save the world, rebuild the simple life order. So "Zhu Zi family instructions" focus on the common people's daily life in teaching writing. Itfirst give an account of health and safety, althoughChastity, but think deeply, we can find the way to the sages. Begins with Industrious and thrifty in housekeeping, finish up withcontentment, the "Zhu Zi family instructions" has broad and profound meaning. Its core purpose is to let people become a life of diligence, kindness and tolerance, and know the book of the sages. We read the "Zhu Zi family instructions", and "four pieces of advice" to refer to each other. This is because the two texts are sisters in terms of inner spirit. The modern people read the family instructions, should be good at thinking the underlying philosophy behind the words, because these philosophy is beyond time and eternity. The contemporary people inherit and carry forward of family instructions, is to become a qualified citizen, and if possible, the modern people should become citizens gentleman.

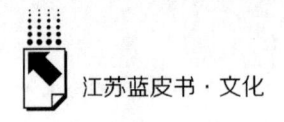

Keyword: Zhu Zi Family Instructions; Four Pieces of Advice; Modern Meaning

Ⅲ Morality and Manners

B. 11 Ethical Origin of Social Trust in Jiangsu Province

Du Haitao / 111

Abstract: Social trust problems in Jiangsu province is mainly reflected in the trust risk of the morality of the whole society, and the lack of honesty intensifies, the risk society is embodied in the "Modernity" characteristics, on the one hand because of modern society economy leads to the one-sided emphasis on the social utilitarian tendency intensifies, which is an important source of social the integrity of the problem; on the other hand because of a large number of floating population shaped modern society in the field of public life, instead of the traditional "small community" life, but strange problem of relationship between subjects did not receive an ethical treatment, the trust problem has become increasingly prominent. In addition, the "trust" in politics is reflected in weakening the credibility of the government, the government behavior should be the combination of fact and value, and the problems in the current government reflects deficiencies in the value orientation, such as the official moral anomie, policy implementation, the lack of humane care, not a decree of words and deeds, which resulted in the problem of government trust the.

Keywords: Trust; Public Life; Government Credibility; Integrity

B. 12　A Dynamic Analysis of the Factors on Ethical Relation and Moral Life in Jiangsu from 2007 −2013

He Haoping / 123

Abstract: Through the comparative analysis of the 2007 database and the 2013 database, we find that for Jiangsu people, the quality of "the spirit of the ethical relation" and "the moral life", do not get promoted during the year 2007 to 2013, as well as their ability to adjust morality and ethics, however, it is suggested that the factors that influence these spirit and ability are changing. As regards to the beneficial place for the ethical ability and the morality, society is more relevant than in the past, and nowadays it become as crucial as school and family. For the positive factors, social organizations have replaced the status of the university, and become one of the four most important factors, with the other three being the internet and media, the market and the government. On the negative side, the falling-apart of the traditional culture has replaced the impact of foreign culture, and become the second most negative factor. With regard to the factors which should be responsible, the governors' corruption and the society's bad influence are still the main reason. Finally, for the undermined factors, globalization, high technology, and the market economy, people are divided in their opinions.

Keywords: Survey on the Morality and Ethics; Quality of the Spirit; Cultivation; Influential Structure

B. 13　Jiangsu Family Ethics Development Report

Liu Xia / 132

Abstract: The investigation shows that the family ethic foundation in Jiangsu is still firm, and family ethics still have important influence on individuals, society and the country. But compared with five years ago, the modern rational pursuit of individualism, contractual relations continue to weaken the function of family ethics. "I" as the starting point and the center, emphasizes individual freedom and interests lead men and women to become open concept; from the perspective of " I feel ", divorce is arbitrary, capricious; the pursuit of personal independence, children's sense of responsibility decline, serious gap. At present, as the key period to save family ethics, it is necessary to improve the ethical ability of marriage; to integrate ethical education with civic education, to educate family members, and to make the family a practical field of bioethics.

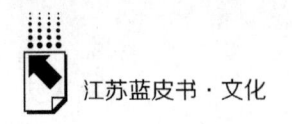

Keywords: Jiangsu; Family Ethics; Ethical Function; Individual Reason; Ethical Salvation

B. 14 Research on the Ethic of the Civil Servants in Jiangsu Province

—Based on the Research Data in Jiangsu Province

Jiang Yang / 141

Abstract: The investigations on the morals of civil servants in Jiangsu Province shows that civil servants in Jiangsu are more self-principled in public places and have a sense of justice. They have higher requirement on professional morality and perform well on it. They also have a good sense of effectiveness on the individual influence on governmental policies. Family-centered interpersonal trust is in a dominating place and society-centered system trust mode is in progress. Facing the conflict between public and private interest, most civil servants put public interest in priority and have a clear moral sense. They have an active moral judgment on themselves and positive assessment on the moral situation of the whole society. As to the prospect of ideal morality, many civil servants accept traditional moral relationship. On the aspect of ethics, civil servants in Jiangsu face the alienation between families and the state; on the aspect of public justice and private interest, they face the conflict between private interest and social public interest; on personal morality, they face the dilemma of uniting knowing and acting. Chinese traditional moral politics, " Sageliness Within and Kingliness

Without", sets the ethical meaning of "the life as the noumenon of the universe" as the theoretical premise. Public moral responsibility originates from the impartible identity and relativity of others or all things on the earth. Judging from the angle of unification of "Sageliness Within and new Kingliness Without", the key of combining natural right and benevolence and merging "Sageliness Within" and "new Kingliness Without" is to open an channel of morality acknowledgment, and to create a function space for human's moral nature to have social effect, so as to realize the unification of natural right and virtue, the consensus of free will and natural morality, and to achieve necessary moral dimension for modern political and legal practice.

Keywords: Civil Servants in Jiangsu Province; Ontology of the Universe; SagelinessWithin and Kingliness Without

Ⅳ Cultural Engineering

B. 15 The Suggestion of Construting "The Project of Colletion and Study of the Classics in Jiangsu Province"

Fan Heping / 149

"The Project of Collection and Study of the Classics in Jiangsu Province" has been started, it will be a great project in inheriting and developing the Jiangsu cultural tradition, and will leave a civilization assets for the Jiangsu future. This huge project success or failure, first of all, the top design, looking forward to three of the problems is important. First, learn to "philosophy", "top" in "the cultural life of Jiangsu". Why to do? The problem consciousness and idea design pointing to the national cultural strategy; How to do? The government, scholars and the public of the trinity of cultural strategy.

Keywords: Jiangsu; Cultural Engineering; Idea Bank

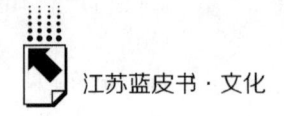

B.16　The Aims, Task and Difficulty of Jiangsu Celebrity Researching

Jiang Jian / 156

Abstract: This study focus on eh aims, task and dificulty of Jiangsu celebrity researching. The study point out that the aims will show cultural contribution of Jiangsu celebrity in the case of talented group, and find cultural vitality and creativity for the preservation and development of Jiangsu culture. The task is to carry out three typs of research, thus forming a three-dimensional project including basic, representive and theoretical. The difficulty lies in the realization of the whole edea and vision, thus forming the overall appearance.

Keywords: Jiangsu; Celebrity; Cultural Engineering

B.17　Jiangsu Documents in the Republican China Period and Their Preservation, Utilization and Studies

Wang Weixing / 163

Abstract: The Jiangsu Documents in the Republican China period in this article is defined as the published documents like propaganda materials, decrees, government work reports issued by the Jiangsu provincial government and its subordinate organs. These publishing materials are very multifarious and disorderly, whose main contents are on the government policy, laws and decrees, conferences reports, investigation reports and statistical materials, and so on. Now, we are not optimistic on current state of preservation for these documents. We should strengthen its preservation, speed up the digitalization process and publication, making these documents play the important roles on serving the reality, academic studies, and building the great culture in Jiangsu Province.

Keywords: Republican China-period; Jiangsu Province; Preservation and Utilization

B. 18　The Significance, the Advantage and the Method
　　　　of the Research on Jiangsu Cultural Family

Wang Yuming / 176

Abstract: Jiangsu cultural family is one of the typical Chinese cultural families, and its characters are bright, such as the long history, the large quantity, the long generation, a galaxy of talents, and the various types. Jiangsu cultural family plays an important role in the academic, the medical science, the art, the education and the literature. Not only it affects Jiangsu local culture profoundly, it influences strongly over the development of the national culture. The rich writings of Jiangsu cultural families, provide a substantial basis for the research. We can do the research into the study of individual cases and a monographic study.

Keywords: Jiangsu Culture; Cultural Families; Individual Case

B. 19　The Exploration, Integration and Development Strategy
　　　　of the Cultural Resources of Tongcheng School in
　　　　Jiangsu Province

Wang Sihao / 184

Abstraet: In the history of Tongcheng for nearly 300 years, Jiangsu Province is the one of the most imortant academic heights, which presents the characteristics of many gurus and authors, fruitful achievements and the huge influence, and thus has a lot of Tongcheng school culture resources. According to the mentoring relationship and the geographical distribution, these cultural resources are summarized as "six groups": nanjing group, Yanghu group in Changzhou, Tongzhou group, The Qin family group in Wuxi, the Xue family group in wuxi and the Liu family group in Wujiang. the Tongcheng school culture resources of jiangsu contain the rich cultural characters, which can be converted into the moral education resource construction of social values, and to become the important component of the socialist core value systen construction. Taking Nanjing group as an example, we should set up the Tongcheng school memorial hall in the rehabilitative Zhongshan college in Nanjing, and showcase the cultural resources of Tongcheng school in the province, excavate the cultural charcter of each group, enhance the cultural soft power of Nanjing, and will focus on Tongcheng school into an important cultural brand of "Nanjing studies".

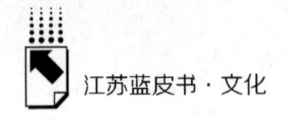

Keywords: Jiangsu Province; Tongcheng School; The Cultural Resources; Nanjing Studies

B. 20 Some Thoughts about the Contemporary History of the Culture of Jiangsu

Ye Yangbing / 200

Abstract: The study on the contemporary history of the culture of Jiangsu has important practical values and significant academic values. The history of the 30 years before reform and open policy has settled down, and the academic circles gather considerable research achievements and certain of research materials. The rich files in the archives can be used. So at present we possess the basic conditions of writing the contemporary history of the culture of Jiangsu. The overall train of thought about the contemporary history of the culture of Jiangsu is to write it by stages.

Keywords: Jiangsu; The Contemporary History of the Culture of Jiangsu; Feasibility Analysis

B. 21 The Novels of Ming and Qing Dynasties and Education in Jiangsu

Hu Lianyu / 210

Astract: In Ming and Qing Dynasties, the educaion was highly developed in

Jiangu, far exceeding any other provinces, not only on the quanity, but also on the quality. the advanced education helped to bring about the prosperous of novels in jiangsu, bringing up host of marvelous witers. And we can say that nearly all masterpieces in the history of Chinese novel were related to Jiangsu. As a reflection of social life, we can perspective the condition of education of Ming and Qing dynasties in Jiansu from nowels. In Ming and Qing dynasties, all kinds of education serviced to imperial examination, which was the final goal of education. The diferent kind of education, such as school, old-style private education. Academy, should be mutual complementation. But influenced by imperial examination, the three naturally from mutual complementation trended to the same goal, formed the education scale that all studies were serviced to imperial examination. This change had been criticed in the novels of Ming and Qing dynasties

Keywords: Education; Imperial Examination; Novels

V Cultural Undertaking

B. 22 Present Situation, Trouble and Countermeasures of Jiangsu Press

Wei Wenzhe / 218

Abstract: Jiangsu is a big cultral and press province, and its press power is smaller than Beijing and Shanghai, and stronger than other provinces in China. However, there is much trouble with Jiangsu press: Market mechanism is not sound; Administrative interference is too much; Too much dependence on textbook press; Challenge from international press groups; Too much restriction of issue; Local protectionism; The size of press is too small; Capital and managerial experience is insufficient; There is too much repetition of contents; Sheet, printing quality, proofreading and binding is much coarse. Emphasis on economic benefits, etc. We must solve these problems.

Keywords: Jiangsu Press; Present Situation; Management Personnel

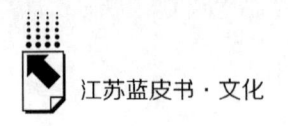

B. 23　Report on the Development Status of Jiangsu Museum

Ni Huiying / 229

Abstract: In recent years, Jiangsu province has steadily expanded the scale of the museum's development and paid more attention to the quality of the museum. By free admission, improving the quality of museum exhibition, strengthening the cultural relics protection and the saving environment of museum, optimizing the museum system, Jiangsu province has been strengthened the social public service function of the museum and improved the quality of the museum. At present, Jiangsu province museum still exists some problems such as unbalanced development, the weak social educational function which need to be change idea. The decision makers should be truly people-oriented to improve the efficiency of museum and maximize the modern educational function of museum.

Keywords: Jiangsu; Museum; The Function of Education

B. 24　Jiangsu District (county) of The Innovation and Development Countermeasures of Museums

Yu Richang / 238

Abstract: To implement the provincial government on the promotion of "cultural construction to a new level of the opinions spirit, according to the end of 2015 the State Council issued new regulations > < Museum, district (county) Museum should be cultural relics of single function to further expand opening up, exhibition, education and scientific research and management, and enhance cultural self-confidence and become an important window to promote the socialist core values, the main carrier of Jiangsu culture "three high" construction Body, become the practice subject in deepening the reform of grassroots cultural units. According to the district (county) museum education service function is not strong, the system level is not high, the modernization progress speed gap, through deepening reform of cultural system, to strengthen the district (county) Museum of system innovation; through standardized brand building, perfect district (county) modern museum system; through the guide and encourage social participation, the district (county) fusion between museums across the region through multiple; strengthen the modernization, expand the district (county) Museum of public service performance. In order to "13th Five-Year" in the province during the district (County) construction of the museum to a new level.

Keywords: Jiangsu; Culture Expo; Modern Service

B. 25   The Cultivation of the Market, Leading the Society
——*Jiangsu District (county) on the Development of the Art Market and Innovation Countermeasures*

Yu Richang / 245

Abstract: Exchange and collection of outstanding works of art of calligraphy and painting is one of the effective way to spread social and spiritual civilization. Our county economic development at the forefront of the country, supporting the painting art market has become increasingly prosperous, related activities in a continuous line, regional characteristics appeared. To further encourage district (county) calligraphy and painting works of art creation, standardize the market, promote market prosperity, to promote Jiangsu the cultural development to a new level, the construction of "strong rich makall" new Jiangsu, we choose Investigation and study of Jiangning District of Nanjing city. According to our province (county) calligraphy and painting art market popularization, fast food, financial, entertainment and export-oriented features, according to consumer guide and industrial agglomeration is insufficient, lack of scientific evaluation and market supervision and the subject is reflected by the lack of major problems with array location, suggestions on improving the system security and promote industry integrity; the development of industrial parks, build industry platform; guide rational consumption, improve the service.

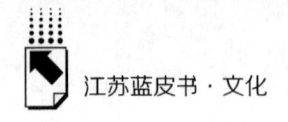

Keywords: Jiangsu District; Cultural Trade Market; Industrial Park

B.26 Current Situation and Reflection of Popular Science Construction in Jiangsu

Li Ning / 252

abstract: Recent years, Jiangsu Province pay high attention to enhance the scientific literacey of all citizens. Through the formulation of the national scientific literacy program, Increasing investment in science popularization, Constructed or reconstructed venues for science popularization, Science popularization in Jiangsu Province' has taken shape of so called "Extensive joint and extensive collaboration". Although the situation is good, There are still many problems in science popularization in Jiangsu. This article argues that if Jiangsu should vigorously develop science popularization, We need to refer to the experience of Jiangsu's cultural system reform, that mines establish the management mechanism and operation mechanism of science popularization which is compatible with the market economy system.

Keywords: Jiamgsu; Science Popularization; Scientific Literacy Construction of the Whole People

B.27 On the Developing Ideas of Jiangsu Museum Creative Industry

Li Xin / 262

Abstract: Developing museum cultural creative industry is an effective way to safeguard and take use of cultural heritage. This idea is the result of transboundary and confluent development, which is significant to the development of creative industries and the coordinated development of economy and society in China. In recent years, the development of our museum cultural industry has made some achievements, but there are still many problems. Jiangsu, who is famous for its cultural resources, should make full use of our own museum cultural resources to explore an effective way to develop our museum cultural creative industry.

Keywords: Jiangsu; Cultural Creative Industry; Museum

B. 28 Memory of the World and the Historical Memory of Nanking Massacre

Wang Weixing / 270

Abstract: Around the time when Nanking was occupied by the enemy in December in 1937, Nanking Massacre made by the Japanese army amazed the whole world, which was a disaster for the Nanking people. The massacre was an unforgettable memory of the pain for the survivors. In the early postwar period, with the investigation into the atrocity of the Japanese army in Nanking and the trial on the Japanese war criminals, the issue of Nanking Massacre was widely known, and the collective memory formed initially. From the fifties of the 20th century, the historical memory of Nanking Massacre went through several phases: the urban memory, the national memory and the human memory, and each phase showed different forms and traits, which reflected the deepening of the understanding of Nanking Massacre. As memory of the world, the deepening historical cognition and the essential understanding, comply with the trend of the times and the wish of the international community about the world peace.

Keywords: Nanking Massacre; Historical Memory; Public Memorial Ceremony; Memory of the World

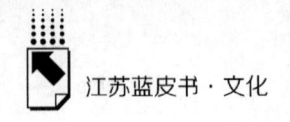

B. 29 On How to Encourage the Public to Participate the Protection of Cultural Heritage in Jiangsu

Li Xin / 279

Abstract: Public participation in the protection of cultural heritage is very important. Since the tremendous amount of work on the protection of cultural heritage in China, the former mode of depending on the government only is becoming more and more unreasonable, we have to ask and encourage social forces to support and join the protection of cultural heritage. At present, the main forms of public participation in the protection of cultural heritage are setting up cultural entities, donation, and work as volunteers. Although there are still many problems in the public participation in cultural heritage, we have responsibility to help and encourage social forces to join the protection of cultural heritage by but policy innovation.

Keywords: Jiangsu; The protection of Cultural Heritage; Public Participation

B. 30 The Countermeasures for the Dilemma of the Cultural Region in Jiangsu

Chen Qinghua / 287

Cultural region is an important basis and carrier for the development of cultural industry. Recently, the author has donedone some field research of the representative cultural park in Nanjing and found out that all kinds of cultural parks have sprung upon the provinces and cities on the basis of their own resources and industrial characteristics. Objectivelyspeaking, The development of the cultural region has exposed some serious problems such as "laying to much attention to the cultural park, laying no attention to service", "facing serious loss even on the verge of being closed. Through in-depth analysis, the author found the reasons for all these problems including "homogenous malignant competition, and weak agglomeration effect; the single profit model, and the serious losses; Lack of professional talents and weak innovation ability; doing the real estate business by the name of culture. " The author proposes some countermeasures for all these dilemmas such as deepening the supply-side structural reform, resolving the mismatch between supply and demand for the "starting point", "focusing on" the timely liquidation of market, increasing effective supply market factors, optimizing the system supply; innovating assessment system to enhance the level of planning and supply; innovating mechanism to enhance the level of earnings supply; innovating thinking way to enhance the level of integration supply.

Keywords: Jiangsu; Culture Park; Countermeasure

B. 31　Current Situation and Strategy of Jiangsu' Literature Journals

Li Liang / 295

Abstract: The contemporary literature of JiangSu Provincial has achieved outstanding achievements and wined reputation in the country even in the world literature. Achieved such performance, in addition to the creation of the writers, but also with other literary growth environment factors, especially with journals. Over the past a few years, works of JiangSu' literature journals keened on progress: inheritance and innovation, geographical arrangement is reasonable, high degree of journal types, literary genre and themes, columns set innovation, create the effect of literary magazine. At the same time, Jiangsu' literature journals in review research achieved development, academic journals progressed steady, comprehensive philosophy of social science journals continued to enhance, cross-disciplinary academic journals improved the quality, new created journals developed. In the new situation, Jiangsu'literature journals should work hard to face the dilemma of paper media, take a positive response to new media and break through the institutional mechanism constraints for financial support, and innovate column layout with the help of foreign resources, display the strength of Jiangsu' literature journals.

Keywords: Jiangsu; literature Journals; Current Situation; The New Media

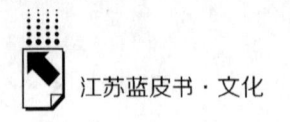

B. 32　The Collection and Application of the Journal of the Republic of China in Nanjing

Zhao Wei / 307

Abstract: The Journal of the Republic of China records the pluralistic outlook of the society. Nanjing was the capital of the Republic of China and there are many kinds of periodicals in the city. With the progress of the times, the types and quantities of extant periodicals of the Republic of China in Nanjing are still outstanding in china. Photocopying and digitization are all effective means of preserving and using these journals. Relying on technological progress, the journals of the Republic of China are coming into readers in various forms, and the history that has not yet gone far and will be vividly reproduced.

Key werds: the Journal of the Republic of China; Nanjing; Digitization

Ⅵ　Cultural History

B. 33　Reseach on the Significance of Jiangsu Ming-qing Literary Celebrity Relics Excavation to Carry forward Chinese Traditional Culture Literature Institute

Xu Yongbin / 317

Abstract: Jiangsu Ming-qing literary celebrities' relics are numerous, which are distributed througout the province. In terms of styles, these literary masters mainly focus on poetry, drama, novels and so on. The government sectors of our country, Jiangsu, other provinces and cities pay more attention to the Jiangsu famous literary celebrities' relics unearthed, which mainly concentrated upon literature arrangement of celebrities's works, former residences and site preservations, tourism development of cultural resources, and achieved good results. Ming-qing dynasty literature celebrities are an important cultural resources in Jiangsu province, who are also an integral part of Chinese traditional culture. These literary celebrities relics excavated to inherit and carry forward the Chinese traditional culture has important practical significance, which helps us to carry forward the excellent traditional culture of China, enhance people's sense of national pride and cohesion, and enhance China's cultural soft power.

Keywords: Jiangsu; Ming-qing Literary Celebrities' Relics; Chinese Traditional Culture

B. 34　The Review of the Study on Liu Yazi for Yearly 60 Years

Ye Yangbing / 326

Abstract: There are four stages of the study on the LiuYazi for nearly 60 years: the original stage, the development period, the expanding stage and the lucubrating period. The general situation and features of all stages will be summarized in this paper; Then the achievements of the study on Liu Yazi will be focused on seven aspects: the collection and collating of historical materials, Liu Yazi and the south club, literary achievements, political activities, academic and cultural activities, friendship, the contact between Liu Yazi and Mao Zedong, the complain in his poems; Finally the long term "six excessivenesses and six lacks" questions about the study on Liu Yazi will be pointed out, and four suggestions about the further study on Liu Yazi will be proposed.

Keywords: LiuYazi; South Club; Kuomintang-Communist Cooperation

B. 35　Review and Prospect of Research on Jiangsu Environmental History Over the Past Decade

Zhang Huiqing / 341

Abstract: In this paper, by reviewing and analyzing the relevant research findings over the past ten years, we conclude that the existing research results about Jiangsu environmental history involve not only synthetically macroscopic investigations but also detailed micro-analysis. With the development of the theory and research methods in the subject of environmental history, the future research findings will become more comprehensive and in-depth. We should make greater funding efforts onthe research of environmental history, pay close attention to its development trend, widen the study scope of environmental history and promote comprehensively the research work of Jiangsu environmental history.

Keywords: Jiangsu; Environmental History; People Interact With The Enviroment

B.36 The Status Quo and Prospect of the Study of Relief and Rehabilit Ation in Jiangsu after the Anti-Japanese War

Dong Weimin / 352

Abstract: After the Anti-Japanese War, Jiangsu was facing the dilemma of relief and rehabilitation. The United Nations Relief and Rehabilitation Administration invested a lot of funds, manpower and materials in the China, National Government established CNRRA docking with the UNRRA, Jiangsu set up Su-Ning Branch to implement the distribution of relief supplies, rehabilitation project, etc. Compared with the importance of the relief work after the Anti-Japanese War, the lack of historical data mining and the singleness of the research methods, lead to the present research is rather inadequate. If mining of oral historical materials, discovering some hidden files from USA, UK, etc, using research methods of Sociology, Management Science, International Relations and so on, the research of relief and rehabilitation in Jiangsu after the war will make a great progress. At the same time, the progress of basic research will provide a useful reference for the development of post-disaster relief and rehabilitation work.

Keywords: Relief and Rehabilitation; UNRRA; CNRRA; Su-Ning Branch

Contents

B. 37   Taking History as a Mirror, Strengthening the Research
on the Modern Silk Road

Wang Jian / 362

Abstract: The current research on the Silk Road focuses on two periods: ancient times and contemporary era. People take delight in talking the glory of the ancient Silk Road, and go after the national strategy of "the Belt and Road". But the modern Sino-foreign communications, and the vicissitude of the modern Silk Road receive little attention. Even few people mention the modern "Silk Road". Then the name is changed as "the history of Sino-foreign communications" and "the history of Sino-foreign cultural communications". Today the strategy of "the Belt and Road" connects closely with the modern vicissitude of the Land Silk Road and the Maritime Silk Road. From ancient times to contemporary era, modern times serve as a link between past and future. The naming, exploration, investigation, recovery, and the study of "the Silk Road", the modernization program of the Sino-foreign communication, start from modern times, which can't be omitted. Therefore, we appeal to enforcing the study on the modern Silk Road.

Keywords: Richthofen; The Silk Road; The Modern Silk Road; Research

B. 38   Review and Prospective on the Domestic Research on
"the Silk Road" in Recent Years

Wang Yan / 369

Abstract: "The Silk Road" was once the important trafficnetwork, which connected Ancient China with the outside world. In recent years, with the national strategies of "The Belt and Road" and "The Joint Development on the Silk Road Economical Zone" proposing, the study on "The Silk Road" has been becoming the hot topic of the academic. "The Silk Road" can be broadly divided into "the Land Silk Road" and "the Maritime Silk Road". Comparatively speaking, the research on "the Land Silk Road" starts earlier, and covers a wide field, what's more, the research products are richer. But the research on "The Maritime Silk Road" is receiving much more attention. All in all, there are many breakthroughs in the primary sources, the research method, and the analytic perspective on the study of "The Silk Road". Taking history as a mirror, the historical research on "The Silk Road" benefits the national fundamental policy.

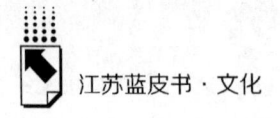

Keywords: The Land Silk Road; The Maritime Silk Road; Belt and Road Initiative

B. 39 Current Status and Prospect of Exploitation of Historical Resources Left by Princedomsof Han Dynasty in Jiangsu

Yao Le / 378

Abstract: There had been several princedoms in the territory of Jiangsu Province during the Han Dynasty. They left us abundant cultural resources, including historical memories and tangible heritage such as royal tombs and sites of historic capitals. The exploitation of the resources has brought us considerable economic and social benefits, while present development modes still have many shortcomings. To make improvements in our work, it is necessary for us to increase investment and change the ways of thinking by drawing on the experience of some developed countries.

Keywords: Han Dynasty; Princedom; Historical Memory; Tangible Heritage

B. 40 Research on the Phenomenon of Jiangsu Network Literature

Wang Tao / 390

Abstract: Jiangsu network literature is a important role in China. Jiangsu's association of Internet writers is formally established in 2016. Works of Xiao Qian and Jingkeshoulay a foundation of oriental mythology. They also want to reconstitution the legend of ancient China. The theme of Jiangsu writers lean to native culture. Works of Angel Oscar and Still Calm express the will of against westernization, and they deserve a representative. With regard to the rebirth of Chinese traditional culture, Jiangsu writersreflect on the classic academics andpolitical system.

Keyword: Chinese Myths; Against Westernization; Rebirth of Chinese Traditional Culture

Ⅶ Regional Reports

B. 41 Analysis and Prospect of Cultural Development of Taizhou City in 2016 −2017

Jiangsu Provincial Academy of Social Sciences / 399

Abstract: Taizhou cultural construction has achieved remarkable results in the past year. The core values was more effective, scientific theory was more in-depth, distinctive cultural brand was more influential, public cultural services was more complete, cultural industry development more quickly. In 2017, Taizhou will focus on Thirteenth Party Congress of jiangsu province quirements, strive to promote cultural development and breakthrough.

Keywords: Taizhou; Cultural Inheritance; Outlook For Culture

B. 42 The Practice and Innovation to Motivate
   The Cultural Soft Power in Nantong

Jiangsu Provincial Academy of Social Sciences / 407

Abstract: In today's era, urban competition is not only reflected in the production of material wealth, but also in the culture of soft power. Eventually it will be determined by multiculturalism. In recent years, great achievements have been made in NanTong cultural development, the cultural system reform, public cultural services, as well as the prosperity of culture and arts. In a word, the cultural soft power has been motivated to some extent. But in fact, development and problems coexist. During the key moment of the development transformation and enriching people, we must continue to deepen the reform of cultural system, more consciously promote cultural development, make the rich resources of JiangHai cultural into the development capital. Besides, we should flourish the advanced culture, cultivate and shape the socialist core values, and improve urban cultural creativity, cohesion, radial force and competitiveness, construct an open, inclusive, advanced, creative, and charming "NanTong Cultural". Only in this way, can we remain strong in the future city competition.

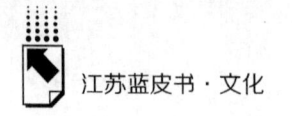

Keyword: Nantong; Cultural Soft Power; Public Culture; Cultural Service

B.43 Analysis and Prospect of Cultural Development of Lianyungang City in 2016 −2017

Jiang Hongqi / 416

Abstract: The development of a city depends on the nourishment of culture, which is the most representative of the city's grade and value. This paper firstly analyzes the cultural development of Lianyungang during the 12th five-year plan period, then analyzes the present situation and problems of the cultural development of Lianyungang in 2016. Finally, it prospects the cultural development of Lianyungang in 2017 from several aspects, including improving the system of public cultural services, prospering art creation and production, promoting the development of the cultural industry and the heritage of cultural heritage protection, strengthening cultural exchanges and cooperation, and improving institutional support.

Keywords: Lianyungang; Cultural Development; Belt and Road Initiative

B. 44　Enhance Cultural Self-confidence Promote Cultural Prosperity
　　　—*Analysis Report of Zhenjiang Cultural Development*
　　　　　　　　　　　　　　　　　　　　　　　　　Yu Wei / 424

Abstract: In celebrating the 95th anniversary of the founding of the communist party of China, president Xi Jinping clearly put forward that Chinese communist should "adhere to the beginner's mind, never forget to move on", which means we should adhere to the "four confidence", namely "road confidence of socialism with Chinese characteristics, theory confidence, system confidence, culture confidence". He also stressed that "culture confidence is more fundamental, wider and profound than the others".

In 2016, following the Zhenjiang's cultural history and making the reality of zhenjiang's culture development for reference, we summarize the fruitful results of enhancing cultural confidence and promoting cultural prosperity from following six aspects, that is, modern system of public cultural services, characteristic brand of favorable cultural, literature and art creation, cultural heritage protection, literary construction and cultural industry development. All of this highlights the importance of cultural self-confidence put forward by president Xi Jinping and guides this theory to practice in Zhenjiang.

To better implement the president Xi's speech spirit, this paper further expounds the following four striving direction, namely enhancing the concentration of cultural prosperity, stimulating the vitality of cultural prosperity, strengthening the strength of cultural prosperity and upgrading the ability of cultural prosperity. What's more, we put forward the general requirements, specific goals and practical paths for the next stage to push Zhenjiang's culture construction to a new level.

Keywords: Cultural Self-confidence; Cultural Prosperity; Cultural Undertakings; Cultural Industries

Ⅷ　Events

B. 45　Cultural Development Events in 2016　　　　　　　　　　/ 433

权威报告·热点资讯·特色资源

皮书数据库
ANNUAL REPORT(YEARBOOK) DATABASE

当代中国与世界发展高端智库平台

所获荣誉

- 2016年，入选"国家'十三五'电子出版物出版规划骨干工程"
- 2015年，荣获"搜索中国正能量 点赞2015""创新中国科技创新奖"
- 2013年，荣获"中国出版政府奖·网络出版物奖"提名奖
- 连续多年荣获中国数字出版博览会"数字出版·优秀品牌"奖

成为会员

通过网址www.pishu.com.cn或使用手机扫描二维码进入皮书数据库网站，进行手机号码验证或邮箱验证即可成为皮书数据库会员（建议通过手机号码快速验证注册）。

会员福利

- 使用手机号码首次注册会员可直接获得100元体验金，不需充值即可购买和查看数据库内容（仅限使用手机号码快速注册）。
- 已注册用户购书后可免费获赠100元皮书数据库充值卡。刮开充值卡涂层获取充值密码，登录并进入"会员中心"—"在线充值"—"充值卡充值"，充值成功后即可购买和查看数据库内容。

卡号：288717871552
密码：

数据库服务热线：400-008-6695
数据库服务QQ：2475522410
数据库服务邮箱：database@ssap.cn
图书销售热线：010-59367070/7028
图书服务QQ：1265056568
图书服务邮箱：duzhe@ssap.cn

子库介绍
Sub-Database Introduction

中国经济发展数据库

涵盖宏观经济、农业经济、工业经济、产业经济、财政金融、交通旅游、商业贸易、劳动经济、企业经济、房地产经济、城市经济、区域经济等领域，为用户实时了解经济运行态势、把握经济发展规律、洞察经济形势、做出经济决策提供参考和依据。

中国社会发展数据库

全面整合国内外有关中国社会发展的统计数据、深度分析报告、专家解读和热点资讯构建而成的专业学术数据库。涉及宗教、社会、人口、政治、外交、法律、文化、教育、体育、文学艺术、医药卫生、资源环境等多个领域。

中国行业发展数据库

以中国国民经济行业分类为依据，跟踪分析国民经济各行业市场运行状况和政策导向，提供行业发展最前沿的资讯，为用户投资、从业及各种经济决策提供理论基础和实践指导。内容涵盖农业，能源与矿产业，交通运输业，制造业，金融业，房地产业，租赁和商务服务业，科学研究，环境和公共设施管理，居民服务业，教育，卫生和社会保障，文化、体育和娱乐业等100余个行业。

中国区域发展数据库

对特定区域内的经济、社会、文化、法治、资源环境等领域的现状与发展情况进行分析和预测。涵盖中部、西部、东北、西北等地区，长三角、珠三角、黄三角、京津冀、环渤海、合肥经济圈、长株潭城市群、关中—天水经济区、海峡经济区等区域经济体和城市圈，北京、上海、浙江、河南、陕西等34个省份及中国台湾地区。

中国文化传媒数据库

包括文化事业、文化产业、宗教、群众文化、图书馆事业、博物馆事业、档案事业、语言文字、文学、历史地理、新闻传播、广播电视、出版事业、艺术、电影、娱乐等多个子库。

世界经济与国际关系数据库

以皮书系列中涉及世界经济与国际关系的研究成果为基础，全面整合国内外有关世界经济与国际关系的统计数据、深度分析报告、专家解读和热点资讯构建而成的专业学术数据库。包括世界经济、国际政治、世界文化与科技、全球性问题、国际组织与国际法、区域研究等多个子库。

法律声明

"皮书系列"（含蓝皮书、绿皮书、黄皮书）之品牌由社会科学文献出版社最早使用并持续至今，现已被中国图书市场所熟知。"皮书系列"的LOGO（ ）与"经济蓝皮书""社会蓝皮书"均已在中华人民共和国国家工商行政管理总局商标局登记注册。"皮书系列"图书的注册商标专用权及封面设计、版式设计的著作权均为社会科学文献出版社所有。未经社会科学文献出版社书面授权许可，任何使用与"皮书系列"图书注册商标、封面设计、版式设计相同或者近似的文字、图形或其组合的行为均系侵权行为。

经作者授权，本书的专有出版权及信息网络传播权为社会科学文献出版社享有。未经社会科学文献出版社书面授权许可，任何就本书内容的复制、发行或以数字形式进行网络传播的行为均系侵权行为。

社会科学文献出版社将通过法律途径追究上述侵权行为的法律责任，维护自身合法权益。

欢迎社会各界人士对侵犯社会科学文献出版社上述权利的侵权行为进行举报。电话：010-59367121，电子邮箱：fawubu@ssap.cn。

社会科学文献出版社